K-POP
JN048905
SEOUL
COMPLETE
MAP
【韓国語＆グルメガイド付】
K-POP
MAP
取り外せて
持ち運びに便利！

議政府軽電鉄
京義・中央線
牛耳新設線
漢江
3号線
5号線
6号線
9号線
2号線
7号線
4号線
1号線
空港鉄道 (A'REX)
仁川2号線
水仁線
西海線
新林線
仁川1号線
K337 臨津江 임진강 Imjingang
K336 雲泉 운천 Uncheon
K335 汶山 문산 Munsan
K334 坡州 파주 Paju
K333 月籠 월롱 Wollong
K331 金村 금촌 Geumchon
K330 金陵 금릉 Geumneung
K329 雲井 운정 Unjeong
K327 炭峴 탄현 Tanhyeon
K326 一山 일산 Ilsan
K325 楓山 풍산 Pungsan
K324 白馬 백마 Baengma
K323 谷山 곡산 Goksan
U125 塔石 탑석 Tapseok
U124 松山 송산 Songsan
U123 漁龍 어룡 Eoryong
U122 昆弟 곤제 Gonje
U121 孝子 효자 Hyoja
U120 京畿道庁北部庁舎 경기도청 북부청사 Gyeonggi Provincial Government North Office
U119 セマル 새말 Saemal
U118 東梧 동오 Dong-o
U117 議政府中央 의정부중앙 Jung-ang
U115 興宣 흥선 Heungseon
U114 議政府市庁 의정부시청 Uijeongbu City Hall
U113 軽電鉄議政府 경전철의정부 LRT Uijeongbu
U112 범골 ボムゴル Beomgol
U110 回龍 회룡 Hoeryong
100 逍遥山 소요산 Soyosan
101 東豆川 동두천 Dongducheon
102 保山 보산 Bosan
103 東豆川中央 동두천중앙 Dongducheon Jungang
104 紙杏 지행 Jihaeng
105 徳亭 덕정 Deokjeong
106 徳渓 덕계 Deokgye
107 楊州 양주 Yangju
108 緑楊 녹양 Nogyang
109 佳陵 가능 Ganeung
110 議政府 의정부 Uijeongbu
발곡 鉢谷 Balgok
S110 北漢山牛耳 북한산우이 Bukhansan Ui
S111 ソルバッ公園 솔밭공원 Solbat Park
S112 4.19民主墓地 4·19민주묘지 April 19th National Cemetery
S113 カオリ 가오리 Gaori
S114 華渓 화계 Hwagye
S115 三陽 삼양 Samyang
S116 三陽サゴリ 삼양사거리 Samyang Sageori
S117 ソルセム 솔샘 Solsaem
S118 北漢山輔国門 북한산보국문 Bukhansan Bogungmun
309 大化 대화 Daehwa
310 注葉 주엽 Juyeop
311 鼎鉢山 정발산 Jeongbalsan
312 馬頭 마두 Madu
313 白石 백석 Baekseok
大谷 대곡 Daegok
315 花井 화정 Hwajeong
316 元堂 원당 Wondang
317 元興 원흥 Wonheung
318 三松 삼송 Samsong
319 紙杻 지축 Jichuk
320 旧把撥 구파발 Gupabal
323 碌磻 녹번 Nokbeon
324 弘済 홍제 Hongje
325 毋岳チェ 무악재 Muakjae
326 独立門 독립문 Dongnimmun
327 景福宮 경복궁 Gyeongbokgung
328 安国 안국 Anguk
ヨンシンネ 연신내 Yeonsinnae
トッパウィ 독바위 Dokbawi
613
615 亀山 구산 Gusan
仏光 불광 Bulgwang
611 駅村 역촌 Yeokchon
610 鷹岩 응암 Eungam
616 セジョル 새절 Saejeol
617 繒山 증산 Jeungsan
水色 수색 Susaek
デジタルメディアシティ 디지털미디어시티 Digital Media City
K321 陵谷 능곡 Neunggok
K320 幸信 행신 Haengsin
K319 江梅 강매 Gangmae
K318 花田 화전 Hwajeon
K317
K316 加佐 가좌 Gajwa
K315
K314 新村(地上) 신촌 Sinchon
K313
533 光化門 광화문 Gwanghwamun
532 西大門 서대문 Seodaemun
531 忠正路 충정로 Chungjeongno
530 エオゲ 애오개 Aeogae
529
528 麻浦 마포 Mapo
527 汝矣ナル 여의나루 Yeouinaru
526 汝矣島 여의도 Yeouido
524
510 傍花 방화 Banghwa
511 開花山 개화산 Gaehwasan
金浦空港 김포공항 Gimpo Int'l Airport
513 松亭 송정 Songjeong
514 麻谷 마곡 Magok
515 鉢山 발산 Balsan
516 雨装山 우장산 Ujangsan
517 禾谷 화곡 Hwagok
カチ山 까치산 Kkachisan
519
520
521
522
永登浦区庁 영등포구청 Yeongdeungpo-gu Office
901 開花 개화 Gaehwa
903 空港市場 공항시장 Airport Market
904 新傍花 신방화 Sinbanghwa
麻谷ナル 마곡나루 Magongnaru
906 陽川郷校 양천향교 Yangchon Hyanggyo
907 加陽 가양 Gayang
908 曽米 증미 Jeungmi
909 登村 등촌 Deungchon
910 塩倉 염창 Yeomchang
911 新木洞 신목동 Sinmokdong
912 仙遊島 선유도 Seonyudo
堂山 당산 Dangsan
914 国会議事堂 국회의사당 National Assembly
汝矣島
セッカン 샛강 Saetgang
鷺梁津 노량진 Noryangjin
918 ノドゥル 노들 Nodeul
919 黒石 흑석 Heukseok
銅雀 동작 Dongjak
A07 黔岩 검암 Geomam
A071 青羅国際都市 청라국제도시 Cheongna Int'l City
A072 永宗 영종 Yeongjong
A08 雲西 운서 Unseo
A09 空港貨物庁舎 공항화물청사 Incheon Int'l Airport Cargo Terminal
A10 仁川国際空港第1ターミナル 인천공항 1터미널 Incheon Int'l Airport Terminal 1
A11 仁川国際空港第2ターミナル 인천공항 2터미널 Incheon Int'l Airport Terminal 2
桂陽 계양 Gyeyang
I111 橘峴 귤현 Gyulhyeon
I112 朴村 박촌 Bakchon
I113 林鶴 임학 Imhak
ワールドカップ競技場 월드컵경기장 World Cup Stadium
619
620 麻浦区庁 마포구청 Mapo-gu Office
621 望遠 망원 Mangwon
合井 합정 Hapjeong
623 上水 상수 Sangsu
624 広興倉 광흥창 Gwangheungchang
625 大興 대흥 Daeheung
孔徳 공덕 Gongdeok
弘大入口 홍대입구 Hongik Univ.
240 新村 신촌 Sinchon
241 梨大 이대 Ewha Womans Univ.
242 阿峴 아현 Ahyeon
西江大 서강대 Sogang Univ.
ソウル駅 서울역 Seoul Station
市庁 시청 City Hall
鐘閣 종각 Jonggak
131 乙支路入口 을지로입구 Euljiro 1-ga
202
会賢 회현 Hoehyeon
427 淑大入口 숙대입구 Sookmyung Women's Univ.
134 南営 남영 Namyeong
孝昌公園前 효창공원앞 Hyochang Park
三角地 삼각지 Samgakji
429 新龍山 신용산 Sinyongsan
龍山 용산 Yongsan
二村 이촌 Ichon
総神大入口(梨水) 총신대입구(이수) Chongshin Univ.
舎堂 사당 Sadang
434 南泰嶺 남태령 Namtaeryeong
435 ソンバウィ 선바위 Seonbawi
436 競馬公園 경마공원 Seoul Racecourse Park
437 大公園 대공원 Seoul Grand Park
438 果川 과천 Gwacheon
439 政府果川庁舎 정부과천청사 Government Complex Gwacheon
440 仁徳院 인덕원 Indeogwon
441 坪村 평촌 Pyeongchon
442 ポムゲ 범계 Beomgye
金井 금정 Geumjeong
444 山本 산본 Sanbon
445 修理山 수리산 Surisan
446 大夜味 대야미 Daeyami
447 半月 반월 Banwol
448 常緑樹 상록수 Sangnoksu
449 漢大前 한대앞 Hanyang Univ. at Ansan
450 中央 중앙 Jungang
451 古桟 고잔 Gojan
草芝 초지 Choji
453 安山 안산 Ansan
454 新吉温泉 신길온천 Singil Oncheon
455 正往 정왕 Jeongwang
234-3 新亭ネゴリ 신정네거리 Sinjeongnegeori
新亭 신정 Sinjeong
陽川区庁 양천구청 Yangcheon-gu Office
道林川 도림천 Dorimcheon
文来 문래 Mullae
235 永登浦市場 영등포시장 Yeongdeungpo Market
カチウル 까치울 Kkachiul
234-2
234-1
新道林 신도림 Sindorim
139 永登浦 영등포 Yeongdeungpo
新吉 신길 Singil
大方 대방 Daebang
新大方サムゴリ 신대방삼거리 Sindaebangsamgeori
上道 상도 Sangdo
長承ベギ 장승배기 Jangseungbaegi
崇実大入口 숭실대입구 Soongsil Univ.
南城 남성 Namseong
梧柳洞 오류동 Oryudong
開峰 개봉 Gaebong
九一 구일 Guil
九老 구로 Guro
木洞 목동 Mokdong
梧木橋 오목교 Omokgyo
楊坪 양평 Yangpyeong
751
752 富川総合運動場 부천종합운동장 Bucheon Sports Complex
753 春衣 춘의 Chunui
754 新中洞 신중동 Sinjungdong
755 富川市庁 부천시청 Bucheon City Hall
756 上洞 상동 Sangdong
757 三山体育館 삼산체육관 Samsan Gymnasium
758 堀浦川 굴포천 Gulpocheon
温水 온수 Onsu
144
143
142
749
748
747
745 大林 대림 Daerim
743
ボラメ 보라매 Boramae
741
740
739
738
737
天旺 천왕 Cheonwang
光明サゴリ 광명사거리 Gwangmyeongsageori
鉄山 철산 Cheolsan
加山デジタル団地 가산디지털단지 Gasan Digital Complex
南九老 남구로 Namguro
九老デジタル団地 구로디지털단지 Guro Digital Complex
232
231 新大方 신대방 Sindaebang
新林 신림 Sillim
229 奉天 봉천 Bongcheon
228 ソウル大入口 서울대입구 Seoul Nat'l Univ.
227 落星垈 낙성대 Nakseongdae
S111 冠岳山 관악산 Gwanaksan
I114 桂山 계산 Gyesan
I115 京仁教大入口 경인교대입구 Gyeongin Nat'l Univ. of Education
I116 鵲田 작전 Jakjeon
I117 葛山 갈산 Galsan
富平区庁 부평구청 Bupyeong-gu Office
I119
富平市場 부평시장 Bupyeong Market
146 駅谷 역곡 Yeokgok
素砂 소사 Sosa
148 富川 부천 Bucheon
149 中洞 중동 Jungdong
150 松内 송내 Songnae
151 富開 부개 Bugae
富平 부평 Bupyeong
153 白雲 백운 Baegun
154 銅岩 동암 Dongam
155 間石 간석 Ganseok
朱安 주안 Juan
157 道禾 도화 Dohwa
158 済物浦 제물포 Jemulpo
159 桃源 도원 Dowon
160 東仁川 동인천 Dongincheon
仁川 인천 Incheon
S17 ソセウル 소새울 Sosaeul
S18
S19
S20
始興大也 시흥대야 Siheung Daeya
新川 신천 Sincheon
新峴 신현 Sinhyeon
始興市庁 시흥시청 Siheung City Hall
S22
S23 始興陵谷 시흥능곡 Siheung Neunggok
S24 タルミ 달미 Dalmi
S25 仙府 선부 Seonbu
未開通
P143 禿山 독산 Doksan
衿川区庁 금천구청 Geumcheon-gu Office
K410
光明 광명 Gwangmyeong
P145 石水 석수 Seoksu
P146 冠岳 관악 Gwanak
P147 安養 안양 Anyang
P148 鳴鶴 명학 Myeonghak
P150 軍浦 군포 Gunpo
P151 堂井 당정 Dangjeong
P152 義王 의왕 Uiwang
成均館大 성균관대 Sungkyunkwan Univ.
I121
I122 富平サムゴリ 부평삼거리 Bupyeongsamgeori
I123 間石オゴリ 간석오거리 Ganseogogeori
仁川市庁 인천시청 Incheon City Hall
I125 芸術会館 예술회관 Arts Center
I126 仁川ターミナル 인천터미널 Incheon Bus Terminal
I127 文鶴競技場 문학경기장 Munhak Sports Complex
I128 仙鶴 선학 Seonhak
I129 新延寿 신연수 Sinyeonsu
源仁斎 원인재 Woninjae
I131 東春 동춘 Dongchun
I132 東幕 동막 Dongmak
I133 キャンパスタウン 캠퍼스타운 Campus Town
I134 テクノパーク 테크노파크 Techno Park
I135 知識情報団地 지식정보단지 Bit Zone
I136 仁川大入口 인천대입구 Univ. of Incheon
I137 セントラルパーク 센트럴파크 Central Park
I138 国際業務地区 국제업무지구 Int'l Business District
I139 松島月光祝祭公園 송도달빛축제공원 Songdo Moonlight Festival Park
I201 黔丹梧柳 검단오류
I227 雲宴 운연 Unyeon
K263 新浦 신포 Sinpo
K262 崇義 숭의 Sungui
K261 仁荷大 인하대 Inha University
K259 松島 송도 Songdo
K258 延寿 연수 Yeonsu
K256 南洞インダスパーク 남동인더스파크 Namdong Induspark
K255 虎口浦 호구포 Hogupo
K254 仁川論峴 인천논현 Incheon Nonhyeon
K253 蘇莱浦口 소래포구 Soraepogu
K252 月串 월곶 Wolgot

京春線
7号線
4号線
6号線
5号線
8号線
9号線
2号線
3号線
1号線
I号線
京義・中央線
盆唐線
新盆唐線
京江線
漢江
P140 春川 춘천 Chuncheon
P139 南春川 남춘천 Namchuncheon
P138 金裕貞 김유정 Gimyujeong
P137 江村 강촌 Gangchon
P136 白楊里 백양리 Baegyangri
P135 屈峰山 굴봉산 Gulbongsan
P134 加平 가평 Gapyeong
P133 上泉 상천 Sangcheon
P132 청평 淸平 Cheongpyeong
P131 대성리 大成里 Daeseongri
P130 마석 磨石 Maseok
P129 천마산 天摩山 Cheonmasan
P128 평내호평 坪內好坪 Pyeongnaehopyeong
P127 금곡 金谷 Geumgok
P126 사릉 思陵 Sareung
P125 퇴계원 退溪院 Toegyewon
P124 별내 別內 Byeolnae
P123 갈매 葛梅 Galmae
P122 신내 新內 Sinnae
709 장암 長岩 Jangam
711 수락산 水落山 Suraksan
712 마들 マドゥル Madeul
410 上溪 상계 Sanggye
409 タンコゲ 당고개 Danggogae
112 망월사 望月寺 Mangwolsa
113 도봉산 道峰山 Dobongsan
114 道峰 도봉 Dobong
115 放鶴 방학 Banghak
倉洞 창동 Changdong
蘆原 노원 Nowon
714 中渓 중계 Junggye
715 下渓 하계 Hagye
716 孔陵 공릉 Gongneung
413 쌍문 Ssangmun 双門
414 수유 Suyu 水踰
415 미아 Mia 弥阿
416 미아삼거리 弥阿サムゴリ Miasamgeori
417 길음 Gireum 吉音
117 鹿川 녹천 Nokcheon
118 月渓 월계 Wolgye
119 光云大 광운대 Kwangwoon Univ.
石渓 석계 Seokgye
泰陵入口 태릉입구 Taereung
花郎台 화랑대 Hwarangdae
647 烽火山 봉화산 Bonghwasan
646 モッコル 먹골 Meokgol
道峰 정릉 Jeongneung
誠信女大入口 Sungshin Women's Univ. 성신여대입구
643 상월곡 上月谷 Sangwolsan
642 월곡 月谷 Wolgok
641 고려대 高麗大 Korea Univ.
640 안암 安岩 Anam
639 보문 普門 Bomun
418 漢城大入口 한성대입구 Hansung Univ.
419
420 惠化 혜화 Hyehwa
121 新里門 신이문 Sinimun
122 外大前 외대앞 Hankuk Univ. of Foreign Studies
回基 회기 Hoegi
718
719 中和 중화 Junghwa
上鳳 상봉 Sangbong
K119
K122 養源 양원 Yangwon
K123 九里 구리 Guri
K124 陶農 도농 Donong
K125 養正 양정 Yangjeong
K126 德沼 덕소 Deokso
K127 陶深 도심 Dosim
K128 八堂 팔당 Paldang
K129 雲吉山 운길산 Ungilsan
K130 両水 양수 Yangsu
K131 新院 신원 Sinwon
K132 국수 菊秀 Guksu
K133 我新 아신 Ashin
K134 梧浜 오빈 Obin
K135 楊平 양평 Yangpyeong
K136 元徳 원덕 Wondeok
K137 龍門 용문 Yongmun
K136 砥平 지평 Jipyeong
忘憂 망우 Mangu
중랑 中浪 Jungnang
鍾路3街 종로3가 Jongno 3-ga
鍾路5街 종로5가 Jongno 5-ga
東大門 동대문 Dongdaemun
창신 昌信 Changsin
東廟前 동묘앞 Dongmyo
新設洞 신설동 Sinseoldong
祭基洞 제기동 Jegidong
129
125
청량리 淸凉里 Cheongnyangni
721 面牧 면목 Myeonmok
722 四佳亭 Sagajeong 사가정
723 龍馬山 Yongmasan 용마산
724 中谷 Junggok 중곡
君子 군자 Gunja
545 峨嵯山 아차산 Achasan
546 クァンナル 광나루 Gwangnaru
을지로4가 乙支路4街 Euljiro 4-ga
동대문역사문화공원 東大門歴史文化公園 Dongdaemun History & Culture Park
을지로3가 乙支路3街 Euljiro 3-ga
211-3 용두 龍頭 Yongdu
上往十里 상왕십리 Sangwangsimni
馬場 마장 Majang
211-2 新踏 신답 Sindap
踏十里 답십리 Dapsimni
長漢坪 장한평 Janghanpyeong
新堂 신당 Sindang
청구 靑丘 Cheonggu
新金湖 신금호 Singeumho
杏堂 행당 Haengdang
往十里 왕십리 Wangsimni
538
539
207
541
542
543
동대입구 東大入口 Dongguk Univ.
충무로 忠武路 Chungmuro
명동 明洞 Myeongdong
332
한양대 漢陽大 Hanyang Univ.
209
211-1 龍踏 용답 Yongdap
726 어린이대공원 オリニ大公園 Children's Grand Park
810 岩寺 암사 Amsa
553 상일동 上一洞 Sangildong
552 高德 고덕 Godeok
551 明逸 명일 Myeongil
550 クブンダリ 굽은다리 Gubeundari
549 吉洞 길동 Gildong
天戸 천호 千戸 Cheonho
江東 강동 Gangdong
938 중앙보훈병원 中央報勲病院 VHS Medical Center
937 둔촌오륜 遁村五輪 Dunchon Oryun
P549 둔촌동 遁村洞 Dunchondong
K211
K115 응봉 鷹峰 Eungbong
629 630 631 632
梨泰院 이태원 Itaewon
緑莎坪 녹사평 Noksapyeong
漢江鎮 한강진 Hangangjin
ボティゴゲ 버티고개 Beotigogae
薬水 약수 Yaksu
334 金湖 금호 Geumho
서울숲 ソウルの森 Seoul Forest
압구정로데오 狎鷗亭ロデオ Apgujeongrodeo
K212
210
聖水 성수 Seongsu
ットゥクソム 뚝섬 Ttukseom
건대입구 建大入口 Konkuk Univ.
213 九宜 Guui 구의
214 江辺 강변 Gangbyeon
728 뚝섬유원지 トゥッソム遊園地 Ttukseom Resort
812 江東区庁 강동구청 Gangdong-gu Office
813 몽촌토성 夢村土城 Mongchontoseong
한성백제 漢城百済 Hanseong Baekje
K112 K113
玉水 옥수 Oksu
서빙고 西氷庫 Seobinggo
漢南 한남 Hannam
강남구청 江南区庁 Gangnam-gu Office
729 淸潭 청담 Cheongdam
잠실나루 蚕室ナル Jamsilnaru
215
336 狎鷗亭 압구정 Apgujeong
337 新沙 신사 Sinsa
338 잠원 蚕院 Jamwon
731 鶴洞 학동 Hak-dong
732 論峴 논현 Nonhyeon
733 盤浦 반포 Banpo
旧盤浦 구반포 Gubanpo
922 新盤浦 신반포 Sinbanpo
924 사평 砂平 Sapyeong
925 新論峴 신논현 Sinnonhyeon
926 언주 彦州 Eonju
928 삼성중앙 三成中央 Samseongjungang
929 奉恩寺 봉은사 Bongeunsa
綜合運動場 종합운동장 Sports Complex
선정릉 宣靖陵 Seonjeongneung
217 잠실새내 蚕室セネ Jamsilsaenae
蚕室 잠실 Jamsil
934 石村 석촌 Seokchon
935 松坡ナル 송파나루 Songpanaru
올림픽공원 オリンピック公園 Olympic Park
P551 芳荑 방이 Bangi
경찰병원 警察病院 National Police Hospital
梧琴 오금 Ogeum
P553 開籠 개롱 Gaerong
P554 巨余 거여 Geoyeo
P555 마천 馬川 Macheon
高速ターミナル Express Bus Terminal 고속터미널
내방 内方 Naebang
219 삼성 三成 Samseong
931 삼전 三田 Samjeon
932 石村古墳 Seokchon Gobun 석촌고분
816 송파 松坡 Songpa
가락시장 可楽市場 Garak Market
351
문정 文井 Munjeong
818 長旨 장지 Jangji
선릉 宣陵 Seolleung
방배 方背 Bangbae
224 瑞草 서초 Seocho
教大 교대 Seoul Nat'l Univ. of Education
江南 강남 Gangnam
221 駅三 역삼 Yeoksam
K216 ハンティ 한티 Hanti
대치 大峙 Daechi
학여울 ハンニョウル Hangnyeoul
대모산입구 大母山入口 Daemosan
수서 水西 Suseo
819
福井 복정 Bokjeong
남부터미널 南部ターミナル Nambu Bus Terminal
341
345 346
메보ン 매봉 Maebong
도곡 道谷 Dogok
K218 K219 K220
347 대청 テチョン Daecheong
348 일원 逸院 Irwon
343
양재 良才 Yangjae
구룡 九龍 Guryong
개포동 開浦洞 Gaepodong
821 南慰礼 남위례 Namwirye
822 山城 산성 Sanseong
823 南漢山城入口 남한산성입구 Namhansanseong
824 丹垈オゴリ 단대오거리 Dandaeogeori
825 新興 신흥 Sinheung
826 寿進 수진 Sujin
가천대 嘉泉大 Gachon Univ.
K223
Taepyeong 태평 太平
K224
모란 牡丹 Moran
K226 野塔 야탑 Yatap
D09 良才市民の森 양재시민의숲 Yangjae Citizen's Forest
D10 청계산입구 清渓山入口 Cheonggyesan
華西 화서 Hwaseo
水原 수원 Suwon
154
P156 細柳 세류 Seryu
P157 餅店 병점 Byeongjeom
P157-1 西東灘 서동탄 Seodongtan
P158 洗馬 세마 Sema
P159 烏山大 오산대 Osan College
P160 烏山 오산 Osan
P161 振威 진위 Jinwi
P162 松炭 송탄 Songtan
P163 西井里 서정리 Seojeong-ri
P164 芝制 지제 Jije
P165 平沢 평택 Pyeongtaek
P166 成歓 성환 Seonghwan
P167 직산 稷山 Jiksan
P168 두정 斗井 Dujeong
P169 天安 천안 Cheonan
P170 鳳鳴 봉명 Bongmyeong
P171 双龍 쌍용 Ssangyong
P172 牙山 아산 Asan
P174 排芳 배방 Baebang
P176 温陽温泉 온양온천 Onyangoncheon
P177 新昌 신창 Sinchang
K244 梅橋 매교 Maegyo
K243 水原市庁 수원시청 Suwon City Hall
K242 梅灘勧善 매탄권선 Maetan-gwonseon
오이도 烏耳島 Oido
251 달월 Darwol
판교 板橋 Pangyo
二梅 이매 Imae
K228 書峴 서현 Seohyeon
K229 藪内 수내 Sunae
K412 三洞 삼동 Samdong
K413 京畿広州 경기광주 GyeonggiGwangju
K414 草月 초월 Chowol
K415 昆池岩 곤지암 Gonjiam
K416 신둔도예촌 新屯陶芸村 Sindundoyechon
K417 이천 利川 Icheon
K418 부발 夫鉢 Bubal
K419 세종대왕릉 世宗大王陵 Sejongdaewangneung
K420 여주 驪州 Yeoju
K241 망포 網浦 Mangpo
K240 영통 靈通 Yeongtong
K239 청명 清明 Cheongmyeong
K238 상갈 上葛 Sanggal
K237 기흥 器興 Giheung
K236 신갈 新葛 Singal
K235 구성 駒城 Guseong
K234 보정 宝亭 Bojeong
K233 죽전 竹田 Jukjeon
K232 오리 梧里 Ori
미금 美金 Migeum
정자 亭子 Jeongja
D19 광교 光教 Gwanggyo
D18 광교중앙 光教中央 Gwanggyo Jungang
D17 상현 上峴 Sanghyeon
D16 성복 星福 Seongbok
D15 수지구청 水枝区庁 Suji-gu Office
D14 동천 東川 Dongcheon

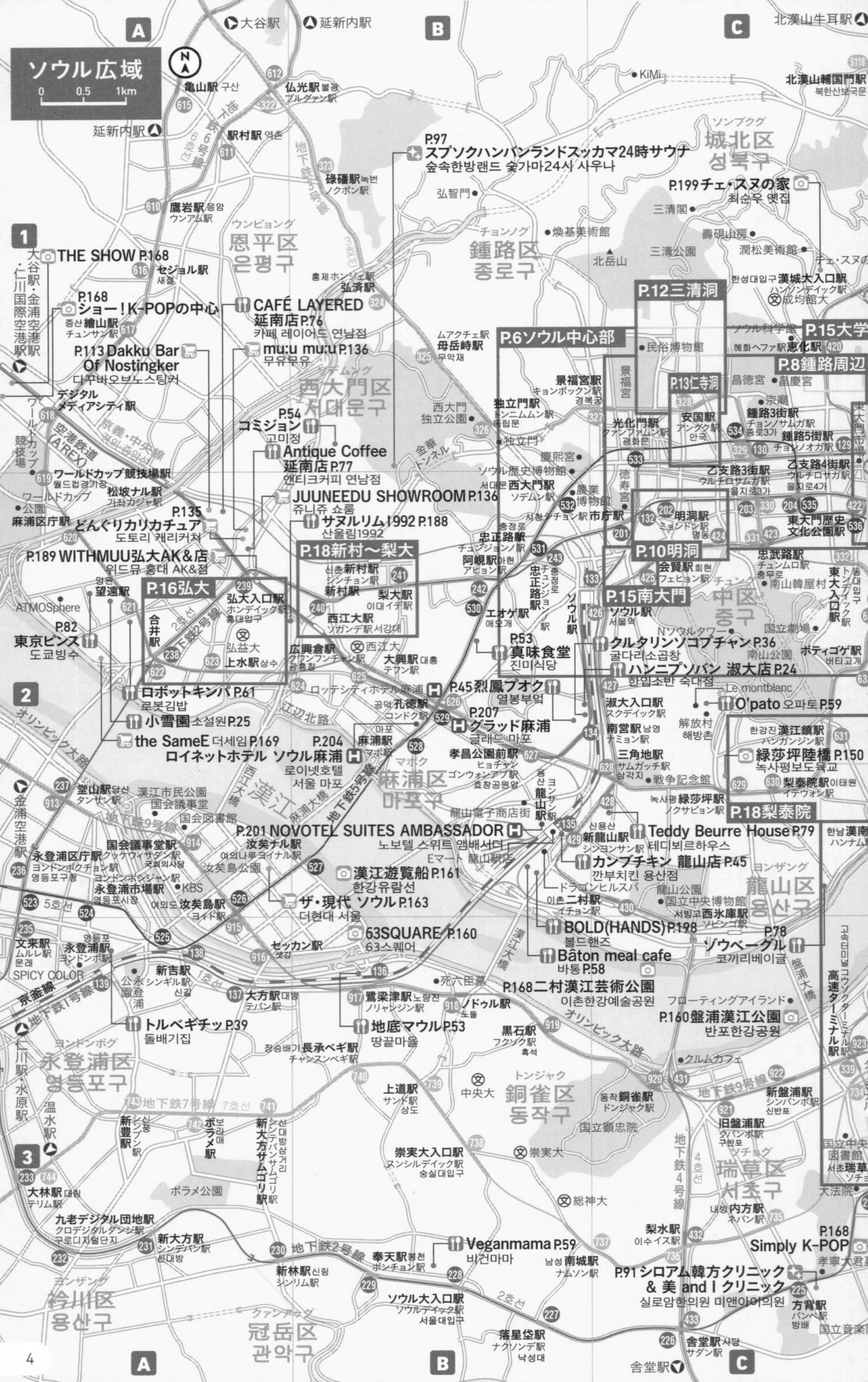
ソウル広域
0 0.5 1km
A
B
C
大谷駅
延新内駅
北漢山牛耳駅
亀山駅 구산
仏光駅 불광 ブルグァン駅
KiMi
北漢山輔国門駅 북한산보국문
延新内駅
駅村駅 역촌
P.97 スプソクハンバンランドスッカマ24時サウナ
숲속한방랜드 숯가마24시 사우나
ソンブクグ 城北区 성북구
碌磻駅 녹번 ノクポン駅
弘智門
P.199 チェ・スヌの家 최순우 옛집
三清閣
鷹岩駅 응암 ウンアム駅
ウンピョング 恩平区 은평구
チョンノグ 鍾路区 종로구
煥基美術館
壽硯山房
澗松美術館
チェ・スヌの家
北岳山
三清公園
大谷駅・金浦国際空港駅・仁川国際空港駅
THE SHOW P.168
セジョル駅 새절
弘済駅 홍제 ホンジェ駅
漢城大入口駅 한성대입구 ハンソンデイック駅
成均館大
P.168 ショー！K-POPの中心
繒山駅 증산 チュンサン駅
CAFÉ LAYERED 延南店 P.76
카페 레이어드 연남점
P.12 三清洞
P.113 Dakku Bar Of Nostingker
다꾸바오브노스팅커
mu:u mu:u P.136
무유무유
ムアクチェ駅 母岳峙駅 무악재
P.6 ソウル中心部
ソウル科学館
恵化駅 혜화 ヘファ駅
P.15 大学
P.8 鍾路周辺
民俗博物館
デジタルメディアシティ駅
ソデムング 西大門区 서대문구
景福宮駅 キョンボックン駅 경복궁
景福宮
P.13 仁寺洞
昌徳宮
昌慶宮
宗廟
ワールドカップ競技場
空港鉄道（AREX）
京義・中央線
コミジョン P.54 고미정
西大門独立公園
独立門駅 トンニムムン駅 독립문
光化門駅 クァンファムン駅 광화문
安国駅 アングク駅 안국
鍾路3街駅 チョンノサムガ駅 종로3가
鍾路5街駅 チョンノオガ駅
東大門市場
Antique Coffee 延南店 P.77
앤티크커피 연남점
金華トンネル
独立門
慶煕宮
ソウル歴史博物館
徳寿宮
乙支路3街駅 ウルチロサムガ駅 을지로3가
乙支路4街駅 ウルチロサガ駅 을지로4가
ワールドカップ競技場駅 월드컵경기장
松坡ナル駅 가좌가좌駅
ワールドカップ公園
麻浦区庁駅
JUUNEEDU SHOWROOM P.136
쥬니쥬 쇼룸
西大門駅 ソデムン駅 서대문
農業博物館
市庁駅
明洞駅 ミョンドン駅 명동
東大門歴史文化公園駅
P.135 どんぐりカリカチュア
도토리 캐리커쳐
サヌルリム1992 P.188
산울림1992
忠正路駅 チュンジョンノ駅
P.10 明洞
忠武路駅 チュンムロ駅 충무로
P.189 WITHMUU弘大AK&店
위드뮤 홍대 AK&점
P.18 新村～梨大
新村駅 シンチョン駅
阿峴駅 アヒョン駅 아현
会賢駅 フェヒョン駅 회현
南山韓屋村
東大入口駅
望遠駅 망원
P.16 弘大
弘大入口駅 ホンデイック駅 홍대입구
新村駅
梨大駅 이대 イデ駅
チュング 中区 중구
ATMOSphere
合井駅
西江大駅 ソガンデ駅 서강대
P.15 南大門
ソウル駅 서울역
Nソウルタワー
国立劇場
P.82 東京ビンス 도쿄빙수
弘益大
上水駅 상수
広興倉駅 クァンフンチャン駅 광흥창
西江大
大興駅 대흥 テフン駅
エオゲ駅 애오개
P.53 真味食堂 진미식당
クルタリンソコプチャン P.36 굴다리소곱창
南山公園
ボティゴゲ駅 버티고개
ハンニプソバン 淑大店 P.24 한입소반 숙대점
ロボットキンパ P.61 로봇김밥
ロッテシティホテル麻浦
P.45 烈鳳プオク 열봉부엌
Le montblanc
O'pato 오파토 P.59
2
オリンピック大路
江辺北路
孔徳駅 공덕 コンドク駅
P.207 グラッド麻浦 글래드 마포
淑大入口駅 スクデイック駅
解放村 해방촌
小雪園 소설원 P.25
麻浦駅 マポ駅
南営駅 남영 ナミョン駅
漢江鎮駅 ハンガンジン駅
the SameE 더세임 P.169
P.204 ロイネットホテル ソウル麻浦
로이넷호텔 서울 마포
孝昌公園前駅 ヒョチャン ゴンウォンアプ駅 효창공원앞
三角地駅 サムガッチ駅 삼각지
緑莎坪陸橋 P.150 녹사평보도육교
マポク 麻浦区 마포구
戦争記念館
梨泰院駅 イテウォン駅 이태원
金浦空港駅
堂山駅 당산 タンサン駅
漢江市民公園
国会議事堂
国会図書館
龍山電子商店街
龍山駅 ヨンサン駅
緑莎坪駅 ノクサピョン駅
P.18 梨泰院
西江大橋
麻浦大橋
漢江
地下鉄9号線
地下鉄5号線
P.201 NOVOTEL SUITES AMBASSADOR
노보텔 스위트 앰배서더
新龍山駅 シンヨンサン駅
Teddy Beurre House P.79 테디뵈르하우스
漢南駅 ハンナム駅
国会議事堂駅 クッケウィサダン駅
永登浦区庁駅 ヨンドンポクチョン駅 영등포구청
汝矣ナル駅 여의나루 ヨイナル駅
Eマート 龍山駅店
カンプチキン 龍山店 P.45 깐부치킨 용산점
ヨンサング 龍山区 용산구
汝矣島公園
漢江遊覧船 P.161 한강유람선
ドラゴンヒルスパ
龍山公園
永登浦市場駅 ヨンドンポシジャン駅
KBS
二村駅 イチョン駅
国立中央博物館
5号線
汝矣島駅 ヨイド駅
ザ・現代 ソウル P.163 더현대 서울
西氷庫駅 ソビンゴ駅
文来駅 ムルレ駅 문래
SPICY COLOR
永登浦駅 ヨンドンポ駅
63SQUARE P.160 63스퀘어
BOLD(HANDS) P.198 볼드핸즈
P.78 ソウベーグル 코끼리베이글
セッカン駅 샛강
Bâton meal cafe 바통 P.58
漢江大橋
盤浦大橋
新吉駅
死六臣墓
P.168 二村漢江芸術公園 이촌한강예술공원
高速ターミナル駅
京釜線
地下鉄1号線
永登浦公園
大方駅 대방 テバン駅
鷺梁津駅 노량진 ノリャンジン駅
ノドゥル駅 노들
フローティングアイランド
P.160 盤浦漢江公園 반포한강공원
トルベギチッ P.39 돌배기집
地底マウル P.53 땅끝마을
黒石駅 フクソク駅 흑석
オリンピック大路
仁川駅・水原駅
ヨンドンポグ 永登浦区 영등포구
長承ベギ駅 チャンスンベギ駅
クルムカフェ
上道駅 サンド駅 상도
中央大
トンジャック 銅雀区 동작구
銅雀駅 ドンジャク駅
地下鉄9号線
新盤浦駅 シンバンポ駅
地下鉄7号線 7호선
温水駅
新豊駅 シンプン駅
ボラメ駅
新大方サムゴリ駅
国立顕忠院
旧盤浦駅 クバンポ駅
崇実大入口駅 スンシルデイック駅 숭실대입구
崇実大
地下鉄4号線
ソチョグ 瑞草区 서초구
国立中央図書館
3
大林駅 テリム駅
ボラメ公園
総神大
大法院
九老デジタル団地駅 クロデジタルダンジ駅 구로디지털단지
内方駅 ネバン駅
梨水駅 イスイス駅
P.168 Simply K-POP
新大方駅 シンデバン駅
Veganmama P.59 비건마마
地下鉄2号線
南城駅 ナムソン駅
新林駅 シンリム駅
奉天駅 ポンチョン駅
P.91 シロアム韓方クリニック & 美 and I クリニック
실로암한의원 미앤아이의원
ヨンサング 衿川区
ソウル大入口駅 ソウルデイック駅 서울대입구
方背駅 パンベ駅 방배
クァンアクグ 冠岳区 관악구
落星垈駅 ナクソンデ駅 낙성대
舎堂駅 サダン駅
国立音楽
舎堂駅

D
E
F
凡例
見る
食べる
買う
磨く
遊ぶ
ホテル
133 A01 地下鉄・駅番号
スターバックス
マクドナルド
ケンタッキー
ロッテリア
セブンイレブン
ミニストップ
1
2
3
石渓駅
道峰山駅
弥阿サゴリ駅
ミアサゴリ駅
미아사거리
倉洞駅
石渓駅
석계
泰陵入口駅
태릉입구
石渓駅
トゥルゴジ駅
돌곶이
モッコル駅
먹골
上月谷駅 상월곡
サンウォルゴク駅
新里門駅
シニムン駅
신이문
吉音駅 길음
キルム駅
貞陵駅 정릉
月谷駅 월곡
ウォルゴク駅
中和駅
チュンファ駅
중화
忘憂駅
マンウ駅
망우
Melting pom
慶熙大
韓国外大
外大前駅
ウェデアップ駅
외대앞
上鳳駅
サンボン駅
상봉
上鳳市外バスターミナル
誠信女大入口駅
ソンシンヨデイック駅
성신여대입구
中浪駅
チュンナン駅
중랑
高麗大
高麗大駅
コリョデ駅
고려대
洪陵
誠信女大
安岩駅
アナム駅 안암
回基駅
フェギ駅
회기
面牧駅 면목
ミョンモク駅
瑞逸大
中浪区
중랑구
チュンナン
ソウル市立大
Stay knock knock
스테이넉넉 P.18
普門駅
ボムン駅
보문
黄金スパ P.97
황금스파
清涼里駅 청량리
チョンニャンニ駅
拝峰山
拝峰山公園
四佳亭駅 사가정
サガジョン駅
昌信駅 창신
チャンシン駅
清涼里駅
東廟前駅
新設洞駅
シンソルドン駅
신설동
祭基洞駅 제기동
チェギドン駅
東大門区
동대문구
トンデムン
龍馬山駅 용마산
ヨンマサン駅
峨嵯山
龍馬瀑布公園
東廟
ソウル風物市場
龍頭駅
ヨンドゥ駅
新踏駅
シンダプ駅
踏十里駅
タプシムニ駅
답십리
踏十里古美術商店街
大門駅
堂駅
上往十里駅
サンワンシムニ駅
상왕십리
馬場駅 마장
マジャン駅
龍踏駅
ヨンダプ駅
용답
長漢坪駅
チャンハンピョン駅
장한평
中谷駅 중곡
チュンゴク駅
九里市
구리시
クリシ
九里高句麗鍛冶屋村
4東大門
青丘駅 청구
チョング駅
地下鉄2号線
往十里駅
ワンシムニ駅
왕십리
城東区
성동구
ソンドング
新金湖駅
シングムホ駅
신금호
杏堂駅 행당
ヘンダン駅
漢陽大
漢陽大駅
ハニャンデ駅
한양대
君子駅 군자
クンジャ駅
ウォーカーヒル免税店
パラダイス ウォーカーヒル カジノ
P.207 ウォーカーヒルホテル&リゾート
江辺北路
漢江
オリンピック大路
P.79 BONTEMPS ソウルの森店
봉땅 서울숲점
SEOUL ANGMUSAE 聖水本店 서울앵무새 성수본점 P.191
워커힐호텔앤리조트
鷹峰駅
ウンボン駅
응봉
ソウルブルワリー聖水 P.191
서울브루어리 성수
世宗大
オリニ大公園
峨嵯山駅 아차산
アチャサン駅
金湖駅
クムホ駅
L'EAU MAGIQUE
로매지크 P.134
KANTO 칸토 P.75
Scène 쎈느 P.19
オリニ大公園駅
オリニデゴンウォン駅
어린이대공원
地下鉄5号線
P.190
ソウルの森
トゥクソム駅
AMORE 聖水 아모레 성수 P.116
クァンナル駅
광나루
UNDER STAND AVENUE
언더스탠드에비뉴
ソウルの森駅
서울숲
聖水駅
ソンス駅 성수
COMMON GROUND P.151
커먼그라운드
建国大
九宜駅
クウィ駅
広津区
광진구
クァンジング
5号線
P.169 KWANGYA@SEOUL
광야@서울
建大入口駅 건대입구
コンディック駅
風納土城
千戸駅
チョンホ駅
上一洞駅
P.19 YOUR NAKED CHEESE
유어네이키드치즈
P.117
쿠오카 성수 Kuoca Seongsu
P.20 江南中心部
江辺駅 강변
カンビョン駅
漢江市民公園
P.22 狎鷗亭洞〜清潭洞
トゥクソム遊園地駅
トゥクソムユウォンジ駅
東ソウル総合ターミナル
江東区庁駅
カンドンクチョン駅
강동구청
漢江市民公園
オリンピック大路
トゥクソム漢江公園
江辺北路
狎鷗亭ロデオ駅
압구정로데오
LCDC SEOUL 엘씨디씨 서울 P.19
狎鷗亭駅 압구정
アックジョン駅
Pizza Season 피자시즌 P.170
島山公園
聖水連邦 성수연방 P.191
ソウルオリンピック記念館
P.19 カロスキル
清潭公園
CAFE ハラボジ工場 P.151
카페 할아버지공장
蚕室ナル駅
チャムシルナル駅
オリンピック公園
清潭駅
チョンダム駅
江南区庁駅
カンナムクチョン駅
monami聖水店 모나미 성수점 P.135
P.159
夢村土城駅
ムンチョントソン駅
漢城百済駅
ハンソンベクチェ駅
新沙駅
シンサ駅
奉恩寺駅
ボンウンサ駅
봉은사
蚕室総合運動場
ロッテワールドアクアリウム
롯데월드아쿠아리움
鶴洞公園
三成中央駅
サムソンジュンアン駅
삼성중앙
蚕室セネ駅
チャムシルセネ駅
蚕室駅
チャムシル駅
松坡ナル駅
ソンパナル駅
論峴駅
ノンヒョン駅
鶴洞駅 학동
ハクドン駅
総合運動場駅
チョンハプウンドンジャン駅
종합운동장
ロッテワールド
地下鉄7号線
宣靖陵駅
ソンジョンヌン駅
선정릉
韓国総合貿易センター
P.205 ロッテホテルワールド
롯데호텔월드
石村湖
ロッテワールドタワー展望台ソウルスカイ P.159
롯데월드타워 전망대 서울스카이
三陵公園
三成駅 삼성
サムソン駅
蚕院
浦駅 バンポ駅 반포
彦州駅 언주
オンジュ駅
石村古墳駅
ソクチョンコブン駅
石村駅 석촌역
ソクチョン駅
新論峴駅 신논현
シンノンヒョン駅
P.99 ヨヨングク韓方スパ
여용국한방스파
宣陵駅 선릉
ソルルン駅
三田駅
サムジョン駅
삼전
砂平駅
サピョン駅
国技院
盤浦
石村洞百済初期積石塚
地下鉄2号線
駅三駅 역삼
ヨクサム駅
ハンティ駅
한티
ハンニョウル駅
학여울
ソンパグ
松坡区
송파구
松坡駅
ソンパ駅
江南駅 강남
カンナム駅
カンナムグ
江南区
강남구
ソウル貿易展示場
益唐・長旨高速道路
教大駅 교대
キョデ駅
小雪ホテル P.206
소설호텔
大峙駅
テジ駅 대치
大庁駅
テチョン駅 대청
可楽市場駅
カラクシジャン駅
가락시장
ソウル教育大
新羅ステイ瑞草 P.206
신라스테이서초
道谷駅 도곡
トゴク駅
大母山入口駅
テモサンイック駅
대모산입구
文井洞ロデオ通り
南部ターミナル駅
ナムブターミナル駅
남부터미널
ヤンジェ駅
良才駅 양재
開浦洞駅
ケポドン駅
개포동
水西駅 수서
スソ駅
文井駅
ムンジョン駅
メボン駅
매봉
九龍駅
クリョン駅
구룡
逸院駅 일원
イルウォン駅
瑞草
良才川
炭川
ソウル南部ターミナル
プイルカルビ P.39
부일갈비
長旨駅
チャンジ駅
芸術の殿堂
新盆唐線
大母山
亭子駅

ソウル中心部
0 150 300m
A
B
C
1
2
3
青瓦台
神武門
新橋洞
신교동
三清洞
삼청동
国立民俗博物館
正読図書館
北村韓屋村
玉仁洞
옥인동
通仁市場
白松
goghi
P.137 ALL WRITE
올라이트
IHWA HANOK
培花女子大
P.203 Hanok Essay Seochon
한옥에세이 서촌
P.29 土俗村
토속촌
P.129 One more bag
원모어백
社稷公園
Victoria Bakery P.77
빅토리아 베이커리
慶会楼
ポアン旅館 P.163
보안여관
景福宮
Café spring
迎秋門
キョチョンチキン
古宮博物館
光化門
エコパブサン
社稷路
景福宮駅
キョンボックン駅
경복궁
Gyeongbokgung
内資洞キル
政府中央庁舎
光化門公園
世宗大路
光化門広場
世宗文化会館
P.12 三清洞
建春門
錦湖美術館
国立現代美術館 ソウル館
北村文化センター
P.13 仁寺洞
安国駅
アングク駅
안국 Anguk
雲峴
鍾路署
郵政局路
鍾路区庁
仁寺洞
인사동
鍾路タワー
YMCA観光
鍾閣駅
チョンガク駅
Jonggak
종각
鍾路 종로
清渓川
韓国観光公社
貫鉄洞
관철동
CENTERI
大新中高校
仏光駅
社稷路
独立門
慶熙宮
ソウル歴史博物館
caffé bene
光化門救世軍店
光化門駅
クァンファムン駅
광화문
Gwanghwamun
東和免税店
コリアナ
ニュー国際
朝鮮日報美術館
セシル劇場
徳寿宮
市庁駅
ソウル市庁
乙支路入口駅
ウルチロイック駅
을지로입구
Euljiro 1-ga
乙支路 을지로
ロッテ
ロッテ百貨店
メトロ
ウェスティン
アヴェニュエル
イビス・アンバサダー明洞
ソウルロイヤル
明洞聖堂
M PLAZA
貨幣金融博物館
中央局
Myeongdong
명동
ミョンドン駅
明洞駅
忠武路
STATE TOWER
ニューオリエンタル
新世界百貨店
P.10 明洞
平洞
평동
西大門区
서대문구
ソデムング
江北三星病院
ソウル赤十字病院
JUMP
徳寿宮キル
ハノッチッ
西大門駅
Seodaemun
農業博物館
バビエン2
バビエン1
義州路
徳寿宮伝統チャッチプ
西大門路
市庁駅
シチョン駅
시청
City Hall
五福亭
三星本館
三星生命
チョンウォンスンドゥブ
新村駅
京義線
P.96 美素汗蒸幕
비스한증막
忠正路駅
チュンジョンノ駅
Chungjeongno
青坡路
ラマダホテル&スイーツ ソウル
崇礼門(南大門)
MAMA
南大門市場
南大門洞
남대문로
会賢駅
フェヒョン駅
회현 Hoehyeon
南海食堂
P.15 南大門
パシフィック
P.64 木覓山房
목멱산방
小波キル
崇義女子大
P.99 イ・ビョンソン チャム美人
이평선 참미인
八角亭
孔徳駅
2号線
ウォンダンカムジャタン
P.203 ホテルマヌ
호텔마누
P.143 ロッテマート ソウル駅店
롯데마트 서울역점
Angel-in-us Coffee ソウル駅ビルconcos店
ソウル駅
서울역
Seoul Station
4号線
ソウルスクエア
南大門署
南山ケーブルカー
南山3号トンネル
安重根義士記念館
P.158 n・GRILL
엔그릴
P.158 Nソウルタワー
N 서울타워
龍山区
용산구
ヨンサング
厚岩洞キル
京釜線
P.19 COMFORT SEOUL
콤포트 서울
龍山駅
三角地駅
ソウル中心部
Nソウルタワー
63SQUARE
ロッテワールド
周辺図 P.4-5

D
E
F
倉洞駅
明倫洞
명륜동
植物園
ソウル科学館
P.15大学路
恵化駅
Hyehwa
혜화
ソウル医科大
漢城大
駱山公園
三仙洞
삼선동
安岩駅
P.8鍾路周辺
昌徳宮
ソウル大病院
アルコ芸術劇場
韓国放送通信大
昌慶宮
昌徳公園
敦化門
栗谷路
チョンノグ
鍾路区
종로구
4号線
昌信駅
チャンシン駅
Changsin
창신
6号線
普門洞
보문동
永寧殿
正殿
宗廟
P.203 glue hotel
글루호텔
孝悌洞
효제동
大学路
昌慶宮路
忠信市場
新設洞駅
東廟前駅
旺山路
1号線
東大門城郭公園
Dongdaemun
동대문
トンデムン駅
東大門駅
興仁之門(東大門)
東廟前駅
トンミョアプ駅
Dongmyo
鍾路3街駅
世運スクエア
恵化署
鍾路5街駅
チョンノオガ駅
종로5가
Jongno 5-ga
鍾路3街駅
チョンノサムガ駅
종로3가
Jongno 3-ga
東大門総合市場
清渓川
広蔵市場
平和市場
斗山タワー
maxtyle
第一平和市場
光熙市場
芳山市場
国立中央医療院
乙支路4街駅
訓練院公園
hello apM
apM
馬場路
마장로
東大門歴史文化公園
U:US
グッドモーニングシティ
Euljiro 3-ga
을지로3가
ウルチロサムガ駅
乙支路3街駅
乙支路4街駅
ウルチロサガ駅
을지로4가
Euljiro 4-ga
乙支路
을지로
訓練院路
LOTTE FIT IN
忠武アートホール
新堂駅
シンダン駅
Sindang
往十里キル
2号線
往十里駅
乙支路3街駅
明宝アートホール
敦化門路
東大門歴史文化公園駅
トンデムンヨクサムンファゴンウォン駅
동대문역사문화공원
Dongdaemun History&Culture Park
楽教会
中部署
中区庁
冷麺横丁
水標ダリキル
ベオゲキル
退渓路
퇴계로
トッポッキ横丁
茶山路
충무로 Chungmuro
チュンムロ駅
忠武路駅
第一病院
退渓路 퇴계로
P.14東大門
奨忠洞
장충동
新堂洞
신당동
青丘駅
青丘駅
청구
チョング駅
Cheonggu
5号線
グランド・アンバサダー・ソウル
コリアハウス
東大入口駅
トンデイック駅
동대입구
Dongguk Univ.
紙ナラ博物館
南山コル韓屋マウル
P.34 金豚食堂
금돼지식당
東国大
奨忠壇公園
チュング
中区
중구
P.145 新羅免税店 ソウル店
신라면세점서울점
P.201,207 ソウル新羅ホテル
서울신라호텔
P.120 su:m37° 新羅免税店本店
숨37° 신라면세점본점
薬水駅
ヤクス駅
Yaksu
약수
東湖路
南山1号トンネル
南山公園
国立劇場
奨忠壇キル
鷹峰近隣公園
P.206
バンヤンツリークラブ＆スパソウル
반얀트리 클럽 앤 스파 서울
梨泰院駅
ボティコゲ駅
Beotigogae
玉水駅
1
2
3

A
B
C
1
2
3
正読図書館
韓国美術博物館
慶会楼
アートソンジェセンター
ソウル斎洞小
司練洞
사간동
斉洞
재동
北村文化センター
P.154 景福宮
경복궁
国立現代美術館
ソウル館
CU
仁政
憲法裁判所
徳成女子中
P.97 仁寺洞汗蒸幕
인사동한증막
建春門
徳成女子高
敦化
ポーランド大使館
錦湖美術館
P.13 仁寺洞
安国洞
안국동
GS25
栗谷路
율곡로
光化門
松峴洞
송현동
雲泥洞
운니동
シティーパーク
仏光駅
安国駅 アングク駅
안국 Anguk
豊文女子高
イムスハウス
327
3号線 3호선
雲峴宮
雲峴小
社稷路
鍾路署
景福宮駅
キョンボックン駅
경복궁
Gyeongbokgung
P.12 三清洞
P.24 アプロエパンチプ
앞으로의빵집
政府ソウル庁舎
在大韓民国日本国大使館
GS25
郵政総局
逓信記念館
ギャラリーガイア
ソウル慶雲学校
益善
光化門公園
光化門広場
寿松洞
수송동
韓国仏教
歴史文化記念館
P.206 イビスアンバサダーソウル仁寺洞
이비스 앰배서더 서울 인사동
仁寺アートセンター
P.81 청수당 清水堂
内需洞
내수동
木人博物館
世宗大路
세종대로
郵政局路
曹渓寺
セリム
マダンフラワーカフェ
마당플라워카페
P.80
新韓
アメリカ大使館
堅志洞
견지동
鍾路区庁
韓国観光名品店
P.80 小夏塩田
소하염전
ウォンダンカムジャタン
西大門駅
世宗文化会館
CU
フレイザースイーツ
534
鍾路3街駅
清進洞
청진동
三峰キル
GS25
종로3
533
5号線 5호선
トンジ
光化門駅 광화문
仁寺コリア
クァンファムン駅
Gwanghwamun
公平洞
공평동
仁寺洞
인사동
教保ビル
タプコル公園
鍾路屋台
キョボムンゴ
光化門店
甘村 감촌 P.49
P.206
SC第一
鍾路タワー
ソリンナッチ P.65
서린낙지
131
YMCA
P.63 明朗ホットドッグ
명랑핫도그
フォーシーズンズホテルソウル
포시즌스호텔서울
鍾路 종로
종각 鐘閣駅
Jonggak
チョンガク駅
外換
CU
GS25
東和免税店
ヨンプンムンゴ
鍾路本店
光化門郵便局
CU
ソウルシティツアーバス
清渓広場
清渓川 청계천
Caffe Themselves
貫鉄洞
관철동
ハナ
新韓
韓国産業
P.206
コリアナホテル
코리아나호텔
ニューソウルホテル P.206
뉴서울 호텔
韓国観光公社 HiKR Ground P.163
한국관광공사 하이커그라운드
1号線
朝鮮日報
美術館
ニュー国際ホテル
뉴국제호텔
P.205
三角洞
삼각동
ハンファビル
武橋洞プゴグッチッ P.51
무교동 북어국집
CENTER1
セシル劇場
P.10 明洞
武橋洞
무교동
ソウル市庁
釜山
2号線
2호선
乙支路
을지로
ウリ
P.154
徳寿宮
덕수궁
202
乙支路入口駅
을지로입구
ウルチロイック駅
Euljiro 1-ga
ハナ
CU
明洞1街
명동1가
132
ソウル広場
プレジデント
ロッテホテルソウル明洞
P.31
小公粥家
소공죽집
メトロ
CU
市庁駅
南大門路
プラザホテル
ロッテ百貨店
白病院
マルンネキル
ソウル市議会
別館
ウェスティン朝鮮ホテル
201
アヴェニュエル
イビス・アンバサダー明洞
P.207 ナインツリープレミアホテル明洞II
나인트리 프리미어호텔명동II
ソウルロイヤル
市庁駅
City Hall 시청
シチョン駅
長安参鶏湯
明洞芸術劇場
永楽教会
明洞2街
명동2가
中部署
CU
明洞キル
新村駅
満足五香チョッパル P.71
만족오향족발
ロッテ
ヤングプラザ
P.205 G2ホテル
G2호텔
明洞聖堂
水標ダリキル
デウイン
GS25
三星本館
M PLAZA
啓星女子高
貨幣金融博物館
CLICK HOTEL
忠武路
三星生命本社
太平路
チュング
中区
중구
CU
ホテルグレイスリーソウル P.205
호텔그레이스리 서울
中央局
424
新世界百貨店
明洞駅 ミョンドン駅
명동 Myeongdong
ソウル駅

鍾路周辺
0 100 200m
周辺図 P.6-7
景福宮
昌徳宮
宗廟
明洞聖堂
鍾路周辺
ソウル駅
Nソウルタワー
P.15大学路
P.14東大門
倉洞駅
アルコ芸術劇場
ソウル医科大
ソウル大学病院
CU
KTプラザ
弘益大 大学路キャンパス
大造殿
昌徳宮P.152
창덕궁
臥龍洞
와룡동
昌慶宮P.154
창경궁
弘化門
昌徳公園
勧農洞
권농동
永寧殿
宗廟P.153
종묘
チョンノグ
鍾路区
종로구
正殿
may 9th P.112
메이나인쓰
廟洞
묘동
薫井洞
훈정동
ミルトーストP.79
밀토스트
古宮
昌慶宮路
창경궁로
大学路
テハンノ
대학로
忠信市場
アットホーム
アミガ
ソウル孝悌小
世運スクエア
恵化署
P.37プルタヌンコプチャン
불타는곱창
GS25
咸興コムボ冷麺
ウォンハルモニポッサム鍾路5街店
鳳翼洞
봉익동
仁義洞
인의동
宗廟市民公園
1号線
1호선
鍾路5街駅
チョンノオガ駅
종로5가
Jongno 5-ga
鍾路
종로
鍾路3街駅
Jongno 3-ga
鍾路3街駅
チョンノサムガ駅
新韓
ユッケチャメチッ
P.68広蔵市場
광장시장
明洞タッカンマリ
東大門総合市場
東大門駅
元祖ウォンハルメ・ソムンナン・タッカンマリ
平和市場
清渓川
청계천
世運商店街
観水洞
관수동
セントラル観光
3号線
KB国民
P.48 ウンジュジョン
은주정
芳山市場
芳山洞
방산동
笠井洞
입정동
山林洞
산림동
又来屋
乙支路4街駅
ウルチロサガ駅
을지로4가
Euljiro 4-ga
大林商店街
ウェスタンコープレジデンス
ベニキアホテルアカシア
訓練院公園
国立中央医療院
P.74 アートシフト
아트쉬프트
良味屋
ハナ
2号線
2호선
グッドモーニングシティ
往十里駅
乙支路3街駅
ウルチロサムガ駅
을지로3가
Euljiro 3-ga
仁峴洞1街
인현동1가
三豊商店街
ホテル国都P.205
호텔국도
訓練院路
훈련원로
乙支路
을지로
ニュー天地観光
ファッションTV
ウリ
明洞花マッド汗蒸幕P.97
명동하나머드한증막
徳寿中
ベオゲ通り
五壮洞
오장동
光熙洞1街
광희동1가
東大門歴史文化公園駅
オモリチゲ乙支路店
ホテルPJ P.206
호텔 PJ
5号線
5호선
冷麺横丁
五荘洞興南チプ
マルンネ通り
東大門歴史文化公園駅
トンデムンヨクサムンファゴンウォン駅
동대문역사문화공원
Dongdaemun History&Culture Park
中区庁
現代レジデンス
CJ FOODWORLD
敦化門路
仁峴洞2街
인현동2가
進陽商店街
筆洞
필동
退渓路
퇴계로
4号線
4호선
青丘駅
忠武路レジデンスホテル
フルリョンウォルロ
奨忠壇キル
松竹
Chungmuro
チュンムロ駅
충무로
忠武路駅
忠武小
第一病院
アストリアホテル
薬水駅

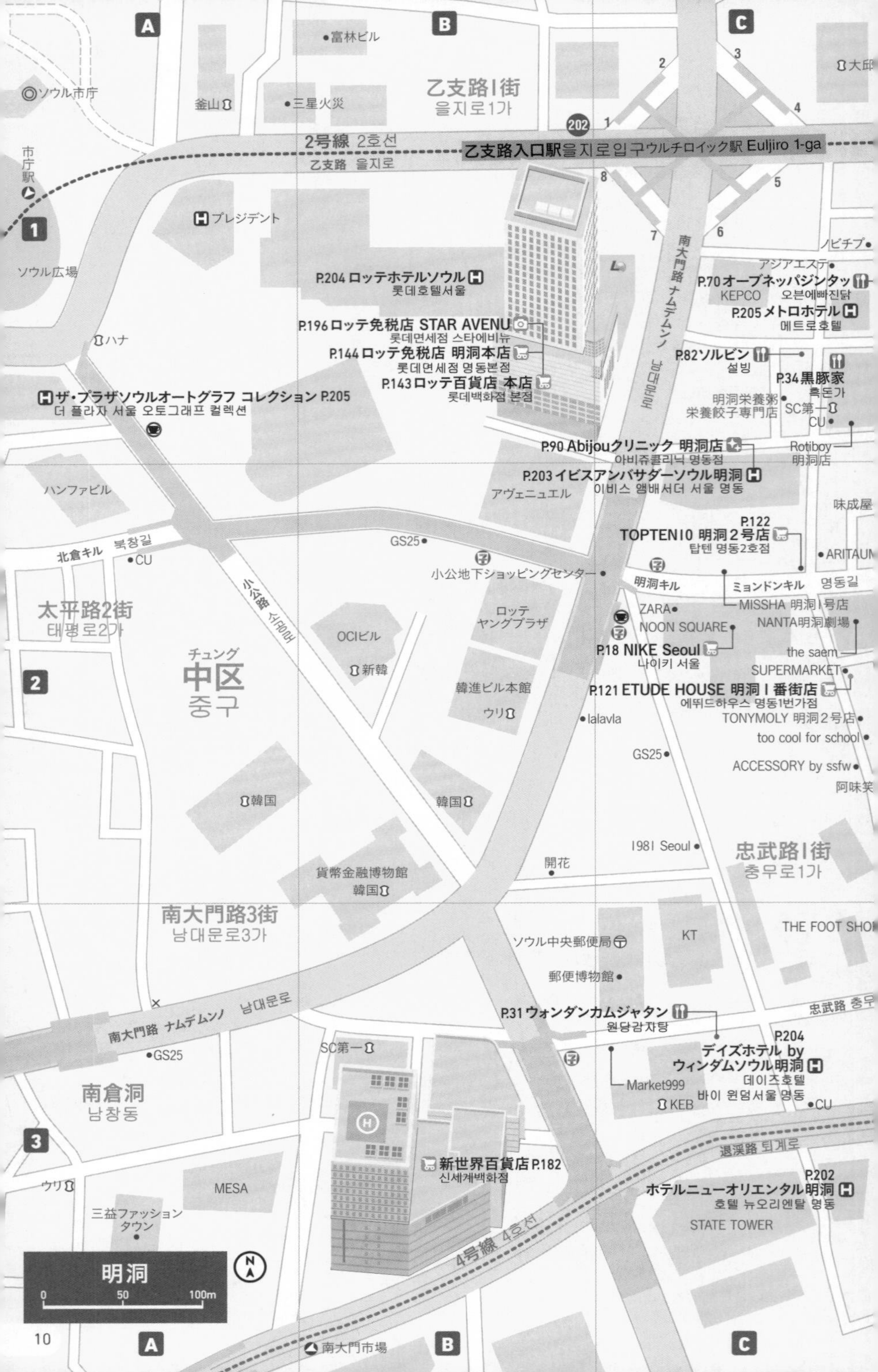

明洞
0
50
100m
A
B
C
1
2
3
富林ビル
ソウル市庁
金山
三星火災
乙支路1街
을지로1가
202
2号線 2호선
乙支路入口駅을지로입구ウルチロイック駅 Euljiro 1-ga
乙支路 을지로
市庁駅
プレジデント
ソウル広場
P.204 ロッテホテルソウル
롯데호텔서울
P.196 ロッテ免税店 STAR AVENUE
롯데면세점 스타에비뉴
P.144 ロッテ免税店 明洞本店
롯데면세점 명동본점
P.143 ロッテ百貨店 本店
롯데백화점 본점
ハナ
ザ・プラザソウルオートグラフ コレクション P.205
더 플라자 서울 오토그래프 컬렉션
大邱
ノビチプ
アジアエステ
P.70 オーブネッパジンタッ
KEPCO
오븐에빠진닭
P.205 メトロホテル
메트로호텔
P.82 ソルビン
설빙
P.34 黒豚家
흑돈가
明洞栄養粥
栄養餃子専門店
SC第一
CU
Rotiboy
明洞店
南大門路 ナムデムンノ
남대문로
P.90 Abijouクリニック 明洞店
아비쥬클리닉 명동점
P.203 イビスアンバサダーソウル明洞
이비스 앰배서더 서울 명동
アヴェニュエル
ハンファビル
味成屋
P.122
TOPTEN10 明洞2号店
탑텐 명동2호점
GS25
ARITAUM
北倉キル 북창길
CU
小公地下ショッピングセンター
明洞キル
ミョンドンキル 명동길
MISSHA 明洞1号店
太平路2街
태평로2가
小公路 소공로
OCIビル
ロッテ
ヤングプラザ
ZARA
NOON SQUARE
NANTA明洞劇場
P.18 NIKE Seoul
나이키 서울
the saem
SUPERMARKET
チュング
中区
중구
新韓
韓進ビル本館
ウリ
P.121 ETUDE HOUSE 明洞1番街店
에뛰드하우스 명동1번가점
lalavla
TONYMOLY 明洞2号店
too cool for school
GS25
ACCESSORY by ssfw
阿味笑
韓国
韓国
1981 Seoul
開花
忠武路1街
충무로1가
貨幣金融博物館
韓国
南大門路3街
남대문로3가
ソウル中央郵便局
KT
THE FOOT SHOP
郵便博物館
P.31 ウォンダンカムジャタン
원당감자탕
忠武路 충무로
南大門路 ナムデムンノ 남대문로
GS25
SC第一
P.204
デイズホテル by
ウィンダムソウル明洞
데이즈호텔
바이 윈덤서울 명동
Market999
KEB
CU
南倉洞
남창동
退渓路 퇴계로
新世界百貨店 P.182
신세계백화점
P.202
ホテルニューオリエンタル明洞
호텔 뉴오리엔탈 명동
ウリ
MESA
三益ファッション
タウン
4号線 4호선
STATE TOWER
南大門市場

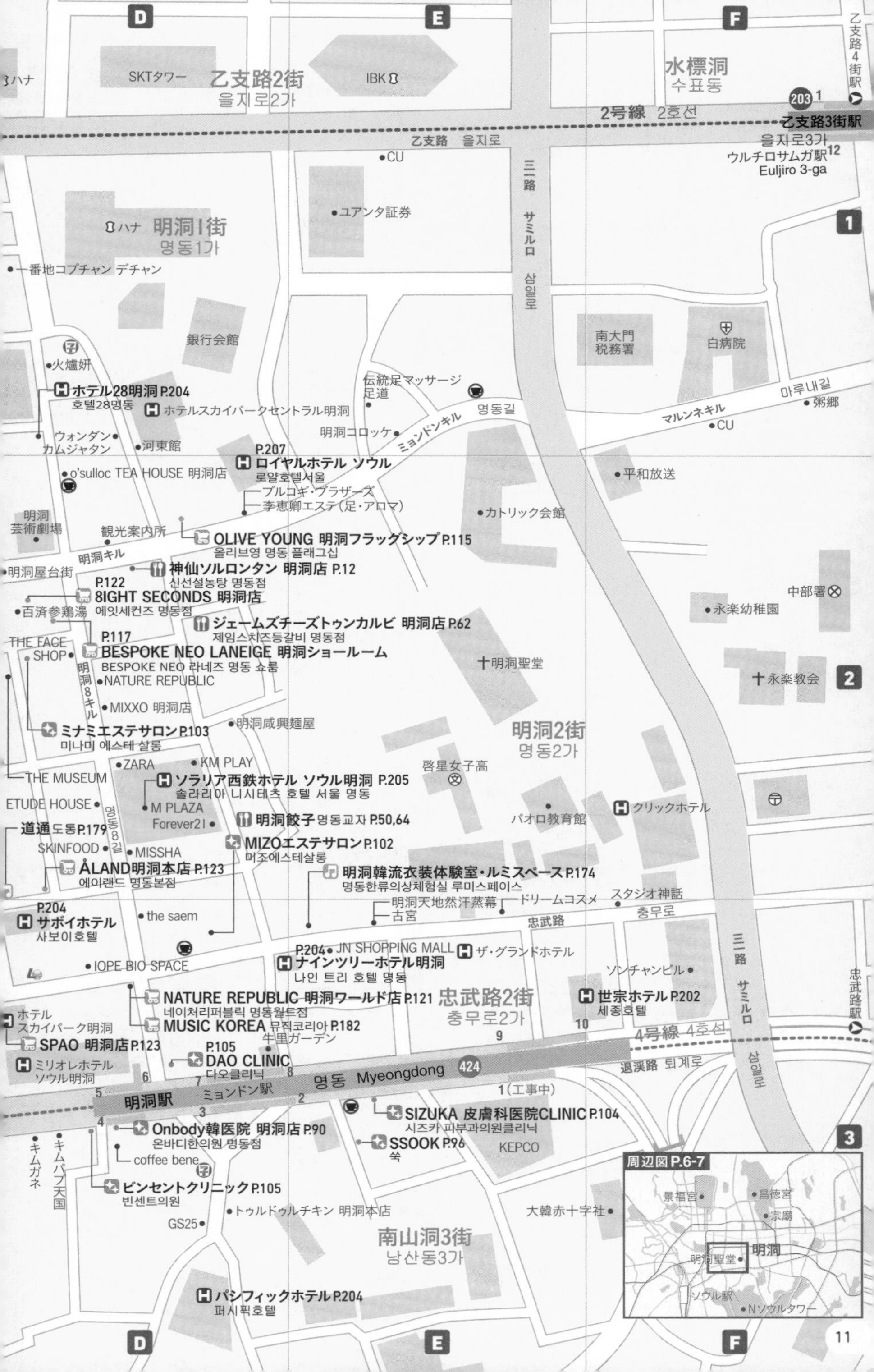
乙支路2街
을지로2가
SKTタワー
IBK
水標洞
수표동
2号線 2호선
乙支路3街駅
을지로3가
ウルチロサムガ駅
Euljiro 3-ga
乙支路4街駅
乙支路 을지로
三一路 サミルロ 삼일로
明洞1街
명동1가
ハナ
ユアンタ証券
CU
一番地コプチャン デチャン
銀行会館
南大門税務署
白病院
火爐姸
ホテル28明洞 P.204
호텔28명동
ホテルスカイパークセントラル明洞
伝統足マッサージ足道
ミョンドンキル 명동길
マルンネキル 마루내길
粥郷
明洞コロッケ
ウォンダン カムジャタン
河東館
P.207 ロイヤルホテル ソウル
로얄호텔서울
o'sulloc TEA HOUSE 明洞店
プルコギ・ブラザーズ
李恵卿エステ(足・アロマ)
平和放送
カトリック会館
明洞芸術劇場
観光案内所
OLIVE YOUNG 明洞フラッグシップ P.115
올리브영 명동 플래그십
明洞キル
明洞屋台街
神仙ソルロンタン 明洞店 P.12
신선설농탕 명동점
P.122 8IGHT SECONDS 明洞店
에잇세컨즈 명동점
百済参鶏湯
中部署
永楽幼稚園
ジェームズチーズトゥンカルビ 明洞店 P.62
제임스치즈등갈비 명동점
THE FACE SHOP
P.117 BESPOKE NEO LANEIGE 明洞ショールーム
BESPOKE NEO 라네즈 명동 쇼룸
明洞8キル
NATURE REPUBLIC
MIXXO 明洞店
明洞聖堂
永楽教会
ミナミエステサロン P.103
미나미 에스테 살롱
明洞咸興麺屋
明洞2街
명동2가
ZARA
KM PLAY
啓星女子高
THE MUSEUM
ソラリア西鉄ホテル ソウル明洞 P.205
솔라리아 니시테츠 호텔 서울 명동
ETUDE HOUSE
M PLAZA
Forever21
パオロ教育館
クリックホテル
명동8길
明洞餃子 명동교자 P.50,64
道通 도통 P.179
MIZOエステサロン P.102
머조에스테살롱
SKINFOOD
MISSHA
ÅLAND明洞本店 P.123
에이랜드 명동본점
明洞韓流衣装体験室・ルミスペース P.174
명동한류의상체험실 루미스페이스
明洞天地然汗蒸幕
古宮
ドリームコスメ
スタジオ神話
P.204 サボイホテル
사보이호텔
the saem
忠武路 충무로
P.204 JN SHOPPING MALL
ザ・グランドホテル
IOPE BIO SPACE
ナインツリーホテル明洞
나인 트리 호텔 명동
ソンチャンビル
NATURE REPUBLIC 明洞ワールド店 P.121
네이처리퍼블릭 명동월드점
忠武路2街
충무로2가
世宗ホテル P.202
세종호텔
ホテル スカイパーク明洞
MUSIC KOREA 뮤직코리아 P.182
牛里ガーデン
忠武路駅
4号線 4호선
SPAO 明洞店 P.123
P.105 DAO CLINIC
다오클리닉
ミリオレホテル ソウル明洞
명동 Myeongdong
424
退渓路 퇴계로
明洞駅
ミョンドン駅
1(工事中)
SIZUKA 皮膚科医院CLINIC P.104
시즈카 피부과의원클리닉
Onbody韓医院 明洞店 P.90
온바디한의원 명동점
キムガネ
キムパプ天国
SSOOK P.96
쑥
KEPCO
coffee bene
ビンセントクリニック P.105
빈센트의원
トゥルドゥルチキン 明洞本店
大韓赤十字社
GS25
南山洞3街
남산동3가
パシフィックホテル P.204
퍼시픽호텔
周辺図 P.6-7
景福宮
昌徳宮
宗廟
明洞
明洞聖堂
ソウル駅
Nソウルタワー

三清洞
0 50 100m
周辺図 P.6-7
三清洞
鍾路区
종로구
八判洞
팔판동
嘉会洞
가회동
花洞
화동
桂洞
계동
斉洞
제동
昭格洞
소격동
安国洞
안국동
司諫洞
사간동
松峴洞
송현동
slow garden
雪木軒
三清ギャラリー
CU
みみずく博物館
dodry
オンマウル
ベトナム大使館
ユ・ギルジョン住居跡
ソウルで2番目においしい店
慶南大北韓大学院
韓国金融研修院
素饍斎
ペドンバジ
三清洞役場
北村八景
三清洞スジェビ
セマウル
ソルメマウル
CAFE TERRACE
中央中
ソウル中央高
北村東洋文化博物館
コンブル
DAL
青受亭
Cook'n Heum
三清洞キル
北村七景
北村六景
ウリ
8 steps
CAFÉ W.e.
Chataigne
北村韓屋マウル
三清教会
126マンション
北村四景
北村五景
北村三景
ジョンイナムギャラリー P.132
종이나무갤러리
嘉会博物館
佳画堂
sogno
lamove
国立民俗博物館
嘉会洞聖堂
ソスル大門李家
大東情報産業高
東琳メドゥプ博物館
CU
北村ゲストハウス
正読図書館
景福宮
桂洞珈琲
ソウル伝統文化体験館
韓国美術博物館
宮宴
北村二景
CU
昌徳宮6キル
창덕궁6길
国際ギャラリー
ヒドンア オンマダ
corcaroli & tulip
Luielle
P.202 Lee Ho Sorak
이호소락
黄生家カルグクス
Coffee Factory
NONFICTION三清 P.112
논픽션 삼청
楽古斎
P.59 SALT HOUSE 安国
소금집 안국
P.78 LONDON BAGEL MUSEUM 安国店
런던 베이글 뮤지엄 안국점
ソウル教育館
北村観光案内所
ソウル斎洞小
アートソンジェセンター
北村キル
tanello
北村観光案内所
北村キル 북촌길
北村一景
北村麺屋
モッシドンナ P.48
먹쉬돈나
カルマ
北村文化センター
秘苑ソンカルグクス
架橋
egg
Café Co
DOTORI GARDEN P.75
도토리가든
旴一窯
国立現代美術館 ソウル館
P.103 Tea Therapy
티테라피
onion安国店
現代建設
昌徳宮
P.175 Oneday hanbok
원데이한복
PLOP安国 P.71
플롭 안국
苑西公園
建春門
憲法裁判所
徳成女子高
現代ビル
ポーランド大使館
徳成女子中
斎洞スンドゥブ
昌徳宮券売所・案内所
錦湖美術館
stori
ギャラリーミル P.132
갤러리미르
アンギルサガ P.203
안길사가
ギャラリー現代
ピョルグン食堂
3号線 3호선
栗谷路 ユルゴンノ 율곡로
ソムニ P.132
숨니
斗佳軒
GS25
豊文女子高
サマンビル
ウリ
安国駅 アングク駅 안국 Anguk
ヨルリン松峴緑地広場
ハナ
二老堂
遺物展示館
雲峴小
景福宮駅
東十字閣
雲峴宮
ムーンゲストハウ
栗谷路 율곡로 ユルゴンノ
ソウル
老人福祉センター
鍾路署
北仁寺 観光案内所
サマーセットパレスソウル
三一路 サミルロ 삼일로
嘉会路 가회로
三清洞キル サムチョンドンキル 삼청동길
教育キル
桂洞キル
ケドンキル
昌徳宮キル
明洞聖堂
Nソウルタワー
ソウル駅
宗廟
昌徳宮

仁寺洞
0 50 100m
周辺図 P.6-7
景福宮
昌徳宮
宗廟
仁寺洞
明洞聖堂
ソウル駅
Nソウルタワー
安国洞
안국동
安国駅 アングク駅 안국 Anguk
3号線 3호선
栗谷路 ユルゴンノ 율곡로
三路 サミルロ 삼일로
鍾路3街駅
GS25
ウリ
ハナ
328
二老堂
遺物展示館
ムーンゲストハウス
雲峴宮
雲峴小
ソウル老人福祉センター
チョンノグ
鍾路区
종로구
OLIVE YOUNG
北仁寺観光案内所
五嘉茶 P.82
오가다
ヨルリム筆房 P.133
열림필방
P.162
アンニョン仁寺洞
안녕인사동
鍾路署
徳成女子大
天道教中央大教堂
ウリ
ヌィジョ
チョン
サグァナム
ガナ・アート・スペース
ギャラリーガイア
ソウル慶雲学校
ソウル校洞小
永昌
承文閣
耕仁美術館
関家茶軒
伝統茶院
東方画廊
慶雲洞
경운동
文化紙業社
トゥデムンチブ
仁寺洞キル インサドンキル 인사동길
P.184 サムジキル
쌈지길
ソリハナ P.130
소리하나
韓国工芸文化振興院
仁寺アートセンター
木人博物館
P.130 国際刺繍院
국제자수원
水曜日
寺洞麺屋
オス
山村
インサ・アート・プラザ
全国公演団体協会
仁寺洞クラウンホテル
鍾路税務署
阿利水
白岳美術館
休
通仁カゲ
キョンアート
P.163,184 仁寺洞マル
인사동마루
伝統茶屋仁寺洞
韓国工芸館
セリム
新韓
P.163 ミュージアムキムチ間
뮤지엄김치간
テンマルチブ
トゥレ
P.205 ホテルアベンツリー鍾路
호텔 아벤트리 종로
SK建設ビル
ソンビホテル
全北紙業社
楽園トッチブ
選アートセンター
京一韓紙百貨店
韓国観光名品店
フレイザースイーツ
チファジャチョッタ
峰元筆房
ソグムイニョン
楽園商店街
乙支路4街駅
534
鍾路3街駅
종로3가
チョンノサムガ駅
Jongno 3-ga
GS25
泰和館キル
GS25
アルムダウン茶博物館
国際刺繍院
ピジュン
韓紙イヤギ
5号線 5호선
神仙ソルロンタン
ドウォン両替所
レッド・マンゴー
ネイチャー・リパブリック
日新堂筆房
古館
ハナロビル
テファビル
ハンミビル
和信屋台村
勝洞教会
南仁寺観光案内センター
タプコル公園
郵政局路 ウジョングンノ 우정국로
鍾路タワー
3-1
131
鍾路2街
종로2가
公平洞
공평동
仁寺洞
인사동
ボン・ピビンパッ
YMCA観光
清進食堂
サブウェイ
1号線 1호선
鐘閣駅 종각 チョンガク駅
Jonggak
ミシャ
鍾路 チョンノ 종로
貫鉄洞
관철동
普信閣
鍾路3街駅
D
E
F
1
2
3

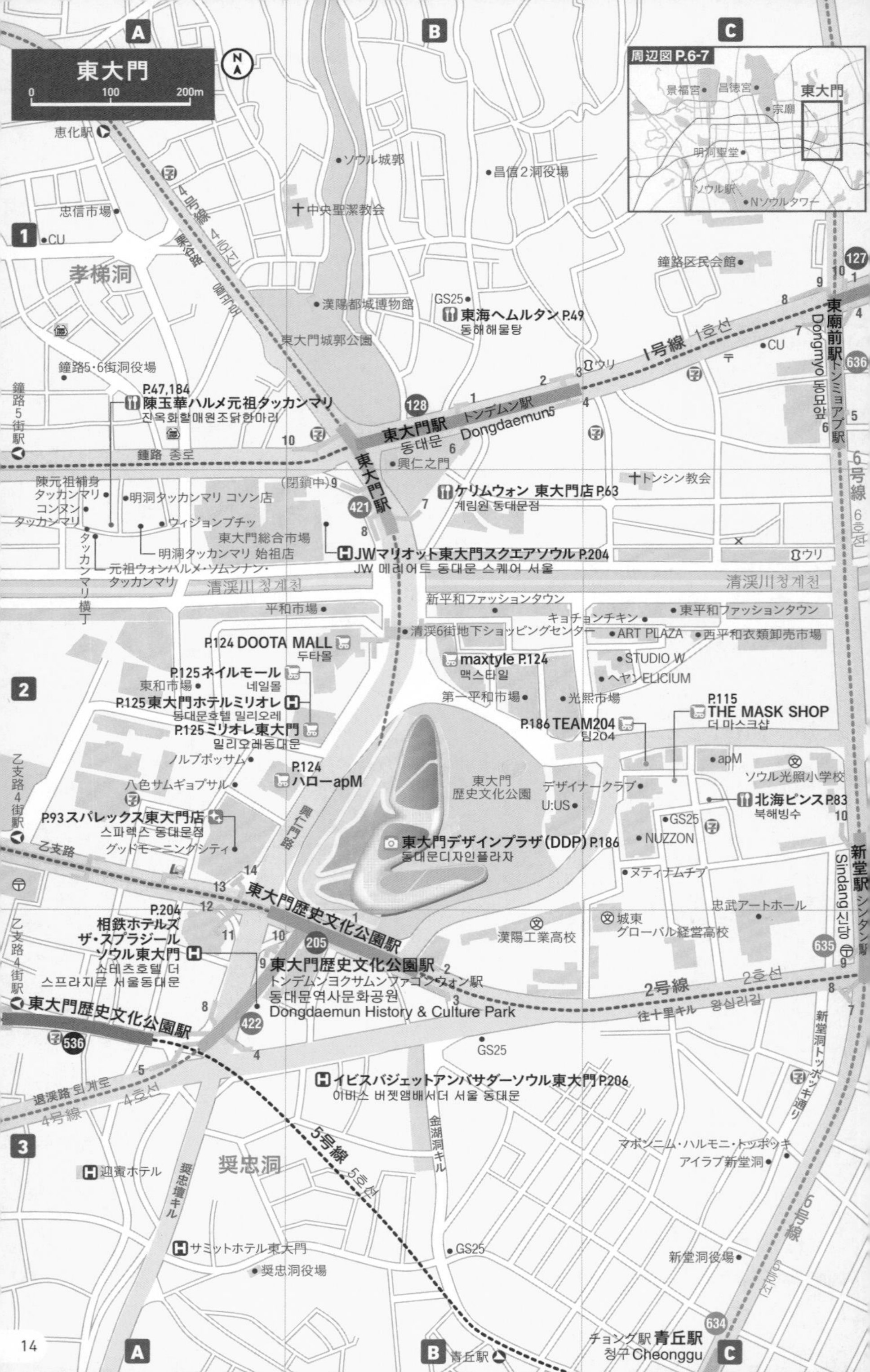
東大門
0 100 200m
周辺図 P.6-7
景福宮
昌徳宮
東大門
宗廟
明洞聖堂
ソウル駅
Nソウルタワー
恵化駅
ソウル城郭
昌信2洞役場
忠信市場
十中央聖潔教会
CU
孝悌洞
鍾路区民会館
漢陽都城博物館
GS25
東海ヘムルタン P.49
동해해물탕
東廟前駅
Dongmyo 동묘앞
トンミョアプ駅
東大門城郭公園
1号線 1호선
CU
鍾路5·6街洞役場
P.47,184
陳玉華ハルメ元祖タッカンマリ
진옥화할매원조닭한마리
東大門駅
トンデムン駅
동대문 Dongdaemun
鍾路5街駅
鍾路 종로
興仁之門
陳元祖補身タッカンマリ
コンヌンタッカンマリ
明洞タッカンマリ コソン店
(閉鎖中)
ケリムウォン 東大門店 P.63
계림원 동대문점
十トンシン教会
ウィジョンプチッ
東大門総合市場
明洞タッカンマリ 始祖店
元祖ウォンハルメ・ソムンナン・タッカンマリ
タッカンマリ横丁
JWマリオットソ東大門スクエアソウル P.204
JW 메리어트 동대문 스퀘어 서울
ウリ
清渓川 청계천
6号線 6호선
新平和ファッションタウン
平和市場
キョチョンチキン
東平和ファッションタウン
清渓6街地下ショッピングセンター
ART PLAZA
西平和衣類卸売市場
P.124 DOOTA MALL
두타몰
maxtyle P.124
맥스타일
STUDIO W
P.125 ネイルモール
네일몰
東和市場
ヘヤンELICIUM
P.125 東大門ホテルミリオレ
동대문호텔 밀리오레
第一平和市場
光熙市場
P.125 ミリオレ東大門
밀리오레동대문
P.186 TEAM204
팀204
P.115
THE MASK SHOP
더 마스크샵
ノルブポッサム
apM
ソウル光熙小学校
P.124
ハローapM
東大門歴史文化公園
デザイナークラブ
八色サムギョプサル
U:US
北海ピンス P.83
북해빙수
乙支路4街駅
P.93 スパレックス東大門店
스파렉스 동대문점
興仁門路
GS25
グッドモーニングシティ
東大門デザインプラザ(DDP) P.186
동대문디자인플라자
NUZZON
乙支路
新堂駅
Sindang 신당
シンダン駅
ヌティナムチプ
東大門歴史文化公園駅
P.204
相鉄ホテルズ ザ・スプラジール ソウル東大門
소테츠호텔 더 스프라지르 서울동대문
忠武アートホール
城東グローバル経営高校
漢陽工業高校
東大門歴史文化公園駅
トンデムンヨクサムンファコンウォン駅
동대문역사문화공원
Dongdaemun History & Culture Park
2号線 2호선
往十里キル 왕십리길
東大門歴史文化公園駅
GS25
退渓路 퇴계로
4号線 4호선
イビスバジェットアンバサダーソウル東大門 P.206
이비스 버젯앰배서더 서울 동대문
5号線 5호선
金湖洞キル
新堂洞トッポッキ通り
マボンニム・ハルモニ・トッポッキ
アイラブ新堂洞
奨忠洞
迎賓ホテル
奨忠壇キル
サミットホテル東大門
GS25
新堂洞役場
奨忠洞役場
チョング駅 青丘駅
청구 Cheonggu
青丘駅

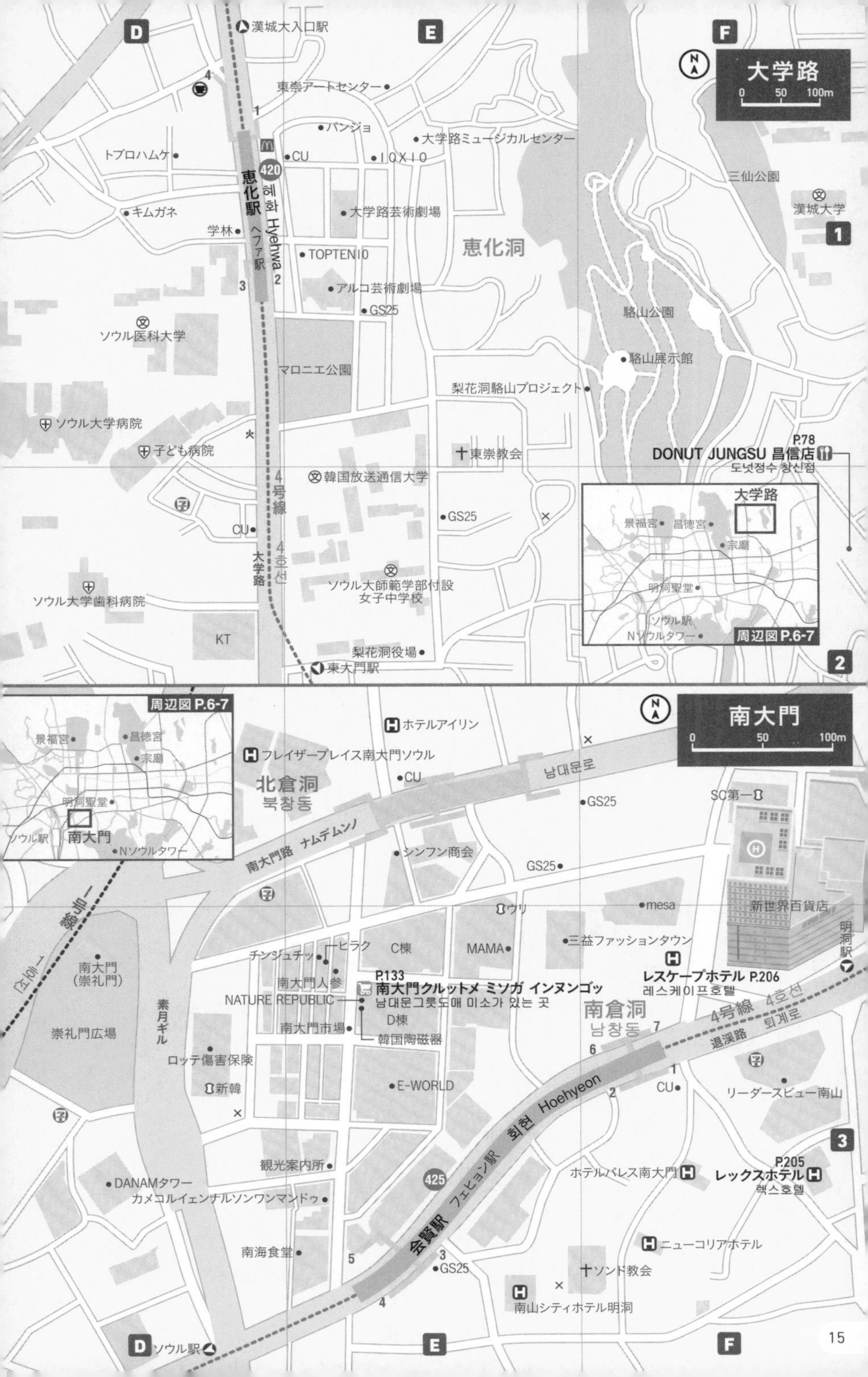

大学路
0 50 100m
漢城大入口駅
東崇アートセンター
パンジョ
大学路ミュージカルセンター
トプロハムケ
CU
I O X I O
恵化駅
혜화 Hyehwa
ヘファ駅
420
三仙公園
漢城大学
キムガネ
大学路芸術劇場
学林
恵化洞
TOPTEN10
アルコ芸術劇場
GS25
駱山公園
ソウル医科大学
駱山展示館
マロニエ公園
梨花洞駱山プロジェクト
ソウル大学病院
子ども病院
東崇教会
P.78
DONUT JUNGSU 昌信店
도넛정수 창신점
4号線
4호선
韓国放送通信大学
CU
GS25
大学路
景福宮
昌徳宮
宗廟
明洞聖堂
ソウル駅
Nソウルタワー
周辺図 P.6-7
ソウル大師範学部付設女子中学校
ソウル大学歯科病院
KT
梨花洞役場
東大門駅
南大門
0 50 100m
ホテルアイリン
フレイザープレイス南大門ソウル
北倉洞
북창동
CU
남대문로
GS25
SC第一
南大門路 ナムデムンノ
シンフン商会
GS25
ウリ
mesa
新世界百貨店
明洞駅
一号線
1호선
C棟
MAMA
三益ファッションタウン
チンジュチッ
ヒラク
南大門人参
レスケープホテル P.206
레스케이프호텔
南大門
(崇礼門)
P.133
南大門クルットメ ミソガ インヌンゴッ
남대문그릇도매 미소가 있는 곳
NATURE REPUBLIC
D棟
南倉洞
남창동
4号線 4호선
崇礼門広場
素月ギル
南大門市場
韓国陶磁器
退渓路 퇴계로
ロッテ傷害保険
新韓
E-WORLD
CU
Hoehyeon
회현
リーダースビュー南山
観光案内所
DANAMタワー
ホテルパレス南大門
P.205
レックスホテル
렉스호텔
カメコルイェンナルソンワンマンドゥ
425
会賢駅 フェヒョン駅
ニューコリアホテル
南海食堂
GS25
ソンド教会
南山シティホテル明洞
ソウル駅

A
B
C
周辺図 P.4-5
景福宮
Nソウルタワー
弘大
漢江
ロッテワールド
1
2
3
Wow factor stay
P.51
別天地ソルロンタン
별천지설농탕
CU
朝鮮ファログイ
東橋路 동교로
月香 2号店
P.206
RYSE Autograph Collection, Seoul
라이즈 오토그래프 컬렉션, 서울
P.206 アマンティホテルソウル
아만티호텔서울
西橋メソジスト教会
キョンナム結婚式場
P.51 百年土種参鶏湯
백년토종삼계탕
P.205
9BRICKホテル
나인브릭호텔
新韓
ヤシャ
ハッピーデイ・スパ
P.70
キョチョンチキン弘大店
교촌치킨 홍대점
P.75 943 KING'S CROSS
943 킹스크로스
ウリ
SPRING COME, RAIN FALL
ポポスホテル
西橋洞教会
西橋洞
서교동
GS25
ザ・デザイナーズ弘大
ザ・ウィンホテル
CLUB Mansion
ナムルモンヌンコム
8IGHT SECONDS
P.119 Huxley 弘大店
Huxley 홍대점
Luxury秀ノレバン
Dancing先生
KT&Gサンサンマダン
2号線 2호선
楊花路 ヤンファロ 양화로
GSXiギャラリー
デジタルメディアシティ駅
合井路 합정로
合井駅 ハプチョン駅 합정 Hapjeong
405kitchen
M cottage
caffe 0419
238
P.134 AIL LANGTEU キャンドル&カフェ 弘大本店
아일랑뜨 캔들 & 카페 홍대본점
622
P.37
クゴンタンコプチャン
구공탄곱창
トジョク
depound P.129
드파운드
大興路 テフンノ 대흥로
6号線 6호선
ヘダン韓方病院
城山中
P.83 団子屋
당고집
堂山駅

弘大
0 50 100m
D
E
F
P.135 SMOO:D
스무디
新村駅
弘大入口駅
MIXXO
P.188
FUHAHAクリームパン
푸하하크림빵
東橋洞
동교동
空港鉄道(A'REX)
ソウル駅
P.128
Shoopen弘大店
슈펜 홍대점
KEB
弘大入口駅 ホンディック駅
홍대입구Hongik Univ.
239
7face BRUSH 弘大1号店
CU
새물결1길
CU トゥッタッ 弘大店
mee
P.207
L7弘大
L7 홍대
2号線 2호선
楊花路 ヤンファロ 양화로
P.71
ミスチョッパル弘大本店
미쓰족발 홍대본점
P.35
豚貯金箱
돼지저금통
プレゼントタイム
マーケットM
P.38
セマウル食堂
弘大西橋店
새마을식당
홍대서교점
P.137 object
오브젝트
P.179 エロス
에로스
河回マウル
セムルギョル1キル
P.128 チャカン靴 弘大店
착한구두 홍대점
少年食堂 P.24
소년식당
弘大ニューストリート
西橋小
cook and book
月香
Angel in-us Coffee
神仙ソルロンタン
スタイルナンダ
PINK POOL CAFÉ弘大店
CU
BL Bellaテラピー P.103
비엘 벨라테라피
Standard identity
コーヒープリンス1号店
ホテル西橋
(休業中)
弘大入口
観光案内所
Ishop
ユクサム冷麺 P.50
육쌈냉면
麻浦生涯学習館
ポスト劇場
Barダ
国代トッポギ
GS25
西橋洞聖堂
弘益路 홍익로
ORI PEKOE
西橋プラザ
教授コプチャン P.62
교수곱창
キムガネ
CU
1300K
ALAND
CELLENIQUE
Kung-Festival
美術予備校通り
GS25
CU
ハナ
Little farmers
GS25
劇場テアトル・秋
マッコリサロン
駐車場通り
弘益公園
満満こころ 弘大店 P.150
만만코코로 홍대점
2
マポグ
麻浦区
마포구
上水洞
상수동
Uber
臥牛山公園
オウルマダンキル
弘大街中アート
臥牛山キル
TOPTEN10
HO BAR
チョッポクトッポッキ
弘益大学
弘益大付属小
倉前洞三星アパート
クラブ通り
ユンズ・カラー・ドラマ・ギャラリー
セマウル食堂
ナビドコチオッタ・コチュルトナギチョネヌン
弘益大付属女子中
ALAND after ALAND
café aA
極東放送
西江示範アパート
弘益大付属女子高
CHRIS GARDEN
ワウサンキル
와우산길
HOHO MYOLL
3
CU
国民健康保険公団
GS25
西江小
西江教会
倉前2次双龍アパート
623
上水駅 サンス駅 상수Sangsu
ウリ
広興倉駅
6号線 6호선
GS25
大興路 テフンノ 대흥로

梨泰院
0 100 200m
P.137 MSMR
엠에스엠알
南山公園
ノルウェー大使館
龍山国際学校
NOWA POLISH POTTERY
デジテック高
梨泰院第2洞
이태원제2동
漢南第2洞
한남제2동
P.207 グランドハイアットソウル
그랜드하얏트서울
龍山区
용산구
P.193 Leeum美術館
리움미술관
P.193 PROST
프로스트
P.118 hince漢南店
힌스한남점
P.117 AMUSE 漢南ショールーム
어뮤즈 한남 쇼룸
P.63 パダ食堂
바다식당
P.150 ソウルバム
서울밤
P.150 クルバムポチャ
꿀밤포차
P.192 CRAFT HAN'S
크래프트한스
ハミルトンホテル
Smokey Saloon
P.205 IPブテックホテル
IP부티크 호텔
Monday Edition P.193
먼데이에디션
梨泰院駅 イテウォン駅
이태원 Itaewon
梨泰院路
漢南洞
한남동
P.150 JR. PUB P.151
제이알펍
PDF SEOUL P.18
피디에프 서울
P.25 PAN HONESTA 梨泰院店
빵어니스타 이태원점
梨泰院第1洞
이태원제1동
普光洞
보광동
周辺図 P.4-5
新村～梨大
西大門区
서대문구
京義線 경의선
新村駅 신촌역
シンチョン駅 Sinchon
梨花女子大学
梨大駅 이대 イデ駅
Ewha Woman's Univ.
滄川洞
창천동
P.35 新村肉倉庫
신촌고기창고
P.44 春川家タッカルビ・マックッス
춘천집닭갈비막국수
トントンデジ P.32
통통돼지
大峴洞
대현동
2号線 2호선
新村駅 신촌シンチョン駅
P.38 ヨンナムソ食堂
연남서식당
東橋洞
동교동
麻浦区
마포구
大興洞
대흥동
塩里洞
염리동
老姑山洞
노고산동
空港鉄道(A'REX)

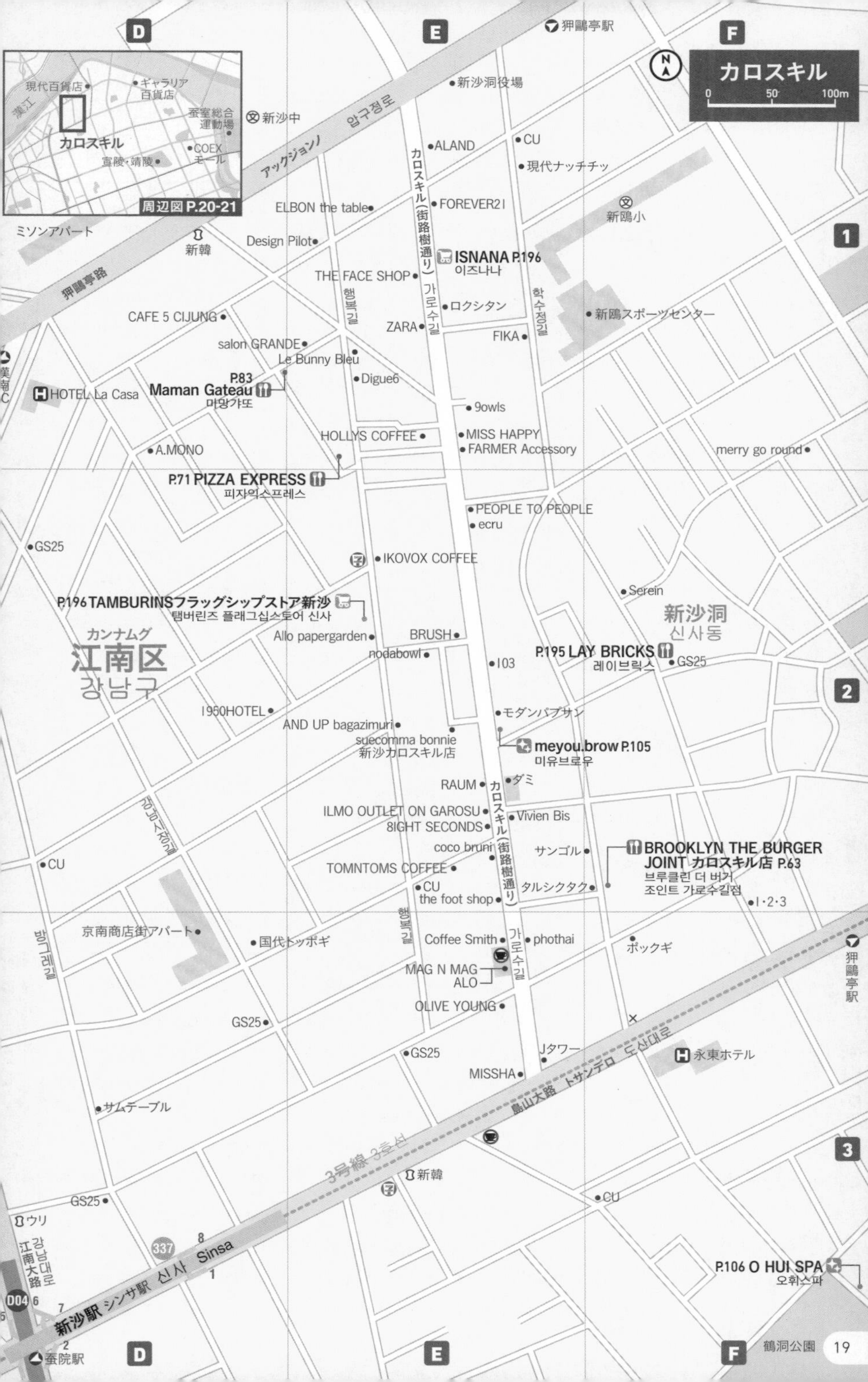

カロスキル
0 50 100m
現代百貨店
ギャラリア百貨店
漢江
蚕室総合運動場
カロスキル
COEX モール
宣陵・靖陵
周辺図 P.20-21
押鴎亭駅
新沙洞役場
新沙中
압구정로
アックジョンノ
押鴎亭路
ミソンアパート
新韓
ALAND
CU
現代ナッチチッ
ELBON the table
FOREVER21
新鴎小
Design Pilot
ISNANA P.196
이즈나나
THE FACE SHOP
カロスキル(街路樹通り)
가로수길
ロクシタン
학수정길
新鴎スポーツセンター
CAFE 5 CIJUNG
행복길
ZARA
FIKA
salon GRANDE
Le Bunny Bleu
Digue6
P.83
Maman Gateau
마망갸또
HOTEL La Casa
9owls
HOLLYS COFFEE
MISS HAPPY
FARMER Accessory
merry go round
A.MONO
P.71 PIZZA EXPRESS
피자익스프레스
PEOPLE TO PEOPLE
ecru
GS25
IKOVOX COFFEE
Serein
P.196 TAMBURINSフラッグシップストア新沙
탬버린즈 플래그십스토어 신사
新沙洞
신사동
カンナムグ
江南区
강남구
Allo papergarden
BRUSH
nodabowl
103
P.195 LAY BRICKS
레이브릭스
GS25
1950HOTEL
モダンパブサン
AND UP bagazimuri
suecomma bonnie
新沙カロスキル店
meyou.brow P.105
미유브로우
RAUM
ダミ
강남시장길
ILMO OUTLET ON GAROSU
Vivien Bis
8IGHT SECONDS
coco bruni
サンゴル
BROOKLYN THE BURGER JOINT カロスキル店 P.63
브루클린 더 버거 조인트 가로수길점
CU
TOMNTOMS COFFEE
CU
タルシクタク
the foot shop
1・2・3
방그레길
京南商店街アパート
国代トッポギ
Coffee Smith
phothai
ポックギ
押鴎亭駅
MAG N MAG
ALO
OLIVE YOUNG
GS25
Jタワー
GS25
永東ホテル
MISSHA
島山大路 トサンデロ 도산대로
サムテーブル
3号線 3호선
新韓
CU
GS25
ウリ
337
江南大路 강남대로
新沙駅 シンサ駅 신사 Sinsa
P.106 O HUI SPA
오휘스파
D04
蚕院駅
鶴洞公園
D
E
F
1
2
3

龍山区
용산구
P.106 SPA DAY漢南店
스파데이한남점
漢南洞
한남동
漢南駅
順天郷大学病院
漢江
玉水駅
東湖大橋
P.161 STARBUCKS ソウルウェイブアートセンター店
스타벅스 서울웨이브아트센터점
ソウルウェイブアートセンター P.168
서울웨이브아트센터
漢江市民公園
現代アパート
狎鷗亭高
狎鷗亭洞
압구정동
現代百貨店
狎鷗亭駅
新現代アパート
現代高
自生韓方病院
島山公園
新沙洞
신사동
Hotel La Casa
カロスキル
新沙駅
リバーサイドホテル
Spa lei
韓新アパート
永東ホテル
P.19カロスキル
江南乙支病院
東賢アパート
ソウル税関
関税博物館
韓国刺繍博物館
ヨンドンソルロンタン
P.65 元祖馬山ハルメアグチム
원조마산할매아구찜
プロカンジャンケジャン
釜山アグ
鶴洞公園
江南地図センター
蚕院洞
잠원동
蚕院駅
鶴洞駅
インペリアルパレス
論峴駅
ヒルトップ
ニューヒルトップ
玉天パダッ
論峴洞
논현동
論峴市場
盤浦洞
반포동
ニューコアアウトレット
盤浦駅
盤浦XIアパート
ケッポレチンジュ P.53
갯벌의 진주
セマウル食堂
マカオ飯店0410
彦州駅
本家 論峴本店
ベスト・ウェスタン
チャ病院
GO TO MALL P.126,198
고투몰
ソウル高速バスターミナル
新世界百貨店
JWマリオットホテルソウル
高速ターミナル駅
Express Bus Terminal
カトリック医大付属病院
P.207 ルメリディアンソウル
르 메르디앙 서울
三井
ドーミーインソウル江南 P.206
도미인서울강남
忠峴教会
砂平駅
新論峴駅
ノボテルアンバサダー江南
FLOWER CAFE ARRIATE
教保タワー
日常非日常の間 P.198
일상비일상의틈
盤浦高
国技院
駅三公園
名家ヘムル
P.115 CHICOR 江南駅店
시코르 강남역점
キョチョンチキン
MIXXO
科学技術会館
青少年図書館
P.98 SHE'S韓医院
쉬즈한의원
テヌンスップルカルビ
ウォンダンカムジャタン
駅三駅
江南ファイナンスセンター
総神大入口(梨水)駅
瑞草区
서초구
国立中央図書館
ソリコル公園
8IGHT SECONDS
SPA The Shiun
江南駅
P.28 肉典食堂4号店
육전식당 4호점
三豊アパート
進興アパート
江南駅地下ショッピングセンター
駅三洞
역삼동
地方法院
瑞草署
地方検察庁
モンマルト公園
ロッテ七星
P.105 Star Beauty
스타뷰티
P.61,70 ロボットキンパ
로봇김밥
Seoul Nat'l Univ. of Education
教大駅
瑞草洞
서초동
国代トッポギ
瑞草駅
舎堂駅
道谷駅
良才駅

江南中心部
0
250
500m
城東区
ソンドング
성동구
老遊洞
노유동
トゥッソム遊園地駅
뚝섬유원지
Ttukseom Resort
728
P.161
トゥッソム チャボルレ ソウルセンガンマル
뚝섬 자벌레 서울생각마루
漢江
周辺図 P.4-5
景福宮
ソウル駅
Nソウルタワー
63SQUARE
漢江
ロッテワールド
江南中心部
江辺北路
강변북로
往十里駅
盆唐線
분당선
永東大橋
ヨンドンデギョ
영동대교
清潭大橋
チョンダムテギョ
청담대교
P.22狎鷗亭洞〜清潭洞
オリンピック大路
올림픽대로
漢陽アパート
ギャラリア百貨店
清潭高
江南二路
강남2로
狎鷗亭路
アックジョンノ
K212
狎鷗亭ロデオ駅
압구정로데오
Apgujeongrodeo
宣陵路
선릉로
清潭洞
청담동
現代アパート
エルルイ
島山大路
도산대로
ホテルリベラ
アロフトホテル
清潭Xiアパート
永東大路
ヨンドンデロ
영동대로
三益アパート
三成路
삼성로
清潭公園
進興アパート
729
永東高
宇成アパート
鶴洞路
학동로
清潭駅
청담
チョンダム駅
Cheongdam
進興アパート
7号線
7호선
三成洞
삼성동
京畿高
730
K213
江南区庁駅
カンナムグチョン駅
강남구청
Gangnam-gu Office
江南区庁
ヒルスステイト
清潭市場
ロッテキャッスル
奉恩寺
コムバウィ
929
奉恩寺路
봉은사로
清潭橋
オリンピック大路
올림픽대로
蚕室総合運動場
レミアンアパート
奉恩橋
オリンピックスタジアム
ソンパグ
松坡区
송파구
カンナムグ
江南区
강남구
ロッテ免税店 コエックス店
P.207 インターコンチネンタルソウルCOEX
인터컨티넨탈서울코엑스
ハワイ
奉恩寺駅
ポンウンサ駅
봉은사
Bongeunsa
廣東韓方病院 P.98
광동한방병원
炭川
蚕室野球場
Sports Complex 종합운동장
チョンハプウンドンジャン駅
総合運動場駅
928
삼성중앙
三成中央駅
サムソンチュンアン駅
Samsung chungan
P.172
セブンラックカジノ ソウル江南店
세븐럭카지노 서울강남점
COEXモール
ソウル医療院
江南署臨時庁舎
オークウッドプレミアCOEXセンター
K214
927
宣靖陵駅
ソンジョンヌン駅
선정릉
Seonjeongneung
ラマダ
アクロスヒル
論峴
ヨンタバル
シティ・エア・ターミナル
218
930
蚕室駅
三成橋
グランド・インターコンチネンタル・ソウル・パルナス
219
江南署
貞信女子高
三陵公園
現代百貨店
三成駅
삼성
サムソン駅
Samseong
パークハイアットソウル P.207
파크 하얏트 서울
宣陵 P.153
선릉
club k seoul P.97
클럽케이서울
テヘラン路
테헤란로
2号線
2호선
蚕室洞
잠실동
P.107 Spa 1899 大峙店
스파 1899 대치점
宇成アパート
パゴダ
グリーン・グラス
ポスコセンター
徽文高
220
イビスアンバサダー
新羅ステイ駅三
ルネッサンスソウルホテル
アールヌーヴォーシティ
宣陵駅
ソルルン駅
선릉
Seolleung
K215
忠武教会
大峙洞
대치동
駅三路
역삼로
盆唐・長旨高速道路
永東大路
ヨンドンデロ
炭川二橋
탄천2교
宣陵路
サムダヨン
三成路
삼성로
中央市場
真善女子高
ケナリアパート
道谷洞キル
도곡동길
Eマート
彦州路
언주로
駅三路
역삼로
レミアンアパート
ロッテ百貨店
韓宝銀馬アパート
大峙橋
346
ハンニョウル駅
학여울
Hangnyeoul
水西駅
三星アパート
ハンティ駅
한티
Hanti
K216
ソウル貿易展示場
チョンウン教会
道谷路
도곡로
塩国付属高
345
大峙駅
대치
テチ駅
Daechi
3号線
3호선
道谷洞
도곡동
道谷洞キル
道谷駅
1
2
3
D
E
F

A
B
C
1
2
3
オリンピック大路
江南二路
강남2로
押鴎亭高
押鴎亭中
現代アパート
押鴎亭第1洞
압구정제1동
漢陽アパート
P.143 GOURMET494
고메이494
ギャラリア名品館WEST
AMORE PACIFIC SPA
押鴎亭路 アックジョンノ
압구정로
玉水駅
現代百貨店
押鴎亭本店
KB国民
ウリ
ハナ
P.195
押鴎亭コンビニ
압편 압구정편의점
キムガネ
シンミ食堂
韓一館
美形韓医院
新鴎中
ポップグリーン
CU
オリーブ・ヤング
押鴎亭駅
압구정
アックジョン
Apgujeong
彦州路
オンジュロ
언주로
キョチョンチキン
Kogii Kogii
ARAARA
ロデオ通り
로데오거리
P.171 牛豚庁
우돈청
Salon Rouge
自生韓方病院
カムジャバウ
JAMIE& BELL
押鴎亭ロデオ駅
압구정로데오
Apgujeongrodeo
Lee's キンパ 押鴎亭本店 P.61,70
리김밥압구정본점
What I Want
P.52 ペッコドン
뱃고동
hus-hu皮膚科・歯科
336
boy.+by supermarket
セマウル食堂
ヴェルサーチ
国代トッポギ
新沙ケナリ公園
50 FIFTY
チンジュネ
宣陵路
サンボン冷麺
チャンサラン
P.30 江西麺屋
강서면옥
SC第一
P.83
MAISON DE LA CATEGORIE
메종 드 라 카테고리
イ・ヨン・ヒ
Lepetto
論峴路
논현로
三元ガーデン
PERSHING
Day Spa INTEGREE押鴎亭
Riccio Anna
Pierrot Strike
A TWOSOME PLACE
押鴎亭第2洞
압구정제2동
島山公園
P.49 清潭スンドゥブ
청담순두부
無窮花
Butter Finger Pancakes
新沙無窮花公園
P.170 INSTANTFUNK
인스턴트펑크
COCOBRUNI
押鴎亭店
Pocha Prince
MANGO SIX 押鴎亭店
je ne sais quoi
GS25
Blus
P.91 Dr.ソン・ユナ
美容クリニック
닥터손유나의원
薬手名家 P.102
약손명가
アミケア金昭亨韓医院
TGIF
DAILY PROJECTS
3号線
3호선
MAAK HOLIC
往十里スンデグク
ハヌリ韓定食
BLSクリニック
Market O 押鴎亭店
マティネ
CU
ウリ
ハンウリ
SC第一
25
ヨンタバル 押鴎亭店
マナ
レッド・ウィング
盆唐線
분당선
島山大路 トサンデロ 도산대로
麻浦炭火カルビ
ホテルサンシャイン
オントリセンコギ
ウリ
GS25
トンジョン
東賢アパート
江南乙支病院
彦北中
新沙駅
シムスンタン
ソウル税関
ソウル税関
関税博物館
GS25
CU
CU
新韓
ウリ
江南区庁駅
강남구청
鶴洞路 학동로
7号線 7호선
高速ターミナル駅

狎鷗亭洞〜清潭洞
0 100 200m
周辺図 P.20-21
現代百貨店
ギャラリア百貨店
蚕室総合運動場
COEX MALL
宣陵・靖陵
往十里駅
漢江
オリンピック大路 올림픽대로
江南二路 강남2로
宣陵路 ソンヌンノ 선릉로
漢陽アパート
ギャラリア名品館EAST
清潭高
清潭中
SMエンターテインメント
カルティエ
フェラガモ
ジョンセンムル inspiration
狎鷗亭路
アックジョンノ 압구정로
P.171 10 CORSO COMO SEOUL 10 꼬르소 꼬모 서울
BIT&BOOT 清潭店 P.171 빗앤붓 청담점
現代アパート
T LOUND
SPA de ihee
COURONNE
カフェ74
プラダ
ルイ・ヴィトン
ミッソーニ
スポーツ・マックス
ファンフヨン
CUBE エンターテインメント
CUBEカフェ
P.107 webeauty清潭本店 위뷰티청담본점
MIEL
P.151 ウルフギャング ステーキハウス 清潭 울프강 스테이크하우스청담
MUE
グッチ
chung dam安
melt P.82 멜트
CU
神仙ソルロンタン
CLUB ANSWER
清潭第2洞 청담제2동
Table 2025
café-t
シティ
プリマ
KB国民
チャンドクテキムチチゲ
CU
P.207 ホテルリベラ 호텔리베라
安世病院
島山大路 トサンデロ 도산대로
ヨンチョンヨンファ
ノルブ・ユファン・オリ・チヌックイ
SSGフードマーケット P.143 SSG 푸드마켓
トダムゴル49 P.55 토담골49
P.97 プリマスパ 프리마스파
清潭木蓮公園
GS25
眞眞
チョンダムコル
GS25
三成路 サムソンノ 삼성로
チョン・ソヨンの食器匠
カンナムグ
江南区 강남구
清潭公園
GS25
大林アパート
LF
清潭聖堂
建大入口駅
永東高
彦北小
進興アパート
729
新韓
ハナ
清潭駅 チョンダム駅 청담 Cheongdam
江南税務署
7号線 7호선
ウリ
進興アパート
P.99 イ・ムンウォン韓方クリニック 이문원한방클리닉
CU
鶴洞路 학동로
SC第一
K213
730
ウリ
カンナムグチョン駅 Gangnam-gu Office
江南区庁駅
江南区庁
三成路 サムソンノ 삼성로
GS25
ハナ
宣陵駅
D E F
1 2 3

仁川周辺図

0　5　10km

A　B 坡州市　議政府市 C

江華島　後浦港　伝灯寺　摩尼山　京畿湾　矢島　信島　舞衣島　黄海　霊興島　大阜島　永宗島

坡州出版都市　西金浦通津　高陽市　漢江　道峰山（紫雲峰）　北漢山（白雲台）　議政府　江北区　葛梅

P.151 ソウル植物園　서울 식물원　幸信駅　恩平区　金浦市　金浦　P.25 godny　고드니　北路Jct　金浦国際空港

P.4 ソウル広域　ソウル市　城北区　上鳳駅　清凉里駅　麻浦区　ソウル駅　広津区　龍山駅　龍山区　江南区　漢江　江東区　永登浦駅　蚕院　松坡区　瑞草区　冠岳区　水西駅

永宗大橋　老吾地Jct　P.113 富平中央地下商店街　부평중앙역지하상가　瑞雲Jct　P.200 PARADISE CITY 파라다이스시티　仁川港（北港）　陽川区　富川市　空港新都市Jct　永宗　月尾公園　光明市　仁川国際空港　仁川大橋　鶴翼Jct　仁川広域市　西昌Jct　鞍峴Jct　松坡　薪仏　仁川港（南港）　冠岳山　果川市　ソウル大公園　光明駅　金土Jct　P.151 松月洞童話村　송월동 동화마을　延寿Jct　月串Jct　安養市　板橋Jct　松島国際都市　トリJct　鶴儀Jct　正往　始興市　君子Jct　鳥南Jct　軍浦市　安山Jct　南安山　安山市　義王市　八谷Jct　屯垈Jct　水原市　新葛Jct

1　2

地下鉄で移動しよう

基本料金	一般（現金）1350W、（T-money）1250W
乗り換え	ソウルメトロ内なら改札を出ずに乗り換え可能
利用時間	17〜19時の帰宅ラッシュは道が混むので タクシーよりも地下鉄が時間、料金の両面で効率的

券売機

① 切符を買う

これが1回券のカード。料金には500Wのデポジットが含まれる。

表示を日本語に

画面下の右から2番目にある「日本語」ボタンを押し、日本語入力に変える。

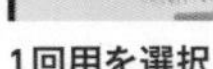

1回用を選択

「初乗り専用」ボタンを押す。「1回用交通カード」を購入。

駅コードまたは駅名検索

目的の駅名を検索し、該当のボタンを押す。すべての駅には番号がふられている。

枚数を選択し、支払う

駅を選択すると枚数選択画面に。利用する人数分タッチし、お金を入れる。

② 乗る

目的地方面の改札へ

上りと下りで改札口が分かれていることも。改札を通る際は方面を確認しよう。

地下鉄に乗る

日本と同じようにマナーを守って乗車しよう。車内販売はスルーして大丈夫。

③ 降りる

目的地で降りる

明洞をはじめとした観光エリア周辺の駅では日本語でもアナウンスされる。

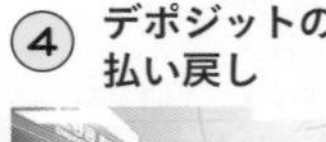

④ デポジットの払い戻し

500Wが返金される

「Deposit Refund Device」と書かれた機械にカードを入れ、ボタンを押すだけ。

 詳しくは本誌P.214へ

伝わる！ 使える！ シーン別

トラベル韓国語ガイド

あいさつなどの基本的な表現から簡単な会話まで、必ず役に立つフレーズをシーン別に紹介。積極的に活用して現地の人とコミュニケーションをとれば、旅がもっと楽しくなること間違いナシ。指さしとしても使ってみて。

基本編

こんにちは。
안녕하세요.
アンニョンハセヨ

さようなら。(その場を離れる時)
안녕히 계세요.
アンニョンヒ　ゲセヨ

さようなら。
안녕히 가세요.
アンニョンヒ　ガセヨ

はい。
네.／예.
ネ／イェ

いいえ。
아니요.
アニヨ

ご苦労様です。(飲食店などを出る時)
수고하세요.
スゴハセヨ

ありがとうございます。
감사합니다.
カムサハムニダ

ありがとう。
고마워요.
コマウォヨ

すみません。
죄송해요.
チェソンヘヨ

すみません。(呼びかける時)
저(여)기요.
チョ(ヨ)ギヨ

ごめんなさい。
미안해요.
ミアネヨ

お願いします。
부탁해요.
プタケヨ

大丈夫です。
괜찮아요.
ケンチャナヨ

わかりました。
알겠어요.
アルゲッソヨ

よくわかりません。
잘 모르겠어요.
チャル　モルゲッソヨ

日本語わかる方いますか？
일본어 하시는분 계세요?
イルボノ　ハシヌンブン　ゲセヨ？

また遊びに来たいです。
또 놀러오고 싶어요.
ト　ノルロオゴ　シポヨ

また会いましょう。
또 만나요.
ト　マンナヨ

食べる編

日本語のメニューはありますか？
일본어 메뉴판이 있어요?
イルボノ　メニュパニ　イッソヨ？

あまり辛くしないでください。
너무 맵지 않게 해주세요.
ノム　メプチ　アンケ　ヘジュセヨ

おいしそう！
맛있겠다!
マシッケッタ！

いただきます。
잘 먹겠습니다.
チャル　モッケッスムニダ

ごちそうさまでした。
잘 먹었습니다.
チャル　モゴッスムニダ

水／取り皿／おしぼりください。
물／접시／물수건 주세요.
ムル／チョプシ／ムルスゴン　ジュセヨ

包んでください(持ち帰ります)。
포장해 주세요.
ポジャヘ　ジュセヨ

網を取り換えてください。(焼き肉店にて)
판 갈아주세요.
パン　カラジュセヨ

トイレはどこですか？
화장실이 어디예요?
ファジャンシリ　オディエヨ？

会計してください。
계산해 주세요.
ケサネ　ジュセヨ

おいしいです！
맛있어요!
マシッソヨ！

辛いですか？
매워요?
メウォヨ？

おなかいっぱいです。
배불러요.
ペブルロヨ

これのおかわりください。
이것 더 주세요.
イゴッ　ト　ジュセヨ

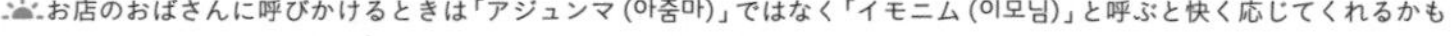
お店のおばさんに呼びかけるときは「アジュンマ(아줌마)」ではなく「イモニム(이모님)」と呼ぶと快く応じてくれるかも

磨く編

女性（男性）スタッフでお願いします。
여자（남자）스탭을 부탁합니다.
ヨジャ（ナムジャ）ステブル　プタカムニダ

予約してないんですが、大丈夫ですか？
예약을 못했는데 괜찮아요?
イェヤグル　モッテヌンデ　ケンチャナヨ？

少し（とても）痛いです。
좀（많이）아파요.
チョム（マニ）アパヨ

気持ちいいです。
시원해요.
シウォネヨ

ちょうどいいです。
딱 맞아요.
タッ　マジャヨ

買う編

試着していいですか？
입어 봐도 돼요?
イボバド　デヨ？

他の色はありますか？
다른 색깔 있어요?
タルン　セッカル　イッソヨ？

大きい（小さい）サイズありますか？
큰（작은）사이즈 있어요?
クン（チャグン）サイズ　イッソヨ？

鏡を見せてください。
거울을 보여 주세요.
コウル　ボヨ　ジュセヨ

新しいものはありますか？
새것 있어요?
セゴッ　イッソヨ？

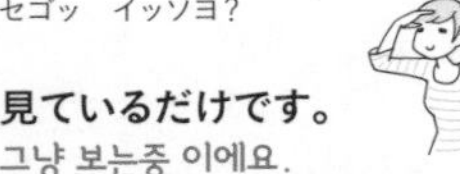

見ているだけです。
그냥 보는중 이에요.
クニャン　ボヌンチュン イエヨ

もう少し考えてみます。
좀 더 생각해 볼게요.
チョム　ト　センガケ ボルケヨ

安くしてください。
싸게 해주세요.
サゲ　ヘジュセヨ

今流行っているのはどれですか？
지금 잘 나가는 것이 뭐에요?
チグム　チャル　ナガヌン　ゴシ　モエヨ？

両替してください。
환전해 주세요.
ファンジョネ　ジュセヨ

見る編

○○は今日開いていますか？
○○는 오늘 열어 있어요?
○○ヌン　オヌル　ヨロ　イッソヨ？

日本語パンフレットはありますか？
일본어 팸플릿 있나요?
イルボノ　パンプルリッ　インナヨ？

ツアーは何時からですか？
투어는 몇시 부터요?
トゥオヌン　ミョッシ　ブトヨ？

入ってもいいですか？
들어가도 되나요?
トゥロガド　デナヨ？

タクシーを呼んでください。
택시 불러 주세요.
テクシ　プロ ジュセヨ

○○までお願いします。
○○까지 부탁해요.
○○カジ　プタケヨ

ここで降ります。
여기서 내립니다.
ヨギソ　ネリムニダ

写真を撮ってもいいですか？
사진 찍어도 돼요?
サジン　チゴド　デヨ？

大人２枚ください。
어른 두장 주세요.
オルン　トゥジャン　ジュセヨ

美しいです。
아름다워요.
アルムダウォヨ

感動しました。
감동했어요.
カムドンヘッソヨ

遊ぶ編

私は○○さんのファンです。
저는 ○○씨 팬이에요.
チョヌン　○○シ　ペニエヨ

一緒にお酒を飲みましょう。
같이 술 먹어요.
カッチ　スル　モゴヨ

お兄さんかっこいい！
오빠 멋있어요!
オッパ　モシッソヨ！

アンコール！
앵콜!
エンコル！

面白いです。
재미있어요.
チェミッソヨ

写真撮ってください。
사진 좀 찍어 주세요.
サジン　チョン　チゴ　ジュセヨ

一緒に写真撮りましょう。
같이 사진 찍어요.
カッチ　サジン　チゴヨ

まだチケット買えますか？
아직 표는 구할 수 있어요?
アジッ　ピョヌン　クハル ス　イッソヨ？

並びの席がいいです。
같이 있는 자리가 좋아요.
カッチ　インヌン　チャリガ　チョアヨ

ホテル編

予約した○○です。
예약한 ○○입니다.
イェヤッカン　○○イムニダ

お湯が出ません。
다뜻한 물이 안 나와요.
ダットゥッタン　ムリ　アンナワヨ

電気がつきません。
불이 켜지지 않아요.
ブリ　キョジジ　アナヨ

部屋を掃除してください。
방 청소해 주세요.
バン　チョンソヘ　ジュセヨ

Wi-Fiのパスワードを教えてください。
와이파이 비밀번호 알려주세요.
ワイパイ　ピミルボノ　アルリョジュセヨ

街歩き編

(地図を見せて)
ここがどこか指してください。
여기가 어딘지 가리켜 주세요.
ヨギガ　オディンジ　カリキョ　ジュセヨ

駅はどこですか?
역이 어디예요?
ヨギ　オディエヨ?

道に迷いました。
길을 잃었어요.
キル　イロッソヨ

恋愛編

カカオトークのID
教えてください。
카톡 아이디 알려주세요.
カトク　アイディ　アリョジュセヨ

付き合ってください。
사귀어 주세요.
サギョ　ジュセヨ

愛してる。
사랑해요.
サランヘヨ

ダーリン／ハニー
자기야
チャギヤ

浮気しないでね!
바람 피우지마요!
パラム　ピウジマヨ!

今なにしてるの?
지금 뭐해?
チグム　モヘ?

会いたい〜!
보고싶어〜!
ポゴシポ〜!

ピンチ編

助けてください。
도와주세요.
トワジュセヨ

警察を呼んでください。
경찰을 불러주세요.
キョンチャルル　プロジュセヨ

パスポートを失くしました。
여권을 잃어버렸어요.
ヨクォヌル　イロボリョッソヨ

荷物が見つかりません。
짐을 못 찾았어요.
チムル　モッ　チャジャッソヨ

財布を盗まれました。
지갑 도둑 당했어요.
チガプ　ドドッ　タンヘッソヨ

ここに置いておいたのに
失くなりました。
여기에 뒀는데 없어졌어요.
ヨギエ　トォッヌンデ　オプソジョッソヨ

病院に連れて行ってください。
병원에 데려가주세요.
ピョンウォネ　デリョガジュセヨ

お腹(頭)が痛いです。
배(머리)가 아파요.
ペ(モリ)ガ　アパヨ

＼ 気分はなりきりソウルっ子 ／

つぶやき・感情表現フレーズ

旅行中は感情表現も韓国語で！　ポロッと話す韓国語に、現地の人もうれしくなるかも

대박(テバッ)	やばい!(いい意味で)	그래?(クレ?)	そう?
쩔어!(チョロ!)	はんぱない!	잘자〜(チャルジャ〜)	おやすみ〜
예쁘다(イェップダ)	かわいい／きれい	피곤해〜(ピゴネ〜)	疲れた〜
진짜!?(チンッチャ!?)	まじで!?	빨리빨리!(パリパリ!)	早く早く!
정말?(チョンマル?)	本当?	가자(カジャ!)	行こう!
안 돼!(アンデ!)	だめ!	건배!(コンベ!)	乾杯!
죽겠어!(チュッケッソ!)	死にそう!	어머 어머(オモオモ)	あらあら／あらまあ
화이팅(ファイティン)	ファイト!	헐……(ホル……)	はぁ……(感嘆、あっけにとられた時など)
왜?(ウェ?)	なんで?／どうした?	아이고(アイゴ)	ああ(感動したとき、悲しいとき、残念なときなどいつでも)
어때?(オッテ?)	どう?		

タクシーの運転手さんには「アジョシ(아저씨・おじさん)」ではなく「キサニム(기사님・運転手さん)」と呼びかけるのがベター

注文もこれでOK!

グルメ指さしカタログ

韓国料理の代表的なメニューを、肉、スープ、麺などのジャンル別に紹介。
写真を指さして、店員さんに見せて食べたいものを注文しよう。

サムギョプサル [豚バラ肉]

삼겹살

豚のあばら骨の周りにある、脂身と赤身が三層になったバラ肉のこと。厚めに切り、カリッと焼き上げたら、サムジャン(韓国味噌)やキムチ、ネギなどと一緒に葉野菜に包んで食べる。

デジカルビ [豚カルビ]

돼지갈비

豚のカルビ。甘いタレに漬け込んだ肉はやわらかく、そのままでも葉野菜に包んでもおいしい。

カルメギサル [豚の横隔膜]

갈매기살

豚の横隔膜と肝臓の間にある肉。脂肪分が少なくさっぱりとした、牛ロースにも近い味。

ポッサム [茹で豚]

보쌈

下味をつけて茹でた豚肉。キムチと一緒に食べるのが定番。あっさり味で栄養価も高い。

チョッパル [豚足]

족발

しょう油ベースのタレで煮込んだ豚足のこと。臭みがなくコラーゲンたっぷりで女性に人気。

スンデ [豚の腸詰め]

순대

豚の腸に春雨や野菜、豚の血などを詰めた韓国版ソーセージ。粗塩をつけて食べる。

プルコギ [牛プルコギ]

불고기

牛肉を甘辛く炒め煮にしたもの。しょう油ベースのタレに漬け込み、ネギなどの野菜や、きのこ類と一緒に専用の鉄板で炒める。韓国風すき焼きとも呼ばれる。辛くないので幅広い年齢層に愛されているメニュー。

ユッケ [牛生肉]

육회

牛の生肉。赤身肉を細切りにして調味料や薬味と和えてある。卵黄や梨と混ぜて食べる。

ソカルビ [牛カルビ]

쇠갈비

牛のあばら肉をタレに漬け込んだもの。下味をつけていないものはセン(＝生)カルビ。

コプチャン [ホルモン]

곱창

牛の内臓全般、特に小腸のことをいう。韓国のホルモンは脂が多くまろやかな味わい。

（指さして）これをひとつ（2人前）ください
이거 하나 (이인분) 주세요
イゴ　ハナ（イインブン）　ジュセヨ

タッカルビ [鶏カルビ]
닭갈비

鶏のムネ肉とモモ肉をピリ辛に炒めた料理。コチュジャンベースのソースに漬け込んであり、キャベツやサツマイモと一緒に炒めるのが主流。チーズをトッピングして食べると辛さがやわらぎ、まろやかな味わいに変化する。シメはチャーハンで。

チムタク [鶏煮込み]
찜닭

鶏肉のピリ辛煮込み。ぶつ切りの鶏肉とジャガイモ、野菜、コシのある韓国春雨とともに煮てある。

チキン [フライドチキン]
치킨

韓国風フライドチキン。味付けしたヤンニョムチキンも人気。

タッパル [鶏の足]
닭발

鶏の足を唐辛子ベースの辛いタレで味付け。屋台の定番料理。

サムゲタン [参鶏湯]
삼계탕

鶏の腹の中に高麗人参やもち米などを詰めて長時間煮込んだもの。

ソルロンタン [牛骨スープ]
설렁탕

牛肉を骨ごと煮込んだ白濁スープ。素麺が入っていることもある。

スンドゥブチゲ [おぼろ豆腐鍋]
순두부찌개

おぼろ豆腐を、野菜や魚介類と一緒に辛いスープで煮込む。

キムチチゲ [キムチ鍋]
김치찌개

酸味のある白菜キムチたっぷりの鍋。肉や野菜なども入っている。

テンジャンチゲ [味噌鍋]
된장찌개

韓国版の味噌汁。日本の味噌汁より味が濃い。辛いものもある。

コムタン [牛スープ]
곰탕

牛の肉や内臓を煮込んだもの。骨を入れないためスープが透明。

プゴクッ [干しダラのスープ]
북어국

干しダラを煮込んだスープ。あっさり味で二日酔いに効果あり。

鶏の足を大量の唐辛子で味付けしたタッパルは、ビニール手袋を使って食べるのが主流

あまり辛くしないでください
너무 맵지 않게 해주세요
ノム　メプチ　アンケ　ヘジュセヨ

タッカンマリ［鶏の水炊き］
닭한마리

鶏を丸ごと一羽煮込んだ水炊き。ネギやジャガイモなど野菜の甘味と、鶏から出るダシが効いたスープは、シンプルながらも奥深い味わい。料理名のタッカンマリは鶏一羽という意味。

カムジャタン［ジャガイモ鍋］
감자탕

ジャガイモと豚の背骨を煮込んだピリ辛のスープ。味の染みたジャガイモはトロトロの食感。

プデチゲ［部隊鍋］
부대찌개

軍隊発祥の鍋料理。具はハムやスパム、インスタントラーメンなど保存食がメイン。

トッポギ［トッポッキ鍋］
떡볶이

細長い餅（トック）の鍋。ピリ辛味が多く、海産物やラーメンなど具材は店によって多彩。

ヘムルタン［海鮮鍋］
해물탕

エビやイカ、カニ、ハマグリなどの魚介類をふんだんに入れた鍋。見た目が豪華。

カンジャンケジャン［カニのしょう油漬け］
간장게장

甘くてまろやかな生のワタリガニをしょう油ダレに漬け込んだもの。ごはんとの相性抜群で「ごはん泥棒」の別名をもつ。甘辛い薬味ダレに漬け込んだものはヤンニョムケジャンという。

ナクチポックン［タコの唐辛子炒め］
낙지볶음

テナガダコを唐辛子のタレで炒めたもの。酒のつまみとして食べるときは麺類と一緒に。

アグチム［アンコウ鍋］
아구찜

アンコウを、豆モヤシなどの野菜と一緒に蒸し煮にした料理。

チョギ［イシモチ］
조기

サンマやサバなどと同様に、韓国の焼き魚定食の定番メニュー。

サンナクチ［活きダコ］
산낙지

活きたままのタコの刺し身。ゴマ油と塩をつけて食べる。

フェ［刺し身］
회

韓国の刺し身は白身魚が一般的。酢コチュジャンにつけて食べる。

TOURISM

K-POP

PLAY

TOWN

STAY

読めば快晴 ハレ旅STUDY

ソウルのハレ旅へようこそ！

EAT

焼き肉、ビビンパ、韓定食……韓国はグルメ天国！
魅力的な料理の数々。あなたは何を食べる？

고기

ジュージュー、パクッ。

焼き肉

韓国といえばやっぱり焼き肉。定番のサムギョプサルから牛焼き肉まで、幅広いメニューが揃う。コリコリの食感が人気のコプチャン専門店も急増中。

→P.28

BEAUTY

美容大国韓国。日本では味わえない変わり種サウナや韓方エステで、内側からキレイになろう。

찜질방

心も体もデトックス

韓方エステ

韓方とは東洋医学をベースに韓国で独自に発展した伝統医学のこと。韓方医学は体調不良だけでなく、肌や体形の悩みにも対処できる。

→P.98

旅は素敵な非日常（＝ハレ）。そんなハレの日が最高になる102のことをご紹介！
わずか2時間30分で行ける国は、グルメやショッピングはもちろん、何でも楽しめる。
定番の過ごし方から思いがけない楽しみ方まで、あなたの“ぴったり”がきっとみつかる。
ホットなソウルは誰もが笑顔になれること間違いなしです。

SHOPPING

韓国の流行がぎゅぎゅっと詰まったソウル。プチプラコスメから洋服、オシャレ雑貨まで目白押し！

TOURISM

今と昔が共存し、見どころもてんこ盛り。

新たなランドマーク

タワー

ソウルの定番観光地「Nソウルタワー」と「ロッテワールドタワー」。見どころ満載の2大タワーに上ろう！

→P.158

화장품

타워

치마저고리

ベストセラーはハズせない

韓国コスメ

韓国コスメを買うなら、やっぱり明洞！　各ブランドのベストセラーは韓国女子のお墨付きで、安心感もある。コストパフォーマンスも優秀で、おみやげにも喜ばれる。

→P.114

PLAY

占い、K-POP、チマチョゴリ。韓国を思いきり遊び尽くそう！

伝統体験

チマチョゴリ

韓国に来たら一度は着てみたいのが、韓国の伝統衣装「チマチョゴリ」。カラフルな韓服を着て街を散策しよう！

→P.174

BEST PLAN 01

どこで何ができるの？

夢を叶えるエリアをリサーチ

東京23区と同じくらいの広さのソウル。エリアごとに特色がある。
それぞれのエリアの位置関係をおさえて、効率的に回りたい。

① ソウル随一の繁華街
明洞（ミョンドン）〜南大門（ナンデムン） →P.182

明洞はソウルを代表する繁華街。観光客も多く訪れる。その隣の南大門はソウルで一番古い在来市場として栄えている。

② 景福宮

三清洞

徒歩で景色を楽しみながら

徒歩15〜20分

仁寺洞

南大門 ① 明洞

地下鉄8分
徒歩15分

徒歩10分

時短なら地下鉄がベター

梨大 地下鉄6分

新村 地下鉄2分 徒歩10分

弘大 地下鉄2分 徒歩20分

Nソウルタワー

タクシー15分
地下鉄20分

昼間ならタクシーが早いかも
タクシーは道路の混雑次第。平日17時以降は帰宅ラッシュで道が混むので避ける。

梨泰院

学生たちが集まる街
弘大（ホンデ） →P.188

弘益大学があり、学生が多い。コスパのよい飲食店が集まり、ショッピングもリーズナブルにできるのがうれしい。

●望遠洞（マンウォンドン）
●延南洞（ヨンナムドン）

異国情緒あふれるサブカルタウン
梨泰院（イテウォン） →P.192

カフェやショップ、美術館、最近SNSでも話題の「漢南洞」などが集まるソウルのホットスポット。

●漢南洞（ハンナムドン）
●解放村（ヘバンチョン）

知っ得ソウルの基礎知識

日本から	1.5〜2.5時間	主な交通手段	地下鉄、タクシー →P.214
時差	なし	お酒＆タバコ	19歳からOK
ビザ	90日以内の観光は不要	トイレ	水洗 →P.219
言語／文字	韓国語／ハングル	レート	1000W≒約107円（2023年7月現在）

大学路

地下鉄3分 （恵化駅）

東大門

地下鉄4分

夜のタクシー利用要注意ゾーン！

深夜は法外な値段を請求するボッタクリタクシーも。深夜バスなどを利用するのがおすすめ。

地下鉄18分

地下鉄21分

漢江を越えるなら地下鉄利用が◎！

漢江を渡る橋が混んだり、夜になると長距離なのでボッタクリに遭うリスクも高い。

漢江

地下鉄18分

カロスキル（新沙駅） ― 狎鴎亭洞（狎鴎亭ロデオ駅） ― 清潭洞 ③

② 歴史を感じながら歩きたい
仁寺洞（インサドン）〜三清洞（サムチョンドン） →P.184

伝統家屋、韓屋（ハノク）が立ち並ぶエリア。王宮などの観光スポットも満載。ショッピングは伝統雑貨が充実している。

●益善洞（イクソンドン）

眠らぬ街でショッピング三昧
東大門（トンデムン）〜大学路（テハンノ） →P.186 →P.199

洋服の卸売市場やファッションビルが集まる街。週末は朝まで開店しており、深夜のショッピングが楽しめる。

●乙支路（ウルチロ）

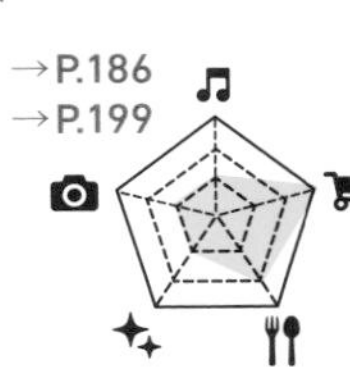

③ 洗練された雰囲気にウットリ
狎鴎亭洞（アックジョンドン） →P.194
清潭洞（チョンダムドン）
カロスキル →P.196

漢江以南の江南エリアのなかでも特におしゃれな街。高級ブランドやカフェなども多く、芸能人も出没する。

●江南（カンナム） →P.198

今旬のリノベタウン
聖水（ソンス） →P.190

昔は小さな町工場が並んでいたエリアだったが、近年は工場や倉庫をリノベーションしたカフェやトレンドショップが急増している。

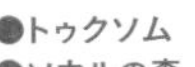

●トゥクソム
●ソウルの森

ソウルの南北を分けるように流れる漢江（ハンガン）。漢江以北を「江北（カンボク）」、漢江以南を「江南（カンナム）」と呼ぶ

BEST PLAN 02

ベストな時間にベストなコト
24時間ハッピー計画

せっかくの韓国旅行。24時間楽しみたい！　ここではジャンル別に、各スポットのベストタイムを紹介。朝から夜までハッピーになれる計画を立てよう。

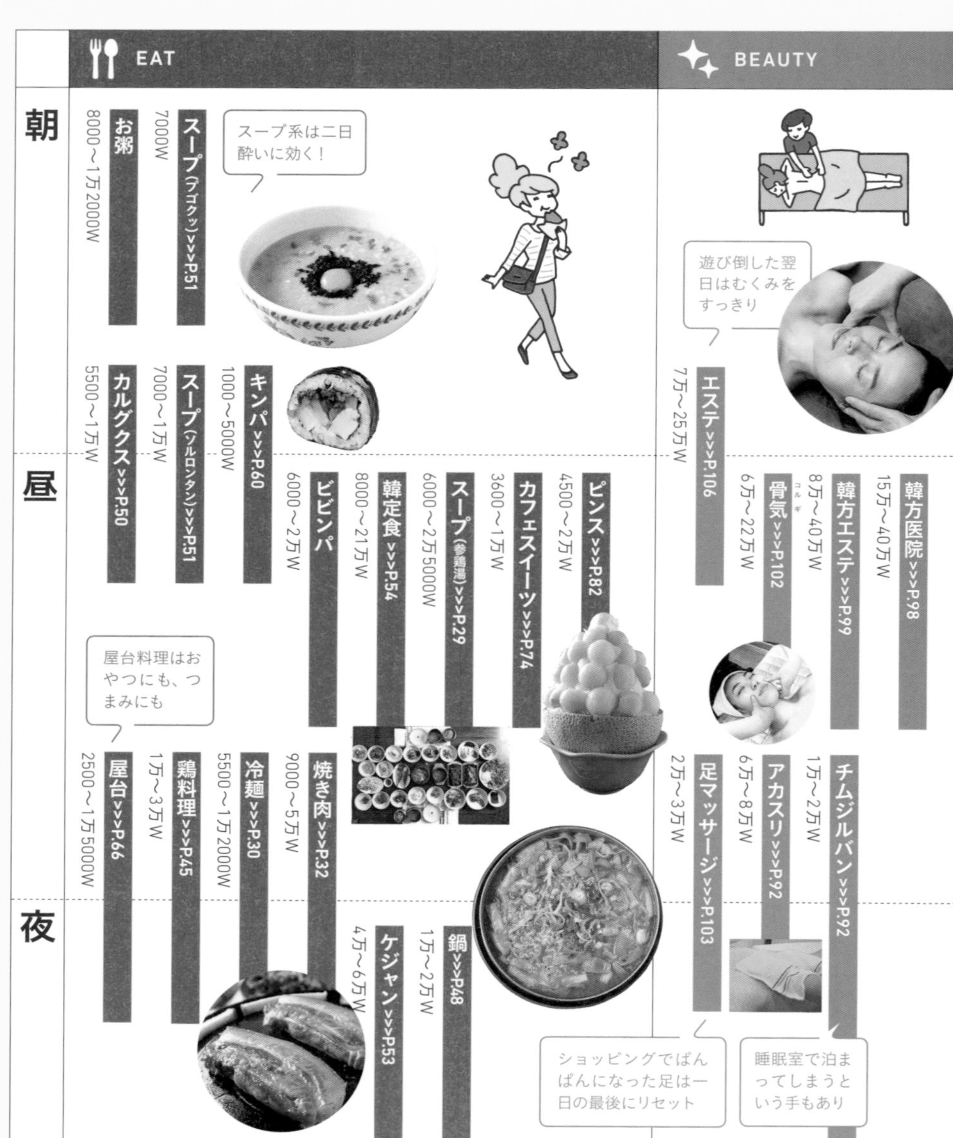

韓国の年祝祭日 ソルラル（旧正月）と秋夕はどの店も閉まってしまうので、注意！

1月1日	新正月	8月15日	光復節（独立記念日）
旧暦 1月1日	**ソルラル（旧正月）** **2024年：2月9日〜2月12日**	旧暦 8月15日	**秋夕（旧暦8月15日）** **2023年：9月28日〜10月1日**
3月1日	独立運動記念日	10月3日	開天節（建国記念日）
5月5日	こどもの日	10月9日	ハングルの日
旧暦4月8日	釈迦誕生日	12月25日	クリスマス
6月6日	顕忠日（忠霊記念日）		

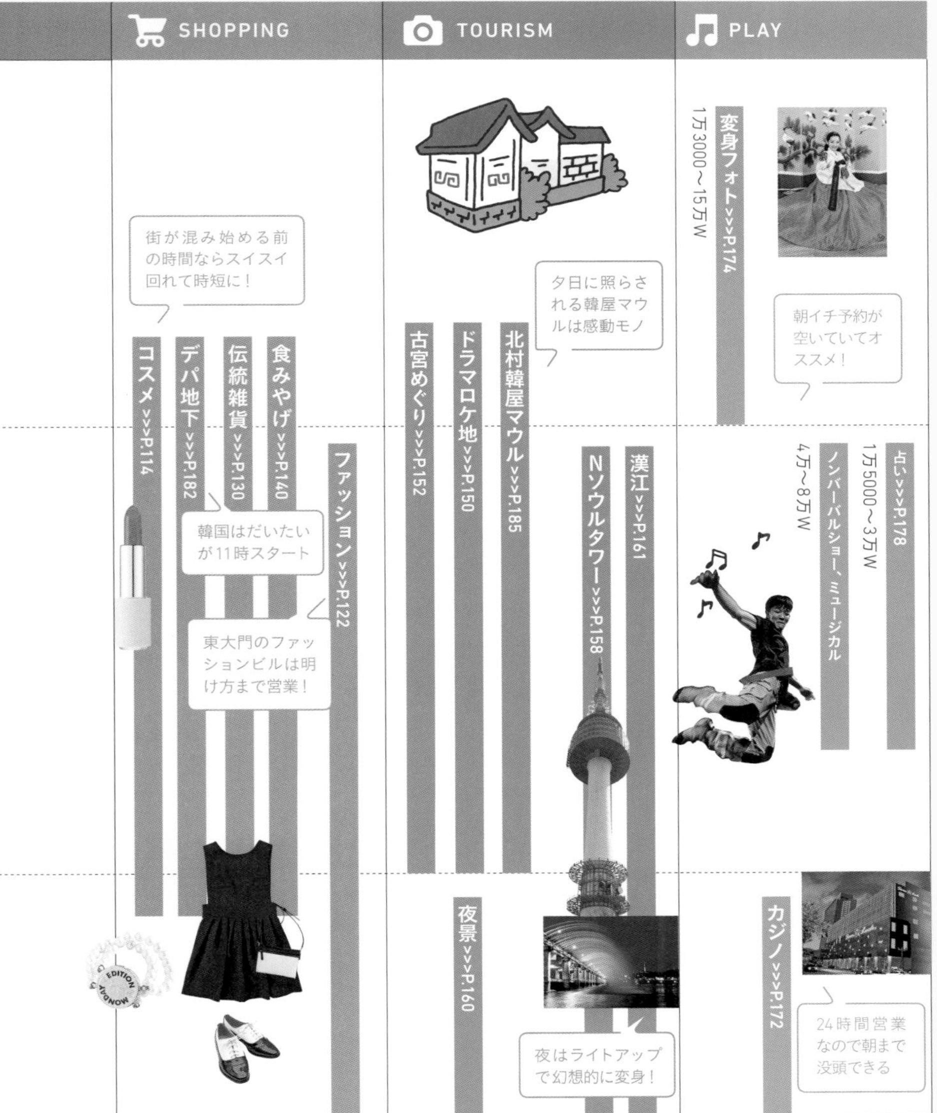

旧正月、秋夕には多くの人たちが田舎に帰るため、ソウルの交通は大混雑。おみやげを求める人たちで百貨店もにぎわう

BEST PLAN 03

ソウルの鉄板を全制覇

王道2泊3日モデルコース

1日目

PM

13:00 仁川空港

リムジンバス90分

15:00 明洞

<所要約4時間>

- NATURE REPUBLIC →P.121
- ETUDE HOUSE →P.121
- OLIVE YOUNG 明洞フラッグシップ →P.115
- 屋台おやつ →P.66
- 黒豚家 →P.34

地下鉄4分

19:00 東大門

<所要4時間以上>

- DOOTA MALL →P.124
- ハローapM →P.124
- ミリオレ東大門 →P.125
- スパレックス東大門店 →P.93

ついた！ まずは明洞 夜は東大門へGO!

最初はやっぱりソウル一の繁華街明洞へ。ごはんはがっつり焼き肉、夜は眠らぬ街東大門でファッションアイテムを夜通しチェック！

POINT

明洞のホテルをチョイス。荷物を置いたらまずは明洞をひと回りしてソウルの雰囲気に慣れるのがおすすめ

SHOPPING

ぐるっと90分ひと巡り

まずは明洞のメインストリートへ。コスメショップが集まっているので、効率的に買える

昼も夜も人でにぎわう明洞。活気ある韓国の空気を感じられる

SWEETS・SNACK

屋台おやつを食べ歩き

16時ごろになるとメインストリートに屋台が並び始める。どれを食べるか迷ってしまう!

スイーツからしょっぱい系まで

10Wパンとフルーツ飴

DINNER

明洞で肉！ 肉！ 肉！

韓国といえばやっぱり焼き肉! 初日の夜はサムギョプサル(豚の三枚肉)を思い切りほおばる!

海鮮ダレにつけて食べる黒豚はコクがあって味わい深い。サンチュで巻いてひと口でいただく

SHOPPING

東大門でファッションショッピング

東大門エリアは週末は明け方までファッションビルがオープン。夜ごはんの後からでもゆっくり買い物ができる

POINT

不夜城東大門は時間を気にせずショッピング！

値切りにもチャレンジ！

BEAUTY

チムジルバンで心も体もデトックス

サウナやアカスリなどがある複合施設チムジルバンで、ショッピングの疲れを取ろう

マッサージのオプションもcheck!

ドーム状の伝統的なサウナ、「汗蒸幕」。中は100℃近い高温。汗をたっぷりかけるので、デトックス効果抜群だ

おいしいごはん、気が済むまでショッピング、エステに観光……やりたいことは盛りだくさん！　各エリアを効率的に回って、2泊3日を全力で楽しみ尽くす最高のプランをご紹介。

午前は過去、午後は今の韓国を訪ねる

2日目は、過去と現在をたどる旅。伝統的な王宮などでパワーチャージしたら、弘大に移動して、最先端のおしゃれスポットを回ろう。

MORNING

伝統の鱈スープで1日をスタート

干し鱈を煮込んだ旨味たっぷりのスープが寝起きの体にやさしく染み込む。辛味もなくて食べやすい

鱈がホロホロほぐれる

鱈スープは韓国語でプゴグッと呼ばれ、栄養豊富で美肌効果も期待できる

SIGHTSEEING

世界遺産・昌徳宮で歴史に触れる

歴史的な王宮もハズせない。ソウルは都心に王宮が多くあり、手軽に歴史に触れることができる

三清洞エリアにある昌徳宮は、保存状態がよく、世界遺産に登録されている。壮大なスケールの王宮に圧倒される

CAFE

三清洞で伝統茶

散策の休憩には、ビタミン豊富な伝統茶を。高台にある静かな韓屋カフェで時間を忘れほっとひと息リラックスしよう

温かいナツメ茶。伝統茶の一種でビタミンA・Bが豊富。食欲不振や美肌にもよい

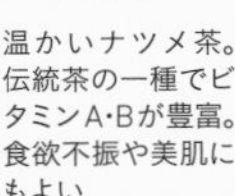

韓屋の街並みを散歩しながら

三清洞エリアには、韓屋をリノベーションしたショップなどが多い。フォトスポットが満載

LUNCH

30年間愛されている韓定食に舌鼓

韓国らしいおかずがズラリと並んで食べ応え◎

豪華絢爛！

SHOPPING

デザイナー雑貨の宝庫でお気に入りアイテムゲット

韓国っぽなユルくてかわいいキャラ雑貨はおみやげにもピッタリ

POINT
弘大・延南洞にはデザイナー雑貨が多く集まる

AM

8:00　市庁
└ **武橋洞プゴグッチッ**
→P.51

地下鉄12分

10:00　昌徳宮
＜所要約2時間＞
→P.152

徒歩5分

11:00　三清洞
＜所要約2時間＞
└ **チャマシヌントゥル**
→P.80

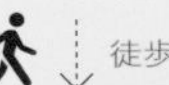

地下鉄19分

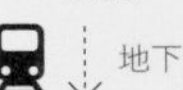

13:00　弘大
＜所要約3時間＞
コミジョン
→P.54
mu:u mu:u
→P.136

移動をスムーズにするために、チャージ式交通カードのT-moneyは必携。駅で購入できる（P.214）

地下鉄34分

16:00 狎鴎亭洞

INSTANTFUNK
→P.170

狎鴎亭コンビニ
→P.195

SHOPPING

人気アパレルブランドで韓国コーデを完成

狎鴎亭ロデオ駅の1･5番出口方面にあるロデオ通り周辺は芸能人御用達のお店が多い

韓国スター愛用ブランド

韓国のトップスタイリストが手掛けるブランドで最新アイテムを購入！

DINNER

ネオ居酒屋で語り尽くす！

狎鴎亭洞には朝まで飲めるオシャレ居酒屋も。ちょっとチでオシャレ感度高めのソウルっ子はここで夜を明か

POINT
狎鴎亭洞･清潭洞は芸能人に遭遇しやすいエリア

写真映えのボリューム

映えておいしいネオ居酒屋なら狎鴎亭コンビニへ。韓国の居酒屋メニューを朝まで楽しもう

3日目

みやげ！みやげ!! みやげ!!!

あっという間に最終日。最終日はおみやげをハント！　買い残しがないように、最後の最後まで気が抜けない！

AM

9:00 明洞

神仙ソルロンタン
→MAP別P.11 D-2

明洞韓流衣装体験室ルミスペース
→P.174

地下鉄8分

PM

12:00 仁寺洞
＜所要約1時間＞

ソリハナ
→P.130

地下鉄15分

14:00 南大門市場
＜所要約40分＞

徒歩10分

15:00 明洞
＜所要約90分＞

新世界百貨店
→P.182

キムガネ
→MAP別P.11 D-3

空港リムジンバス90分

18:00 仁川空港

免税店
→P.211

MORNING

さっぱりとソルロンタン

朝は牛骨のダシでできたスープ、ソルロンタンを。カクトゥギ(大根キムチ)とともに

やさしいスープでWake up!

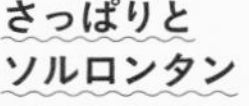

ACTIVITY

変身フォトで思い出の一枚を

伝統衣装であるチマチョゴリは一度は着てみたいアイテム。お姫様になりきって写真撮影!

人気時代劇ドラマに登場した衣装を再現したものがレンタルできる

お姫様気分♫

SHOPPING

仁寺洞で伝統みやげをGET

カラフルな韓国伝統の刺繍やパッチワークは仁寺洞エリアに集中

SHOPPING

南大門市場で面白みやげ

南大門市場ではラーメン用鍋や韓国のりなど、さまざまなおみやげが揃う

SHOPPING

デパ地下で食みやげ

デパ地下ではこだわりのキムチや韓国のりなどの食料品をゲットできる。試食も可能

POINT
百貨店ではスーツケース預かりサービスも！

LUNCH

キンパtake outで移動中に遅めランチ

キンパはテイクアウト可能。リムジンバスの中でパクパク

SHOPPING

空港免税店で買い残しナシ！

免税店では韓国コスメがリーズナブル!　最後に買い忘れがないかチェックして!

BEST PLAN 04

ソウルを200%感じる3日間

リピーター2泊3日モデルコース

地元っ子が集まるディープなソウルを訪ねる

SHOPPING →

駅地下モールで激安優秀アイテムGET

高速ターミナル駅地下のGO TO MALLは激安服やバッグの宝庫!

DINNER →

地元民に混ざってプデチゲを食す

芸能人もお忍びで訪れるという人気プデチゲで本場の味に大満足

NIGHT SPOT

カフェバーでチルい夜を過ごす

8万枚以上のレコードを揃えるレコードショップでソウルの夜に酔いしれる

旬のエリアで流行のカフェと美容を満喫!

MORNING →

ベーグルカフェで優雅な朝を過ごす

流行のカフェで朝ごはん

BEAUTY →

美容施術で韓国美容を体験

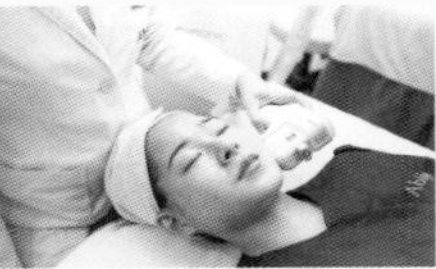

ソウル市内の大手クリニックは日本語スタッフがいるから安心!

SHOPPING

トレンドの街でコスメをGET

聖水にはコスメや服など人気ブランドのショップが続々オープン中!

LUNCH ←

ブルワリーでオシャレランチ

絶品バーガーを食べながら自分好みのクラフトビールをチョイス

CAFÉ ←

コンセプトカフェで非日常を味わう

メニューも内観もすべてモノクロでできていて無機質な空間に浸れる

DINNER

目の前で踊る!? 旨辛タコで疲労回復

生きたテナガダコをテーブルの鍋で調理。迫力のグルメが味わえる

人気ショップで気分がアガる自分みやげをハント!

MORNING →

流行中の塩パンでサクッと朝食

SHOPPING →

高級スーパーで自分ウケ食みやげ

Super

こだわりの食みやげでおみやげに差をつける

SHOPPING

香水作り体験で自分へのごほうび

その場で受け取りできる

自分好みに香りを調香して持ち帰ろう

1日目

PM

江南
└ GO TO MALL →P.126
🚇 地下鉄24分

梨泰院
├ パダ食堂 →P.63
└ Mmm Record →P.168

2日目

AM

鍾路
└ LONDON BAGEL MUSEUM 安国店 →P.78
🚇 地下鉄13分

明洞
└ Abijouクリニック 明洞店 →P.90
🚇 地下鉄18分

PM

聖水
├ AMORE聖水 →P.116
├ KANTO →P.75
└ ソウルブルワリー聖水 →MAP別P.5 E-2
🚇 地下鉄15分

狎鴎亭洞
└ ペッコドン →P.52

3日目

AM

仁寺洞
└ 小夏塩田 →P.80
🚇 地下鉄36分

清潭洞
└ SSGフードマーケット →P.143
🚇 地下鉄13分

聖水
└ L'EAU MAGIQUE →P.134

滞在時間を増やすならソウル駅で飛行機の事前チェックインを利用しよう

BEST PLAN 05

これがあったら便利＆スマート
ハレ旅のお供を準備する

現地で慌てることのないよう、持って行くものはここでしっかりチェックしよう。
あれもこれも持って行きたくなるけど、最低限の必須アイテムを持ってハレ旅へGO！

半分は空にして、現地戦利品に備える！

2泊3日用のスーツケース

2泊3日なら、機内持ち込みサイズでも十分。ただし、たくさんおみやげを買うためには、大きめのスーツケースを用意したほうが安心かも。

FASHION

ソウルも日本同様四季がある。冬は日本よりも寒いので、あたたかくしていくのがポイント。

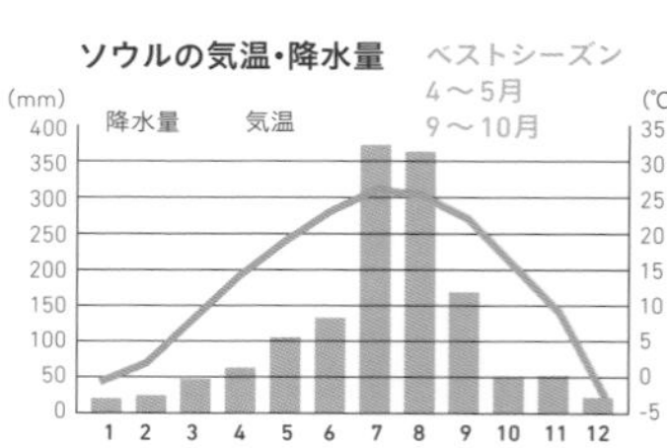

春

夏

4SEASONS コーデNAVI

秋

冬

COSMETICS

高級ホテルならアメニティはあるが、何も置いていない宿泊施設もある。事前に確認しておこう。

サウナにも置いていないので持って行こう

シャンプー＆リンス

クレンジング

日焼け止め

メイク用品

基礎化粧品

現地調達も可能！

現地のコスメショップでオマケでもらえるパウチなら、使い捨てできるので便利

パジャマ

ホテルにガウンやナイティがないことも多いので、パジャマは持参するのが安心だ

サウナ用に多めにあると便利

下着

サウナは下着の上に施設で貸してくれる館内着を着て入る。泊数＋α持って行くのが望ましい

お役立ちアプリ

海外旅行で役立つツールを紹介。でもスマホの盗難には注意して！

▶Papago

NAVERが提供している翻訳機。韓国発のアプリで自然な韓国語に直してくれる。

▶NAVER MAP

韓国のインターネットサイトが提供する地図アプリ。日本語、オフラインの対応可

▶KAKAO TAXI

タクシー呼び出しアプリ。事前に到着地を登録できる。ただしネット接続が必要

▶コネスト韓国地下鉄路線図・乗換検索

韓国情報サイト・コネストが提供している路線図。乗り換え検索もできる。

MONEY

韓国はカード社会。現金は両替すればするほど手数料で損をするので、最低限にとどめたい。

予算は滞在日数 × 2万5000円

財布

カード

治安のよい韓国でも、多額の現金を持って歩くのは危険。支払いはなるべくカードで済ませて

現金

現金は必要最低限の額を両替して持つのがベター。両替は韓国国内でしたほうが、手数料が安い

現地で使うサブバッグ

両手が空くリュックや、身につけられるショルダーバッグは盗難の心配も少ないのでおすすめ。

2泊3日の平均予算　約15万円

価格帯には幅があるので、あくまでも目安。

◎事前の出費

航空券 … 3万～5万円
ホテル … 1万～4万円

◎現地での出費

🍴 … 1万5000円
🛒 … 2万円
♫ … 1万5000円
📷 … 5000円
✦ … 2万円

ホテルに（たいてい）あるモノ・ないモノ

あるもの

バスタオル

ドライヤー

Wi-Fi環境

ないもの

パジャマ

格安ホテルだと置いていないことがほとんど。パジャマを忘れずに

歯ブラシ

衛生面やコスト面から置いていないことがほとんど

シャンプー＆リンス

アメニティは少なめと思っておこう

…ETC.

お金以外にも、パスポートや予約書類関係、旅をより快適にするアイテムを入れて持ち歩こう。

パスポート

コピーも1部持参。クラブなどでIDチェックのときに提示できる

航空券 or eチケット控え

eチケットは事前にプリントアウトして空港のカウンターで提示

変圧プラグ

家電量販店などで購入可

カメラ

ハレ旅

各種予約確認書のプリントアウト

生理用品などは現地のコンビニなどでも購入可！

BEST PLAN 06

これがあればハレ旅の証！
ソウルのお宝戦利品を披露

WEAR シンプルコーデがマスト

□ ITEM 01 カラーシャツ

韓国ファッションの特徴は、無駄な柄のないシンプルなコーディネート。サイズ感を体のラインに合わせてピッタリめに着こなすと韓国風になる

価格帯：1万W～

この店へGO!

東大門ファッションビル >>>P.124
GO TO MALL >>>P.126

SOCKS コーディネートのアクセント

□ ITEM 02 ソックス

毎日はく靴下は何足あっても困らない。華やかな色のものでも、他のアイテムをモノトーンで揃えれば差し色としてアクセントになって便利

価格帯：1万W～

この店へGO!

MSMR >>>P.137

SHOES 色合いがキュートで歩きやすい

□ ITEM 03 パンプス

シューズも色合いがポップなものからデザインに工夫をこらしたものまで多種多様。ヒールもぺたんこ靴から脚のラインを美しく見せるハイヒールまである

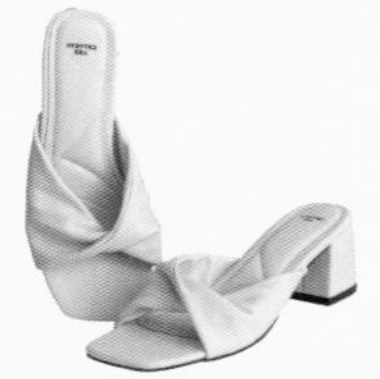

価格帯：2万W～

この店へGO!

Shoopen 弘大店 >>>P.128
チャカン靴 弘大店 >>>P.128

JEWELRY お目立ちアクセもリーズナブル

□ ITEM 04 キラキラアクセ

キラキラのアクセサリーをプチプラでゲットできるのも韓国ならでは。コーディネートによって変えられるように、複数買いをするのもおすすめ。露店で売っていることも

価格帯：5000W～

この店へGO!

GO TO MALL >>>P.126
Monday Edition >>>P.193

BAG サイズ、種類が豊富！

□ ITEM 05 トートバッグ

ソウルのおしゃれ女子がみんな持っているのがトートバッグ。シンプルなデザインがファッションに合わせやすく、リーズナブル＆使い勝手の良さが人気

価格帯：2万W～

この店へGO!

One more bag >>>P.129
depound >>>P.129

COSME お肌にも環境にもやさしく

□ ITEM 06 ヴィーガンコスメ

最近コスメブランド各社がヴィーガンコスメを続々と発売。動物実験をせず、パッケージも環境にやさしい容器で製造。敏感肌でも使える成分で人気が出ている

価格帯：2万～4万W

この店へGO!

AMUSE 漢南ショールーム >>>P.117

COSME ひと塗りで韓国顔になる最強アイテム

□ ITEM 07 ティントリップ

高発色で色味が落ちないのが特徴のティントは韓国メイクの基本。質感や塗り心地、カラバリも豊富なので、自分に似合うカラーを選べるのもうれしい

価格帯：8000W～

この店へGO!

OLIVE YOUNG明洞本店 >>>P.115

COSME バラマキ用はコスパ重視

□ ITEM 08 シートマスク

韓国コスメの代表格、シートマスク。1枚1000W～とお手頃で、おみやげにおすすめ。効果や香りもさまざまあるので、配る際には選んでもらうと楽しめる

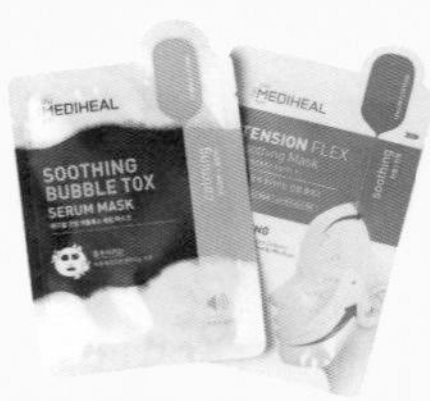

価格帯：1000W～

この店へGO!

OLIVE YOUNG明洞本店 >>>P.115

ショッピング天国韓国には、気になるアイテムが盛りだくさん。
キュートな服やアクセサリー、役立つプチプラコスメ、韓国ならではの食みやげなど
おみやげに、自分用に。買って損はない、16アイテムをご紹介！
半分空けておいたスーツケースをハレ旅の戦利品でいっぱいにして帰ろう！

FOOD 食感・香りにこだわりたい

☐ ITEM 09 韓国のり

リーズナブルなバラマキ用の小分けのりから、高級な大判ののりまで、色々買うのがおすすめ。大型スーパーやデパ地下、免税店などで購入することができる

価格帯：2500W〜

この店へGO!

SSGフードマーケット >>>P.143
GOURMET494 >>>P.143

FOOD ノン辛〜激辛までバリエ豊か

☐ ITEM 10 インスタントラーメン

鍋で煮るタイプのインスタントラーメンは、かさばらないので持ち帰りやすい。さまざまな味があるので、いくつか買って帰国後に味比べをするのも楽しい

価格帯：700W〜

この店へGO!

ロッテマート ソウル駅店 >>>P.143

FOOD 使えば即効韓国味！

☐ ITEM 11 コチュジャン

韓国の食卓には欠かせない調味料であるコチュジャン。本場のコチュジャンは買って帰りたいアイテムのひとつ。写真はイチゴを使用したコチュジャン。甘みがあり美味

価格帯：2500W〜

この店へGO!

ロッテマート ソウル駅店 >>>P.143
SSGフードマーケット >>>P.143

SWEETS 大容量でみんなにおすそわけ

☐ ITEM 12 ばらまき用菓子

ソウルの大型スーパーには小分けの袋がたくさん入ったお菓子が売られている。大人数で分けられるから学校や会社のおみやげにピッタリ。写真のグミは28袋入り

価格帯：5000W〜

この店へGO!

ロッテマート ソウル駅店 >>>P.143

GOODS 伝統のパッチワーク

☐ ITEM 13 ポジャギ

韓国版パッチワーク。美しい色の組み合わせが目を引く。ブックカバーやポーチなど、かばんのなかに忍ばせたいアイテムが揃う。仁寺洞エリアでの購入がおすすめだ

価格帯：7000W〜

この店へGO!

ソリハナ >>>P.130
ギャラリーミル >>>P.132

GOODS 人と差をつける小物をゲット

☐ ITEM 14 刺繍小物

繊細で鮮やかな刺繍は韓国伝統みやげの定番。手鏡などは、大切な人にプレゼントするのにもうってつけだ。そのほか、刺繍の小物入れやマグネットなどもある

価格帯：5000W〜

この店へGO!

国際刺繍院 >>>P.130
ソリハナ >>>P.130

GOODS おみやげに喜ばれる韓国っぽさ

☐ ITEM 15 デザイナー雑貨

韓国っぽなおみやげならデザイナー雑貨がおすすめ。ハングルが描いてあれば一目置かれるおみやげに。韓国っぽいゆるキャラも普段使いしやすいかわいさ

価格帯：2000W〜

この店へGO!

mu:u mu:u>>>P.136
Object>>>P.137

GOODS ラーメン作りのマストアイテム

☐ ITEM 16 ラーメン用鍋

ラーメンを煮る専用鍋。韓国人ならみんなが持っているといっても過言ではない。鍋から直接ラーメンをすすれば韓国ツウ。IH対応ではないことが多いので要確認

価格帯：5000W〜

この店へGO!

南大門クルットメミソガインヌンゴッ >>>P.133

マート（大型スーパー）では"1＋1"（商品を一つ買うと無料でもう一つ付いてくる）というキャンペーンがある

HARETABI NEWSPAPER

文化やエンタメなど、トレンドが生まれ続ける韓国の中心、ソウル。今、ソウルっ子が注目するホットなニュースをジャンル別にお届け！

インフルエンサー注目のオシャレHIPアイテムをハント

レトロで抜け感のあるアイテムがトレンド

スラングで「トレンドでかっこいい」という意味の"HIP"が使われるが、まさに今のソウルではHIP HOPな感性のものが流行。特にレトロな雰囲気が若者に人気だ。

NIKE Seoul

나이키 서울（ナイキ ソウル）

ワッペンを選んでTシャツやキャップ、スウェットなどをカスタムできる。ハングルのものもかわいい。

🏠中区明洞キル14（明洞2街83-5）
☎02-3789-9534
営10:30〜22:00
休 無休
交 2号線乙支路入口駅6番出口から徒歩6分
明洞 ▶MAP 別P.10 C-2

PDF SEOUL

피디에프 서울（ピディエプ ソウル）

梨泰院の路地裏に佇む秘密基地のような空間。写真家の店主さんが選ぶアートブックを販売している。

🏠龍山区緑莎坪大路32キル16（梨泰院洞34-38） ☎0570-1406-7531
営 13:00〜20:00、日曜〜19:00 休 月曜 交 6号線梨泰院駅4番出口から徒歩6分
梨泰院 ▶MAP 別P.18 A-2

STAY

韓屋を貸し切り！プライベート空間でくつろぐ

一軒貸し切りでのびのび過ごせる

韓国の伝統家屋・韓屋のお宿が大人気。一軒まるごと貸し切るタイプだから、家族や友達とまるで我が家のようにのんびりと過ごせる。

Stay knock knock

스테이넉넉（ステイノックノック）

調味料や調理器具完備なので、自宅のようにくつろげる。清々しい風が行きかう空間で心を整える。

🏠東大門区旺山路5ギル13-7 ☎0507-1387-0345
交 2号線新設洞駅3番出口から徒歩3分
鍾路 ▶MAP 別P.5 D-1
料金 HP参照
IN 16:00 OUT 11:00

Lee Ho Sorak

이호소락（イホソラク）

歴史的な街並みが残る北村にある韓屋のお宿。贅沢な露天風呂に癒される。

>>> P.202

大型施設が続々オープン！ハイセンスなブランドが揃う

SHOPPING

造形美に圧倒される大型施設に高い感性のアイテムが揃う

体験や展示も楽しめる大型施設がいくつもオープン。ドラマの撮影で使用されたり、芸能人もSNSに来店をアピールするなど話題になっている。

2021.12 OPEN

LCDC SEOUL
엘씨디씨 서울（エルシディシソウル）

スタイリッシュな外観の中にセレクトショップが並ぶ。アパレル、生活雑貨などジャンルも豊富。

城東区練武場17キル10（聖水洞2街275-28）☎02-3433-5975 営11:00～20:00（4Fバーは11:30～24:00）休無休 交2号線聖水駅3番出口から徒歩11分

聖水 ▶MAP 別P.5 E-2

2022.06 OPEN

COMFORT
콤포트（コムポトゥ）

ファッション業界で名を連ねてきたアーティストらが作り上げた空間。BLACKPINKジェニーも来店。

龍山区トゥトゥッパウィ路60キル45（厚岩洞 358-144）☎02-6324-0624 営11:00～21:00 休月曜、旧正月・秋夕の当日※変更の可能性あり 交4号線ソウル駅15番出口からタクシーで12分

厚岩洞 ▶MAP 別P.6 C-3

2021.02 OPEN

ザ・現代ソウル
더현대 서울（ドヒョンデ ソウル）

汝矣島に新しくオープンした百貨店。2022年のドラマ『ウ・ヨンウ弁護士は天才肌』の撮影でも使われた。

>>>P.163

最新ソウルのトレンドは“聖水（ソンス）”にあり!!

TOWN

&CHECK!

聖水の詳細はP.190-191へ！

元工場地帯の強みを生かしたおしゃれスポットに

もともと工場の多かった聖水にはレンガ造りのリノベカフェなど、空間を大胆に使ったショップが多い。「レトロ」というカルチャー全体の流行と相まって、おしゃれブランドが集まるホットな街になっている。

2021.08 OPEN

YOUR NAKED CHEESE
유어네이키드치즈（ユアネイキッドチーズ）

カジュアルにチーズとワインを楽しめるかわいいバー。カフェのような雰囲気で、女性や若者に大人気。

城東区往十里路10キル6 1F ☎02-2124-0924 営12:00～23:00 休月曜

聖水 ▶MAP 別P.5 D-2

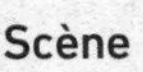

Scène
쎈느（センヌ）

1階にはテラス席、2階にはセレクトショップを兼ね備えたカフェ。広々としたモダンな空間が美しい。

城東区練武場5キル20（聖水洞2街314-2）☎02-468-2122 営10:00～22:00 ※LO 21:30（日曜～21:30※LO21:00）休無休 交2号線聖水駅4番出口から徒歩5分

聖水 ▶MAP 別P.5 E-2

2019.12 OPEN

2022.09 OPEN

ボディローションは大容量！

ハンドクリームは男女問わずギフトにも

Kuoca Seongsu
쿠오카 성수（クオカ ソンス）

製造から30日以内にスキンケア商品を販売するというこだわりをもった実力派気鋭ブランド。

>>>P.117

❶明洞では16時以降に屋台が並ぶ(P.66)。食べ歩きグルメは1500〜4000Wで楽しめるよ　❷コスメショップの呼び込みで、無料でシートマスクなどがもらえることも　❸休日には明洞芸術劇場近くの広場(MAP別P.11 D-2)でアイドルの卵たちが公演していることがある。終了後は記念撮影ができるよ

EAT

ソウルの「食べる」事件簿

韓国の食文化、レストランでの振る舞いには日本と異なる点が多い。こんな困ったことはありませんか？

事件ファイル 1

入店しても席に通されない。コレって入店拒否？

気合を入れて焼き肉を食べに行ったら、席は空いているのにいつまで経っても席に通してくれない。どういうこと？

解決！ "ツンデレ対応"に身を任せる！

韓国の接客を一言で表すと「おせっかいな放任主義」。その対応に最初は戸惑うかもしれない。まずは入店から退店までの一般的な流れをおさえて、スムーズに行動しよう。

入店から退店までの流れ

入店

空いている席に座る

店に入って特に声をかけられなければ空いている席に座ってOK。声をかけられたら指で人数を伝えよう

↓

オーダー

指さしで注文

メニューを指さして注文。個数は指でジェスチャーすれば問題ない。特別付録P.28の指さしカタログを活用しよう

이거 주세요
イゴ　ジュセヨ
（これください）

↓

食べる

調理はお店の人に任せる

焼き肉や鍋物などはお店の人が調理をしてくれることが多いので任せよう

먹어도 돼요?
モゴド　テヨ？
（食べてもいいですか？）

↓

会計

レジで支払い

食後はレジで支払い。伝票がない場合はそのままレジに向かってOK

계산해 주세요
ケサネ　ジュセヨ
（会計してください）

↓

退店

アメでリフレッシュ

レジ付近にサービスでミント味のアメが置いてあることが多い

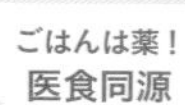

知っておきたい韓国の"食道"

ごはんは薬！ 医食同源

正確には「薬食同源」。韓国では東洋医学の考えにもとづき、「バランスの良い食事は健康につながる」と考えられている

バランス重視 五味五色

陰陽五行説にもとづき、味は甘辛苦酸塩、色は赤青黒黄白がバランス良く入るよう工夫されている。彩りが鮮やかなのが特徴

なんでもかんでも 混ぜる

ビビンパやパッピンス、カレーまでとにかくよく混ぜて食べるのが韓国流。混ぜて味が馴染んでこそ完成するという考え方だ

事件ファイル 2

会計時に"別々で"と言ったらメンチ切られました。

友人との食事の会計時に別会計をお願いしたら、ものすごく嫌そうな顔された……どうして!?

解決! 割りカン文化はナシ! ホテルで精算しよう

会計の方法も日本とはひと味違う。韓国には割りカンの文化はない。1軒目はAさん、2軒目はBさんというようにお店ごとにひとりが全額払うのが普通。割りカンをするなら後でしよう。

会計のコツ! 担当振り分けがオススメ

韓国旅行中の支払いをメンバー内で分担すると混乱しにくくスムーズになる。

食事担当
別会計はヒンシュクを買うので、食堂での支払いはひとりが担当して全員分支払う

カフェ担当
カフェでの支払いも別々ではなくひとりがまとめて支払うようにする

入場料担当
宮の入場料や、タクシー代などの交通費などもその場での割りカンが難しいので担当制に

最終日に精算

レシートを確保!

영수증 주세요
ヨンスジュン
ジュセヨ
(領収書ください)

事件ファイル 3

頼んでもない料理が続々と……これってもしやボッタクリ!?

席についた瞬間突然テーブルに料理をずらずら並べられた! まだ注文していないのに……。もしやあとで巨額の請求がくるのでは!? これは一体何!?

解決! 韓国は無料のおかずが出てくる!

韓国では「パンチャン」という無料のおかずが出てくるのが普通。このおかずはおかわりも自由なのだ。ずらりと並んだ「頼んでもいない料理」は、ボッタクリでもなんでもなく、サービスなので安心して食べて大丈夫。

パンチャンのほかにも! テーブルをCheck

レストランのテーブルには、パンチャン以外にも日本で見かけないようなアイテムが並んでいる。

水
薄茶色のとうもろこし茶の場合もある

ティッシュ
口や手を拭く用のティッシュ。トイレットペーパーのことも……

スプーン(スッカラ)、箸(チョッカラ)

パンチャン(おかず)
キムチやサラダなど、お店によってラインナップ、数は異なる

つまようじ
緑の半透明のつまようじはでんぷんでできていて、誤って食べても大丈夫になっている

いまEATで一番NEWなしたいこと！

#トレンドグルメを攻略

さまざまなグルメの店が点在するソウルで話題のグルメをお届け。
地元民もハマるマッチプ（うまい）グルメはこれだ！

#“ホンパプ（ひとり飯）”できる韓グルメがアツい！

ファファダム オリジナルサルグクス
화화담 오리지널 쌀국수
8800W

大判の牛肉がたくさん入って食べ応え◎。パクチーはお代わり自由

韓国式フォーが味わえる

ファファダム
화화담

人気サルグクス店。サルグクスとは韓国式フォーのことで、あっさりピリ辛のスープが食欲をそそる。

住 鍾路区大学路11キル38-3（明倫4街63-2）
☎02-741-1990 営11:20～15:00（LO14:45）、17:00～21:00（LO20:10、金・土曜はLO20:30）※土・日曜・祝日はブレイクタイムなし 休 年中無休 交 4号線恵化駅4番出口から徒歩4分 大学路 ※2024年4月現在閉店

定食スタイルのカンジャンセウ

少年食堂
소년식당（シニョンシッタン）

カンジャンセウ（エビの醤油漬け）が人気の店。ドバイの7つ星ホテル出身のシェフが手掛ける料理はどれも絶品。

住 麻浦区臥牛山路29ラキル16（西橋洞333-11）
☎070-4111-7179
営 11:30～20:30（ランチLO15:30、ディナーLO19:30、ブレイクタイム16:00～17:00）休 月曜、旧正月・秋夕の連休
交 2号線弘大入口駅7番出口から徒歩4分
弘大 ▶MAP 別P.17 E-1

海老の醤油漬けご飯
간장새우밥
1万W

サラダ、味噌汁、小鉢付き。カンジャンセウは2匹まで追加可能

WHAT IS 『ホンパプ』
ホンパプとはひとり飯のこと。1人で外食する文化がなかったが最近する人も増えている。

栄養たっぷりのキンパ

ハンニプソバン 淑大店
한입소반 숙대점（ハンニプソバン スッテジョム）

韓国式海苔巻きキンパのテイクアウト専門店。化学調味料不使用で漬物やごま油まで全て手作り。ソウルに4店舗ある。

住 龍山区青坡路45キル3（青坡洞3街24-50）
☎02-701-4417 営7:00～19:00 休 旧正月・秋夕の当日と前後2日間、夏季休業
交 4号線淑大入口駅8番出口から徒歩4分
ソウル駅 ▶MAP 別P.4 B-2

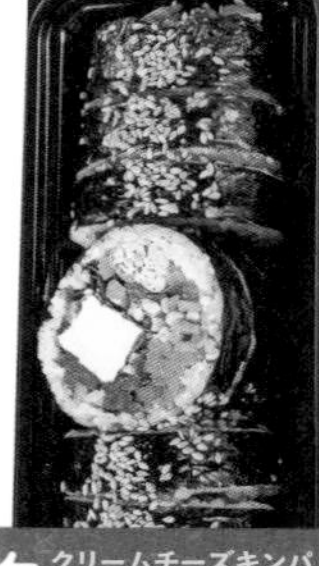

クリームチーズキンパ
크림치즈김밥
5500W

大ぶりのクリームチーズで食べ応え抜群のキンパ

熟成キムチツナキンパ
묵은지참치김밥
5500W

熟成キムチがアクセントのハンニプソバンの代表メニュー

シレギキンパ
시래기김밥
5500W

シレギとは大根の葉のこと。野菜たっぷりがうれしい

#健康志向isベスト！ "ヴィーガンカフェ"がキテます

米タルト
쌀타르트
7800W〜

ふんわり優しい味わいのお米で作ったタルト

焼き芋ケーキ
구마 케이크
8900W

さつまいもの自然な甘みを活かしたケーキ。リンゴとシナモンも入っている

全メニューヴィーガン

PAN HONESTA 梨泰院店

빵어니스타 이태원점（パンオニスタ イテウォンジョム）

NO小麦粉、NO砂糖、NO輸入製品、NO卵、NOトランス脂肪酸を掲げるカフェ。タルトやクッキー、ピンスが食べられる。

龍山区普光路55ギル3（梨泰院洞180-16）
☎02-336-7768　営12:00〜20:00（LO19:30）、土・日曜12:00〜21:00（LO20:30）※テイクアウトは閉店まで
休 年中無休（インスタグラム@panhonestaで告知）
交 6号線梨泰院駅4番出口から徒歩3分
梨泰院 ▶MAP 別P.18 B-2

季節の食材を使用したケーキ

アプロエパンチプ

앞으로의빵집

9無をテーマに牛乳、バター、卵、白小麦、白米、白砂糖、白塩、GMO、防腐剤＆色素不使用ながら多様なケーキが楽しめる。

鍾路区三一大路32ガキル29-1（益善洞42）
☎010-6662-2943　営木・金曜11:30〜19:00（土曜12:00〜）　休 日〜水曜　交 1・3・5号線鍾路3街駅6番出口から徒歩7分
益善洞 ▶MAP 別P.8 C-1

#カフェドリンクは "アインシュペナー"がマスト！

WHAT IS

『アインシュペナー』

最近ドリンクメニューでよく見かけるのがアインシュペナー。深煎りしたコーヒーにホイップをのせていただく。

Ⓐ日本庭園風カフェ

小雪園

소설원（ソソルウォン）

望遠にある4階建てのカフェ。店内には座敷席があり散策の疲れを癒すことができる。看板メニューはフィナンシェ。

麻浦区ワールドカップ路13キル22-3（望遠洞376-18）　☎0507-1484-5565　営 11:00〜21:00（LO20:30）　休 年中無休　交 6号線望遠駅2番出口から徒歩2分　望遠洞 ▶MAP 別P.4 A-2

Ⓑ北欧風隠れ家カフェ

godny

고드니（コドゥニ）

フィナンシェが人気のカフェで、ドリンクメニューのコドゥニビアンコも名物。店名はポーランド語で"価値"を意味している。

江西区麻谷中央路161-1 キャッスルパーク2階220号（麻谷洞760-2）　☎070-8667-1053
営11:00〜23:00（LO22:30）、土日祝12:00〜
休 年中無休　交 9号線麻谷ナル駅2番出口から徒歩4分　麻谷 ▶MAP 別P.24 B-1

A 黒糖アインシュペナー
흑당 아인슈페너
6900W

黒糖の甘みが口の中でふわっと広がるスイートなドリンク

B コドゥニビアンコ
고드니 비앙코
6300W

エスプレッソの深みにオレンジの甘酸っぱさがベストマッチ

EAT 01

2泊3日で 11品制覇のモデルコース

15:00 まずはおやつ！ピンスでさっぱり

韓国のかき氷、ピンスを味わう

ソルビン → P.82

18:00 最初の夕食はやっぱりサムギョプサル

韓国といえばサムギョプサル！分厚いサムギョプサルに舌鼓

肉典食堂4号店 → P.28

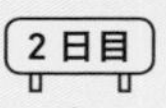

9:00 朝はやさしいプゴグッでスタート

やさしい味わいだけど栄養満点のプゴグッを食べてパワーチャージ

武橋洞プゴグッチッ → P.51

10:00 三清洞の散策へ

韓屋の並ぶ三清洞を散策。朝なら人が少なくてラクラク

北村韓屋マウル → P.185

12:00 韓屋のカフェで一休み

伝統の家屋、韓屋の中で伝統茶とお菓子。タイムスリップした気分

チャマシヌントゥル → P.80

13:30 名物トッポギ鍋をハフハフ

トッポギの有名店「モッシドンナ」で海鮮トッポギ鍋をオーダー。甘辛のタレが癖になる

モッシドンナ → P.48

15:00 明洞でコスメハント

コスメを買うなら明洞！ぐるぐる歩いてお気に入りを見つけよう

プチプラコスメ → P.118

16:00 屋台のおやつをつまみ食い

明洞の屋台は歩きながら食べられるおやつがいっぱい！友達とシェアして色々なメニューを制覇

テイクアウト屋台 → P.66

POINT

夕方になると屋台が登場！

明洞のメインストリートは、夕方16時ごろになると屋台が続々開店する。その時間を狙って街歩きするのがオススメ

エリア別

グルメ傾向分析

エリアごとにグルメの特色がある。食べたいものを決めてそのエリアに行くもよし、今いるエリアでメニューを決めるのもよし

カテゴリ＼エリア		明洞	東大門	鍾路
屋台	イートイン	夕方以降屋台がズラリ	◎	◎
	テイクアウト	○	夜通し営業	◎
チェーン		◎		○
グローバルチェーン		チェーン激戦区		
個人店		○	○	◎
高級店			タッカンマリの専門店	老舗が多い
韓屋リノベ		カフェもチェーンが多い		◎
カフェ		○		◎

焼き肉、ピリ辛鍋、あま〜いスイーツまで、ソウルは食の宝庫！
2泊3日の限られた時間の中で、本当においしい料理を思い切り食べるモデルコースをご紹介。
ダイエットは帰国してから！　お腹も心も満たされる11品を堪能しよう。

16:30 **ファストファッションを大人買い**
明洞にある韓国ファストファッションのお店でシンプルながらパンチの効いたアイテムをゲット
SPAO → P.123

CUTE!!

18:00 **新感覚のおしゃれコプチャン**
チーズや目玉焼きをトッピングしたユニークなコプチャンを食べよう。〆はポックンパで決まり！
クゴンタンコプチャン→ P.37

21:00 **チキン&ビールで乾杯！**
ディナーは定番のチメク（チキンとビール）。サクサクのフライドチキンが最高！
キョチョンチキン弘大店 → P.70

23:00 **東大門ナイトショッピングへGO！**
東大門のファッションビルをはしごショッピング！
DOOTA MALL → P.124

25:00 **朝4時まで営業のお店でキムチチゲ**
旅行だから自分を甘やかして夜中にもう一食、キムチチゲを
セマウル食堂 → P.38

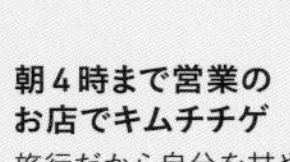

3日目

9:00 **ソルロンタンで胃をいたわる**
二日酔いに効くといわれているソルロンタン。飲みすぎの翌朝もさらっといける
別天地ソルロンタン → P.51

POINT
早朝オープンのお店
朝ごはんを食べるなら、朝早くからオープンしているお店を選ぶ。ソルロンタン、キンパ、お粥のお店は早朝からオープンしていることが多い

10:00 **キュートな雑貨をおみやげに**
弘大の雑貨店で日常使いができるアイテムをゲット
Object → P.137

12:00 **ピリ辛タッカルビ**
ランチは鶏肉を辛いタレで炒めたタッカルビ。シメのポックンパ（チャーハン）も忘れずに
春川家タッカルビ・マックッス → P.44

15:00 **ソウル駅でキムチやのりを買い込む**
大型スーパーロッテマートで、食みやげをまとめ買い
ロッテマート → P.143

仁寺洞・三清洞	弘大	カロスキル	狎鴎亭洞・清潭洞	梨泰院
	○			
○	○			
	○	○		
	○			
◎	○	○	○	○
○			◎	
◎				
○	◎	○	○	○

食べ歩きグルメの発信地
有名シェフやフュージョン韓国料理
学生街なのでコスパ◎
各国料理が充実

キムチをはじめとした「パンチャン」と呼ばれるおかず類は無料で提供され、おかわりも自由

EAT 02

初の2泊3日はこれで決まり！

ソウルの殿堂5店を訪ねる

肉の殿堂

並んででも食べたい肉厚ジューシーなサムギョプサル

並んででも食べる価値あり！
（齋藤沙倉／編集部）

肉厚ジューシーなお肉は食べごたえ満点です。
（金森未来／編集部）

地元の人にも人気のお店。
（イ・シホ／コーディネーター）

サムギョプサル
삼겹살
1万8000W（1人前）

220℃という鉄板の温度にもこだわり、外はカリッと中はジューシーな食感が楽しめる

チーズや野菜がたっぷり入った焼き飯

ポックンパプ
볶음밥
4000W

シメにぴったりの一品！
（齋 碧海／コーディネーター）

1時間待ちは覚悟して

肉典食堂 4号店

육전식당 4 호점（ユッチョンシッタン サホジョム）

2013年の1号店オープン以来、新設洞駅周辺に3号店まで展開し、2017年は江南に4号店をオープンさせた、サムギョプサルの人気店。2週間熟成させた、分厚くてやわらかい国産豚肉は絶品。

江南区テヘラン路8キル11-4(駅三洞823-10)　☎02-3452-6373　㊖11:30～15:30(LO平日14:00、土曜15:00)、17:00～22:00(LO21:30)　㊡日曜、旧正月・秋夕の当日　㊯2号線江南駅1番出口から徒歩5分

日本語OK　日本語メニュー有

江南 ▶MAP 別P.20 C-3

殿堂入りの歴史

2017年にOPEN。すでに1号店～3号店まで展開している人気の焼き肉店。連日満席で、18時以降は予約できない人気ぶり。

塩や味噌、わさびを付けて食べてみて！

4号店主任 ソ・ヨンイムさん

韓国旅行で何を食べる？　焼き肉、ビビンパ、鍋……アレもコレも気になるけど、せっかく食べるならハズレなしのおいしいものを食べたいと思うもの。そこで、韓国料理の定番5メニューの「本当においしい店」をご紹介！この5店で2泊3日の食事は大満足なものになるはず！

とろとろの濃厚スープは栄養満点でパワーみなぎる味

とろけるほろほろの鶏肉が絶品。
（齋 碧海／編集部）

高麗人参ごと発酵させたお酒。無料でついてくる。滋養強壮に効果抜群

夏バテ防止にもおすすめなので、夏によく食べます。
（金森未来／編集部）

スープの殿堂

サムゲタン
삼계탕
1万9000W

早朝から長時間煮込んだとろとろのスープ。注文を受けると同時に再度炊いて提供してくれる

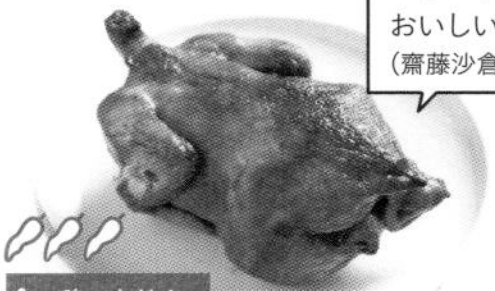

パリパリの食感がおいしいです。
（齋藤沙倉／編集部）

鶏の丸焼き
통닭
1万8000W

よい焼き色がついた鶏は、パリパリ食感で香ばしい

店は韓屋になっている。大部屋や、座敷の個室などがある

韓国No.1の絶品参鶏湯

土俗村

토속촌（トソクチョン）

開店と同時に多くの客が訪れる人気店。鶏肉は箸を入れた途端にほろりと崩れるしっとりとしたやわらかさ。穀物の粉末が入ったクリーミーな白濁スープは、他店に比べとろみがあり美味。

鍾路区紫霞門路5キル5（体府洞85-1）
☎02-737-7444　営 10:00～22:00
休 年中無休　交 3号線景福宮駅2番出口から徒歩7分
日本語OK
景福宮 ▶MAP 別P.6 B-1

ランチタイムには開店前から店の前に行列ができる

殿堂入りのヒケツ

1983年OPEN。2代にわたって続く老舗。故ノ・ムヒョン元大統領の行きつけの店として話題に。政治家や芸能人も多数来店している

서울특별시지정
傳統飮食店
TRADITIONAL KOREAN RESTAURANT

店の前の看板。歴史ある店にしか与えられない称号だ

鶏の中には秘伝の具材3種も入っているわよ！

토속촌

店員 ワン・ゲファさん

参鶏湯は夏の滋養強壮の定番メニュー。いつも行列の土俗村も、夏場はより混雑する

麺の殿堂

麺の硬さがちょうどいい！
（イ・シホ／コーディネーター）

コシのある麺とあっさりスープのコンビが最高！
（寮 碧海／編集部）

100%牛肉でとった透明スープの冷麺は1日1000食出ることも

平壌冷麺
평양냉면
1万6000W

そばと小麦を合わせた麺は、ハサミなしで噛み切れる

やみつきになる旨辛ビビン麺！
（金森未来／コーディネーター）

平壌ビビン冷麺
평양비빔냉면
1万6000W

汁なしの冷麺。赤いソースは果物のすりおろし入り

1階がテーブル席、2階は座敷になっている

伝統の味を守り続ける老舗

江西麺屋

강서면옥（カンソミョノッ）

4代にわたって愛される人気店。透明でコクのあるスープの秘密はそのダシ。骨は使用せず贅沢に肉のみを使用している。無料でついてくるおいしいおかずが豊富なのも人気の秘訣。

江南区彦州路164キル19（新沙洞645-30）
☎02-3445-0092
営 11:00～21:30（LO21:00） 休 旧正月・秋夕の前日と当日 交 3号線狎鷗亭駅2番出口から徒歩9分
日本語メニュー有
狎鷗亭洞 ▶MAP 別P.22 B-2

キムチマリ冷麺
김치말이냉면
1万6000W

外国人観光客向けに作られたメニュー。現在の社長が考案した

殿堂入りの歴史

1949年	ピョンヤン（北朝鮮）でオープン
1953年	京畿道に移転
1968年	西小門に移転
1970年代	朴正煕大統領が訪問し、話題に
1884年	現在の狎鷗亭洞に移転
2005年	狎鷗亭洞に2号店オープン
2010年	3代目社長がキムチマリ冷麺を考案

自慢のスープを酢や辛子は入れずにそのまま味わってみて！

社長 ハン・サンフンさん

ジャガイモ、豚の骨付き肉など食材が盛り盛り

化学調味料は一切使わないのがこだわり！

店長 チョ・ギョンベさん

老若男女に愛される味

ウォンダンカムジャタン

원당감자탕

6時間かけて煮込んだスープは濃厚な味わい。ジャガイモなどの野菜、豚肉の旨味、牛骨からエキスがしみ出す。シメのチャーハン(3000W)も必食。

中区明洞8ナキル35(忠武路1街25-33)
☎02-757-7612
㊖24時間 ㊡年中無休
㊯4号線明洞駅5番出口から徒歩5分
日本語OK 日本語メニュー有
明洞 ▶MAP 別P.10 C-3

韓国のグルメ番組でも取り上げられた

殿堂入りの歴史

2002年 ソウルのプッチャンドンにOPEN
2003年 本店を明洞に移転
明洞2号店OPEN
2008年 日本のBS朝日で紹介され、日本人客が激増

ネギがたっぷり入ったしょう油がテーブルに置いてある。ビビンバにおこのみでかけよう

魚卵が盛りだくさん。石焼きなので香ばしさも

東海出身だから海鮮にはこだわるよ！

店長 イ・ドンチョルさん

オリジナルメニューが豊富

小公粥家

소공죽집(ソゴンジュッチッ)

お粥から海鮮しゃぶしゃぶまで、朝・昼・晩と時間帯に合わせて違うメニューが楽しめる。新鮮で豪華な食材をふんだんに使い、お手頃価格で提供している。

中区西小門路139(中区西小門洞14-2)
☎02-752-6400
㊖8:00～20:00(土・日曜・祝日～15:00)
㊡年中無休 ㊯2号線市庁駅12番出口から徒歩1分
日本語OK 日本語メニュー有
市庁 ▶MAP 別P.8 A-3

ウニをふんだんに使用しており、濃厚でなめらか

殿堂入りのヒケツ

1980年OPEN

近くにはホテルが多く、観光客の朝ごはんとして愛される。ソウル市庁近くにあり、イ・ミョンバク元大統領がソウル市長の時代に訪問した。

韓国冷麺の主原料はそば粉。盛岡冷麺に代表される日本の冷麺は、小麦粉と片栗粉が主な原料となっている

EAT 03

ベストハーモニーをチョイスして

サムギョプサルをほおばる

豚の三枚肉を鉄板でカリッと焼き、野菜で巻いて食べる「サムギョプサル」。
韓国焼き肉の王道であり、韓国旅行で必ず食べたい料理のひとつだ。
巻く野菜やタレの組み合わせでその味わいは無限に変化する。
自分だけの組み合わせを見つけよう。

サムギョプサル
생삼겹
1万3000W(1人前)

ジュワッとあふれる
肉汁と厚さに
思わず息をのむ

驚くほどの分厚さの豚肉は超ジューシー。
オリジナルのしょう油ダレとよく合う

ジューシーな肉にリピーター続出

トントンデジ

통통돼지

焼き肉店の多い学生街の中で常に満員の大人気店。厚切り肉と4種類のタレ、店自慢のピリ辛ネギサラダのハーモニーは一度食べたらやみつきに。サービスのユッケジャンも好評。

- 西大門区延世路4キル19（滄川洞13-33）
- ☎02-363-1263
- 営 16:30〜翌1:00　休 年中無休
- 交 2号線新村駅3番出口から徒歩2分
- 日本語メニュー有

新村 ▶MAP 別P.18 A-3

見よ！この分厚さ！

OTHER MENU

- 豚首肉1万5000W
- 豚の味付きもみ肉 1万6000W
- 牛カルビ 1万7000W
- 豚皮8000W
- ご飯1000W

HOW TO

『韓国式焼き肉の食べ方』

韓国のサムギョプサルは、1枚肉で焼き始める。焼いて切った肉を野菜で巻いていただく。

基本セット

オーソドックスな組み合わせはサンチュに肉、ネギの和え物、サムジャン（辛味噌）をのせて包んだもの

肉 ＋ 野菜 ＋ タレ

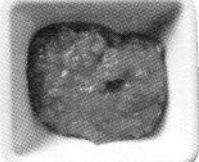

焼く

豚肉なのでよく火を通す。外側がキツネ色になりカリッとしてきたら食べごろだが、基本的にお店の人に任せてOK

切る

肉は基本的に1枚の長い状態で焼いていく。焼き色がしっかりついたら、はさみを使って一口サイズにカットする

包む

焼きあがった肉をサンチュなどの野菜で、サムジャンなどのタレや薬味などと一緒に巻く。一口でかぶりつこう

包むもの・包まれるもの 組み合わせはあなたしだい

サムギョプサルはサンチュで包むだけじゃない！さまざまな野菜やタレで味の変化を楽しんで。

"包む"もの

代表的なサンチュ以外にもさまざまな歯ごたえや香りの野菜がある

サンチュ

サムギョプサルを包む定番葉野菜。クセのない味わい

エゴマ

独特の香りがする。色の薄い面を内側にして食べる

カラシナ

ピリッとした辛みがある。パンチのある味わいに変化

白菜

日本の白菜よりも小ぶり。シャキシャキ感を楽しめる

"一緒に包む"もの

肉と一緒に包むもの。ピリ辛なものからさっぱり系まで

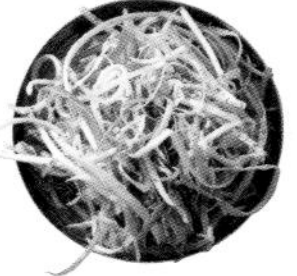

ネギの和え物

店によって辛さがないものからピリ辛までさまざま。全体的に甘味がある

酢大根

単独で肉に巻いて食べても良し。酸味の効果でさっぱりした味わいに

ニンニク

味のアクセントに。肉と一緒に鉄板で焼くとホクホクと香ばしくなる

"味わいをプラス"するもの

肉につけても、巻いた野菜ごとつけてもOK

サムジャン

合わせ味噌。辛みは強くないがコクが出る

ゴマ油

香りづけにおすすめ。肉につけてから野菜に巻こう

きな粉

淡白なきな粉は豚肉の味と香りを引き立てる

塩

肉本来の味を引き立てる。少量からスタート

包み方のバリエーションも多彩 包む野菜とタレの組み合わせを変化させて、お気に入りの味わいを見つけてみよう。

- **香り重視** エゴマ＋ゴマ油＋塩
- **激辛** カラシナ＋ネギの和え物＋青唐辛子＋焼きキムチ
- **さっぱり** サンチュ＋酢大根＋焼きキムチ

サムギョプサルから出る脂でキムチを焼くと、お肉の旨味を吸ってジューシーで香ばしい味わいになりオススメ

済州島の黒豚をソウルで堪能

黒豚家

흑돈가（フットンガ）

済州島から毎日直送される肉はしっかり熟成され、黒豚ならではの甘味を十分に堪能できる。つけダレのイワシの塩辛（メルジョ）は臭みがなく、肉との相性抜群。

中区明洞7キル21 アールヌーボーセントムビルB1F（乙支路2街199-40） ☎02-3789-0080 営 11:30～14:00、16:00～22:00 休 年中無休 交 2号線乙支路入口駅5･6番出口から徒歩3分 日本語OK 日本語メニュー有

明洞 ▶MAP 別P.10 C-1

OTHER MENU

- 五段豚バラ肉2万2000W
- 冷麺8000W
- キムチチゲ鍋9000W

黒豚首肉
흑돼지 목살
2万2000W（1人前）

肉に少量の塩をふりかけてから焼くのが特徴

イワシの塩辛であるメルジョに肉を絡めて野菜で巻く

炭火で香ばしく焼き上げ、ジューシーな味わい

したたる肉汁までおいしい

金豚食堂

금돼지식당（クムテジシッタン）

予約が取れないと話題の店。看板メニューはテュロックという豚肉を13日間熟成させた骨付きサムギョプサル。食べごたえのあるモクサル（1万8000W）も人気。

中区茶山路149（新堂洞370-69） ☎010-4484-8750 営 11:30～23:00（LO 22:20） 休 年中無休 交 3･6号線薬水駅2番出口から徒歩3分 日本語OK 日本語メニュー有

東大門 ▶MAP 別P.7 F-3

OTHER MENU

- キムチチゲ8000W

骨付きサムギョプサル
삼겹살
1万9000W（1人前）

『サムギョプサル』

豚のバラ肉の焼き肉。赤身と脂身が3層になっていることから「三層肉(サムギョプサル)」と呼ぶ。韓国で「焼き肉」といえばこのサムギョプサルのことを指すといってもいいほど定番の豚焼き肉。

3層 サムギョプサル
5層 オギョプサル

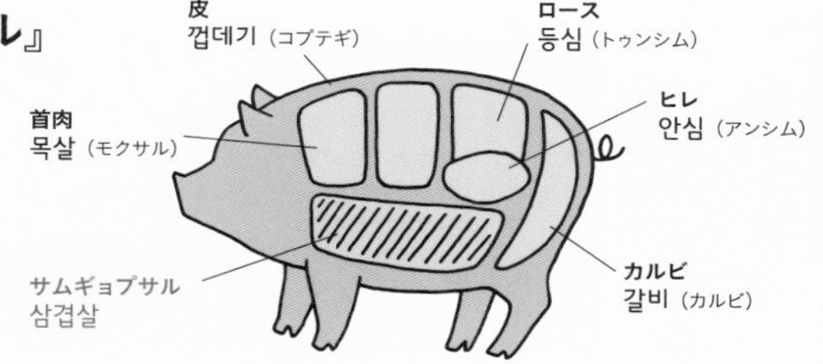

リーズナブルな学生御用達店

新村肉倉庫

신촌고기창고 (シンチョン コギチャンコ)

味・質・量の三拍子揃った地元学生に人気の焼き肉店。冷凍を使わず毎日新鮮な肉を仕入れるなど、素材にこだわっている。

西大門区延世路7キル34-4(滄川洞52-78) ☎02-323-9090 営10:30～23:00 休第1・2日曜、第3・4月曜、旧正月・秋夕の連休 交2号線新村駅2番出口から徒歩10分 日本語メニュー有

新村 ▶MAP 別P.18 A-3

OTHER MENU
- 首肉1万6000W
- 豚カルビ1万9000W

分厚い肉を一口噛めば凝縮された肉汁があふれる

大根のさわやかさでいくらでも食べられてしまう

キムチと大根の酸味でさっぱりと食べられる

石の上で焼くユニークスタイル

豚貯金箱

돼지저금통 (テジチョグムトン)

天然石で肉を焼くというソウルでも珍しいスタイルの焼肉店。毎日新鮮な肉を仕入れ、店主自らが丁寧に下処理している。

麻浦区オウルマダン路146-1(西橋洞331-1) ☎02-323-6292 営11:00～翌2:00、金・土・日曜12:30～ 休旧正月・秋夕の連休 交2号線弘大入口駅8番出口から徒歩3分 日本語メニュー有

弘大 ▶MAP 別P.17 E-1

鉄板の代わりに敷き詰めて熱した石で焼く

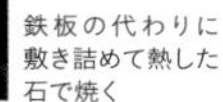

OTHER MENU
- 牛カルビ1万7000W
- 冷麺5000W

焼き肉に欠かせないサンチュ。主な栄養成分はビタミンAやカルシウムなど。油と一緒に食べると効果的

肉の新定番！ プルプルコプチャンを食べまくる

日本でもおなじみ、ホルモンの一種であるコプチャン。
コリコリ＆プリプリの食感はクセになって、食べる手が止まらない！

王道

プリプリの脂が食欲をそそる

＼肉厚コプチャン！／

ソコプチャン（1人前）
소곱창
2万5000W

ソコプチャンは小腸。臭みがないので内臓が苦手な人でも食べやすい

行列必至のコプチャン

クルタリソコプチャン
굴다리소곱창

開店直後に満席になるコプチャン店。プリプリの香ばしいコプチャンの香りが食欲をそそる。食事時は地元客で満席になるので、開店前に並んでおくとすぐに入店できる。

龍山区青坡路 269-1（青坡洞3街48-4）
☎02-706-5989　営 18:00～23:00　休 日曜、祝日
交 4号線淑大入口駅8番出口から徒歩4分
日本語OK
淑大入口 ▶MAP 別P.4 B-2

WHAT IS 『コプチャン』

コプチャンは牛の小腸の総称で、日本では「丸腸」や「シロ」と呼ばれている部位。歯ごたえのある食感が特徴。

鉄板の上でコプチャンを焼いていく。お肉から流れ出る脂がジューシー

こう食べる！

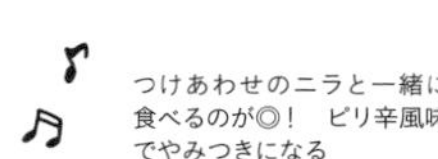

つけあわせのニラと一緒に食べるのが◎！　ピリ辛風味でやみつきになる

シメはポックンパ

コプチャンのあとは安定のポックンパでシメよう

OTHER MENU
- テッチャン（1人前）2万5000W
- ハツ（1人前）2万W
- ポックンパッ5000W

コプチャン界のニューカマー

クゴンタンコプチャン

구공탄곱창

韓国産の新鮮なホルモンを提供するコプチャン専門店。弘大エリアに系列店が3店舗あり、連日多くの人で賑わう。チーズや目玉焼きなどトッピングもユニーク。

- 麻浦区楊花路6キル77（西橋洞400-12）
- ☎02-3395-9010
- 営 16:00～23:00（LO21:45）※変更の可能性あり　休 旧正月・秋夕の前日と当日
- 交 2・6号線合井駅6番出口から徒歩3分

日本語メニュー有

合井 ▶MAP 別P.16 C-3

OTHER MENU

- ・マッチャングイ 1万3000W
- ・チーズ（トッピング）5000W

新定番

炭火にこだわった絶品コプチャン

コプチャン（1人前）
곱창
1万3000W

マヨネーズをつけていただく新感覚コプチャン

王道

新鮮マジうまコプチャン

コプチャン盛り合わせ（1人前）
모듬곱창
2万5000W

たっぷりの野菜やキノコと一緒に鉄鍋で焼き上げて作る

地元民に愛されるコプチャン

プルタヌンコプチャン

불타는곱창

創業20年以上になる東大門で有名なホルモン専門店。その日に仕入れた新鮮な牛ホルモンがリーズナブルな値段で食べられる。シメのポックンパッも人気。

- 鍾路区鍾路35キル8 1F（孝悌洞191）
- ☎02-3672-4885
- 営 11:00～24:00、日曜12:30～23:00（LOはお客さんにあわせて対応）　休 年中無休
- 交 1号線鍾路5街駅4番出口から徒歩4分

日本語メニュー有　英語メニュー有

鍾路 ▶MAP 別P.9 F-2

OTHER MENU

- ・ヤングイ 2万5000W
- ・テッチャン 2万5000W

多くのコプチャン専門店ではサービスでレバ刺しとセンマイ刺しが出てくる（週末は市場が閉まっているためナシ）

EAT 05

牛も！豚も！

No.1焼き肉店を訪ねる

豚の焼き肉、牛の焼き肉、食べるならNo.1の店で味わいたい！
食べ方、行列、店舗数……豚も牛も関係なくNo.1焼き肉店をご紹介。
お気に入りの一店を見つけて。

熱炭豚プルコギ
열탄불고기
1万900W（1人前）

ピリ辛のプルコギはサンチュに巻けば辛さが和らぐ

リピート必至のおいしい庶民派

セマウル食堂

새마을식당（セマウルシクタン）

韓国全土に店舗をもつ有名チェーン店。セマウル食堂だけの特製ソースに漬け込んだ熱炭豚プルコギや、1人前から注文できる豚キムチのほか、モクサル（豚の首肉）などがリーズナブルに楽しめる。

麻浦区オウルマダン路144（西橋洞331-18）
☎02-332-0120 営 12:00〜15:00、16:00〜翌4:00 休 年中無休 交 2号線弘大入口駅7番出口から徒歩2分

日本語メニュー有

弘大 ▶MAP 別P.17 E-1

7分豚キムチも必食！

OTHER MENU
- 豚首肉・塩1万3000W
- 7分豚キムチ7000W
- 温麺6000W

売り切れ御免のやみつきカルビ

ヨンナムソ食堂

연남서식당（ヨンナムソシクタン）

創業六十余年を誇る老舗。ドラム缶の上で肉を焼き、立ったまま食べるスタイルでメニューはカルビのみ。肉が売り切れ次第閉店となる。開店時には行列ができるほどの人気の店だ。

西大門区新村路87-4（滄川洞30-11） ☎02-715-2528 営 11:30〜18:00（肉がなくなり次第閉店） 休 月曜、1月1日、旧正月・秋夕の連休、夏休み 交 2号線新村駅1番出口から徒歩1分

新村 ▶MAP 別P.18 A-3

ドラム缶を囲んでの立ち食いスタイル

タレが絶妙！

しょう油、ショウガ、ニンニク、ネギなどをブレンドしたタレにつけて食べる

骨付き牛カルビ。ご飯などは持ち込み可になっている

骨付き牛カルビ（1本。2本から注文可）
갈비
1万8000W

特選韓牛を味わえる

プイルカルビ

부일갈비

サシの入った薄切りの塩焼き肉が名物。ごま油と生卵につけて食べるとおいしさが倍増する。塩焼きのほか、2～3歳の雄牛の肉のみを使用した味付けカルビも人気。旨味が口に広がる切り込みがポイント。

瑞草区瑞草中央路2キル42
(瑞草洞1427-6) ☎02-3482-3112
営 11:00～22:00 休 旧正月・秋夕の連休
交 3号線南部ターミナル駅4番出口から徒歩5分
日本語メニュー有

江南 ▶MAP 別P.5 D-3

食べ方No.1!

シンプルな塩味
肉そのものの味わいで勝負

牛塩焼き
소금구이
6万1000W(1人前)

薄めにスライスされた牛肉を卵につけて食べる

卵とごま油につけて食べる!

OTHER MENU
- ヤンニョムカルビ 6万W
- カルビタン 1万5000W

とろけるような脂身が人気

トルベギチッ

돌배기집

高脂質なあばら肉(チャドルバギ)を薄くスライスし、食べやすくしたのがチャドルバギ。ジューシーな肉とさっぱりした特製ダレを合わせたり、サンチュなどの野菜と食べると思わず笑みがこぼれるほどのおいしさ。

永登浦区永中路4キル6-1 1F
(永登浦洞3街10-27)
☎02-2676-7596
営 11:00～翌4:00 休 年中無休
交 1号線永登浦駅5番出口から徒歩3分

永登浦 ▶MAP 別P.4 A-3

野菜のボリュームがスゴイ!

OTHER MENU
- プライム盛り合わせ 1万1900W
- トルベギテッチャンチゲ 1万900WW

野菜バリエNo.1!

薄切り肉と
野菜のハーモニー

トルベギ
돌배기
9900W(1人前)

余計な脂が網の下に落ちるのでヘルシー

セマウル食堂は日本の小岩、新大久保にも支店がある。特に新大久保店は行列ができるほどの盛況ぶり

韓国の食卓のレギュラーメンバー

キムチといえば韓国の食卓に欠かせない代表的な食べ物。キムチとは、白菜や大根などの野菜を、にんにくやトウガラシなどの調味料と一緒に発酵させて作った、いわば韓国風の漬物だ。

キムチの特徴は、その保存性の高さ。野菜が少ない冬場の大切な保存食として用いられていた。もともとは、野菜を塩で漬け込んだだけであったが、後に山椒やにんにくを加えるようになった。これがキムチの起源とされている。

また、キムチには乳酸菌が多く含まれているほか、ビタミンも多く含まれる。さらに低カロリー。そのため、体の免疫力を高め、健康を維持するための役割を果たしている。

そのまま食べるだけではなく、料理にも用いられる。キムチ鍋やキムチチャーハンには、酸味が強くなった古いキムチを使うことが多い。寿命が長く、用途も豊富なのがキムチの魅力なのだ。

손맛が隠し味 白菜キムチができるまで

（手の味）

キムチは家庭ごとに漬けるのが伝統。毎年11月下旬～12月上旬に家族や親族が集まり、1年分のキムチを作る。家ごとに味が異なりオモニ（お母さん）の「手の味＝손맛（ソンマッ）」が隠し味となっているといわれる。

オモニの手の味！

キムチの材料はコレ！

白菜キムチの基本的な材料は以下のとおり。塩辛はアミの塩辛を使うことが多い

語れる！ キムチのウンチク

キムチの世界は奥深い。ウンチクを語りながらキムチを食べれば味わいも変わるかも!?

漬ける時間によって呼び名が変わる

キムチは長く漬ければ漬けるほど発酵が進み、酸味が強くなる。酸味の強い熟成キムチは、鍋などの料理に用いられることが多い。

- **コッチョリ** 浅漬けのキムチ。シャキシャキとした食感を楽しめる
- **センキムチ** 中程度の熟成具合のキムチ。一般的に飲食店などで提供されるのはこのキムチ（一般的な"キムチ"）
- **ムグンジ** 熟成が進み、酸味が強くなったもの（チゲなどに使う）

日本の白菜と韓国の白菜は○○量が違う!?

日本の白菜に比べ、韓国の白菜は水分量が少ない。そのため、日本の白菜でキムチを作る際には塩水につけてよく水分を出す必要がある。

韓国の家庭にはキムチ専用冷蔵庫が

韓国の食卓には基本的に毎食キムチが並ぶ。そのためストックは不可欠。各家庭にキムチ専用冷蔵庫がある。キムチに最適な温度を自動的に管理してくれるのだ。

① 白菜を塩水につける

白菜を一晩塩水につけて水分を抜く

② ヤンニョム(調味料)を作る

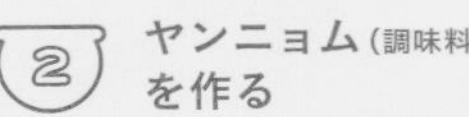

白菜以外のものは刻んで調味料と混ぜ、白菜に塗るための「ヤンニョム」にする

③ 白菜にヤンニョムを塗る

ヤンニョムを白菜の葉の間に丁寧に塗っていく

最後は外側にも!

④ 発酵させる

一日常温で保存し、それ以降は冷蔵庫へ。発酵が進むと酸味が強まる

○○キムチにはこの料理!

白菜キムチ以外にもさまざまなキムチがある。そして、料理との組み合わせの「定番」もあるのだ。

白菜キムチ × 焼き肉 | キムチチゲ

定番の白菜キムチはどんな料理にも合うが、とくに焼き肉やチゲなどと相性がいい

トンチミ | ヨルムキムチ × 冷麺

辛みのない大根の水キムチである「トンチミ」と、少し酸味と苦味のある若菜の「ヨルムキムチ」は冷麺の具材に用いられることが多い

カクトゥギ × スープ類

大根でできた、やや酸味のあるカクトゥギ。ソルロンタンなどの白いスープと一緒に食べるのが、定番の組み合わせ

\拝見!/ この店の変わり種キムチ

お店の数だけキムチがある。なかでもこだわりのキムチが味わえる2店を紹介。

ウンジュジョンのキムチチゲ用キムチ

そのままだと超すっぱい!

キムチチゲの有名店ウンジュジョンでは酸味の強い熟成キムチ(ムグンジ)を使用。ごろごろ入った豚肉と相性抜群。

ウンジュジョン
→P.48

ノルブポッサムの甘辛キムチ

豚肉の味が引き立つ!

茹でた豚肉ポッサムのコクを引き出す甘いキムチが特徴。フルーツとともに漬け込んである

ノルブポッサム
→MAP 別P.14 A-2

日本の焼き肉店でも人気のオイ(キュウリ)キムチ。韓国のキュウリは日本のものより大きくボリュームたっぷり

EAT 06

鶏肉をピリ辛く炒めた

タッカルビに首ったけ

鶏肉を大きな鉄板でピリ辛く炒めた「タッカルビ」。食欲を刺激する香りに包まれて調理のプロセスを間近で見られるのも楽しみのひとつ。タッカルビを食べる手順を追ってみよう。

タッカルビを最初から最後まで楽しみ尽くす

ここでは一般的な「タッカルビを注文してからシメるまで」の一連の流れをご紹介。

START

ピリ辛のタッカルビを求めて、いざ、レッツゴー！！！

焼く前はこんな感じ

火を通す前は野菜が山盛りだが、火を通すことでしんなりして意外と食べられてしまう

タッカルビ
닭갈비
約7500W（2～3人前）

ORDER

トッピングもあわせてオーダーする

基本のセットに好みのトッピングをプラス。基本セットに含まれる食材は店ごとに異なる。

追加トッピングはこんなもの
追加トッピングは3000～4000W程度

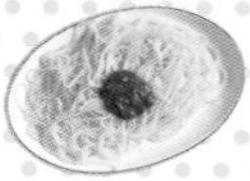

モドゥムサリ（追加盛り合わせ）
モチモチのトック（餅）、スライスしたじゃがいも、コシのあるチョル麺の3点がセットになっている

チーズ
チーズのまろやかさで辛さがやわらぎ、コクもプラス

MAKING

見よ！このしゃもじ使い！

調理はお店の人に任せる。タレが飛び散らないように囲いをする。鮮やかな手さばきはエンターテインメント！

タッカルビ作りに欠かせないアイテム

タレが跳ねるのを防ぐ囲いと、混ぜるためのしゃもじが定番

仕上げに麺を投入！

モチモチ食感のチョル麺はでき上がる直前に入れて具材と混ぜ合わせる

少しだけ残すのがポイント

あつあつの鉄板から、箸で直接口に運ぶのが韓国流。鶏がごろごろ入っていて贅沢！

あとでポックンパ（チャーハン）を作るので、少しだけ具を残しておこう

シメは絶対！ ポックンパ

シメはポックンパ（焼き飯）を。鉄板に残ったタレを使って作る

コレがポックンパセット

焼き飯（1人分）
밥볶음사리
約2000W

シメのチャーハンまで必食！

タッカルビの名店の門を叩く

タッカルビの本場は春川。わざわざ遠出をしなくても、本場の味を味わえる名店をご紹介。
チャーハンでシメるまでがタッカルビ！　いざ、鉄板から直接パクリ！

お好みで具材をプラス！
たっぷり食べられてCP良し

骨なしタッカルビ
뼈없는닭갈비
1万3000W（1人前）

最後の仕上げにチーズを入れて、とろっとしたところでいただく

シメのポックンパはこんな感じ！

混ぜごはん
비빔공기밥
2500W（1人前）

手早く炒められたポックンパはパラパラ食感で美味

昼時は満席に。店内には活気が満ちている

学生から会社員までファン多数

春川家
タッカルビ・マックッス

춘천집닭갈비 막국수
（チュンチョンチッタッカルビ マックッス）

安くて美味しいと評判の店がひしめく新村の中でもダントツの人気を誇る。たっぷりのチーズを肉や野菜にからめてまろやかな味わいに。店員が目の前で焼いてくれるから見ていても楽しい。

西大門区延世路5ガギル1（滄川洞57-8）
☎02-325-2361　営11:00～22:30（LO21:00）　休月曜
交2号線新村駅2番出口から徒歩5分
新村　▶MAP 別P.18 A-3

OTHER MENU
・チーズタッカルビ1万4000W
・タッカルビ（辛味）1万3000W

国内産の鶏肉を扱っている証拠！

鶏肉専門業者「ハリム」の鶏肉を取り扱っている店舗だけに与えられる証明書

鶏肉にこだわってるよ！

店員
イ・ソンヨルさん

ピリ辛もノン辛も

鶏料理4品を制覇！

韓国の鶏肉料理はまだまだたくさんある。カリッと揚げたチキンにピリ辛しょうゆ味のチムタクなど。必食メニュー満載だ。ヘルシーな鶏肉でお腹いっぱい大満足！

フライドチキン 치킨

ビールとの相性も抜群。普通のフライドチキンから、甘辛いタレをからめたヤンニョムチキンまでさまざま

衣のカリッとした食感と肉のジューシーさがマッチ

クリスピーチキン
크리스피 치킨
1万9000W

たっぷりのニンニクに食欲をそそられる

ガーリックローストチキン
마늘 전기구이
1万9000W

独自の調理法が決め手

カンブチキン 龍山店

깐부치킨 용산점

韓国内に150店以上を展開するチェーンのフライドチキン店。揚げたものからローストしたものまで種類も豊富。学生からサラリーマンまで幅広い年齢層が通う。

龍山区漢江大路95（漢江路2街422） ☎02-792-9226
営 14:00～24:00 休 年中無休
交 1号線龍山駅1番出口から徒歩3分
英語メニュー有
龍山 ▶MAP 別P.4 B-2

チムタク 찜닭

鶏肉、じゃがいも、春雨などを、大量の唐辛子と一緒に甘辛ダレで煮込んだ料理。かなり辛味が強い

烈鳳チムタク
열봉찜닭
2万5000W（小）

辛さは調節可。「普通」でもかなりの辛さ

店内にはSE7ENをはじめ人気アーティストの写真なども

甘さと辛さがクセになる

烈鳳プオク

열봉부엌（ヨルボンプオッ）

まるごと1羽分入った鶏の肉質はやわらかで食べやすい。辛さは普通から激辛までの3種類から選べる。ソロアーティストのSE7ENの母が経営していることでも有名。

龍山区白凡路87キル46（元暁路1街43-26）
☎02-717-1052 営 17:00～24:00（LO23:00）
休 日曜、旧正月・秋夕は状況によって毎年変わる
交 1号線南営駅1番出口から徒歩5分
龍山 ▶MAP 別P.4 B-2

参鶏湯 삼계탕

じっくり煮込んだ鶏肉は箸でほろほろと崩れる

サムゲタン
삼계탕
1万9000W

鶏肉の中にもち米、ナツメ、高麗人参などの薬膳を詰め、鶏のスープで煮た料理。夏のスタミナ食として愛される

土俗村→P.29

タッカンマリ 닭한마리

ネギとジャガイモ、鶏肉と、シンプルだがダシが絶妙

タッカンマリ
닭한마리
2万8000W（2～3人前）

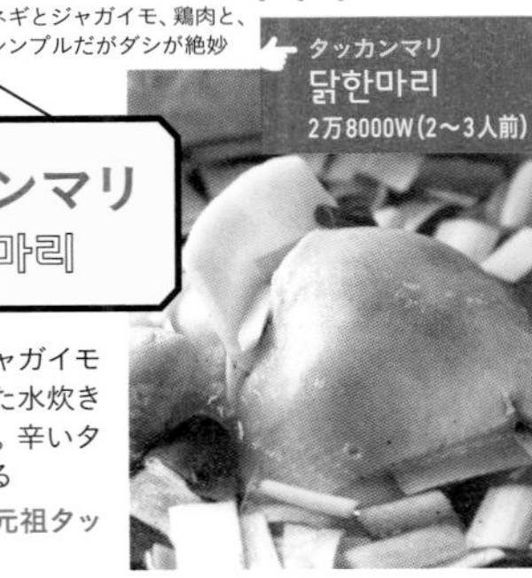

鶏肉をネギやジャガイモなどと一緒に煮た水炊きのような味わい。辛いタレにつけて食べる

陳玉華ハルメ元祖タッカンマリ→P.47

韓国の鶏肉料理は、骨を取り除かずに調理するメニューが多い。うまみがたっぷり出るおいしさの秘訣でもある

EAT 09

No.1を制する店を求め
タッカンマリ激戦の横丁へ

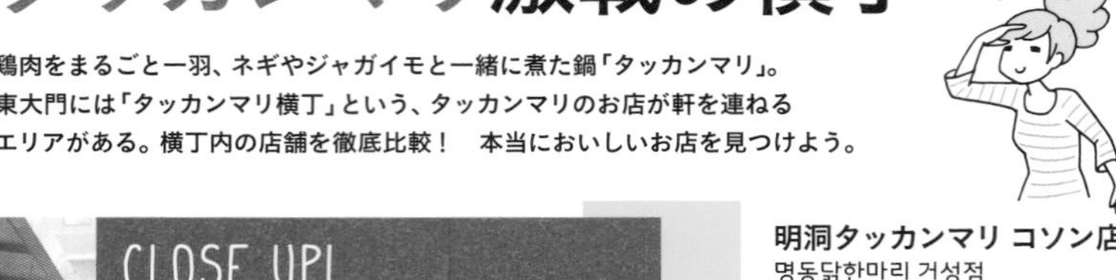

鶏肉をまるごと一羽、ネギやジャガイモと一緒に煮た鍋「タッカンマリ」。東大門には「タッカンマリ横丁」という、タッカンマリのお店が軒を連ねるエリアがある。横丁内の店舗を徹底比較！　本当においしいお店を見つけよう。

CLOSE UP! タッカンマリ横丁

東大門にあり、全店舗2万W（1羽＝2～3人前）程で提供。10:00～24:00頃までオープンしている。（MAP別P.14 A-2）

明洞タッカンマリ コソン店
명동닭한마리 거성점
（ミョンドンタッカンマリ コソンジョム）

常連が集まるお店。ニンニクが効いたスープがウリ。1人用のハーフサイズ、「鶏半羽（タッバンマリ）」もあり。

価格:2万W
清潔度 ★★☆
観光客の多さ ★☆☆

チンウォンジョボシンタッカンマリ
진원조보신닭한마리

使用する鶏肉にこだわり、生後35日の若鶏の肉のみを使用している。韓方スープは2007年に特許を取得した。

価格:2万W
清潔度 ★☆☆
観光客の多さ ★☆☆

明洞タッカンマリ 本店
명동닭한마리 본점
（ミョンドンタッカンマリ ボンジョム）

タッカンマリ通りに3店舗ある明洞タッカンマリの本店。シメには定番のうどんではなくポックンパ（炒めご飯）の裏メニューもあり。

価格:2万W
清潔度 ★★☆
観光客の多さ ★★★

No.2

コンヌンタッカンマリ
공릉 닭한마리

鶏の足と野菜を煮込んだスープはスッキリとした味わいで、密かにソウルっ子からの人気を集める。

価格:2万W
清潔度 ★★☆
観光客の多さ ★☆☆

陳玉華が混んでいるからココ、という人も多い

No.1

陳玉華ハルメ元祖タッカンマリ

人が人を呼ぶ！圧倒的勝利！

価格:2万8000W
清潔度 ★☆☆
観光客の多さ ★★★

徒歩8分
鍾路5街駅

元祖ウォンハルメソムンナンタッカンマリ
원조원할매소문난닭한마리
（ウォンジョウォンハルメ ソムンナンタッカンマリ）

特徴は韓方ダシのスープ。キバナオギ、紅参、トウキなどを18時間煮込んで作られている。

価格:2万W
清潔度 ★☆☆
観光客の多さ ★★☆

WHAT IS 『横丁』

韓国には同じ料理の店が集中する「横丁」が点在する。各店が生き残りをかけて、たがいに切磋琢磨をしている。そのため、どの店も味のレベルが高くなっている。

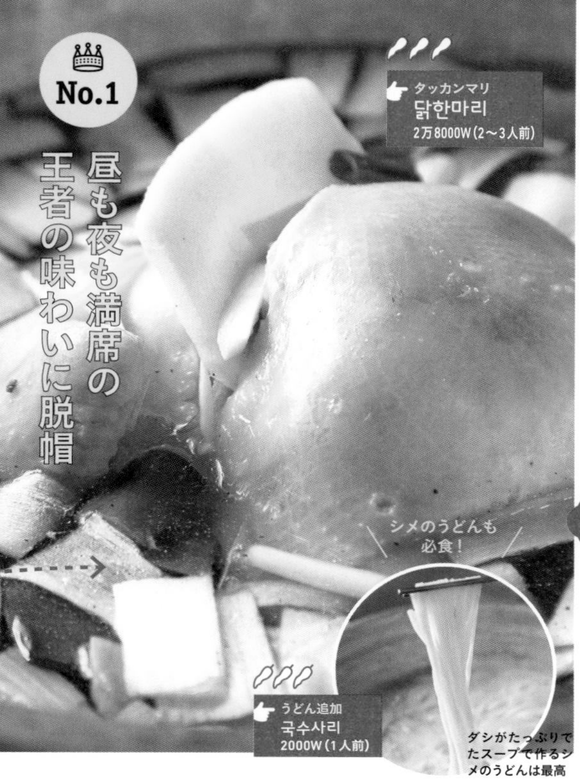

ダシがたっぷりでたスープで作るシメのうどんは最高

常に満席の超人気店

陳玉華ハルメ元祖タッカンマリ

진옥화할매원조닭한마리
（チノックァハルメウォンジョタッカンマリ）

休日は終日満員、夜は1時間以上待つこともある超有名店。冷凍保存をせず、新鮮な鶏のみを使っているから旨味が違う。

鍾路区鍾路40ガキル18（鍾路5街265-22）
☎02-2275-9666
営 10:30～翌1:00（LO23:30）
休 旧正月・秋夕の前日と当日
交 4号線東大門駅9番出口から徒歩5分
日本語OK　日本語メニュー有
東大門 ▶MAP 別P.14 A-2

明洞タッカンマリ始祖店

명동닭한마리 시조점（ミョンドンタッカンマリ シソジョム）

2011年にリニューアルし、広々としたキレイな店舗に。高麗人参のトッピングも可能（別料金）。

価格：2万W
清潔度 ★★★
観光客の多さ ★★☆

ウィジョンブチッ

의정부집

昔ながらの年季の入った店内で味わうタッカンマリの鶏は、こだわりの国内産を使用している。

価格：2万W
清潔度 ★☆☆
観光客の多さ ★☆☆

徒歩1分
東大門平和市場

徒歩10分
DOOTA MALL→P.124

HOW TO EAT

タッカンマリの食べ方

調理はお店の人がしてくれる店が多い。タレを作ってスタンバイしておこう。

① 人数に合わせて注文する

2～3人で1羽が基本。餅、ネギ、ジャガイモなどは追加注文することもできる。

② 調理はお店の人におまかせ

硬い骨をはさみで切り分ける手さばきに注目。

③ 煮ている間にタレ作り

タレを作る。黄金比率はタデギ（唐辛子ペースト）1:しょう油1:酢1:辛子1。

④ タレにつけていただきます！

鶏に火が通ったら、まずはそのままスープを味わう。鶏肉やジャガイモはタレにつけて食べてみよう。

一店が流行ると、二匹目のドジョウを求めて同じメニューの店が近くに出店。こうして横丁が形成されていくのだ

EAT 10

トウガラシは韓国の宝
ピリ辛鍋パ♪inソウル

SEAFOOD

G

アンコウ鍋

アンコウ、セリなどが入っている。アンコウの旨味が凝縮されている。辛さは控えめでさっぱり味

淡白な魚介でさっぱりいける

アンコウ鍋(中)
아구탕
4万7000W(2～3人前)

A

トッポギ鍋

もちもちのトッポギが入った鍋。海鮮やチーズなど、好きなトッピングをプラスできる

もちもちトッポギで満腹感満点

海鮮トッポギ
해물떡볶이
1万6000W(2人前)

CP良

魚介の旨みたっぷりのスープ!

E

海鮮スンドゥブ
해물 순두부
1万3000W(1人前)

B

プテチゲ

軍隊で食べられていたためこう呼ばれる。ハムやコーン、ラーメンなどが入っているのが定番

ジャンクな味がクセになる

部隊トッポギ
부대떡볶이
1万6000W(2人前)

酸っぱ辛いキムチでさっぱりと

キムチチゲ(サムギョプサル付)
김치찌개
2万2000W(2人前)

MEAT

豊富なトッピングで大満足

モッシドンナ
먹쉬돈나

2015年に移転拡大オープンした老舗。

住 鍾路区三清路90-1(三清洞63-28)
☎02-723-8089　営 11:30～20:00(LO 19:30)　休 年中無休　交 3号線安国駅1番出口から徒歩10分
日本語メニュー有
三清洞 ▶MAP 別P.12 A-3

口コミで話題の超穴場食堂

ウンジュジョン
은주정

路地裏の人気店。連日行列が絶えない。

住 中区昌慶宮路8キル32(舟橋洞43-23)
☎ 02-2265-4669　営 11:30 ～ 22:00
休 日曜、旧正月・秋夕の連休　交 2・5号線乙支路4街駅4番出口から徒歩3分
日本語OK　日本語メニュー有
鍾路 ▶MAP 別P.9 E-2

老若男女に愛される味

ウォンダンカムジャタン
원당감자탕

数多くの支店を持つ大型チェーン店。スープは6時間かけて煮込んだ本格派。名物のカムジャタンと同じ味付けで、1人用サイズの「ヘジャングッ」もあり、おひとりさまにもやさしい。

>>>P.31

鍋料理のバリエーション豊富な韓国料理。
その中でも食欲をそそるピリ辛鍋は
おさえておきたいメニューのひとつ。海鮮？　肉？
コスパ重視？　チャートで今夜の鍋を見つけよう。

WHAT IS『鍋』

鍋の呼び方にはさまざまある。「찌개(チゲ)」「전골(チョンゴル)」「탕(タン)」などなど。厳密にはそれぞれ位置づけが異なるが、これらがついていたら鍋料理だと思って大丈夫だ。

H 海鮮鍋

タコ、イカ、ムール貝など、10種類以上の具材がごろごろ入っている。海鮮を思いきり楽しめる。辛さは控えめ

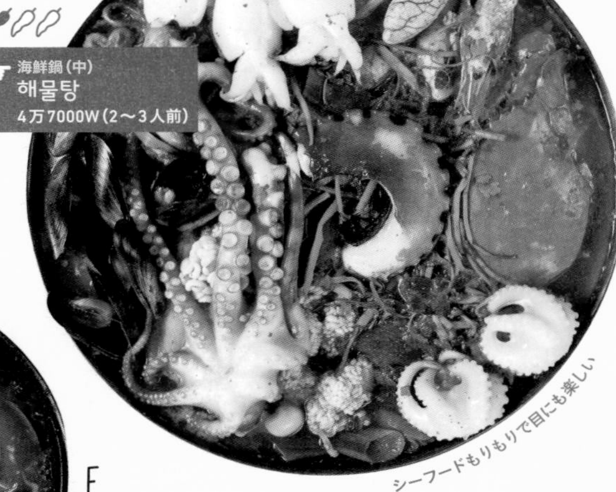

海鮮鍋(中)
해물탕
4万7000W(2～3人前)

シーフードもりもりで目にも楽しい

スンドゥブチゲ
순두부찌개
1万5000W(1人前)

とろとろおぼろ豆腐にうっとり

F スンドゥブ

おぼろ豆腐をピリ辛鍋のスープに入れたもの。卵を混ぜれば辛さがまろやかになりコクも出る

プチ贅沢

C キムチチゲ

このチゲを求めてくるお客さんも多い。熟成したキムチを使用。豚肉がたっぷり入っている

ごろごろ骨付き肉とジャガイモをハフハフ

カムジャタン(中)
원당감자탕
4万W(2～3人前)

D カムジャタン

骨付きの豚肉とジャガイモがごろごろ入った鍋。食べ終わりはチャーハンでシメる

ダシが効いたピリ辛スンドゥブ

清潭スンドゥブ

청담 순두부 (チョンダムスンドゥブ)

芸能人のファンも多い人気店。
江南区島山大路53キル19(新沙洞654-7)　☎02-545-4840　営8:00～22:00　休 年中無休　交 水仁・盆唐線狎鷗亭ロデオ駅5番出口から徒歩5分

日本語メニュー有　英語OK　英語メニュー有

清潭洞 ▶MAP 別P.22 C-2

ビジネスマンの胃袋を掴む

甘村

감촌 (カムチョン)

大使館員や外交官も訪れる名店。
鍾路区鍾路19 ルメイエル鍾路タウン5F(鍾路1街24)　☎02-733-7035　営9:30～21:30、土曜～19:00(状況によって変更あり)　休 1月1日、旧正月・秋夕の連休、12月25日　交 1号線鐘閣駅1番出口から徒歩3分

鐘閣 ▶MAP 別P.8 A-2

新鮮な海産物をお手頃に

東海ヘムルタン

동해해물탕 (トンヘヘムルタン)

ボリューム満点の海鮮鍋は海産物のほかに野菜もたっぷり。
鍾路区昌信2キル12(昌信洞651-65)　☎02-744-8448　営11:00～24:00　休 第2・4月曜、旧正月・秋夕は状況によって毎年変わる　交 1号線東大門駅1番出口から徒歩3分

東大門 ▶MAP 別P.14 B-1

スンドゥブなどが入っているひとり用の鍋を「トゥッペギ」という。そのまま火にかけられるのでアツアツで提供できる

EAT 11

一杯にかける情熱に涙
体にしみる麺＆スープをすする

さっぱりと食べたいなら、麺やスープがおすすめ。それぞれ専門店なので、スープのダシや麺の作り方にはこだわりが光る。辛くないメニューが多いので苦手な人でも食べられる。

麺

手打ちうどんの「カルグクス」や、さわやかな冷麺が代表メニュー。
麺の作り方にもスープにも、その店こだわりの製法がある。

絶品カルグクスを味わうなら

明洞餃子

명동교자（ミョンドンギョジャ）

韓国式手打ちうどん・カルグクスが有名な1976年創業の老舗。のどごしのいい麺が、丸鶏、ショウガ、ネギなどを長時間煮込んだ濃厚スープによく絡む。食事時は行列ができるので早めの来店を。

スープ
鶏ベースのスープ
↓
長時間の煮込み

麺
1日2回店内で作る自家製麺

🏠中区明洞10キル29（明洞2街25-2）☎02-776-5348 営10:30～21:00（LO20:30） 休旧正月・秋夕の当日 交4号線明洞駅8番出口から徒歩3分
日本語メニュー有
明洞 ▶MAP 別P.11 D-2

カルグクス

ごろっと入ったマンドゥ（餃子）と一緒に

うどんと一緒にマンドゥ（餃子）が入っていてボリューム満点

カルグクス
칼국수
1万W

冷麺

コシのある麺をすすって爽快！

ユクサム水冷麺
육쌈물냉면
9000W

つるんとした麺と、少し酸味のあるスープでさっぱり食べられる

肉と一緒に食べるスタイル

ユクサム冷麺

육쌈냉면（ユッサムネンミョン）

ハチミツや韓方を使った秘伝のタレで漬け込み、炭火で焼いた豚カルビがセットの冷麺が人気。コシのある麺と、韓牛でとったコクのあるあっさりスープは豚カルビとの相性抜群。

スープ
韓牛でとったダシ
＋
手作りのトンチミ

麺
そば粉
＋
小麦粉

🏠麻浦区臥牛山路23キル35（西橋洞345-27） ☎02-333-6392 営11:00～21:00（LO20:30） 休旧正月・秋夕の当日 交2号線弘大入口駅9番出口から徒歩5分
日本語メニュー有 弘大 ▶MAP 別P.17 D-1

その他の冷麺店 🏠江西麺屋→P.30

HOW TO

『冷麺の食べ方』

冷麺は、はさみで切って食べるのが主流。調味料をプラスしてよりおいしく。

① 汁あり／汁なしを選ぶ

汁なしの「ビビン冷麺」は辛味が強い。辛くないのは汁ありの「水冷麺」

② 「ユクス」を味わう

牛ダシのスープ「육수（ユクス）」がセルフで飲み放題の店が多い

③ はさみで麺をカット！

麺はコシが強いものが多い。はさみで食べやすい長さにカットする

④ 酢で味に変化を

まずはそのまま食べてみる。酢などの調味料で好みの味に調節しよう

スープ

スープは韓国人にとって定番の朝食メニュー。スープを扱う店は専門店になっていることが多い。煮込み時間も長く、各店のプライドが感じられる。

土種参鶏湯
토종삼계탕
1万7000W

あっさりとしたスープで、朝食にぴったり

サッパリの秘密はフルーツ

百年土種参鶏湯

백년토종삼계탕
(ペンニョントジョンサムゲタン)

厳選した若鶏のお腹に栄養豊富な食材を詰め込んである。長時間煮込んで鶏の旨味がたっぷり溶け出したスープは淡白な味わい。肉は箸で簡単にほろほろとほぐせるほどやわらかい。

具
高麗人参、ナツメ、もち米が入った鶏

スープ
フルーツを加えたスープ

麻浦区楊花路118(西橋洞354-12)
☎02-325-3399 営 9:30〜22:00
休 年中無休 交 2号線弘大入口駅9番出口から徒歩5分
日本語メニュー有
弘大 ▶MAP 別P.16 C-2

朝食に迷ったらココ

武橋洞 プゴグッチッ

무교동 북어국집 (ムギョドン プゴグッチッ)

メニューは干しダラのスープ1種類のみ。干しダラと豆腐と卵のハーモニーが絶妙。優しい味は胃を休めたいときにぴったり。つけあわせのオキアミの塩漬けを入れるとコクがアップする。

スープ
牛骨
＋
もち米の粉
↓
12時間の煮込み
＋
干しダラ、味噌
＋
ごま油

中区乙支路1キル38(茶洞173)
☎02-777-3891
営 7:00〜20:00(土・日曜〜15:00)
休 5月1日、旧正月・秋夕の連休
交 1号線市庁駅4番出口から徒歩5分
市庁 ▶MAP 別P.8 B-2

干し鱈のスープ
북어해장국
9500W

やさしい味わい。しっかりとダシの味がする

ソルロンタン
설농탕
1万1000W

さらりとした軽めのスープ。ネギは入れ放題

18時間煮込んだ特製スープ

別天地ソルロンタン

별천지설농탕 (ビョルチョンチソルロンタン)

店の入口右側から見える大きな鍋で長時間煮込んだとろとろスープがウリ。濃厚だがしつこくない程よい味わい。具のそうめんも肉もたっぷりで、ボリューム満点。

スープ
韓牛の骨
＋
さまざまな部位の肉
↓
18時間の煮込み

麻浦区ワールドカップ北路6(麻浦区東橋洞161-8) ☎02-338-9966
営 7:00〜22:00(LO21:30) 休 旧正月・秋夕の連休 交 2号線弘大入口駅1番出口から徒歩3分
日本語メニュー有
弘大 ▶MAP 別P.16 C-1

カルグクスのカル(칼)は包丁、グクス(국수)は麺類を意味する。これはかつて麺を包丁で切って作ったことが由来

EAT 12

新鮮さに自信あり！

旬を感じる海鮮料理♪

韓国でよく食べられている海鮮食材といえばタコやワタリガニ、そして刺身も人気。海鮮系の名店でお隣の国の海の幸を存分に味わおう。

プリプリのウマ辛タコがたまらない！

ナッチプルコギ
낙지불고기
3万W

コチュジャンソースと絡み合った大ぶりでプリプリのタコが美味

創業30年以上の名店

ペッコドン

뱃고동

狎鷗亭で人気のナッチプルコギが味わえるお店。お店の看板メニュー「ナッチプルコギ」は新鮮な生ダコが目の前で調理されて食べ応え抜群。

江南区彦州路172キル54 B1F（新沙洞 663 B1F） ☎02-514-8008 営11:30～22:00（LO21:30） 休旧正月・秋夕の前日と当日 交水仁・盆唐線狎鷗亭ロデオ駅5番出口から徒歩4分 日本語メニュー有

狎鷗亭洞 ▶MAP 別P.22 C-1

海鮮 CLOSE UP

낙지
（ナッチ）

テナガダコ

旬 8月～11月

テナガダコを「ナッチ」、イイダコを「チュクミ」と発音し、どちらも激辛料理の相棒としてよく食べられている。

OTHER MENU

・イカの天ぷら 1万4000W

ナッチプルコギのソースに絡めてもGOOD

地下1階にテーブル席とお座敷が広がる店内

生きたテナガダコが目の前で野菜と一緒に鍋で炒められる

海鮮 CLOSE UP

간장게장（カンジャンケジャン）

ワタリガニの醤油漬け

旬 3月～4月

ワタリガニを醤油やコチュジャンに漬けた料理。甲羅の中に詰まっているオレンジ色の身は卵で、春先に大きくなって旬を迎える。

トロトロのカニの身をお店特製のタレに付けていただく

政財界の大物や芸能人も来店

真味食堂

진미식당（チンミシッタン）

各界の著名人が訪れる大人気の店。メニューはカンジャンケジャンのコースのみで、付いてくるおかずも絶品。常時満席の日も多く、前日までの予約はマスト。

住 麻浦区麻浦大路186-6（孔徳洞 105-127） ☎02-3211-4468 営 11:30 ～ 15:30、17:00～20:00（土曜～19:00） 休 日曜、祝日 交 5号線エオゲ駅4番出口から徒歩5分

エオゲ駅 ▶MAP 別P.4 B-2

カニ味噌と白米は最高のバディ。甲羅の上で絡め合わせていただく

海苔は海藻「カムテグイ」を海苔状にしたものでカニと相性抜群

ホタテや牡蠣、ハマグリなどがセット

厳選焼き貝のBBQが楽しめる

ケッポレチンジュ

갯벌의 진주

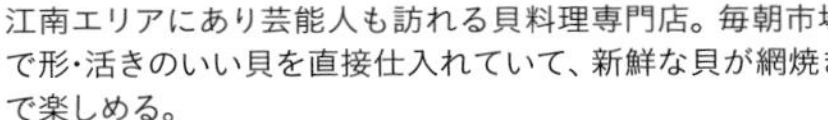

江南エリアにあり芸能人も訪れる貝料理専門店。毎朝市場で形・活きのいい貝を直接仕入れていて、新鮮な貝が網焼きで楽しめる。

住 江南区鶴洞路2キル55 2F（論峴洞163-12 2F） ☎02-544-8892 営 16:00～翌4:00（LO翌3:10） 休 年中無休 交 9号線新論峴駅3番出口から徒歩6分

日本語メニュー有

狎鴎亭洞 ▶MAP 別P.20 B-2

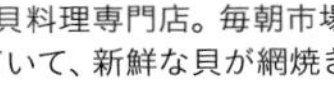

海鮮 CLOSE UP

조개（チョゲ）

貝

旬 6月～9月

「チョゲ」とは貝類の総称。韓国では網で焼いたり蒸したりして、醤油やコチュジャンなどに付けて食べられている。

刺身はコチュジャンや醤油で食べる

鮮魚の卸売店で刺身を実食

地底マウル

땅끝마을（タンクッマウル）

ソウル一大きい水産市場「ノリャンジン水産卸売市場」の中にある卸売店。水槽の中から魚を選ぶと、その場でさばいてくれる。お店での飲食は5000W／人が必要。

住 銅雀区ノドゥル路674（鷺梁津洞13-6） ノリャンジン水産卸売市場1F ☎02-2254-7337 営 9:00～21:00 休 年中無休 交 1・9号線ノリャンジン駅9番出口から徒歩1分

鷺梁津 ▶MAP 別P.4 B-3

海鮮 CLOSE UP

회（フェ）

刺身

旬 種類による

韓国でお刺身といえば主にヒラメ、タイなどの白身魚が一般的。サンチュやえごまの葉で包んで食べることも。

刺身はよく食べられているが寿司の文化はないため、寿司は日本食屋さんで親しまれている

EAT 13

タイムスリップレストランで
プチ贅沢な韓定食をいただく

韓国の伝統料理がフルコースで出てくる「韓定食」。伝統的な空間でとる食事はまた格別。
韓国らしさを存分に味わいながら特別な時間を過ごしたい。

ずらりと並ぶ韓国の味覚を目でも味わう

カンジャンケジャン定食
게장정식
3万7000W(1人前)

絶景と共に韓定食をいただく

コミジョン
고미정

社長の母の名前から名付けられたお店。閑静な住宅街のなかにあり、風景と食事を楽しむために訪れる人が多い。子供からお年寄りまで、皆が食卓を囲めるような柔らかな味わいで、地元の人にも観光客にも人気。

西大門区延禧路26キル28(延禧洞79-3) ☎ 02-324-0016 営 11:30〜15:20(LO14:50)、17:20〜21:00(LO19:50) 休 月曜 交 2号線弘大入口駅4番出口から110A高麗大または7720バス乗車後、「漢城華僑中高校・西大門消防署」停留所下車、徒歩3分

延禧洞 ▶MAP 別P.4 B-1

OTHER MENU

- 野菜と豚肉定食 1万6000W
- プルコギ定食 2万W

カンジャンケジャン定食のほか、利川米定食(1万6000W)、わらび牛プルコギ定食(2万W)などの定食メニューもある

1.店内は清潔で広く、シンプルながら木の温かみを感じられるおしゃれな雰囲気　2.釜めしはおこげだけを残し、お湯を加えてふやかして食べるのが韓国風　3.テラス席や大きな窓からは絶景が広がる。夏は特に新緑が美しい　4.内装も緑がいっぱいで落ち着くインテリアがたくさん

WHAT IS 『韓定食』

宮廷料理から伝統食まで幅広い

韓定食の定義は幅広い。歴代王が食べた宮廷料理を再現したものから、昔ながらの田舎料理の定食も韓定食と呼ぶ。品数が非常に多い。

“韓定食”メニューをCLOSE UP!

韓定食はとにかく品数が多いのが特徴。コミジョンのメニューの一部をご紹介。

カンジャンケジャン

生のワタリガニを醤油に漬けて熟成させたもの。カニの甘みを感じられ、日本人に大人気

葉野菜の和え物

きれいな色を残したほうれん草の和え物。さっぱりとしていて他のおかずとも相性がいい

チャプチェ

彩り豊かな韓国の定番料理。ゴマ油の香りと春雨の食感に食欲をそそられる

おから

おからをスープでふやかしたもの。なめらかな舌ざわりでお腹にやさしい味

カクテキ

ついつい手が伸びてしまう大根キムチ。辛さ控えめで、食べやすいのが嬉しい

干しイシモチ

高級魚であるイシモチを焼いたもの。身がふっくらとしている。味付けはやさしい塩味

エゴマの漬物

エゴマを醤油に漬けたもの。エゴマの香りと濃い味がご飯にぴったり合う

緑豆のこんにゃく

春雨の原料となる緑豆から作られたこんにゃく。臭みがなくあっさりとした味わい

豚肉の炒め物

野菜と豚肉をピリ辛な味付けで炒めたもの。お肉のインパクトが満腹中枢を刺激する

なすの炒め物

とろとろのなすがたまらない。豚肉の炒め物やごはんと合わせてもgood

れんこんの水煮

れんこんを煮て柔らかくしたもの。ゆずソースがかかっていておしゃれな味わい

ひじきの白和え

太めのひじきの食感が楽しめる。味は薄めなので、素材の味を感じてみよう

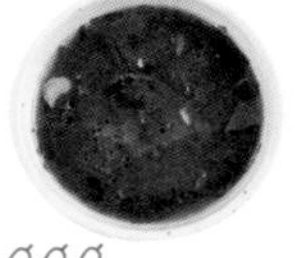

わかめスープ

わかめがたっぷり入ったスープ。健康によいため、韓国では祝いの席で食べられる

チヂミ

玉ねぎのチヂミと葉野菜のチヂミ。一般家庭では一口サイズのチヂミもよく食べられている

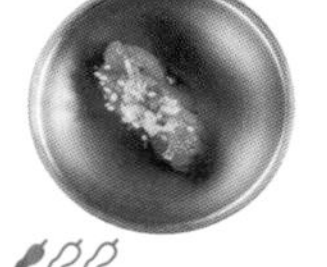

明太子

明太子までついてくる贅沢ぶり。明太子だけでごはんを食べすぎないように気を付けて

ここでも韓定食

OTHER MENU
- 海鮮チヂミ4万W
- ポッサム5万5000W
- 豚肉炒め4万3000W
- プルコギ4万W

こだわり家庭料理がズラリ

トダムゴル49
토담골 49

韓国の家庭料理をお手頃価格で楽しめる、セミ韓定食の先駆け店。無農薬にとことんこだわった野菜をふんだんに使用。韓国産大豆100%使用の手作り味噌も評判。

江南区三成路766 B1F(清潭洞49-1)
☎02-548-5115 営11:30〜15:00、17:00〜21:30
休 日曜、旧正月・秋夕の連休 交 7号線清潭駅9番出口から徒歩10分

日本語メニュー有

清潭洞 ▶MAP 別P.23 E-2

焼き魚やチゲなど、素朴ながら丁寧な味付け

清潔感のある店内

伝統的な民家の雰囲気が漂う内装

ボリューム満点の韓定食。食べきれず残しても問題ないが、特定のおかずに全く箸をつけないのはマナー違反

酒と料理のマリアージュを楽しむ

韓国で飲まれるお酒は、焼酎とビールが主流。ビールは日本より軽く、日本のビールが苦手な人もおすすめ。焼酎は日本酒のように透明感があり、20度近いアルコール度数の割に非常に飲みやすい。日本酒のような、クセのない味わいだ。

日本のように、梅酒やサワーなど、甘みのあるお酒はあまり好まれない。日本人が好んで飲むマッコリは、最近になってフルーツと混ぜてカクテルのようにして飲むスタイルが流行しているが、それまでは「おじさんが飲むもの」という印象が強かった。

韓国人は日本人よりもお酒に強い。日本人の数パーセントは下戸（まったくアルコールを分解できない体質の人）だが、韓国人の中に下戸はほぼいないという研究結果があるほどだ。

フランスではワインと料理の組み合わせをマリアージュ（＝結婚）というが、これは韓国のお酒でも言えること。好きなものを食べるのが一番だが、多くの人が好んで組み合わせる、お酒に合った料理というものがある。ビール、焼酎にピッタリ合う最高のマリアージュで、お酒も料理も楽しみたい。

ビール BEER

韓国のビールは、日本のビールに比べて軽い味わいのものが多い。食事の邪魔にならないのでどんな場面でも合う。

韓国ビールラインナップ

Cass Fresh／4.5%
2大ビールのひとつで、ほんのり苦味があってビールらしい味わいだが、全体的に薄めで飲みやすい

Hite／4.5%
苦味が少ない。やや酸味が感じられ、のどごしがよい。氷点ろ過加工によって不純物を取り除き、雑味を排除

TERRA／4.6%
19年3月に発売。オーストラリア産の麦芽を使用し、軽い飲み口で程よいキレがある

Cass Light／4.0%
Cass Freshよりもカロリー33%オフ。かなり軽いので濃いビール好きには物足りない!?

OB／4.8%
麦芽100%を使用し、本場ドイツのスタイルを誇っている。適度な苦味とコクがある

Max／4.5%
香りが豊かなカスケードホップという種類のホップを使用。甘みと苦味が共存している

[この料理とマリアージュ！]

ビールの炭酸で揚げ物がさっぱり。辛いものも合う

◎チキン
チキン（치킨）とビール（맥주メッチュ）の組み合わせを指す치맥（チメク）という言葉があるほど定番

キョチョンチキン弘大店
弘大 ▶MAP 別P.16 C-2

◎ナッチ（テナガダコ）
生きたテナガダコと野菜をコチュジャンで炒めたもの。辛さをビールでさっぱり流し込める

ペッコドン
→P.52

焼酎
SPIRITS

日本と異なり、米や麦、さつまいもなど、さまざまな穀物を複数蒸留して作ることが多い。地方ごとに特産の焼酎が存在する。

ハルラサン／17度
済州島の焼酎。済州島にある韓国一高い山・ハルラサンの地下水で作られている

チャム／19.3度
慶尚北道の焼酎。二日酔いによいとされるアスパラギン酸やキシリトール配合

サン／21度
「山」という名前の焼酎。江原道の大関嶺という山の麓の水を使って造られている

C1／20度
釜山の焼酎。イオン水中で生成した水で造っており、後味さっぱりで清涼感がある

韓国焼酎ラインナップ

チョウンデイ／16.9度
釜山の焼酎で、「チョウンデイ」とは釜山の方言で「いいね」という意味をもっている

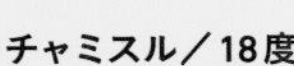

チャミスル／18度
国内シェアナンバーワンの愛されている焼酎。竹の活性炭でろ過しており、不純物を排除

韓国で一番飲まれている

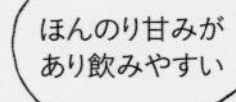

ほんのり甘みがあり飲みやすい

チョウンチョロム／18度
2006年発売の比較的新しい焼酎。瓶を振ってから飲むとまろやかな味わいに変化する

[この料理とマリアージュ！]

クセのない焼酎は、基本的になんでも合わせやすいが、代表的なのは下の3つ

韓豚生三枚肉
한돈생삼겹살
1万6000W

アンコウ鍋（中）
아구탕
4万7000W

ナクチポックム
낙지볶음
2万4000W

◎サムギョプサル
日本でいう「ビールに餃子」のように、なぜかわからないけど定番、という組み合わせ

新村肉倉庫
→P.35

◎海鮮系
寿司に日本酒が合う原理と似ている。海産物で有名な、釜山の焼酎C1と相性が抜群

東海ヘムルタン
→P.49

◎激辛系
ナクチポックムなどの激辛料理は、口に入れて、一気に焼酎で流し込めば辛さが和らぐ

ソリンナッチ
→P.65

マッコリ
MAKGEOLLI

米を主原料とするお酒で、米の甘みが強い。白く濁っているのが特徴。少しの酸味と発泡があり、乳酸菌も含まれている。

フルーツと合わせたマッコリカクテルも！

ノルブポッサム
놀부보쌈
3万3000W

この料理とマリアージュ！

◎ポッサム
マッコリと合わせると、豚肉の旨味や甘みが引き立てられる

ノルブポッサム
東大門 ▶MAP 別P.14 A-2

マッコリラインナップ

新米マッコリ
新米を使用したマッコリ。普通のものより甘みが強い

栗マッコリ
薄い黄色。飲んだ瞬間に栗の香ばしさが口いっぱいに広がる

ポップンジャマッコリ
山いちごのピンク色。フルーティーな味わいで飲みやすく、女性にも人気が高い

とうもろこしマッコリ
薄い黄色をしている。想像以上にとうもろこしの香ばしい風味が感じられる

飲みすぎてしまった翌日の酔い覚ましには、あっさり味で栄養豊富なプゴクッ（→P.51）が効果的

EAT 14

居心地のいい空間で
トレンドおしゃれ飯を楽しむ

旅先で時間を気にせず優雅なブランチを楽しめたら、旅行の満足度UPも間違いなし！
イイ感じの空間でオシャレなお食事を召し上がれ♪

トレンドなワケ
オシャレだけじゃなくて味も高クオリティ。SNSや口コミで人気が広がっている

充実プレートでおしゃれにご機嫌ブランチ♪

Popover Pancake
2万W
ふわとろ食感のプロシュートとブッラータチーズがのったダッチパンケーキ

Tomato Soup
8000W
「今日のスープ」から選べる一品。クリーミーなトマトは何度も頼みたくなるおいしさ

Bâton All Day Meal
2万W
お店手作りのシリアルやスープなどがセットになった贅沢なプレート

別添えのシロップをたっぷりかけてアレンジ

味も評判のおしゃれメシ
Bâton meal cafe
바통 (バトン)

ヨーロッパの家庭料理をモチーフにしたメニューを提供。こぢんまりとした店構えながら、ガラス張りの開放的な空間は居心地がよい。

龍山区漢江大路15キル33（漢江路3街40-198） ☎070-8869-6003 営10:00〜18:00（LO17:00） 休年中無休 交1号線龍山駅1番出口から徒歩8分
龍山 ▶MAP 別P.4 B-2

体も心も労われるカフェ

Veganmama

비건마마（ヴィーガンママ）

フレンドリーな店主さんが温かいヴィーガンカフェ。メニューは植物性の材料で作られ、ケーキやマドレーヌなども販売している。

冠岳区奉天路457-1（奉天洞871-74）☎0507-1496-2218 営11:00～23:00（LO21:30） 休日曜 交2号線ソウル大入口駅5番出口から徒歩6分

ソウル大 ▶MAP 別P.4 B-3

もち米のタルトを豆乳に浸していただく♡

OTHER MENU

・クッパン 1万1000W

ヴィーガンサンドイッチ 9000W

トレンドなワケ 植物性&有機農法の体に優しい原料を使っていて、健康意識の高まる若者の間で愛されている

愛情たっぷりのヴィーガンメニュー

トレンドなワケ early bird mealがお店のスローガンで朝活したい人にも人気。朝8時オープンがうれしい

ヴィンテージな店内で優美なお食事タイム

(左上)フレンチトースト 1万6000W

(右上)オパトトースト 1万6000W

(左下)コーヒー 5000W（お代わり自由）

(右下)塩パン 3000W

塩パンが評判の名店

O'pato

오파토（オパト）

職人が毎日手作りしている塩パンが人気のお店。店内の素敵なインテリアは店主さんの友人が担当。イギリスのヴィンテージ家具を使用している。

龍山区新興路12キル1 1F（龍山洞2街26-9）☎0507-1361-4890 営8:00～17:00（LO16:00） 休旧正月・秋夕の当日 交6号線緑莎坪駅2番出口から徒歩14分

梨泰院 ▶MAP 別P.4 C-2

塩パンはテイクアウト可能！ 袋もおしゃれ♪

断面映えサンドイッチ

SALT HOUSE 安国

소금집 안국（ソグムチプ アングク）

フランス式サンドイッチ・ジャンボンブールが人気の店。自家製ハムを贅沢に挟んだメニューはどれも食べ応え◎。オープン直後に満席になることも。

鍾路区北村路4キル19 1F（桂洞101-12）☎02-766-2617 営11:00～20:00（LO19:15） 休年中無休 交3号線安国駅2番出口から徒歩5分

安国 ▶MAP 別P.12 B-3

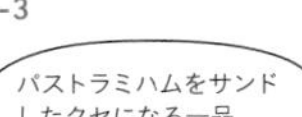

パストラミハムをサンドしたクセになる一品

OTHER MENU

・ルベンサンドイッチ 1万6800W

トレンドなワケ ここでしか食べられない自家製ハムを使ったサンドイッチはオリジナルビールと相性抜群

トーストしたパンに絶品ハムがぎっしり！

ジャンボンヴェロサンドイッチ 1万3800W

おしゃれランチをするときは、複数のメニューを並べて写真を撮るのがソウル女子のトレンド

EAT 15

イートインもテイクアウトもOK

のり巻きキンパ品評会を開催

巻いてある具
・チーズ
・プルコギ
・ニンジン
・キュウリ
・たまご

プルコギチーズキンパ
불고기치즈김밥
6300W

惜しみなく入ったプルコギ（牛肉炒め）がうれしい。1本でもお腹にしっかりたまる。野菜はシャキシャキしており、食感の違いを楽しめる

巻いてある具
・プルコギ
・キムチ
・ニンジン
・キュウリ
・タマゴ

日本人に人気で賞

プルコギキムチキンパ
불고기김치김밥
6300W

プルコギ（牛肉炒め）とキムチが入った韓国らしい一品。お肉のうま味を感じながら日本人の観光客にも人気のメニュー

巻いてある具
・チーズ
・豚肉
・タクアン
・たまご
・カニカマ
・にんじん

豚肉炒めキンパ
제육볶음김밥
5500W

濃厚なチーズと豚肉が合わさった具だくさんキンパ。タクアンやニンジンのシャキシャキとした食感も楽しい

巻いてある具
・アーモンド
・キュウリ
・タクアン
・たまご
・煮干し

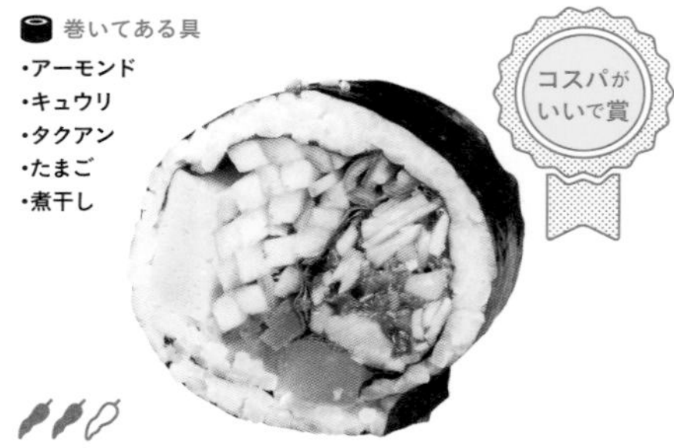

ピリ辛ナッツキンパ
견과류김밥
5300W

香ばしいナッツと煮干し、ピリッと辛い青唐辛子が効いている一品。ヘルシー志向の女性におすすめ

巻いてある具
・ゴボウ
・ニンジン
・生ワサビ
・キュウリ
・ツナ
・タクアン
・たまご
・エゴマの葉

生ワサビツナマヨキンパ
생와사비 참치마요김밥
5500W

白米ではなく玄米を使用しているので、プチプチと歯応えがよい。ツナマヨにワサビのツンとした香りが良いアクセントとなっている

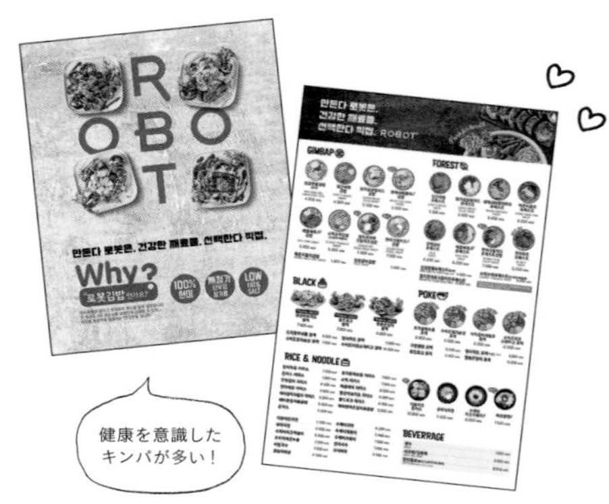

韓国風のり巻きの「キンパ」。一見すると日本ののり巻きと似ているが、大きな違いは酢飯でないということと、韓国のりで巻いてあるという点だ。朝ごはんにささっと食べられる、多種多様なキンパの具材を大解剖！

巻いてある具
- ツナ
- チーズ
- ニンジン
- たまご
- キュウリ
- タクアン

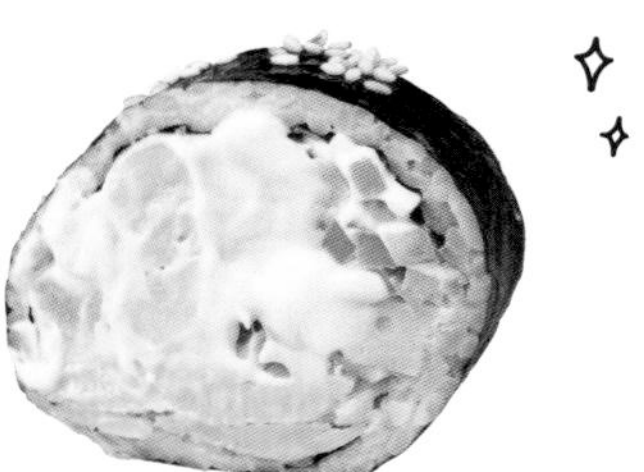

ツナマヨチーズキンパ
참치마요치즈김밥
5300W

ツナマヨネーズとチーズの王道の組み合わせキンパ。こってりとした味わいだがいくらでも食べられる

巻いてある具
- プルコギ
- ゴーダチーズ
- ニンジン
- タマゴ

プルコギとゴーダチーズのキンパ
불고기고다치즈김밥
6800W

たっぷりのゴーダチーズと甘辛いプルコギの最強タッグ。濃厚な味付けがクセになるおいしさ

素材の味が生きるユニークキンパ

Lee's キンパ 狎鴎亭本店

리김밥 압구정본점 (リキムバッ アックジョンポンジョム)

ご飯がほとんど見えないほどに具がたっぷりのキンパ全23種類は、すべて店内で手作り。素材それぞれの味が際だっている。「チュクソクロ サジュセヨ」と言うとその場で巻いてくれる。

江南区狎鴎亭路30キル12（新沙洞610）
☎02-548-5552　営 8:30～20:00（土曜～18:30）
休 日曜、旧正月・秋夕の連休　交 3号線狎鴎亭駅2番出口から徒歩2分
日本語メニュー有　狎鴎亭洞 ▶MAP 別P.22 A-1

OTHER MENU
- オデンスープ 6900W
- 辛ラーメン 4500W
- チーズ辛ラーメン 5000W

モノクロの看板が目印。注文は1階でテイクアウトもOK

2階はカウンター席が並ぶイートインスペース

ゴージャスで食べ応え抜群！

生ハムが乗った洋風キンパ。黒胡椒やソースもたっぷりで贅沢！

玄米ごはんの健康派キンパ

ロボットキンパ

로봇김밥 (ロボッキンバッ)

ごはんは玄米100%、具材のタクアンやごま油も無添加にこだわる。野菜をふんだんに使い、1本でバランスよく5大栄養素をとれるよう計算し尽くされたヘルシーさが幅広い年齢層に人気。

江南区江南大路382 MERITZ TOWER（駅三洞825-2）新盆唐線江南駅地下1階6号
☎02-3452-9993
営 07:00～21:00
休 旧正月・秋夕の当日
江南 ▶MAP 別P.20 C-3

キンパの一番おいしい部分は端の具材があふれた部分。取り合いにならないよう注意して

EAT 16

今や定番と化した ビヨヨ〜んなチーズグルメ

手袋で肉を持って箸でチーズを巻きつけていただく

〆はポックンパ！
トビコ入りのポックンパはプチプチ食感がクセになる。3500W

チーズ度

チーズブームの火付け役となったお店であり、日本のメディアでも度々紹介されたことも

ぐるぐるチーズ

ジェームズチーズトゥンカルビ 明洞店

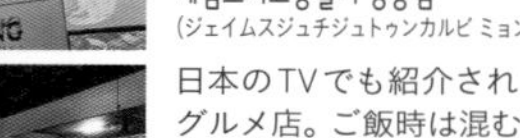
제임스치즈등갈비 명동점
(ジェイムスジュチジュトゥンカルビ ミョンドンチョム)

日本のTVでも紹介された元祖チーズグルメ店。ご飯時は混むので注意。

🏠中区明洞10キル7-4（明洞2街3-1）
☎02-318-0192 ㊞11:00〜23:00
㊡年中無休 ㊋4号線明洞駅8番出口から徒歩5分

明洞 ▶MAP 別P.11 D-2

食事もさることながら、バーナーでチーズを炙るパフォーマンスもたのしい

これでもかとかけられるチーズに大興奮!!

チーズ度

チーズは高級モッツァレラチーズを使用しており、さっぱりとした味わい

弘大一人気のコプチャン店

教授コプチャン

교수곱창（キョスコプチャン）

弘大に多数の店舗を構えるコプチャン店。日本でなかなかお目にかかれないチーズコプチャンが人気のメニュー。

🏠麻浦区弘益路3キル20（西橋洞357-1） ☎02-335-1173 ㊞11:00〜翌5:00 ㊡年中無休 ㊋2号線弘大入口駅9番出口から徒歩7分

日本語メニュー有

弘大 ▶MAP 別P.17 D-2

数年前にソウルで火が付いたチーズブーム。
今では肉料理には欠かせない存在となり、
チーズ○○というメニューを
提供する店があたりまえに存在するようになった。
その中でも、多数のメディアで取り上げられた人気6店をご紹介。

パリパリのおこげがクセになるトンタッ（鶏の丸焼き）はこのお店の名物

女性を中心に大人気！

ケリムウォン 東大門店

계림원 동대문점（ケリムウォン トンデムンジョム）

ケリムウォンは、韓国産の鶏の中にもち米を詰めて焼いた、鶏の丸焼きが看板メニュー。テイクアウトも可。

鍾路区 鍾路46キル22（昌信洞 444-9）
☎02-744-9229　営16:00～24:00（売り切れ次第終了の場合あり）　休年中無休　交4号線東大門駅7番出口から徒歩1分

東大門 ▶MAP 別P.14 B-2

チーズ度

チーズの中にコーンが入った異色メニュー。子どもにも食べやすい

洋食を食べているような絶妙な味付けはリピートしたくなるおいしさ

地元民に愛される味

パダ食堂

바다식당（パダシッタン）

芸能人もお忍びで訪れる梨泰院の人気店。看板メニュー「ジョンスンタン」というプデチゲは、真っ赤で濃厚なスープが特徴。

龍山区梨泰院路245 2F（漢南洞738-24）
☎02-795-1317　営11:30～22:00（LO21:20）　休第1・3・5月曜　交6号線漢江鎮駅1番出口から徒歩6分

日本語OK　日本語メニュー有

梨泰院 ▶MAP 別P.18 C-1

チーズ度

スープの旨味が染み込んだ麺にチーズを絡めてマイルドに味変

チーズグルメは食べ歩きにも浸透！

ホットドッグの中にはたっぷりのチーズがイン

チーズ度

アツアツなので、食べるときにやけどしないように注意！

釜山発のホットドッグ店

明朗ホットドッグ

명랑핫도그（ミョンナンハットグ）

日本でも大人気のチーズホットドッグの専門店。リーズナブルな値段で食べられるとあって、常に多くの人で賑わう。

鍾路区鍾路112（鍾路3街108）☎010-4612-3939　営9:30～23:00　休旧正月・秋夕の連休　交1号線鍾路3街駅15番出口から徒歩2分

日本語メニュー有

鍾路 ▶MAP 別P.8 C-2

チーズ度

パリパリチーズがやみつきアクセントに！

焼いたチェダーチーズを挟んだハンバーガー。ポテト・ドリンクセットあり

人気アメリカンダイナー

BROOKLYN THE BURGER JOINT カロスキル店

브루클린 더 버거 조인트 가로수길점
（ブルクルリン ド ボゴ ジョイントゥ カロスキルジョム）

肉肉しいハンバーガーが人気で、チーズ系のメニューがおいしいと話題。店内飲食も可能。

江南区島山大路15キル12（新沙洞540-11）　☎02-545-0718　営11:00～22:00（LO21:30）　交3号線新沙駅8番出口から徒歩7分

カロスキル ▶MAP 別P.19 F-2

チーズグルメは他にもサムギョプサルやチュクミ、タッカルビなど多くのメニューに浸透している！

EAT 17

この日食べたいこの一皿
韓国の四季と旬を味わう

長い冬を越えたあとに訪れる春の味覚は山菜。山菜を混ぜて食べるビビンパや、山菜の和え物(ナムル)などが食べられる。

日本と同じくらい気温が高くなる韓国。夏は冷たい冷麺やコングクスが主流だが、夏バテ対策に参鶏湯も食べられる。

ビビンパ
비빔밥
9000W～1万4000W

色とりどりの山菜を、ご飯の上にのせて、コチュジャンを加えてよく混ぜる。シャキシャキした食感を楽しめる。

食べられるのはここ!

木覓山房
목멱산방 (モンミョッサンバン)

中区退渓路20キル71 (南山洞2街25-4)
☎02-318-4790 ㊕11:00～20:00 (LO19:20)
㊡旧正月・秋夕の前日と当日
㊋4号線明洞駅3番出口から徒歩6分
明洞 ▶MAP 別P.6 C-3

コングクス
콩국수
1万2000W

豆乳を使った冷たい麺。豆乳の中にコシのある麺を入れて食べるメニューで、夏バテにも効果的。

食べられるのはここ!

明洞餃子
명동교자 (ミョンドンギョジャ)

中区明洞10キル29 (明洞2街25-2)
☎02-776-5348 ㊕10:30～21:00 (LO20:30)
㊡旧正月・秋夕の当日 ㊋4号線明洞駅8番出口から徒歩3分
日本語メニュー有
明洞 ▶MAP 別P.11 D-2

3月3日 サムギョプサルデー
サムギョプサル
삼겹살
サムは韓国語で3を示すため、3月3日。豚の脂が体内の黄砂を洗い流すという噂もあるが科学的根拠はなし。
肉典食堂4号店 >>>P.28

4月14日 ブラックデー
ジャジャン麺
짜장면 (ジャジャンミョン)
4月14日まで恋人ができなかった人たちが集まって、黒いジャジャン麺を食べるという風習がある。

伏日(ポンナル) (7～8月)
参鶏湯
삼계탕 (サムゲタン)
滋養強壮に効果的な高麗人参や薬膳がたっぷり入ったスタミナ食。
百年土種参鶏湯 >>>P.51
土俗村 >>>P.29

雨が降る日
チヂミ×マッコリ
전×막걸리 (ジョン×マッコリ)
諸説あるが、雨の日に外に出ないでも簡単に作れるチヂミをマッコリと共に味わったのが発祥と言われている。

他にもある!

誕生日には
ワカメスープ
出産後に母親がワカメスープを食べたことから、誕生日に食べられるように。

試験の日は
ワカメスープ禁止!?
ツルツルと「滑る」ワカメは、試験前には不吉だとして食べない風習がある。

韓国にも四季があり、季節ごとに食べるべき「旬」なメニューがある。春夏秋冬の定番メニューをチェックして、ソウルを訪れる時期に合わせた最高の味に巡り合おう。

ナクチ(テナガダコ)には疲労回復効果がある。夏が終わり、たまった疲れをとってくれるタコをピリ辛味でいただく。

ナクチポックム
낙지볶음
2万4000W

手長ダコは栄養を蓄えている秋が旬。タコを辛い味で炒め煮にしたナクチポックムは、火を噴く辛さ。

食べられるのはここ!

ソリンナッチ

서린낙지

鍾路区鍾路19 ルメイエル鍾路タウン2F(清進洞146)
☎02-735-0670 營11:30〜21:30(ブレイクタイム15:00〜17:00、LO20:30) 休第1·3月曜、第2·4日曜、旧正月·秋夕の3日間 交1号線鐘閣駅2番出口から徒歩5分

鐘閣 ▶MAP 別P.8 A-2

ケジャンに使うワタリガニは栄養を蓄えている冬が旬。その他にも、寒さが厳しくなる冬は、ピリ辛の鍋料理が好まれる。

カンジャンケジャン
간장게장
1匹4万W

新鮮な生のワタリガニをしょう油漬けにした料理。芳醇な磯の香りと、濃厚なカニ味噌が後を引く。

食べられるのはここ!

元祖馬山ハルメアグチム

원조마산할매아구찜(ウォンジョマサンハルメアグチム)

瑞草区江南大路99キル10(蚕院洞20-8)
☎02-547-2774 營24時間(日曜〜21:00)
休年中無休 交3号線新沙駅4番出口から徒歩1分
日本語メニュー有

新沙 ▶MAP 別P.20 B-2

9月9日 チキンデー

チキン
치킨

比較的新しい記念日。鳥インフルエンザで落ち込んでいた鶏肉の売り上げを伸ばすために制定された。

カンブチキン 龍山店 **>>>P.45**

秋夕(旧暦8月15日)

松餅
송편(ソンピョン)

うるち米で作ったもちもちの生地に、あんを包んで蒸したお菓子。秋夕の前日に家族が集まって作って食べる。

冬至(12月22日頃)

あずき粥
팥죽(パッチュッ)

あずきの赤色は魔除けの効果があるとされていて、冬至の日に食べることで1年を災いなく過ごせるとされる。

旧正月(旧暦1月1日)

トックッ
떡국

日本の雑煮のような料理。長寿を意味する長い餅をスライスしてスープに入れて煮込む。味は日本と似ている。

引っ越した日は
中華料理

引っ越した日は掃除や荷物の片付けで忙しく、とても料理ができる状態ではない。そのためどこにでも店があり、すぐに出前をしてくれる中華料理を食べるようになった。

秋の味覚のひとつといえば、韓国の西側の海でたくさん獲れる大エビのデハ。粗塩を敷いた鍋で丸焼きにして食べる

EAT 18

ソウルは年中お祭り騒ぎ？！

攻略！明洞食べ歩き屋台

テイクアウト編

＼やっぱりコレ！／

定番

1 ケランパン

ふんわり ホカホカ

ホカ ホカ

マシイッソ！（おいしい）

ケランパン
계란빵
2000W

ほんのり甘みのある生地に卵がまるまる1個入ったパン。小腹満たしに丁度いいボリューム感

甘い蜜が とろ～り

2 ホットク

ホットク
호떡
2000W

ナンのような生地にシナモン風味の蜜が入ったもの。アツアツの蜜でやけどに注意！

3 オデン

オデン
오뎅
2000W

オムクという薄い練りものが竹串に刺さっていて、お店によっては辛味がない場合もある

韓国式 さつま揚げ

＼作るところも面白い！／

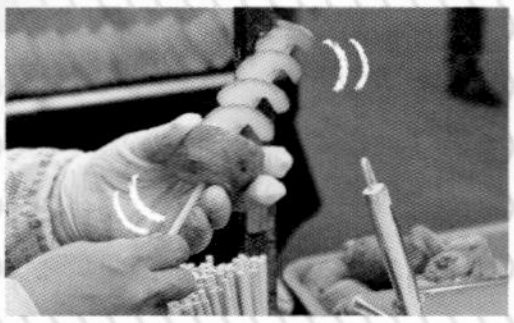

パリパリ やみつき

4 トルネードポテト

トルネードポテト
회오리감자
5000W

ジャガイモを揚げたもの。チリパウダーがかかっていてポテトチップ感覚

こっちの屋台スポットにも行ってみよう！

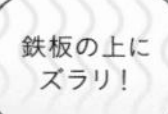

WHERE IS 『屋台』

明洞以外にも！ テイクアウト屋台ならココ

広蔵市場

鍾路5街駅にある伝統的な市場。観光客だけでなく地元の人も多く訪れ、韓国らしい雰囲気が魅力(→P.68)

弘大エリア

ショッピングやグルメが楽しめる若者の街・弘大。明洞ほど規模は大きくないが観光ついでに屋台を楽しめる。

鉄板の上にズラリ！

계란빵 2,000

食べ歩きをするなら、明洞の屋台へGO！　定番のホットクから、変わり種の最新おやつまで。人気メニューを食べ尽くしちゃおう！

＼行列必至!?／

流行

5 フルーツ飴

フルーツ飴
탕후루
5000W

イチゴやマスカットを砂糖でコーティング。食後のデザートにぴったりの甘さ

パリッ
じゅわ♡

6 フルーツ大福

フルーツ大福
딸기모찌
3300W

ジューシーな果物を贅沢にまるまる1つ使用したフルーツ大福は絶品！

果汁がジューシー！

中毒注意のおいしさ

できたてアツアツ！

7 麻薬とうもろこし

麻薬とうもろこし
마약옥수수
5000W

とうもろこしにマヨネーズや粉チーズ、チリペッパーがかかったやみつき必至のグルメ

＼新感覚／

変わりダネ

8 ザクロジュース

甘酸っぱさが美味！

ビニールのパウチで

ザクロジュース
석류주스
4000W

ざくろをしぼってその場でジュースに。サッパリしたドリンクを飲みたいときにオススメ

9 ホタテのチーズ焼き

貝の旨味がぎゅっと！

ホタテのチーズ焼き
가리비치즈구이
1万W（4個）

ホタテの上にチーズと酢入りコチュジャンをトッピングしていて韓国っぽい味に

HOW TO『屋台のオーダー』

① 注文

各店1品～数種類しかメニューはないので、指差しで「**이거 주세요**（イゴジュセヨ）」でOK

② 現金支払い

1000W札を多めに用意

お金を直接渡す場合と、ボックスに自分で入れる場合がある

明洞屋台はこのエリア

明洞芸術劇場
乙支路入口駅
明洞キル
明洞8キル
ウリ銀行
CGV
駅を出てすぐ！
ミリオレホテル
明洞駅6番出口

明洞の街中にはゴミ箱が設置されていない。各屋台にゴミ箱やゴミ袋があるので、そこに捨てるようにしよう

イート
イン編

EAT 19

ソウルっ子に混ざって屋台を囲む

攻略！パワフル市場

広蔵市場

うまいもんが集まる
DEEPスポット

⌂ 鍾路区昌慶宮路88（礼智洞2-1）
☎ 02-2269-8855
㊟9:00～22:00
㊡ 日曜、夏季休暇（8月上旬）、旧正月・秋夕の連休 ㊋1号線鍾路5街駅8番出口から徒歩1分
鍾路 ▶MAP 別P.9 E-2

1 ピンデトッ

緑豆で作ったチヂミ。揚げ焼きにしてあるので外はカリカリ、中はふわふわ。しょう油ベースのタレをつけて

＼ふわふわ食感／

＼おいしいから食べてみて！／

ピンデトッ
빈대떡
4000W

2 あずき粥

あずきそのものの味わいがしっかりとするお粥。日本のぜんざいなどとは異なり、甘みはない。白玉も入っている

あずき粥
팥죽
2000W

3 スンデ

韓国版腸詰め。牛の血のかたまりや春雨が入っている。見た目はかなり衝撃的だが、後を引くおいしさ

スンデ
순대
7000W

まずはメインストリートへ

市場内MAP

鍾路5街駅8番出口から乙支路4街方面に向かって歩いてみよう

食材もいろいろある！

屋台のすぐ近くでは食材の販売も

こんな屋台も！

テント式屋台

集中エリア　鍾路、江南駅前など

ポジャンマチャという。ビニールのテントの中でトッポギなどが食べられる。地元の人が集まるディープな空間だ。

＼ビニールの風よけで、冬でも意外と寒くない！／

屋台にはイートイン式のものもある。
東大門エリアにある広蔵市場はさまざまな料理が一堂に会す屋台の宝庫。地元の人も多く訪れる市場で、ソウルっ子に混じってワイワイ本当の味を見つけよう！

④ トッポギ

細長い餅を、甘辛いタレで煮た料理。後からじんわり辛さが広がる。お酒のつまみにも

トッポギ
떡볶이
3000W

⑤ オデン

日本のおでんとは違うもの。魚のすり身をスープに入れて煮てある。すっきりした透明なスープがやさしい味わい

オデン
오뎅
3000W

⑥ キンパ

韓国風のり巻き。ポイントはごま油の効いた韓国のりで巻いてある点だ。細いのでパクパク食べられてしまう

キンパ
김밥
3000W

⑦ ククス

手打ちうどん。その場で細く切って茹でる。日本でいうと関西風。ダシの効いたスープで心も体もほっこりあたたまる

ククス
국수
4000W

HOW TO『屋台のオーダー』

① 着席　気に入ったお店を見つけたら屋台の椅子に座ってOK

これいくらですか
이거 얼마예요？
イゴ オルマエヨ

② 注文　メニューは屋台にずらりと並んでいるので指さしでも可

③ 食べる！　長居は無用。ささっと食べよう

④ お会計　支払いは現金で

包んでください
포장해 주세요
ポジャネ ジュセヨ

テイクアウトもOK

食べきれなかった場合は持ち帰りもできる。最初から持ち帰り用に買うこともできる

EAT 20

たまにはホテルでゆっくり！ テイクアウトグルメ総選挙

外はサクサク、中はしっとりのオーソドックスなチキン

シンプルなチキンに絡まるハニーソースがクセになる一品

サクッとジューシーで圧倒的支持！ CHICKEN

衣はサクッ、お肉はジューシーな王道の肉グルメ。ビールとの相性も抜群

Ⓐオーブンで焼くベイクチキン

オーブネッパジンタッ

오븐에빠진닭

店名は「オーブンにハマった鶏」という意味。チキンは揚げずにオーブンで焼き上げているので、脂も少なくヘルシー。

⌂中区明洞7キル21 明洞アールヌーボーセンタム（乙支路2街199-40） ☎02-3789-5892 営11:30～03:00 休 年中無休 交 2号線乙支路入口駅5番出口から徒歩2分 日本語OK 日本語メニュー有

明洞 ▶MAP 別P.10 C-1

Ⓑ実力派のフライドチキン店

キョチョンチキン弘大店

교촌치킨 홍대점(キョチョンチキン ホンデジョム)

人気のチキンチェーン店。鶏肉や野菜は国産、調味料やソースは独自に開発した無添加にこだわる健康志向のチキンが味わえる。新村店も営業中。

⌂麻浦区楊花路16キル6（西橋洞371-3） ☎02-338-1300 営12:00～翌2:00（LO翌1:30） 休 年中無休 交 2号線弘大入口駅9番出口から徒歩10分 日本語メニュー有

弘大 ▶MAP 別P.16 C-2

Ⓒ約20種類のキンパが楽しめる

Lee'sキンパ 狎鷗亭本店

리김밥 압구정본점
(リキムパッ アックジョンボンジョム)

すべて店内で手作りしているキンパは、ご飯より具材がぎっしり詰まっているのが特徴。

⌂江南区狎鷗亭路30キル12（新沙洞610） ☎02-548-5552 営8:30～20:00（土曜～18:30） 休 日曜、旧正月・秋夕の連休 交 3号線狎鷗亭駅2番出口から徒歩2分 日本語メニュー有

狎鷗亭洞 ▶MAP 別P.22 A-1

Ⓓヘルシーキンパをお手軽に

ロボットキンパ

로봇김밥
(ロボッキンパッ)

ご飯は玄米100%、具材のタクアンやごま油も無添加にこだわる。ヘルシーさが人気。

⌂江南区江南大路382 MERITZ TOWER（駅三洞825-2）新盆唐線江南駅地下1階6号 ☎02-3452-9993 営 07:00～21:00 休 旧正月・秋夕の当日

江南 ▶MAP 別P.20 C-3

定番から変わり種まで23種類のキンパが揃う

濃厚なクリームチーズが入った洋風キンパ

具材いろいろバラエティ豊富 KIMBAP

韓国風のり巻き「キンパ」は様々な具材が入っているのが特徴

テイクアウト（ポジャン）文化が盛んな韓国。
外食もいいけど、色んなグルメを食べたいなら
持ち帰りにしてホテルでゆっくり味わうのもおすすめ。
なかでも人気のテイクアウトグルメを徹底紹介！

WHAT IS
『ポジャン』
ポジャンとは韓国語で「持ち帰り、テイクアウト」の意味。注文するときは「포장해 주세요」（ポジャンヘジュセヨ）と伝えよう

Ⓔ特製ダレで煮込んだ豚足
ミスチョッパル 弘大本店
미쓰족발 홍대본점（ミスチョッパル ホンデボンジョム）

女性に人気のチョッパル店。秘伝のタレで煮込んだやわらかくてジューシーなチョッパル（豚足）が人気。

麻浦区オウルマダン路123-1（東橋洞164-34） ☎02-337-2111
営12:00～24:00 休 旧正月・秋夕の当日
交 2号線弘大入口駅9番出口から徒歩2分
弘大 ▶MAP 別P.17 D-1

E ニンニクチョッパル
마늘족발
4万1000W

ニンニクソースをたっぷりかけていただく

お酒との相性バツグンです！
CHOPPER
コラーゲン豊富な肉料理。スライスした肉を唐辛子味噌やサンチュに包んで食べる

Ⓕコラーゲンたっぷりで美味
満足五香チョッパル
만족오향족발（マンジョッオヒャンチョッパル）

1985年創業の老舗。韓方素材で2時間煮込んだ豚足が看板メニュー。コラーゲンたっぷりで食べごたえ抜群。

中区西小門路134-7（太平路2街318-1）
☎02-753-4755
営11:30～22:00（LO21:30）、土・日曜12:00～22:00（LO21:30） 休 旧正月・秋夕の連休
交 2号線市庁駅8番出口から徒歩2分
日本語OK 日本語メニュー有
市庁 ▶MAP 別P.8 A-3

地元の人にも
愛される味

F 満足五香チョッパル（中）
만족오향족발
3万6000W

お店オリジナルの味が人気のチョッパル

G ピザ各種
피자
1ピース6000W～

一番人気はNYチーズピザとスパイシーミートチーズ

アメリカンサイズで人気急上昇！
PIZZA
ピザはソウルでも定番デリバリーとして人気。テイクアウト用のケースもかわいい

Ⓖおしゃれなピザをテイクアウト
PIZZA EXPRESS
피자익스프레스（ピジャイッスプレス）

外観がインスタグラムなどのSNSで話題のピザショップ。1ピースから注文できるので、食べ比べしてみても◎。

江南区狎鷗亭路10キル28（新沙洞524-31） ☎070-7757-9200
営12:00～22:30 休 年中無休
交 3号線新沙駅8番出口から徒歩10分
カロスキル ▶MAP 別P.19 E-1

H クウォーター
쿼터
2万7000W

右上から時計回りにスイートコーン、ペパロニ、ガーリックバジル、シーズニングポテト

ボリューム満点の
ピザ参上！

Ⓗ手作り生地がおいしい行列店
PLOP安国
플롭 안국（プルロブアングク）

韓屋をリノベしたピザ屋。店内はポップなイラストで彩られ、韓国らしいメニューも豊富に揃っている。

鍾路区北村路2キル5（斎洞84-20）
☎02-745-1195
営11:30～22:00（LO21:00）
休 年中無休 交 3号線安国駅2番出口から徒歩1分
安国 ▶MAP 別P.12 B-3

韓国では出前アプリを使って料理を注文することもできる。ただし、韓国語のみの対応

食べ方、価格帯、こだわり ここまで違う

お隣同士の日本と韓国、同じ名前のメニューでも、味付けや食べ方、食生活の中での位置づけが大きく異なる料理がある。これを比較してみると面白い。

日本でも韓国でも「焼き肉」はあるが、「焼き肉といえば？」と両国の人に尋ねた場合、きっと異なる答えが返ってくるはず。日本人であれば、焼き肉といえば牛肉だし、焼き肉をごはんと一緒に食べるのが最高、ビールはハズせないだろう。

一方、韓国人に「焼き肉といえば？」と聞いたら、豚肉が主流であり、ごはんと一緒というよりも、野菜に巻いて食べると答える。ちなみに、サムギョプサル（豚の三枚肉の焼き肉）は、焼酎との相性がよいとされるので、ビールよりも焼酎と一緒に味わうことが多い。

このように、日本と韓国、同じ料理名でも、文化的背景や認識が違うのだ。これは焼き肉以外にも、ラーメン、天ぷら、おでん、のり巻きなど、さまざまなメニューであてはまる。両国の違いを考えながら食べてみると、新しい発見につながるかもしれない。間違い探し感覚で違いを見つけてみよう。

似ているようでどこか違う！

焼き肉

삼겹살（サムギョプサル）

ココが違う！

① 焼き方

日本の場合、網焼きが多い。韓国では斜めに傾けた**鉄板**で焼き、不要な脂を落とす。日本では肉がスライスされているが、韓国では鉄板の上で切る。

② 肉

日本の焼き肉の主流は牛肉。特にカルビの人気が高い。一方、韓国の焼き肉の主流は**豚肉**だ。韓国で牛肉は高級食材という位置づけ。

ラーメン

라면（ラミョン）

日本のラーメンは、専門店が多い。スープにも麺にも徹底的にこだわっている。一方、韓国でのラーメンはインスタントが主流で、乾麺を鍋などの具として食べることが多い。

ココが違う！

① 店による味の違い

日本は、店ごとに麺やスープにこだわり、味も千差万別。一方、韓国ではインスタントラーメンが主流なので、どの店でも**味はだいたい同じ**。

② 麺

こだわりの生麺を使用する日本のラーメンとは対照的に、韓国はインスタントなので基本は**乾麺**。生麺の店は日本系のラーメン店で味わうものという認識が持たれている（とんこつが人気）。

③ スープ

とんこつ、鶏ガラ、しょう油などスープはラーメンの命。スープの仕込みに対して徹底的にこだわる日本に比べ、韓国は**ラーメンについている粉末スープ**。そのぶん安価に食べられる。

グルメ間違い探し

日本の焼き肉といえば牛肉だが、韓国では豚肉が主流。焼き方や食べ方など、日韓で大きく異なる。全体的に韓国のほうがヘルシーか!?

③一緒に食べるもの

濃いめのタレに肉をつけて、ごはんと一緒に食べるのが日本。たっぷりの**野菜に包んで**ヘルシーに食べるのが韓国流。

④一緒に飲むもの

日本では、焼き肉といえばビール。韓国でも焼き肉でビールを飲むこともあるが、**焼酎(ソジュ)**を飲むことの方が多い。

天ぷら

튀김（ティギム）

日本の天ぷらは、料亭などでも出てくる繊細で高級な料理。一方、韓国では子どものおやつとしても、大人の酒のつまみとしても食べられる屋台で売られているB級グルメだ。

ココが違う！

①価格帯

日本で天ぷらというと、比較的高級な食べ物。一方、韓国ではスナックや、つまみ感覚で食べるものという認識で、非常に**リーズナブル**。

②食べられる場所

カウンター式の和食屋で、目の前でひとつずつ揚げてもらう形式の日本に比べ、韓国は基本的に**屋台**で大量作り置き。ティギムが**山積み**になっている。

③タレ

日本ではさらりとした天つゆや、素材の味を生かすために塩で食べることも多い。一方韓国では**トッポギのピリ辛ソース**につけて食べる。

ほかにもあるある！

日韓メニューの違い

日韓で比較すると面白いメニューはほかにもある。味だけではなく、食べ方や、価格帯、国民にとっての位置づけなども比較してみよう。

おでん

오뎅（オデン）

韓国にも「オデン」という食べ物はあるものの、日本のものとはかなり見た目も味も違う。

大根、卵、こんにゃくなどさまざまな具材を煮てある。冬によく食べられる。

魚のすり身が入ったスープ。青唐辛子を入れてピリ辛なものも。

のり巻き

김밥（キンパ）

日本だとお寿司の仲間という認識だが、韓国では朝食やおやつによく食べられるメニュー。

お寿司の仲間で、酢飯と具材をのりで巻く。日常的に食べることは少ない。

日常的に食べるメニュー。酢飯ではなく、のりは韓国のりを使用している。

うどん

칼국수（カルグクス）

さまざまなバリエーションがある日本のうどんに比べ、韓国では澄んだスープのうどんが主流。

うどんを茹でてから、スープの中に入れる。カレーうどんやきつねうどんなどバリエーションが豊富。

小麦粉の生地をカル(包丁)で切る。スープの中に生麺を入れて茹でるのでとろみがつく。

お茶

차（チャ）

茶葉を煎じて飲む日本茶と、果実などをお湯や水に溶いて飲む韓国のお茶。味わいも大きく異なる。

日本茶やほうじ茶など、甘みのないものが多い。食事と一緒にとることも多い。

果実を蜜に漬けたものをお湯や水で溶くので甘みが強い。ティータイムに飲む。

インスタント麺が主流の韓国だが、日本のとんこつラーメンは韓国人にも人気。日本のラーメン店が進出しているほどだ

EAT 21

世界観がスゴイ！
異世界カフェで気分を上げる

作りこまれた世界観や統一されたインテリアも韓国カフェの魅力のひとつ。自分が好きなコンセプトのカフェを訪れて、おいしいメニューと非日常を味わいに行こう。

感性を刺激するアートな空間でご褒美スイーツ

＼アートな空間！／

座席に座ればアートの一部に。写真映えも◎

夫婦で営む

アートシフト
아트쉬프트（アトゥシプトゥ）

アート作家夫婦が企画・運営をするカフェ。ワッフルやラテ、オリジナルのサイダーが人気。年に一度、展示のコンセプトとメニューが変わる。

🏠中区忠武路54-17 5F（乙支路3街286-2）
☎0507-1323-4823 営 11:00～21:00 休 日曜 交 3号線乙支路3街駅7番出口から徒歩1分

鍾路 ▶MAP 別P.9 D-3

Ⓐお店の中央にはアートなディスプレイがあるⒷ（左）バニラピーチ6500W（中央）ブラウンチーズクロッフル1万WⒸビルの5階が入口

WHAT IS

『シグニチャーメニュー』

シグニチャーメニューとは看板メニューのこと。韓国カフェのメニュー表でよく見る表記なので覚えておくと吉。

CONCEPT

アート

空間自体を作品としていて洗練されたスイーツを食べながらアートに触れることができる。

映画の世界観を再現

943 KING'S CROSS

943 킹스크로스 (943 キンスクロス)

某魔法映画をコンセプトにしたカフェで、薄暗い店内には魔法界を彷彿させるアイテムも多数。映画のイメージを盛り込んだメニューがかわいいと話題に。

麻浦区楊花路16キル24 1～4F（西橋洞369-1） ☎0507-1383-2112 営11:30～21:30、金～日曜10:00～21:30（テイクアウトLO21:00） 休年中無休 交2号・京義中央線、仁川空港鉄道弘大入口駅9番出口から徒歩7分

弘大 ▶MAP 別P.16 C-2

ウィザードショコラ 1万1800W

組み分け帽子をイメージしたチョコ味のフラッペ

ウィザードケーキ 1万7000W

主人公が食べたケーキを再現。甘すぎず食べやすい

＼ファンタジーな世界／

CONCEPT **魔法界**

ファンタジーな世界をそのまま再現。お店の外にあるほうきで自由に記念撮影ができる。

シックな空間で現実逃避できる

KANTO

칸토 (カント)

お店の全てをモノトーンでまとめた無機質なカフェ。店内は美術館のような洗練されたインテリアで、1テーブルあたりの間隔も広々で居心地がよい。

城東区練武場キル20 B1F（聖水洞1街16-40） ☎0507-1343-3657 営11:00～21:00（LO20:30） 休年中無休 交2号線聖水駅4番出口から徒歩8分

聖水 ▶MAP 別P.5 E-2

フラットブラック 6000W

ヘーゼルナッツが入って香ばしい味わいのラテ

ブラックパウンド 5500W

ダークショコラが香るしっとり食感のパウンドケーキ

＼スタイリッシュ！／

CONCEPT **モノクロ**

メニュー、空間すべてが白黒。無駄のないインテリアが現実を忘れさせてくれる。

どんぐり型のマドレーヌが人気

DOTORI GARDEN

도토리가든 (ドトリガドゥン)

古民家を改装したカフェ。木造の店内には香ばしい匂いのパンがズラリと並ぶ。ヨーグルトやスープメニューもあり、朝食での利用もオススメ。

鍾路区桂洞キル19-8（斎洞84-45） ☎0507-1476-1176 営8:00～23:00 休年中無休 交3号線安国駅3番出口から徒歩3分

安国 ▶MAP 別P.12 B-3

アーモンドミルクマドレーヌ 3800W

どんぐりの形をしたマドレーヌ。味は全6種ある

グリークヨーグルトリアルストロベリー 1万7000W

店内発酵のヨーグルトに巣蜜といちごがのっていて美味

＼絵本の中みたい！／

CONCEPT **童話**

木造でノスタルジックな雰囲気。童話の世界に迷い込んだようなコンセプトに癒される。

EAT 22

韓国人がこぞって行くなら間違いない！

愛されカフェで絶品スイーツ

食べる前からハッピーな眼福ビジュアルケーキは今韓国で大人気。
CUTEで味もGOODなケーキが続々登場で、カフェ探訪はまだまだやめられない！

かわいすぎるケーキが並ぶ乙女心くすぐる空間♡

店内にはケーキとスコーンがずらりと並ぶ夢のような空間

愛されメニュー♥

8500W

チェリーチョコレートホームメイドケーキ

チョコ味のスポンジにチェリーの甘酸っぱさが効いたクリームがたっぷり♡

英国風ティータイムをするなら

CAFE LAYERED 延南店

카페 레이어드 연남점（カペ レイオドゥ ヨンナムジョム）

イギリスをイメージした世界観とビジュアル抜群のケーキが人気のお店。10種以上の本格スコーンやフィナンシェも楽しめる。

🏠麻浦区ソンミサン路161-4（延南洞223-20） ☎なし 営11:00～22:00 休年中無休 交2号・京義中央線、仁川空港鉄道弘大入口駅3番出口から徒歩12分

延南洞 ▶MAP 別P.4 A-2

6500W

アインシュペナー

スイーツ好きにはたまらないやさしい甘さのドリンク

かわいいクマのキャラが描かれた外壁

HOW TO

韓国カフェ 攻略マニュアル

韓国のカフェは日本と少し勝手が違うところも。カフェでできること、できないことを事前に予習しておこう。

1 Wi-Fi

日本ではテーブルや壁にWi-Fiのパスワードが貼ってあるが、韓国ではレシートの裏に書いてあるお店もよくある。

2 充電

韓国カフェは席近くにコンセントがあるお店が多い。基本的に自由に使えるので、旅先でも充電の不安は少ない。

3 お手洗い

ビルの中にあるカフェはお手洗いが店外にあり、レシートに書かれたパスワードを入力して利用する場合もある。

季節のフルーツが楽しめる

Antique Coffee 延南店

앤티크 커피 연남점 (アンティークコーヒー ヨンナムジョム)

"人と人がつながる空間"をテーマにしたヨーロッパ風カフェ。大理石に並べられた花々とスイーツの美しさは、訪れる人を豊かな気持ちにさせる。

麻浦区延禧路25-1(東橋洞113-3) ☎070-4154-0716 営10:00~22:00 休旧正月・秋夕の当日(インスタグラム@antique__coffeeで告知) 交2号・京義中央線、仁川空港鉄道弘大入口駅3番出口から徒歩6分

延南洞 ▶MAP 別P.4 A-2

スイーツは11時~12時頃になると揃うので狙い目

愛されメニュー

シャインマスカットタルト

※フルーツは季節ごとに変更

レモンのアクセントが美味なシャインマスカットタルト

クロワッサン

2種のクリームがのった贅沢なクロワッサン

白い壁の一軒家が目印

Victoria Bakery

빅토리아 베이커리 (ビクトリア ベイコリ)

店内調理の本格ケーキが人気のカフェ。路地にひっそりと佇む白いお家が目印で、並ぶこともしばしば。店内ではオリジナルグッズも販売中。

鍾路区孝子路7キル12-2(通義洞8) ☎02-722-2251 営12:00~18:00 休火曜 交3号線景福宮駅3番出口から徒歩6分

西村 ▶MAP 別P.6 B-1

愛されメニュー

ビクトリアスポンジケーキ

やさしい甘さのスポンジケーキに、ぼたっとしたクリームをサンド

プリンセスな気分になれる

mooni

무니 (ムニ)

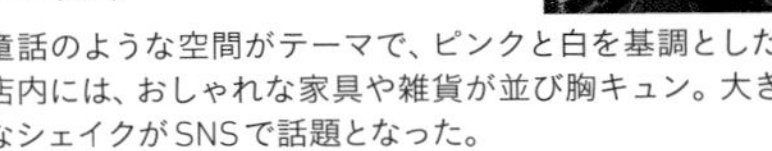

童話のような空間がテーマで、ピンクと白を基調とした店内には、おしゃれな家具や雑貨が並び胸キュン。大きなシェイクがSNSで話題となった。

江南区狎鷗亭路56キル16(新沙洞664-22) ☎なし 営10:00~22:00(LO21:00) 休年中無休 交水仁・盆唐線狎鷗亭ロデオ駅5番出口から徒歩1分

狎鷗亭洞 ※2024年4月現在閉店

愛されメニュー

mooniシェイク(5種)

(左から)ミスカル、バニラ、黒ゴマ味、ヨーグルト、チョコレート

ソウルではケーキメニューに力を入れたカフェが増加中。お店で焼き上げた本格的なケーキが楽しめる

EAT 23

この食感がやみつき！　流行の ドーナツとベーグルをチェック

ソウルのトレンドカフェメニューといえばドーナツ＆ベーグル。お食事系から甘いスイーツ系まで、気分に合わせて食べられるのもうれしいポイント。

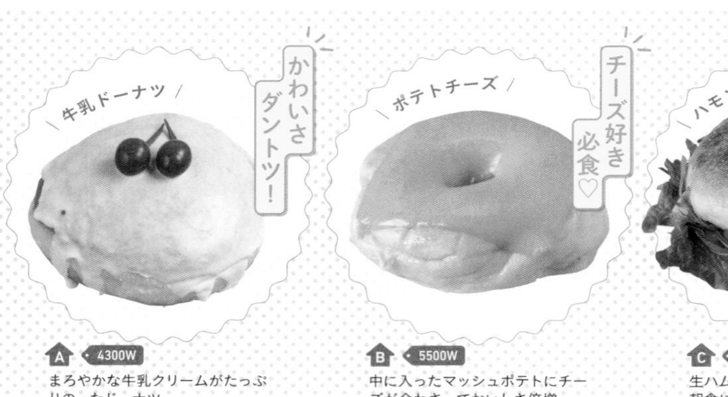

A 4300W
まろやかな牛乳クリームがたっぷりのったドーナツ

B 5500W
中に入ったマッシュポテトにチーズが合わさっておいしさ倍増

C 7900W
生ハムのしょっぱさがアクセント。朝食にもGOOD

C 3500W
ほうれん草が練り込まれた生地はもちもちでやみつきに

B 6800W
溢れんばかりのクリームチーズが美味。付属のハチミツをかけても◎

A 4300W
韓国のイチゴの名産地「論山」のイチゴを使った一品

A ドーナツ×夜景を満喫

DONUT JUNGSU 昌信店

도넛정수 창신점(ドノッチョンスチャンシンジョム)

坂を上った先にある韓屋のドーナツカフェ。店内から眺望できる美しいソウルの夜景も人気のポイント。

鍾路区昌信12キル40(昌信洞23-492)　☎0507-1386-5775　営11:30～21:00　休 年中無休　交6号線昌信駅1番出口から徒歩20分

鍾路 ▶MAP 別P.15 F-2

B 行列必至の人気ベーグル

LONDON BAGEL MUSEUM 安国店

런던 베이글 뮤지엄 안국점
(ロンドンベイグルミュジオムアングクジョム)

オープン前から人が集まる人気店で、店内には種類豊富なベーグルがずらりと並ぶ。日替わりスープもオススメ。

鍾路区北村路4キル20(桂洞102-1)　☎なし　営8:00～18:00　休 年中無休　交3号線安国駅2番出口から徒歩4分

安国 ▶MAP 別P.12 B-3

C 魅惑のむっちりベーグル

ゾウベーグル

코끼리베이글(コッキリベイグル)

ソウル市内に3店舗を構える人気のベーグル店。窯焼きのベーグルはもちもちで何度も食べたくなるおいしさ。

龍山区西氷庫路91キル10(普光洞137-2)　☎02-749-7778　営8:30～18:30(ベーグルがなくなり次第終了)　休 年中無休　交 京義中央線漢南駅1番出口から徒歩17分

龍山 ▶MAP 別P.4 C-2

EAT 24

ふわふわで香ばしい
パンカフェで癒される

近年じわじわと増えてきたパンカフェ。焼き立てパンのイイ匂いが広がるカフェは、ヒーリング効果も絶大。おいしいだけじゃなく旅の緊張もほぐしてくれる。

+α ピスタチオクリームラテ 8000W

最上級バターが上品に香る

A バタークロワッサン 5000W
バターの香りが口の中で優しく広がるクロワッサン

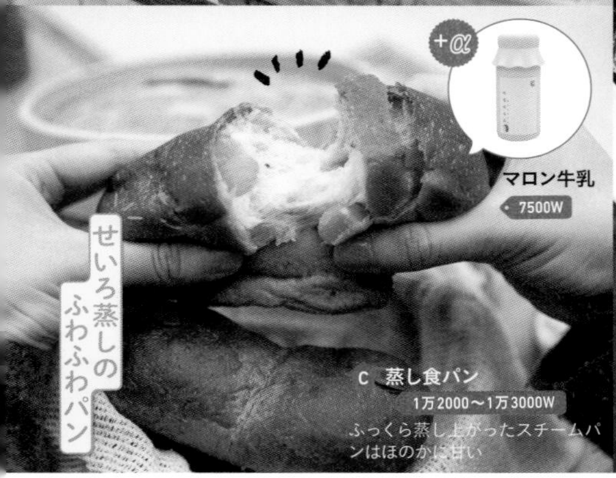

+α マロン牛乳 7500W

せいろ蒸しのふわふわパン

C 蒸し食パン 1万2000～1万3000W
ふっくら蒸し上がったスチームパンはほのかに甘い

クセになる韓国式揚げパン

B クァベギ 3500W～
(上から)ピスタチオクリーム、塩キャラメル、イエローチーズ、ティラミス。ほか10種のクァベギを販売中

A テディベアが出迎えてくれる
Teddy Beurre House
테디뵈르하우스(テディベルハウス)

全てのパンにフランス産の最上級バター「レスキュール」を使用。店内に飾られたテディベアも必見。

龍山区漢江大路40街キル42(漢江路2街49-1) ☎0507-1379-8667 営11:00～22:00(LO21:00)、土・日曜、祝日10:00～ 休年中無休(インスタグラム@teddy.beurre.houseで告知) 交4・6号線三角地駅3番出口から徒歩4分 龍山 ▶MAP 別P.4 C-2

B 韓国揚げパン「クァベギ」専門店
BONTEMPS ソウルの森店
봉땅 서울숲점(ボンタン ソウルスッチョム)

韓国のねじり揚げパン・クァベギに、さまざまなトッピングをのせてオリジナルクァベギを販売している。

城東区ソウルの森6キル16-1 1F(聖水洞1街668-17) ☎0507-1464-7769 営11:30～21:30 休年中無休 交2号線トゥッソム駅8番出口から徒歩5分 ソウルの森 ▶MAP 別P.5 D-2

C せいろ蒸しパンが話題
ミルトースト
밀토스트

注文後にせいろで蒸すスチーム食パンが人気のカフェ。フレンチトーストやドリップコーヒーも絶品。

鍾路区水標路28キル30-3(敦義洞21-3) ☎02-766-0627 営8:00～22:00(LO21:00) 休年中無休 交1・3・5号線鍾路3街駅6番出口から徒歩5分 日本語メニュー有 益善洞 ▶MAP 別P.8 C-2

小麦スイーツのなかでも特にベーグルがブームで、お店は朝から行列になることも

EAT 25

韓国らしい情緒を感じる
韓屋カフェでまったり

伝統的な建造物や素朴な雰囲気が好きなら、韓屋（ハノク）と呼ばれる伝統家屋のカフェに足を運んでみよう。都市の中に残る古のソウルを感じてみて。

くつろぎポイント　全席座敷でゆっくり座れる。開放感ある店内には日差しもたっぷり

（左下）韓国伝統の米菓子「韓菓」4000W、（奥）イチゴとマスカットの大福「茶庭もち米の餅」8000W、（右下）手作り伝統茶「ナツメ茶」9000W

チャマシヌントゥル

韓国の伝統茶や韓菓を味わえるお店。お茶は店主が直接仕込んだオリジナルブレンドで、さまざまな効能もある。

차마시는뜰（チャマシヌントゥル）

鍾路区北村路11ナキル26（三清洞35-169）　☎02-722-7006　営12:00～21:00（LO20:10）、土・日曜、祝日11:00～　休 月曜、旧正月・秋夕の当日　交 3号線安国駅2番出口から徒歩15分　日本語メニュー有　北村　※2024年4月現在閉店

いちご塩田ペイストリー
パンの上に塩田の形をしたクリームがのっている

明太ニラ塩パン
明太のしょっぱさにニラのアクセントが絶妙

くつろぎポイント　大きな中庭に作られた塩田を眺めながら、散策の一休みができる

小夏塩田

本物の塩田がお出迎えしてくれる塩パンのカフェ。1日800個売れるという塩パンは10種類から選べる。

소하염전（ソハヨムジョン）

鍾路区水標路28キル21-5（益善洞166-45）
☎0507-1353-8215　営9:00～21:00（LO20:30）
休 年中無休　交 1･3･5号線鍾路3街駅4番出口から徒歩3分
仁寺洞 ▶MAP 別P.8 C-2

WHERE IS

『韓屋カフェ』

韓屋（ハノク）とは韓国の伝統家屋のこと。歴史的建造物が集まる鍾路エリアには韓屋をリノベーションしたカフェが集まる。

益善洞エリア

鍾路3街駅が最寄り。益善洞韓屋村があるエリアで韓屋をリノベしたショップが多い。

北村エリア

安国駅が最寄り。北村韓屋村があるエリアで最近韓屋の飲食店が増えている。

スイーツ

マダンフラワーカフェ

伝統家屋×フラワーカフェ

くつろぎポイント　木造の家屋にお花がたくさん飾られてノスタルジックな気分にさせてくれる

フルーツとアイスがトッピングされた「ワッフル」1万8500W、韓国の伝統茶オミジャ茶のジュース「オミジャエイド」8000W

マダンフラワーカフェ

外に飾られたカラフルな傘が目印のフラワーカフェ。ワッフルやアイスを提供していて、外観は撮影スポットとしても人気。

마당플라워카페（マダンフラワーカフェ）

鍾路区水標路28キル33-12（益善洞166-23）
☎02-743-0724　営8:00～23:00（LO22:00）　休 年中無休
交 1·3·5号線鍾路3街駅6番出口から徒歩5分　日本語OK
仁寺洞 ▶MAP 別P.8 C-2

スイーツ

清水堂

都会のオアシスで大型シェアスフレ

1万8800W

いちごスフレカステラ600g

2～3人分の量。イチゴソースをかけていただく

7800W

天恵香ジュース

済州島のオレンジ・天恵香を使ったエイド

くつろぎポイント　店内には緑たっぷりの中庭が広がっていて都会の雑踏を忘れさせてくれる

清水堂

人気メニューのスフレカステラは600g、1000gの2種。ドリップコーヒーの香りが漂う広い店内にはテーブル席と畳の席がありゆっくり過ごせる。

청수당（チョンスダン）

鍾路区敦化門路11ナキル31-9（益善洞144）
☎02-741-8215　営10:30～21:00（LO20:30）　休 年中無休
交 1·3·5号線鍾路3街駅4番出口から徒歩3分　日本語OK
仁寺洞 ▶MAP 別P.8 C-2

韓屋村には木造平屋の伝統家屋が軒を連ねていて高い建物がないのも特徴

EAT 26

やっぱり外せません！

王道VS進化系ピンス選手権

氷が見えないほどマンゴーがたっぷり盛られたピンス。まろやかなチーズも美味

メロン丸々1個を使った贅沢ピンス。上にはヨーグルトアイスがオン

たっぷりのナッツと、チャプサルトッ（大福）がのったボリューミーなピンス

甘酸っぱいトマトの酸味とコショウの相性が抜群。クセになる味わい

Ⓐピンスといえばココ

ソルビン

설빙

日本でも人気のピンスチェーン店。定番のピンスから、旬のフルーツを使った季節限定のピンスまでラインナップも豊富。

中区明洞3キル27 2～3F（乙支路2街199-1）
☎02-774-7994
㊔10:30～23:00（LO22:30）
㊋2号線乙支路入口駅5番出口から徒歩4分
日本語OK 日本語メニュー有
明洞 ▶MAP 別P.10 C-1

Ⓑフルーツ系ピンスの元祖

melt

멜트（メルト）

フルーツを贅沢に使ったピンスで有名店に。ピンスにも使われるソフトクリームは自家製というこだわり。旧店名はI'm C。

江南区狎鴎亭路461 ネイチャーポエムB106（清潭洞118-17）
☎02-511-5512 ㊔9:00～23:00（土曜 10:00～23:00、日曜 11:00～22:00）
㊡旧正月・秋夕の当日
㊋水仁・盆唐線狎鴎亭ロデオ駅2番出口から徒歩10分
清潭洞 ▶MAP 別P.23 E-2

Ⓒ伝統茶と食べる

五嘉茶

오가다（オガダ）

韓国全土に展開する伝統茶カフェチェーン。五味茶をはじめ伝統的なお茶やスイーツが楽しめる。

鍾路区仁寺洞キル60 2F（寛勲洞123-4、2F）
☎02-725-7955
㊔10:00～23:00
㊡年中無休 ㊋3号線安国駅6番出口から徒歩3分
日本語メニュー有
仁寺洞 ▶MAP 別P.13 D-1

Ⓓ日本式ピンスの店

東京ピンス

도쿄빙수（トキョピンス）

かき氷の上にシロップをかけた日本スタイルのかき氷を提供する店。ボリューミーなピンスは口どけもよく、食べごたえ満点。

麻浦区圃隠路8キル9（望遠洞414-56）
☎02-6409-5692
㊔12:00～22:00
㊡年中無休 ㊋6号線望遠駅2番出口から徒歩9分
望遠洞 ▶MAP 別P.4 A-2

韓国では夏でも冬でもかき氷（ピンス）は定番デザート。王道ピンスから進化したユニークなピンスまで続々登場中。渡韓したら絶対に食べておきたいピンスを一挙ご紹介！

WHAT IS 『かき氷（ピンス）』

ピンスとは韓国語でかき氷のこと。一年中食べる定番スイーツ。数人でシェアして食べるのが基本。食べる際は、トッピングをぐしゃぐしゃにして混ぜてから食べるのが韓国流。

進化系

E キャラメル好きは必食！

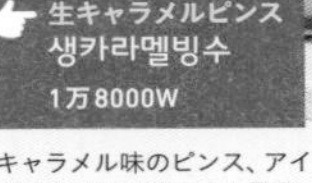

生キャラメルピンス
생카라멜빙수
1万8000W

キャラメル味のピンス、アイス、ソースとキャラメル尽くし
※4～10月のみ販売

F とうもろこし&ポップコーン！

とうもろこしピンス
옥수수빙수
4万2000W

別添えのとうもろこしソースをかければ唯一無二の絶品ピンスに

G 驚きのフワサラピンス♥

雪花ミルクピンス
눈꽃분유빙수
7500W

シンプルな優しい味わいとフワサラな口当たりが上品

H 団子とピンスのコラボ！

桜ピンス
벚꽃빙수
1万1000W

桜の餡がのった和風ピンス。ふんわりと桜の香りが広がる

E 本格キャラメルスイーツ

Maman Gateau

마망갸또（ママンギャト）

キャラメルデザート専門店。ピンスのほか、タルトやケーキ、生キャラメルなどキャラメルを使った絶品スイーツが楽しめる。

住 江南区狎鴎亭路10キル30-12（新沙洞524-27）
☎02-515-3937
営 12:00～21:00
休 旧正月・秋夕の当日　交 3号線新沙駅8番出口から徒歩11分

カロスキル ▶MAP 別P.19 D-1

F 人気フランス料理店×ピンス

MAISON DE LA CATEGORIE

메종 드 라 카테고리（メジョンドゥラカテゴリ）

デザートメニューのピンスが人気で、7月上旬から夏限定で販売中（注文可能時間11:30～15:30、17:30～20:30）。

住 江南区宣陵路826（清潭洞85）
☎010-9940-6640
営 11:00～22:00（ブレイクタイム17:00～17:30、LO20:00）
休 月曜、旧正月・秋夕の当日
交 水仁・盆唐線狎鴎亭ロデオ駅4番出口から徒歩1分

清潭洞 ▶MAP 別P.22 C-2

G フワサラ食感で食べやすい

北海ピンス

북해빙수（プケピンス）

工場をリノベーションして造ったカフェ。看板メニューは濃厚な味わいが自慢の自家製ティラミス。

住 中区茶山路47キル28（興仁洞158-9）
☎02-2235-1005
営 12:00～翌8:00
休 土曜　交 2・6号線新堂駅10番出口から徒歩3分
日本語OK　日本語メニュー有

東大門 ▶MAP 別P.14 C-2

H あんこや抹茶を使った和風ピンス

団子屋

당고집（ダンゴチプ）

アットホームな雰囲気を感じる日本風カフェ。ピンスのほか焼きたての手作り団子4本7900W～も人気。

住 麻浦区オウルマダン路3キル5（合井洞356-9）
☎070-7573-3164
営 12:00～21:00（LO20:30）
休 月曜、旧正月・秋夕の当日
交 6号線上水駅4番出口から徒歩5分

上水 ▶MAP 別P.16 C-3

「パッピンス」とは「パッ（팥）＝あずき」「ピンス（빙수）＝かき氷」、つまりあずきかき氷のことを指している

❶韓国料理は、器をテーブルに置いて、スプーンで口へ運ぶのがマナーなんだ　❷韓国の人は料理をとにかく混ぜる。カレーも、パッピンスも、ビビンパも。混ぜてこそ味が完成するんだよ　❸焼き肉やおかずは箸を使うけど、ごはんやスープ、鍋はスプーンで食べるのが韓国流だよ

BEAUTY

ソウルの「磨く」事件簿

アカスリやエステなど、韓国の美に対する意識の高さは圧倒的。美容事情を知ってキレイになろう！

事件ファイル 1

アカスリだけしに行ったのに謎のサウナが色々ある。これって別料金!?

アカスリができると思って訪れた場所には、サウナやお風呂が。アカスリだけしたいのに、サウナに入れと言われる。これってボッタクリですか？

解決！ "チムジルバン"はBeautyのエンターテインメント！

アカスリができるのは汗蒸幕施設とチムジルバン。チムジルバンとは、アカスリをはじめ、サウナやお風呂を楽しめる複合施設。入場料を支払えばサウナ（汗蒸幕）やお風呂は利用し放題。アカスリはオプションであり、料金を支払えばしてもらえるというのが一般的。

どこでする？　何を持ってく？　**韓国Beautyチェックリスト**

チムジルバンのほかにも、韓国で美を磨く施設はさまざま。予算の目安や必要なものをチェック！

ジャンル	できること	予算	持ち物	生理中は?
汗蒸幕施設 →P.94	アカスリ、サウナ、入浴、マッサージなど	約8万W～	シャンプー、リンス、クレンジング、スキンケア、替えの下着など	× 基本的に生理中はNG。予約してある場合はキャンセルの連絡を
チムジルバン →P.92	アカスリ、サウナ、入浴、マッサージ、食事、ネイルアートなど	約2万W～	シャンプー、リンス、クレンジング、スキンケア、替えの下着など	△ 施設による 施設によってはOKな場合も。ただサウナなどは無理のない範囲で
韓方エステ →P.98	エステ、韓方の購入など	約10万W～	化粧直し	△ 部位による 顔だけの施術なら問題ない。他の部位は事前に要相談
高級エステ →P.106	エステ、コスメの購入など	約10万W～	化粧直し	△ 要相談 顔の施術はOK。体の施術は事前に相談を
足マッサージ →P.103	足マッサージ、足湯など	約3万W～	特になし	○ 着替えずそのままおこなうクイックマッサージの場合もある
美容医療 →P.90	歯のホワイトニング、シミ取り、美白レーザーなど	約25万W～（かなり幅あり）	化粧直し	△ 要相談 事前に要相談

事件ファイル 2

美容施術やマッサージって日本でもできますよね？

韓国は言わずと知れた美容大国だけど、日本でもアカスリはあるし、韓国でやる必要あるの？

解決！ 日本でもできるけど韓国のほうがお得！

たしかに、日本でもアカスリはできるし美容クリニックもあるが、韓国の方が一般的に価格も安く、お得。技術とコストのバランスは、ジャンルごとに異なるので、日本と韓国、どちらのコスパがいいか、下の表でチェックしてみよう。

比べて賢く利用！ 日韓 Beautyコスパ対決

日本と韓国、同じ美容のメニューでも、値段や技術に差があることも多い。どちらでするのがお得か、比較してみよう。

ジャンル	日本	韓国
アカスリ	PLACE：温泉施設など ㊛少 技術：○ 料金：**約5000円** 施術は丁寧だが実施している場所が少ない	PLACE：汗蒸幕、チムジルバンなど 多 技術：○ 料金：**約1500円**（1万5000W）～ チムジルバンのオプションで一般的。施術は少し荒っぽい
チムジルバン	PLACE：温泉施設など 少 料金：入場料**約2500円** お風呂の種類が豊富だが、料金は高め	PLACE：各地 多 料金：入場料**約1500円**（1万5000W）～ サウナや汗蒸幕が充実。お風呂は少なめ
マッサージ	PLACE：各地 多 技術：◎～○ 料金：**約6000円**／60分 料金は10分1000円計算が相場。女性担当者がつくことが多く、安心	PLACE：各地 多 技術：○ 料金：**約4000円**／60分（4万W）～ フットマッサージなどは男性が施術者のことも多々ある
美容医療 歯のホワイトニングの場合	PLACE：審美歯科など 多 技術：◎ 料金：1本あたり1回**約3000円～** 値段はかなりひらきがあるものの、20本で6万円とかなり高額	PLACE：歯科など 多 技術：◎ 料金：1本あたり1回**約1500円**（1万5000W）～ 歯科技術はとても高く、技術面でも心配いらない

※値段の目安として1000W≒100円で記載しています。

BEAUTY 01

2泊3日で 目指せ！ ビューティーモデルコース

1日目

18:00
チムジルバンへGO！
ホテルに荷物を置いたら着替えやクレンジングを持ってチムジルバンへ
スパレックス東大門店
→P.93

20:00
いろんなサウナでデトックス
チムジルバンにはさまざまなサウナが。がっつり汗をかいてリフレッシュ

22:00
小腹が減ったら食堂で腹ごしらえ
チムジルバン内にある食堂メニューの定番・わかめスープ定食でお腹を満たす

POINT
チムジルバンが混む時間帯
チムジルバンが混むのは22:00～24:00頃。浴場の洗い場がいっぱいになることもあるので、サウナに入ったりして時間をずらすのがベター

25:00
タクシーでホテル着。おやすみなさーい！

POINT
行きは電車、帰りはタクシー
帰りの電車がない場合はタクシーを利用。繁華街から離れたチムジルバンの場合は受付でタクシーを呼んでもらおう

2日目

8:00
早起きしてソルロンタン
朝はお腹に優しいソルロンタン。コラーゲンもたっぷり
神仙ソルロンタン
→MAP別P.11 D-2

9:30
朝イチでクリニックへGO！

POINT **人気クリニックは朝イチに**
人気の施設は混み合うことも。朝いちばんの予約は取りやすい！

10:00
実力派クリニックのお手並み拝見！
芸能人も来院するほどの知名度を持つ大型クリニックで最新美容施術を体験！
Abijouクリニック 明洞店
→P.90

12:00
施術後はコスメをお買い上げ
クリニックが開発したドクターズコスメの購入も可。効果を実感できたら買ってしまおう！

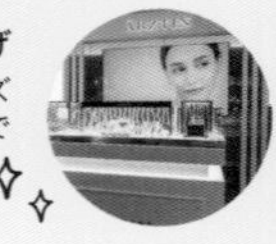

エリア別

Beauty傾向分析

ソウルでキレイになるなら、エリアをチェック！ 受けたいメニューがどのエリアに多いかを確認し、コースを組み立てる参考にしてみよう

汗蒸幕施設
明洞
観光客向け施設が充実
アカスリを受けられる汗蒸幕施設は明洞に多い。日本語が可能な店舗が多いため、安心して利用できるのもうれしい。ホテルまでの送迎サービスなどもあるので予約時に確認してみよう

チムジルバン
各地
中心地から少し移動が必要
サウナやお風呂、マッサージなどの美容メニューが集結した複合施設チムジルバンは、広い施設なので中心地から少し足をのばす必要あり。移動の時間も考えてコースを組もう

韓方エステ
明洞 狎鷗亭洞
中心地に点在する
韓方を使った韓国ならではのエステや韓方医院は内側からキレイになれるメニューが豊富だ。江北なら明洞、江南なら狎鷗亭洞に多い。明洞のほうが日本語の通じるお店が多い。狎鷗亭洞は韓国美人に支持される

韓国は、男子も女子も美意識が高い。日頃から美容は身近な存在。
そんな爪の垢を煎じて飲むべく、2泊3日でとことんキレイになれるモデルコースを紹介！
帰国後は別人のキラキラビューティー!?

13:00

野菜たっぷりのマンドゥで栄養補給

明洞餃子のマンドゥは豚肉と野菜がたっぷり。栄養を補給してスタミナもつけて

明洞餃子→P.50

POINT

食事の直前・直後のエステは避ける

エステを受けたあとは体の吸収力が高まっているので、直後に食事・飲酒は避けたほうがよい

15:00

骨気で日頃の疲れをスッキリ

血流やリンパの流れをよくして、重たい頭を軽くしよう！

MIZOエステサロン→P.102

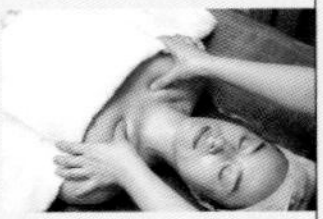

19:00

アカスリで体をツルピカに!

汗蒸幕施設でアカスリ！　施術後は体が軽くなった気が……！？

明洞花マッド汗蒸幕→P.97

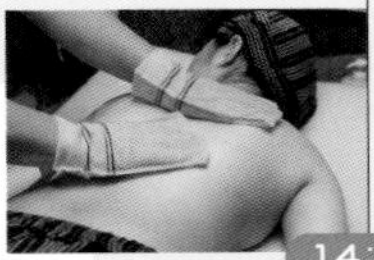

POINT

汗蒸幕、チムジルバンの清掃時間に注意!

汗蒸幕やチムジルバンは大浴場の清掃時間がある。施設によって異なるが、利用者の少ない深夜におこなうことが多い。清掃時は湯船を利用できないので注意！

21:00

ヘルシーなポッサム&マッコリで乾杯!

豚を茹でたヘルシーなポッサムとマッコリがマッチする。マッコリは乳酸菌が入っており体にも肌にもよいとか

ノルブポッサム→ MAP別P.14 A-2

3日目

9:00

スタバで朝カフェ♪

おしゃれなスタバで朝日と一緒にコーヒータイム

STARBUCKS ソウルウェイブアートセンター店→P.161

11:00

ソウルっ子愛用のコスメアイテム買い漁り

大型マルチコスメショップで人気コスメをまるごとチェック！　気になるブランドに目星をつけて行くのがオススメ

CHICOR 江南駅店→P.115

12:00

キンパで「五味五色」

東洋医学の「五味五色」はキレイの原点。彩りキンパでバランスよく補給

Lee's キンパ 狎鴎亭本店→P.61

14:00

韓方の力で最後に体を整える

韓方で体の内側から整えてくれる。アフターケア付きだから安心

SHE'S 韓医院→P.98

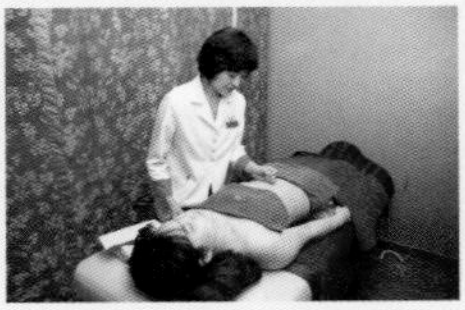

足マッサージ
(クイックマッサージ)

明洞　東大門

ショッピング疲れの強い味方

ショッピングで歩き疲れたときの強い味方がフットマッサージ。主要エリアにそれぞれあるが、明洞や東大門に多い。東大門は24時間の店舗もあるので、深夜のショッピング疲れの救世主

高級エステ

明洞　狎鴎亭洞

高級エリアの狎鴎亭洞に多い

コスメブランド直営のエステは、一流の腕前なだけにかなりリッチな価格設定。観光客の多い明洞と、セレブの街狎鴎亭洞エリアに多い傾向がある。人気が高いので、事前の予約をお忘れなく

美容医療

江南

漢江より南のエリアに集中

歯のホワイトニングやアートメイク、プチ整形などの美容医療も盛んな韓国。美容医療のクリニックは、漢江の南側、江南エリアに圧倒的に多い。日本語通訳がいるクリニックもあるので安心できる

美意識の高い韓国では、ダイエットは「体をきちんと管理している」印。努力してダイエットしている人は評価されるのだ

明洞エリア

人気メニュー

ダイエット韓方薬 減体丸(粒1カ月) 22万W

医院オリジナルのダイエットプログラムの韓方薬。日本人を対象とした検証で減量が認められている

童顔鍼 11万W

鍼治療で顔のむくみを取り除く。フェイスラインの引き締めに効果的でクリニック人気の施術

一緒にダイエットがんばりましょう！

ダイエット韓方薬は粒・液体タイプの2種ある

論文が発表されたダイエット韓方薬

Onbody韓医院 明洞店

온바디한의원 명동점 (オンバディハニウォン ミョンドンジョム)

東洋医学に基づいた韓方の力を使って自然な美しさを叶えるクリニック。ダイエットプログラムには定評があり、ダイエット韓方薬の効果は論文で確認でき、日本人への検証でも効果が実証されている。

中区退渓路118 2F(南山洞1街1-4)
☎ 02-773-1375
㊫月・木曜12:00～19:00(最終受付18:00)、火・金曜10:00～18:00(最終受付17:00)
㊡ 水・土・日曜、祝日、旧正月・秋夕の連休
㊋ 4号線明洞駅4番出口すぐ 日本語OK 日本語メニュー有
明洞 ▶MAP 別P.11 D-3

人気メニュー

ダブロゴールド 8万6900W(300ショット)

超音波技術で筋肉奥の上層まで熱を伝達。弾力がなくなったお肌にリフティング効果を与える

レーザートーニング 4万2900W

真皮色素だけを選択的に破壊してシミをなくし、肌が明るく、トーンが均一になる

ホテルのように広々としたおしゃれなロビー

クリニック内ではスキンケア用品も販売している

トータルビューティーを目指す

Abijouクリニック 明洞店

아비쥬클리닉 명동점 (アビジュクルリニッ ミョンドンジョム)

芸能人も多数来店の人気クリニック。日本のファッション誌でも紹介されたことがあり、美容施術だけでなくエステや脱毛などさまざまな分野の施術を行う。施術の金額はイベントにより変更になる場合がある。

中区南大門路78 イビスアンバサダーソウル明洞ホテルB1F(明洞1街59-5)
☎ なし、LINE @abijoujpから連絡
㊫10:30～20:30(ブレイクタイム14:00～15:00)、土曜10:00～16:30
㊡ 日曜、祝日、旧正月・秋夕の連休
㊋ 2号線乙支路入口駅6番出口から徒歩2分 日本語OK
明洞 ▶MAP 別P.10 C-2

ソウルの繁華街である明洞＆江南エリアには日本語スタッフが常駐している大手美容クリニックがたくさん。お得な価格で日帰り美容をお試ししてみよう。

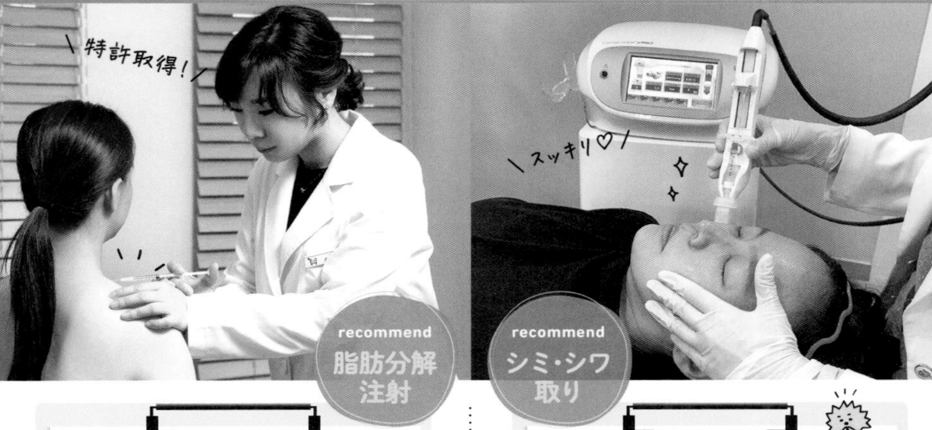

人気メニュー

脂肪分解注射 (BODY C.A.T) **150万W／1回(税別)**

「C.A.T注射」と呼ばれる脂肪分解注射は院長が開発したもので米国の特許取得も承認済み

輪郭注射 (FACE C.A.T) **70万W／1回(税別)**

二重顎を改善する注射。フェイスラインが気になる人にオススメの施術

シンプルで清潔感のあるカウンセリング室

特許取得の敏腕クリニック

Dr.ソン・ユナ美容クリニック

닥터손유나의원 (ダクトソンユナウィウォン)

韓国とアメリカで特許を取得した脂肪分解注射で、痩身やダイエットを得意とするクリニック。狎鴎亭洞にあり、K-POPアイドルや人気俳優も通院している。親身なカウンセリングも評判。

🏠江南区島山大路53キル6 1F～5F(新沙洞666-17)
☎ 02-3443-1117
㊞月・木曜10:00～19:00、火・金曜～21:00、土曜～15:00(ブレイクタイム各13:00～14:00 ※土曜はなし)
㊡ 水・日曜、祝日
㊋ 水仁・盆唐線狎鴎亭ロデオ駅5番出口から徒歩5分
日本語OK　日本語メニュー有
狎鴎亭洞 ▶MAP 別P.22 C-2

人気メニュー

首シワリジュラン注射 **33万W**

肌の自己再生力を活性化させるリジュラン注射。年齢とともに気になる首のシワにハリを与えてくれる

ピコピコダブル **65万W**

毛穴とシミに同時にアプローチできるレーザー治療。肌を若返らせたい人にオススメの施術

丁寧なカウンセリングを受けながら施術を受ける

明るく居心地のよいロビーで緊張もほぐれる

レーザー治療で美肌になれる

シロアム韓方クリニック＆美 and I クリニック

실로암한의원 미앤아이의원
(シロアムハニウォン ミエンアイウィウォン)

レーザーによる美肌治療と韓方ダイエットが人気で、日本語堪能な女性院長が親身にカウンセリング。さまざまなレーザー機器を揃え、肌悩みに合った治療ができる。韓方ダイエットは帰国後も相談可能となっている。

🏠瑞草区方背路76 2F(方背洞984-1)
☎ 02-523-8833
㊞9:30～18:00(最終受付17:00)、土曜9:30～13:00(最終受付12:00) ※月～金曜13:00～14:00お昼休憩BTあり
㊡ 水・日曜、祝日、旧正月・秋夕の連休
㊋ 2号線方背駅1番出口からすぐ　日本語OK
方背 ▶MAP 別P.4 C-3

繁華街の大手クリニックは混雑するので渡韓前に予約してから訪問しよう

BEAUTY 03

アカスリ＋αが盛り盛り！
チムジルバンを200％楽しむ

複合入浴施設である「チムジルバン」ではアカスリも受けられる。サウナやマッサージ、食堂など付帯施設が充実しているので、一日過ごせちゃうかも!?

受付＆支払い

料金は先払い。館内着やタオルを受け取る。アカスリの時間を告げられるので、それまでは自由に過ごしてOK

▼

ロッカーに靴を預ける

館内は土足NG。受付で受け取った鍵に付いている番号の靴箱に靴を預けよう。鍵は更衣室のものと共通

▼

更衣室で館内着に着替える

男女別の更衣室のロッカーに荷物を入れ、受付で受け取った館内着に着替える。クレンジングやシャンプーなどは浴場に行く際に持っていこう

アカスリができるのはココ！

アカスリは浴場内でできる。順番になると呼ばれるので、それまで近くの湯船で待機しておこう

広々した湯船でショッピング疲れも解消

湯船は3種類あり、温度が異なる。韓方の成分が入ったお湯は、香りに癒される。足を伸ばしてリラックス

WHAT IS

『チムジルバン』

健康ランドのような施設。サウナや浴場のほか、マッサージを受けられたり、食堂で食事ができたり、ネイルアートなどができる施設もある。

2〜5時間

Good
お風呂の種類やサウナのバリエーションが多い、付帯施設が多彩

Bad
地元の利用客が多く、マナーの違いに驚くことも。日本語が通じないことが多い

男女どちらも利用できる施設が多い。浴場やアカスリなどは男女別だが、汗蒸幕は一緒に楽しめる

宿泊も可能！

男女別のエリア内にベッドが置いてある睡眠室がある。タオルケットは2000Wでレンタル可能（保証金1万W、返却時に8000W返金）

ダラダラしても おしゃべりしてもOK

休憩エリアではゴロゴロと寝転がってテレビを見ても、おしゃべりしてもよし。本棚から借りてきた漫画を読む人もいる。思い思いの過ごし方を

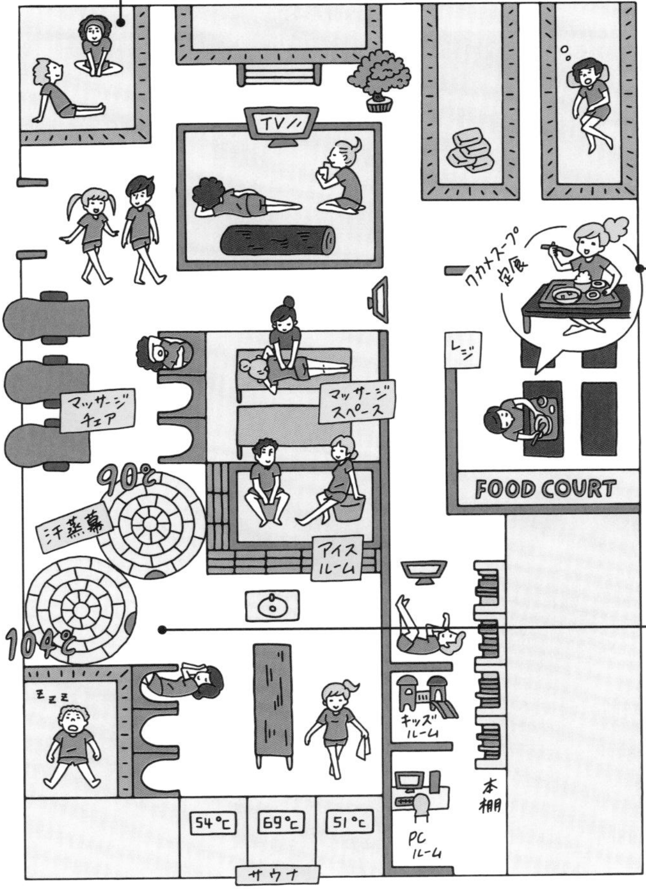

TV
マッサージ チェア
マッサージ スペース
90℃
汗蒸幕
104℃
アイス ルーム
キッズ ルーム
PC ルーム
本棚
54℃ 69℃ 51℃
サウナ
レジ
ワカメスープ 定食
FOOD COURT

汗を流してお腹が減ったら食事も！

食堂では軽食をとることができる。アイスやお菓子、飲み物のほかに定食などもあり、小腹を満たせる

ワカメスープ定食
7000W

マストアイテム
シッケもGET

もち米や麦芽を蒸して発酵させた飲み物。3000W

ガッツリ汗をかく

温度の異なる汗蒸幕が2つ、ほかにもサウナが3つある。入る前と出た後の水分補給は汗蒸幕の近くにある給水器で

アクセス抜群で充実の施設

スパレックス東大門店

스파렉스 동대문점（スパレクス トンデムンジョム）

館内は韓国の伝統家屋をモチーフにしている。ファッションビル「グッドモーニングシティ」の地下に位置しているため立ち寄りやすい。黄土と炭のサウナや、男女別の睡眠室など施設も充実している。

🏠中区奨忠壇路247 B3～B4F（乙支路6街18-21）
☎02-2273-2777　㊤24時間　㊡年中無休
Ⓦ1万2000W（5:00～20:00）、1万5000W（20:00～翌5:00）
㊋2号線東大門歴史文化公園駅から地下直結
東大門 ▶MAP 別P.14 A-2

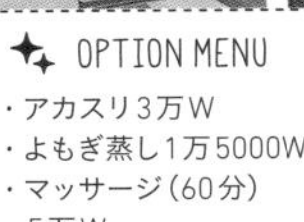

OPTION MENU
・アカスリ3万W
・よもぎ蒸し1万5000W
・マッサージ（60分）5万W

入場料
5:00～20:00　9000W
20:00～翌5:00　1万5000W

BEAUTY 04

塩、土、木、炭……
韓国式サウナで美を極める

チムジルバンなら日本では見られないめずらしいサウナを体験でき、健康効果も高い。なかでも3施設の特徴的な7つのサウナの効果・効能を見てみよう。

店舗情報は次ページへ♪

体を浄化

塩サウナ

毛細血管に働きかけ、新陳代謝が上がる。血流がよくなり、消化器系も活性化

【効果・効能】

- 新陳代謝UP
- 血液をキレイに
- 腸を活性化

壁や床にも塩が使用されており、室内全体から塩の効果を取り込める

ミネラルで体巡る

黄土サウナ

遠赤外線効果で体の芯からあたたまる。疲労回復やダイエット効果にも期待

【効果・効能】

- ダイエット
- 疲労回復
- ストレス解消

約60℃
入ってしばらくすると汗が噴き出してくる

どこでできる？
- E 黄金スパ
- F 仁寺洞汗蒸幕
- H club k seoul
- G 明洞花マッド

床にはマットが敷いてあり、やけどの心配はない

WHAT IS 『サウナの掟』

汗蒸幕やサウナでの無理は禁物。誤った利用方法では体調を崩してしまう危険もある。下記のことを守って安全に利用しよう。

掟①
前後の水分補給はマスト
汗を大量にかくので、入る前も出たあとも水分補給をする。無料のウォーターサーバーが置いてある施設が多い

掟②
高温のサウナは長く入り過ぎない
サウナの中でも温度の高いものは、無理して長時間入るのはNG。気持ちよく汗がかけているところで出る

掟③
持病のある人は旅行の前に医師に相談
心臓の持病があったり、血圧が高い、尿酸値が高い人は、サウナ利用が制限されることも。旅行前に主治医に相談する

掟④
お酒を飲んですぐ入るのはNG
飲酒直後に入ると、代謝が上がって酔いが回りやすい。脱水もしやすくなる。飲酒後2時間以上はあけて利用するように

神秘的な空間に癒される

水晶 サウナ

遠赤外線効果で体を温める。また、イオンが含まれ、体をアルカリ性に保ってくれる

【効果・効能】

精神安定

美肌

神秘的な空間に身をおくことで、心が落ち着くという効果も

サウナよりも高温

汗蒸幕 サウナ

石造りの高温のドームで短時間で発汗を促す。デトックスに絶大な効果がある

【効果・効能】

デトックス

ストレス解消

どこでできる？

E 黄金スパ
F 仁寺洞汗蒸幕
H club k seoul
G 明洞花マッド

100℃
かなりの高温で、毛穴がぐっと開く

伝統的なドーム状。熱がもれないよう入口は小さくなっている

麻布をかぶって体を芯から温める韓国の伝統的なサウナ

ガッツリ発汗

炭 サウナ

炭に含まれるイオンの力でデトックス効果が期待できる。遠赤外線効果で体をあたため、冷え解消にも効果的

【効果・効能】

冷え解消

新陳代謝

どこでできる？

C スプソクハンバンランド スッカマ24時サウナ

炭の周りに集まって、腰などを温める人も多い

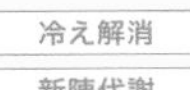

伝統的な手法のため、温度は一定ではない。高温の部屋は靴下の着用必須！

手作りのサウナは土壁になっている。中温ならしばらく入っていられる

チムジルバンでの食事といえばゆで卵（계란・ケラン）が定番。売店で売っており、2個で1000Wほど

サウナ施設でしたい+α

鎮静×美白効果が抜群

きゅうりパック

水分たっぷりのきゅうりが肌のほてりを抑えてくれる。チムジルバンの基本コースに入っている場合も

【効果・効能】
美白
肌の鎮静

きゅうりパック
오이팩
オイペッ
基本コース（きゅうりパック込み）
6万4000W

どこでできる？
- A 美素汗蒸幕
- F 仁寺洞汗蒸幕
- G 明洞花マッド

明洞、ソウル駅近く！

A 美素汗蒸幕

비스한증막（ビスハンジュンマッ）

ベテランぞろいで、日本語堪能なスタッフが多い施設。口コミも良く、家族や友人との利用にオススメ。

西大門区西小門路45 B1F（蛤洞116）
☎010-5494-7784
営 8:00～21:30 休 旧正月・秋夕の当日 交 2号線忠正路駅3番出口から徒歩2分
日本語OK 予約 LINE @bisu2521
明洞 ▶MAP 別P.6 A-2

下半身からじっくりポカポカ

よもぎ蒸し

下半身をスチームで温め、生理不順やPMSの軽減に効果があるという。韓国では数百年の伝統がある

【効果・効能】
新陳代謝UP
リラックス

無農薬獅子足よもぎで安心

B SSOOK

쑥（スック）

無農薬栽培で栄養豊富な「獅子足よもぎ」でよもぎ蒸しが体験できる。最高の条件で栽培したよもぎは香りも別格。

中区退溪路22キル5 3F（南山洞3街13-17）
☎010-6743-0927
営 12:00～20:00
休 火曜、旧正月・秋夕の当日
交 4号線明洞駅2番出口から徒歩1分
日本語OK
明洞 ▶MAP 別P.11 E-3

よもぎ蒸し
좌훈 チャフン
45分
3万5000W

どこでできる？
- A 美素汗蒸幕
- B SSOOK
- G 明洞花マッド

気になるところは重点的に

カッピング

皮膚を吸引した後、カップを外すことで止まっていた血液が一気に循環し、全身のだるさが取れると人気

【効果・効能】
血液をキレイに
ダイエット

カッピング
부항 プハン
15分 2万W

どこでできる？
- A 美素汗蒸幕
- D プリマスパ
- G 明洞花マッド

赤ちゃん肌に生まれ変わり

アカスリ

垢をふやかし、専用のタオルでこすって垢を落とす。たくさんの垢が出るため、体臭予防にも

【効果・効能】
美肌
新陳代謝UP

アカスリ
때밀이 テミリ
アカスリコース25分
7万W

どこでできる？
- A 美素汗蒸幕
- C スプソクハンバンランド
- D プリマスパ
- E 黄金スパ
- F 仁寺洞汗蒸幕
- G 明洞花マッド
- H クラブK

肌の内側から再生力を刺激

ハーブピーリング

マイクロニードルで弾力肌を作り、薬草成分を肌に浸透させて肌のバリア機能を強化させる皮膚再生施術

【効果・効能】
美肌
肌の引き締め

ハーブピーリング
약초필링
ヤクチョピルリン
よもぎ蒸し（30分）&Gapi薬草ピーリングコース2時間
17万W

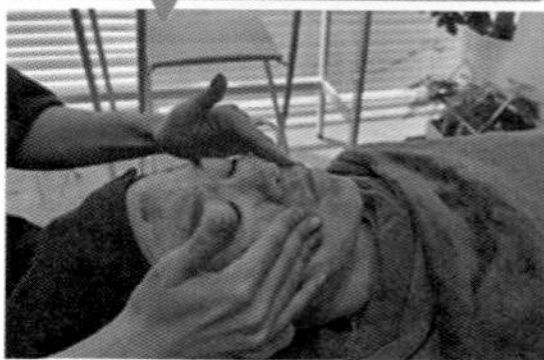

どこでできる？
- B SSOOK＆Gapi ※ビューティーサロンGapiとのコラボメニュー、完全予約制

ローカル人気の高いスパ

C スプソクハンバンランド スッカマ24時サウナ

숲속한방랜드 숯가마 24 시 사우나

地元の人が多く訪れる人気のチムジルバン。薪を使って加熱する伝統的なスタイル。売店で餅やサツマイモを買って、野外バーベキューもできる。

🏠西大門区奉元寺キル75-7（奉元洞51）
☎02-365-2700
営 6:30〜22:00
休 年中無休
Ⓦ 1万5000W
交 2号線新村駅4番出口からタクシーで10分
新村 ▶MAP 別P.4 B-1

OPTION MENU
・女性基本コース（80分）10万W
・スポーツマッサージ（60分）5万5000W〜
・よもぎ蒸し（50分）1万3000W

男性も利用しやすい

D プリマスパ

프리마스파

清潭のホテル内にあるサウナ施設。館内は清潔に保たれているほか、マッサージやアカスリ、エステなども体験可能。男性向けのコースも用意されている。

🏠江南区島山大路102キル10（清潭洞56-17）
☎02-6006-9114
営 男性24時間、女性6:00〜22:00
休 年中無休 Ⓦ 6:00~22:00 2万5000W／22:00〜翌6:00 3万3000W
交 7号線清潭駅13番出口から徒歩15分
清潭洞 ▶MAP 別P.23 F-2

OPTION MENU
・アカスリ3万W（男性料金）
・全身マッサージ15万W（女性料金）
・全身オイルエステ（90分）19万W

深夜ショッピングの休憩に

E 黄金スパ

황금스파（ファングムスパ）

ソウルの眠らない夜の卸街・東大門に位置し、ロッテが所有するビルの地下にある施設。中は清潔で約10種類の汗蒸幕を楽しむことができ、ミストサウナは韓方の香りがする。

🏠中区清渓川路400 モールB2F（黄鶴洞2545）
☎02-2231-8000
営 24時間 休 年中無休
Ⓦ 5:00〜20:00 8000W／20:00〜翌5:00 1万1000W
交 1号線東廟前駅3番出口から徒歩6分
東大門 ▶MAP 別P.5 D-1

OPTION MENU
・オイルマッサージ7万W
・アカスリ3万W

女性のからだを労わるメニュー

F 仁寺洞汗蒸幕

인사동한증막（インサドンハンジュンマッ）

人気観光スポット・仁寺洞にある汗蒸幕のお店。よもぎ蒸しやきゅうりパックなど、女性に嬉しいオプションが多数受けられる。日本語堪能なスタッフもいるので、観光で疲れても安心。

🏠鍾路区栗谷路6キル36（雲泥洞65-1）
☎02-765-8025
営 5:00〜21:00
Ⓦ 9000W〜
休 年中無休
交 3号線安国駅4番出口から徒歩5分
仁寺洞 ▶MAP 別P.8 C-1

OPTION MENU
・アカスリコース（25分）7万W
・アカスリマッサージコース（50分）9万W
・マッサージコース（80分）10万W

明洞駅すぐの女性専用店

G 明洞花マッド汗蒸幕

명동하나머드한증막
（ミョンドンハナマッドハンジュンマク）

女性専用の汗蒸幕のお店。親切で丁寧な施術で初心者から常連まで愛されている。全身泥パックやアメジストサウナなど気になるメニューがいっぱい。

🏠中区乙支路14キル7 B1F（乙支路3街295-4）
☎02-2268-5510
営 9:00〜22:00（旧正月・秋夕の当日は14:00頃〜 ※変更可能性あり）
休 年中無休 Ⓦ 7万2000W 交 3号線乙支路3街駅10番出口から徒歩1分
乙支路 ▶MAP 別P.9 D-3

OPTION MENU
・漢方パック（30分）3万W
・高麗人参パック（40分）5万W
・足マッサージ（30分）4万W

江南エリアの観光で寄りやすい

H club k seoul

클럽케이서울（クルラブケイソウル）

コーヒーやグラスビールなども楽しめる現代的な施設。絵が飾ってあったり、館内で読める本も用意されており、日本の健康ランドのような雰囲気で気軽に韓国風サウナを体験できる。

🏠江南区宣陵路524 B1〜B2F（三成洞140-3）
☎02-563-1145
営 24時間
休 年中無休
Ⓦ 平日1万5000W／休日1万7000W
交 2号線宣陵駅9番出口から徒歩3分
宣陵 ▶MAP 別P.21 D-3

OPTION MENU
・サウナのみ1万2000W
・サウナ・チムジルバン24時間コース 2万9000W

チムジルバンには男女共用スペースがあるため、カップルのデートスポットとしても利用されている

医院からエステまで
韓方で日頃の悩みにサヨナラ

韓国で独自に研究・開発された医療である「韓方」。美肌やダイエットなど、ビューティーケアも可能。内側からきれいになる体験をしよう。

体の不調とサヨナラ！

韓方医院

韓方専門の医師の診療を受けて、自分の悩みにピッタリのキレイを手に入れよう

冷え性

疲れやすい

210分
オリエンタル五行美人
60万W

【施術の流れ】

予約の時間に入店
事前にインターネットなどで予約をする。予約時間に入店し、受付で予約者名を伝える

⇩

カウンセリング
スタッフと相談しながら、問診票を作成。コースなどをここで最終決定する

日本語通訳がいるから安心

⇩

韓方医による診察
韓方医、その他の専門の医師によるダブルの診察をしてもらえる。気になる体の悩みを伝えよう

後日自宅に送られてくる

⇩

オリジナル韓方ブレンド
医師から韓方薬を処方されている場合は、後日韓方薬と飲み方の説明書が郵送されてくる

東洋医学と西洋医学の総合診療

廣東韓方病院
광동한방병원（クァンドンハンバンビョンウォン）

韓国伝統医学と西洋医学を融合させた総合検診プログラムを韓国で初めて開発。ダイエットや肌ケアなど、確かな施術に定評がある。

OTHER MENU
・デトックススタイル（90分）16万W
・韓国女優スタイル（210分）40万W

江南区奉恩寺路612（三成洞161）
☎02-2222-4992 営9:00～18:00（水・土曜～13:00） 休日曜、祝日 交9号線奉恩寺駅5番出口から徒歩1分
日本語OK

江南 ▶MAP 別P.21 E-2

OTHER MENU
・童顔鍼ベーシック（30分）15万W

女性ならではの悩みを解消

SHE'S韓医院
쉬즈한의원（シーズハニウォン）

アンチエイジングが人気の韓方クリニック。東洋医学をベースにしたコースは体の内側からバランスを整えてくれる。安心のアフターケア付きで大満足できる。

瑞草区江南大路421サミョンビル6F（瑞草洞1306-5、6F） ☎02-593-5333 営10:00～19:00（水曜13:00～、土曜、祝日9:00～17:00） 休木・日曜 交2号線江南駅10番出口から徒歩2分 日本語OK 日本語メニュー有

江南 ▶MAP 別P.20 B-3

気になる悩みは先生に相談しよう

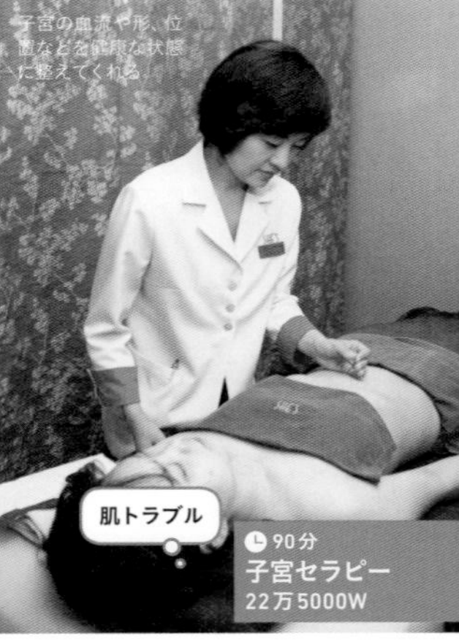

元気のない髪とサヨナラ！

韓方頭皮ケア

医師の診察後におこなわれる韓方を用いた頭皮のケア。イキイキした髪を手に入れる

使用するのも韓方コスメ

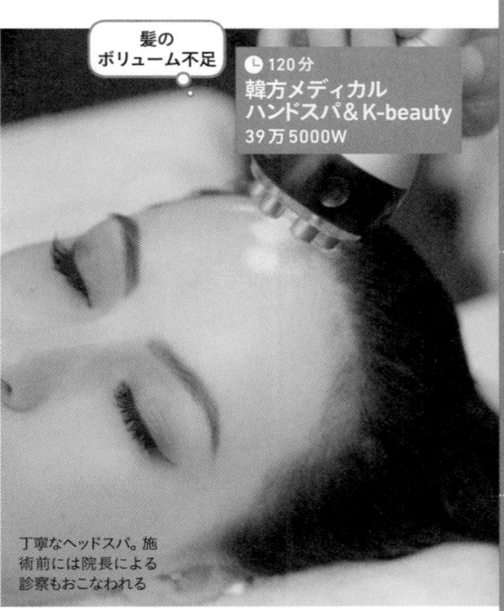

丁寧なヘッドスパ。施術前には院長による診察もおこなわれる

韓方で頭皮＆毛髪ケア

イ・ムンウォン韓方クリニック

이문원한방클리닉（イムノンハンバンクルリニッ）

李先生自らが開発した韓方薬やヘアケア商品を院内で販売。また個人の症状に合わせた丁寧なケアに定評がある。

江南区宣陵路132キル33（清潭洞37-11） ☎02-511-1079
営 月〜水曜10:00〜18:00、金曜〜21:00、土曜9:00〜16:30 休 木・日曜 交 7号線江南区庁駅4番出口から徒歩3分
日本語OK

清潭洞 ▶MAP 別P.23 D-3

OTHER MENU
- 健康毛髪（潤髪）（120分）39万5000W
- LMW美髪コース（150分）49万5000W

コンプレックスとサヨナラ！

韓方エステ

韓方成分入りの化粧品を用いた施術が受けられるエステ。香りの癒し効果にも期待しよう

白磁や青磁などの陶器を利用して施術を行う

600年の歴史を持つ伝統療法

ヨヨングク韓方スパ

여용국한방스파（ヨヨングクハンバンスパ）

肌トラブルを改善させる効果がある「花蛇毒術」と呼ばれる磁器ケアを提供。妊婦向けのメニューも。

松坡区石村湖路12キル60 フンソンビル2F ☎02-412-0100
営 10:00〜20:00 休 年中無休
交 2号線総合運動場駅9番出口から徒歩8分
日本語OK 日本語メニュー有

江南 ▶MAP 別P.5 E-3

OTHER MENU
- 麗容Premium（90分）19万8000W
- 麗容＋麗身（120分）27万W

韓国女子のような小顔＆美白効果も期待

薬酒とゴッドハンドでスッキリ

イ・ピョンソン チャム美人

이평선 참미인（イピョンソン チャンミイン）

自然素材の薬酒を使用したオールハンドの施術。筋肉のゆがみをとり、スッキリと立体的な小顔に整える。

中区小波路91-7（芸場洞8-113）
☎02-779-8441 営 10:00〜19:00 休 日曜
交 4号線明洞駅3番出口から徒歩8分
予約必須 日本語OK 日本語メニュー有

明洞 ▶MAP 別P.6 C-3

江南は「美容の街」として知られ、美容クリニックや医院が集中しているエリア

ピンポイントではなく"体質"に働きかける

「韓方」とは韓国人の体質や病気に合わせた伝統医学のことを指し、中国古来の「漢方」とは別のものであるという認識だ。1986年から「韓方医学」「韓医学」と呼ばれるようになった。

医学には「東洋医学」と「西洋医学」があり西洋医学（現代の主流である医学）は、症状が現れた部分に薬を用いるなどして治療する。一方、韓方を含む東洋医学は、患者が「自分で疾患を治す」という考えが基盤となっている。体全体を強くし、体質自体を改善していくことをサポートする医療なのだ。

この「韓方」の考え方は、病院だけではなく、韓国の人の日常生活にも馴染んでいる。韓方は韓国人にとって非常に身近な存在。薬としてだけではなく、お茶や化粧品など、生活のさまざまなところで韓方を取り入れ、とくに韓方は女性にとって強い味方だ。月経不順や生理痛に効果があるとされており、生理用ナプキンに韓方が練りこまれているものを使用したり、よもぎを蒸して子宮を温める「よもぎ蒸し」なども日常的に利用される。

美しく健康になれる韓方を、旅行中に体験してみるのはいかが？

1 韓方って何？

→東洋医学のひとつ

病気に対して働きかける西洋医学とは異なる。病気を治せる体質づくりの手助けをする東洋医学のひとつ

2 漢方と韓方の違いは？

→韓国人の体質に合わせて研究・改良されたのが「韓方」

中国の「漢方」がベースという説もある。漢方を韓国人向けに改良した独自の医学が韓方医学と呼ばれる

3 どうやって取り入れるの？

→日常生活の中のさまざまな場面で韓方が登場

韓方は、薬だけではない。お茶などから取り入れたり、化粧品など肌につけることで取り入れる方法もある

飲む

韓方茶

韓方をハチミツや砂糖で漬け、お湯や水をそそいだもの。5000～7000W

服用

韓方薬

病院で処方されるもの。苦味や香りがかなり強いものが多い。1カ月で10万W程度

肌につける

化粧品

韓方の成分を含んでいるシートマスク。韓方の香りによる癒し効果も大きい。1枚2000W程度

ココに韓方入り!!

生理用ナプキン

韓方成分の入った生理用ナプキンは、肌にやさしく、消臭効果も。4000～8000W

蒸す

よもぎ温座パッド

下着に貼り付けることで、よもぎ蒸しが手軽にできる。5000W程度

効果・効能がわかる！

韓方完全ガイド

韓方にはさまざまな種類があり、それぞれ効果が異なる。韓方の中でもよく用いられるものをご紹介。

甘草（カンゾウ）

감초（カンチョ）

緩和作用　鎮痛作用

マメ科の多年草の根を乾燥させたもの。根に含まれるグリチルリチン酸は非常に甘みの強い成分になっている

人参（ニンジン）

인삼（インサム）

新陳代謝　免疫向上

皮をむいて干したものを「白参（ペクサム）」、そのまま蒸して干したものを「紅参（ホンサム）」と呼ぶ。滋養強壮に用いられる

沢瀉（タクシャ）

택사（テクサ）

利水作用　止渇作用

オモダカ科の根を乾燥させたもの。体内の水分バランスを調整する。冷え性の緩和やむくみを取るのに効果的

油菊（アブラギク）

감국（カングク）

リラックス　鎮静作用

小さい菊の花を干したもので、搾り汁には消炎効果があるとされている。また、香りにはリラックス効果もある

金銀花（キンギンカ）

금은화（クムンファ）

緊張緩和　炎症鎮静

スイカズラの花のつぼみを干したもの。炎症をおさえる効果があり、風邪や喉の炎症、肌荒れにも効果がある

牧丹皮（ボタンピ）

목단피（モクダンピ）

消炎作用　鎮痛作用

牡丹の根を乾燥させたもの。鎮痛や鎮静効果があり、生理痛など、婦人科系の不調に対する効果が期待できる

白茯苓（シロブクリョウ）

백복령（ペクボンニョン）

利尿作用　鎮痛作用

利尿作用が高く、血糖値を下げる働きがある。また、鎮痛効果や免疫力を上げるという効果ももっている

檳榔（ビンロウ）

빈랑（ビンラン）

興奮作用　消炎作用

ヤシ科のビンロウの種。内臓の熱を取り、炎症をおさえる。中枢神経を興奮させる作用もある

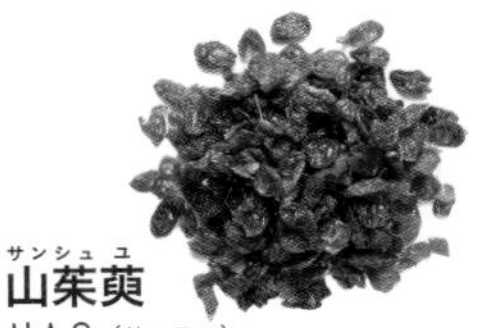

山茱萸（サンシュユ）

산수유（サンスユ）

滋養強壮　補血作用

サンシュユの種を取り除いた果実の部分を使用する。滋養強壮、抗アレルギー作用があるとされている

山薬（サンヤク）

산약（サニャク）

滋養強壮　止渇作用

ヤマノイモの皮をむいて乾燥させたもの。疲労や倦怠感を解消し、腸の不調に作用する。食欲不振に効果的

枳実（キジツ）

지실（ジシル）

血流改善　消化促進

ミカン科の実をまだ熟す前に干したもの。気の流れをスムーズにし、消化促進や血流を改善する。冷え性にも

梔子（クチナシ）

치자（チジャ）

消炎作用　鎮静作用

クチナシの果実。「サンシシ」とも呼ばれている。消炎作用、利尿作用などがあり、精神の安定にも効果がある

滋養強壮によい高麗人参は韓方の最高峰。飴やゼリー、栄養ドリンクにもなっている。甘みをつけて食べやすくしてある

BEAUTY 06

血流アップの効果がスゴイ！

骨気（コルギ）&足マッサージにトライ

WHAT IS

『骨気（コルギ）』

骨気とは、韓国由来の美容健康法。筋肉ではなく骨を動かすことで、顔の歪みを修正し、美肌や小顔を目指すというもの。骨どうしが当たることで新陳代謝も活発化する。

ここに効く！

たるみ
骨と筋肉を上に向かってほぐすことでたるみを持ち上げリフトアップ

シワ
皮下の血行を促進し、肌のハリが出てシワが目立たなくなる

クマ
血流の滞りを改善することでクマが薄くなる

ほうれい線
衰えた口角の筋肉を刺激してきゅっと上げてくれる

顔面非対称
骨格の歪みからくる顔の非対称も骨気で解消できる

くすみ
血行不良になると顔がくすむ。刺激を与えて血行改善

頭痛
頭痛の原因となるのは頭蓋骨の歪み。骨気で歪みを整えて改善

目の疲れ
頭蓋骨の歪みによって視神経が圧迫されることで目の疲れにつながる。そこをほぐして改善する

変化がわかる

一度の施術でも変化が目に見える。定期的に通うのが維持のポイント

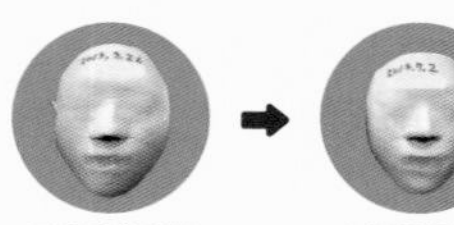

基本は手！

骨気は道具を使わずに手でおこなう。熟練の技が求められる

＼この手にお任せ！／

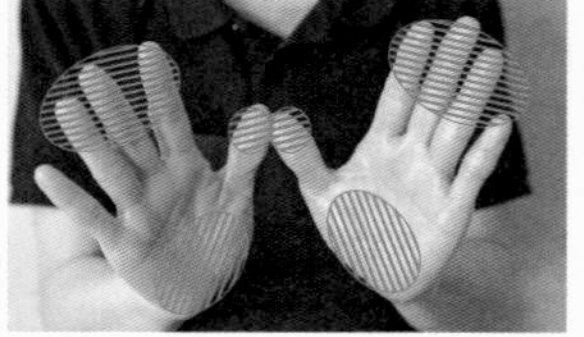

狎鷗亭店は駅から徒歩5分の好立地。芸能人がお忍びで来店することも

徹底的にオールハンド

薬手名家

약손명가（ヤクソンミョンガ）

韓国内で117店舗、日本にも支店がある骨気の代表的な店。痛いながらも確かな効果が得られると評判で、日韓有名人の顧客も多数。骨盤も施術する骨気は、体のさまざまな不調に働きかける。

江南区狎鷗亭路30キル66 薬手名家ビル1～2F（新沙洞598-8）
☎02-518-6662 ㊡10:00～22:00、土曜9:00～17:30、日曜10:30～17:30、祝日10:00～17:00 ㊡年中無休 ㊇3号線狎鷗亭駅3番出口から徒歩5分
英語OK　日本語メニュー有
狎鷗亭洞 ▶MAP 別P.22 A-2

100分
ベビーフェイスケア
14万W

OTHER MENU
- K-Beauty 芸能人ケアA（80分）15万W
- 黄金比率ケア（80分）12万W
- バランスケア（120分）20万W

100分
小顔輪郭骨気+アクアピーリング
15万W

OTHER MENU
- 骨気マッサージ（60分）14万W

明洞の中心部にあるのでアクセス至便

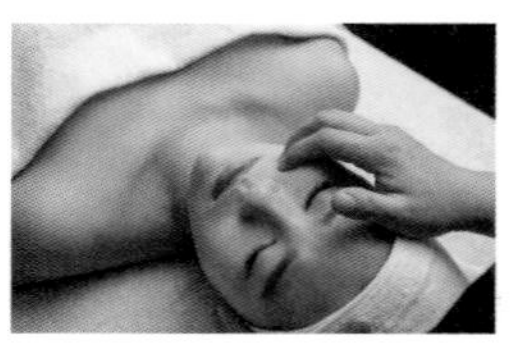

骨気が人気のサロン

MIZOエステサロン

미조에스테살롱（ミゾエステサロン）

アンチエイジングや小顔効果もある「骨気（コルギ）」マッサージが体験できる。リーズナブルな価格で施術が受けられると観光客からも人気。確かな実力で小顔効果も期待できる。

中区明洞8ガキル7-8F
☎02-773-8468
㊡10:00～22:30（入店は21:00まで）
㊡年中無休
㊇4号線明洞駅6番出口から徒歩2分
日本語OK　日本語メニュー有　カード○
明洞 ▶MAP 別P.11 D-3

ひと味違ったマッサージをしたいなら、骨気（コルギ）にチャレンジ！
オールハンドでおこなう施術はかなり強烈な刺激……。それでも施術後はどことなくすっきりとした顔に見え、ヤミツキになってしまうかも！

WHAT IS

『足マッサージ』

足マッサージとは、オイルなどを使わずにおこなうマッサージ。足の裏、ふくらはぎなどを重点的にケアしてくれる。手頃な値段の店が多い。

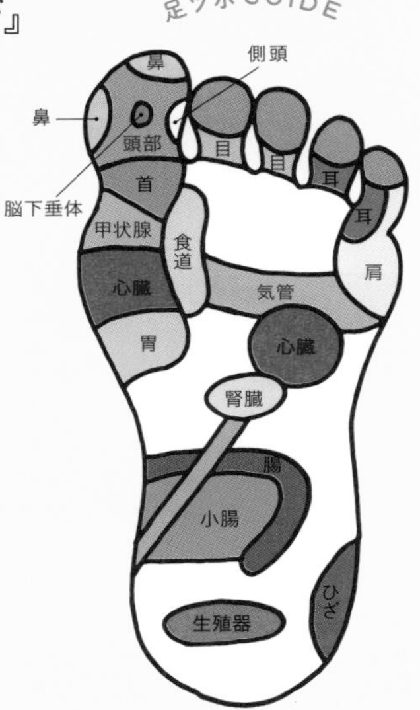

生理中でも受けられる？
足のマッサージだけならば問題なし。不安な場合は事前に相談を

施術は男性がする？
施術を男性がする店舗が多い。希望は予約の段階で伝えておきたい

リーズナブルさが魅力

BL Bellaテラピー
비엘 벨라테라피（ビエルベルラテラピ）

コストパフォーマンスの高さから地元の若者だけでなく旅行者にも人気。エステメニューも豊富。

麻浦区弘益路25 6F（西橋洞356-1）
☎02-336-1526　営11:00～翌2:00
休 年中無休　交 2号線弘大入口駅9番出口から徒歩4分　日本語OK　MAP 別P.17 D-1

弘大

MENU
- 足マッサージ（60分）4万5000W
- 全身マッサージ（60分）5万W
- 背中アロママッサージ（60分）6万W

日本人の常連客多数

ミナミエステサロン
미나미 에스테 살롱

明洞の中心にあり、アクセス抜群。オールハンドで丁寧に施術してくれる。

明洞8キル8-5 5F（明洞2街51-14）
☎02-755-0555　営11:00～22:30（最終受付20:30）　交 4号線明洞駅6番出口から徒歩6分　日本語OK　MAP 別P.11 D-2

明洞

MENU
- 足＋ふくらはぎマッサージ（30分）3万W
- 全身＋コルギ小顔ケア（80分）7万9000W

こんなお店も！

足湯カフェで疲れを取る

Tea Therapy
티 테라피（ティーテラピ）

日本語堪能なスタッフが、個人の体調や体質に合わせて韓方茶をブレンドしてくれる。もちろん自分が飲みたいドリンクや食べ物を頼んでもOKで、フードメニューも充実している。

鍾路区尹潽善キル74（安国洞6-1）
☎02-730-7507
営10:00～21:00（日曜～20:00、最終受付は閉店の30分前）
休旧正月・秋夕の連休の間は短縮営業あり
交3号線安国駅1番出口から徒歩5分
日本語OK　日本語メニュー有

鍾路 ▶MAP 別P.12 B-3

足湯×カフェ！
店内にあるヒノキでできた足湯は7000W。5000Wで購入できるブレンドされた薬剤を入れて入ることも可能

たっぷり2杯分飲める量

あったまる～

MENU
- 韓方茶　7000W～
- ティーテラピーかき氷 8000W
- オリジナルティー 3万W

オリジナル韓方茶を買える！
Eメールで事前に予約すると、ティーセラピストによる自分だけのブレンド茶（ナマネ茶）を作ることができる。料金は3万W

日本語で書かれたチェックリストに記入をし、自分の体の現状を分析していく

スタッフと相談しながら、体調に合わせたベストな韓方のブレンドを決める

テイスティング後、20回分の持ち帰り用のお茶のセットをもらえる

骨気は痛いといわれるが、編集部の感想は「やっぱり痛い」。回を重ねると筋肉がほぐれて痛みが薄くなるらしい

BEAUTY 07

あか抜け間違いなし！ アートメイクを体験

韓国でも人気の施術と言えばアートメイク。眉毛やリップなどに色を入れる施術で、常にメイクしているような顔に仕上がるのですっぴん美人を目指せる！

海外でも活躍する敏腕先生

SIZUKA 皮膚科医院CLINIC

시즈카 피부과의원클리닉

(シジュカ ピブクァイウォンクリニック)

眉毛、アイラインなどのアートメイクのほかボトックスやレーザートーニングも受けられる。アートメイクは1年間の保証がついて、2回までなら針代1万Wのみで修正も可能。

中区退渓路134 ケリムビル6F（南山洞3街13-36）
☎ 02-776-3677 ／ LINE：sizuka3677 ／ Instagram：sizuka_jp（Instagramからは予約不可）
営 10:00～18:30（最終受付17:00）
休 日曜、旧正月・秋夕の連休
交 4号線明洞駅2番出口から徒歩1分
日本語OK　日本語メニュー有

明洞 ▶MAP 別P.11 E-3

施術台が4つ並ぶアートメイク室。ロッカーも完備している

すっぴんに自信！

眉毛

施術時間は60分程度。肌質に合わせてアナログ、デジタル、手彫りの3種から施術方法が選べる。理想の形をきちんとイメージしてから行くとスムーズ。

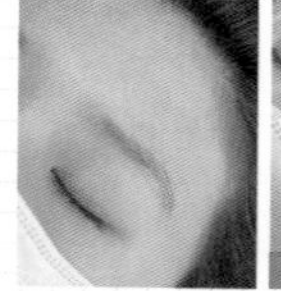

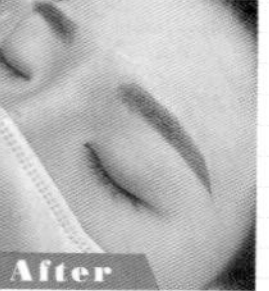

MENU　4D自然眉毛（左右） 25万W

アイライン

施術時間は60分程度。目元の印象を華やかに見せることができる。目元の美容整形をした人や、花粉症などがある人は施術の時期を相談するのがマスト。

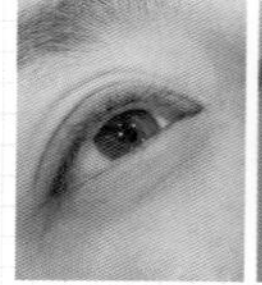

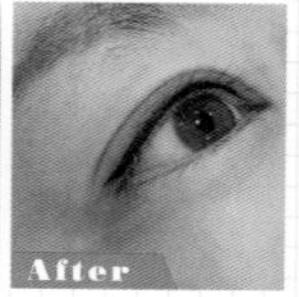

MENU　4Dデジタル上アイライン（左右） 25万W

リップ

施術時間は60分程度。色や形などデザインを相談しながら施術。1週間前後のダウンタイムがあり、術後のケアや食事などにも気をつける必要がある。

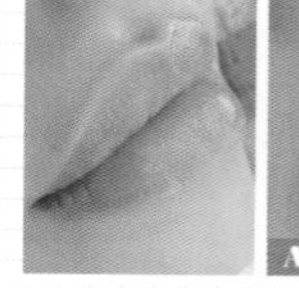

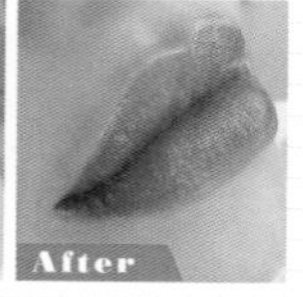

MENU　フルリップ 50万W

ヘアライン

施術時間は90～120分程度。生え際やおでこの広さを狭めるなど、髪の毛を補いたい部分に色を入れることができる。まわりの毛並みと合わせて、自然に色を入れることができる。

MENU　ヘアライン 60万W～

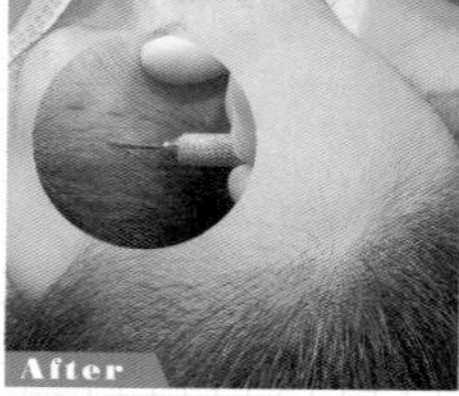

WHAT IS

アートメイクのキホンQ＆A

アートメイクは表皮層に色素を入れる施術。施術前の疑問をチェック！

Q1 痛くない？

眉やヘアラインは痛みが弱い。アイラインやリップは皮膚が弱く、痛みやすいので麻酔で施術する場合がほとんど

Q2 ダウンタイムは？

術後は日帰りだが、完治には眉とアイラインは1～2週間程度。リップは1週間程度。ヘアは2週間前後かかる。

Q3 持続期間は？

大体1年～3年程度で色が薄くなったり消えたりする。皮膚の状態や色を入れた回数によって個人差が大きい。

日本人の施術に特化したサロン

meyou.brow (Twitter ID)

미유브로우 (ミュブロウ)

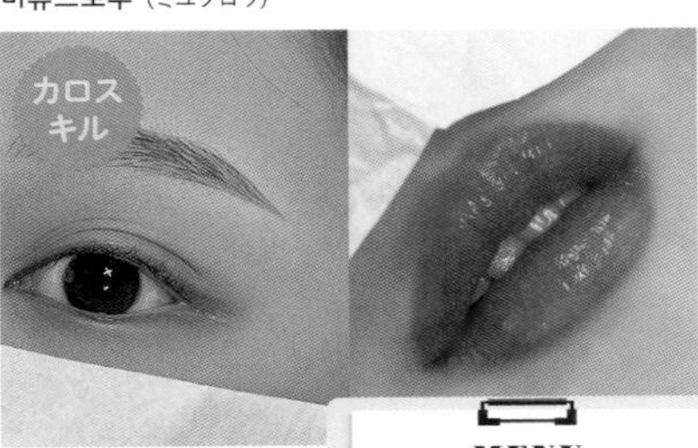

カロスキル

カウンセリングから施術まで日本語可能な院長が責任を持って担当。肌に優しい施術とナチュラルな仕上がりで評判のサロン。

MENU

自然眉毛(左右)
35万W
リップ
50万W

江南区カロスキル32 3F(新沙洞545-21)
☎なし(問い合わせはツイッター、インスタグラム@meyou_browから) 営11:30～21:00 休 月・火曜日 交3号・新盆唐線新沙駅8番出口から徒歩5分
日本語OK 日本語メニュー有 カロスキル ▶MAP 別P.19 E-2

3D技法で自然な仕上がりに

DAO CLINIC

다오 클리닉 (ダオ クリニック)

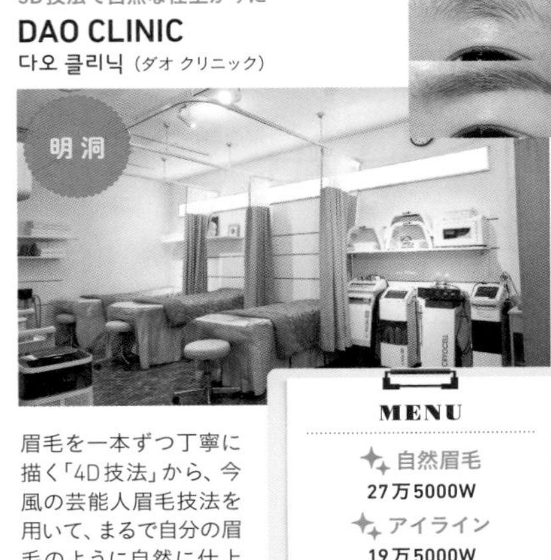

明洞

眉毛を一本ずつ丁寧に描く「4D技法」から、今風の芸能人眉毛技法を用いて、まるで自分の眉毛のように自然に仕上げる。

MENU

自然眉毛
27万5000W
アイライン
19万5000W

中区退渓路123 9F(忠武路2街65-9)
☎02-757-7582、010-4601-8168／LINE:newline7582
営10:00～19:00(最終受付18:00) 休 年度により異なる 交4号線明洞駅7番出口すぐ
日本語OK 日本語メニュー有 明洞 ▶MAP 別P.11 D-3

アメリカ製の天然色素を使用

ビンセントクリニック

빈센트의원 (ビンセントゥイウォン)

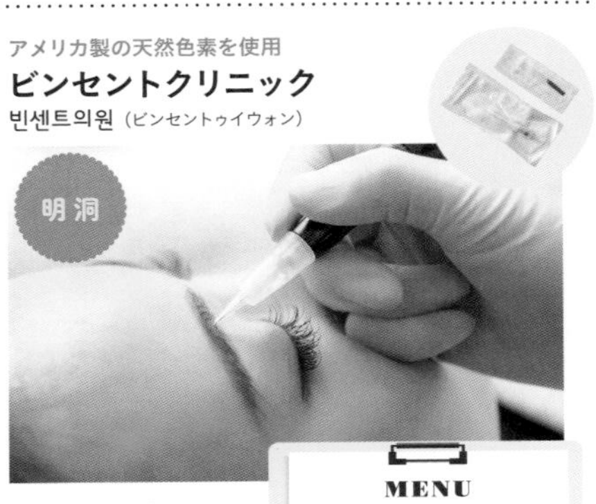

明洞

院長先生は医師だけでなく刺青師としても活動するベテラン。衛生環境にこだわり、麻酔注射・クリームで最小限の痛みで施術できる。

MENU

自然眉毛(左右)
20万W～
アイライン上(左右)
20万W

中区退渓路116-1 10F(会賢洞3街1-5)
☎02-577-3333(日本語専用) 営8:00～18:00(最終受付17:00) 休 木曜 交4号線明洞駅4番出口から徒歩1分
日本語OK 日本語メニュー有 明洞 ▶MAP 別P.11 D-3

自然な仕上がりが叶う

Star Beauty

스타뷰티 (スタビュティ)

江南

トータルビューティーのサロン。ナチュラルな仕上がりのアートメイクは眉毛、アイライン、リップ、ヘアラインの施術を行っている。

MENU

眉毛／4D眉毛
20万W／25万W
アイライン
15万W

瑞草区瑞草大路74キル29 瑞草パラゴン204号(瑞草洞1327-29) ☎02-588-9589 営10:00～19:00 休 日曜、旧正月・秋夕の連休 交2号線江南駅5番出口から徒歩2分 日本語OK YouTube @TV-rw4fl
江南 ▶MAP 別P.20 C-3

BEAUTY 08

ちょいリッチにリラックス

自分へのご褒美にうっとりエステ

たまには贅沢したい！　そんなあなたのためにソウルで人気のエステサロン4店をご紹介！　いつもがんばっている自分へのご褒美に極上エステを堪能しよう♪

リピーター続出のエステサロン

SPA DAY 漢南店

스파데이한남점（スパデイハンナムジョム）

西洋と東洋の技術を合わせた独自のマッサージで美と健康を管理する人気店。ストーンセラピーやデトックスメニューも豊富。韓国国内のみならず、海外から訪れる客も多く、リピーターが絶えない。

龍山区読書堂路70 現代リバティハウス4F（漢南洞258）
☎ 02-793-0777
営 11:00～21:00（土・日曜10:30～20:00）※最終受付はコースにより異なる
休 水曜、旧正月・秋夕の連休
交 京義中央線漢南駅1番出口から徒歩11分

漢南洞 ▶MAP 別P.20 A-1

- **リラックスアロマストーンセラピー（Body）（60分）　14万3000W**
- **スペシャルバイオエナジーセラピー（Body）（90分）　33万W**

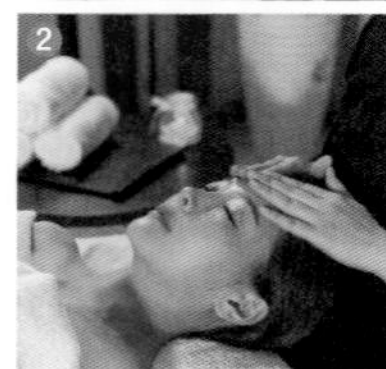

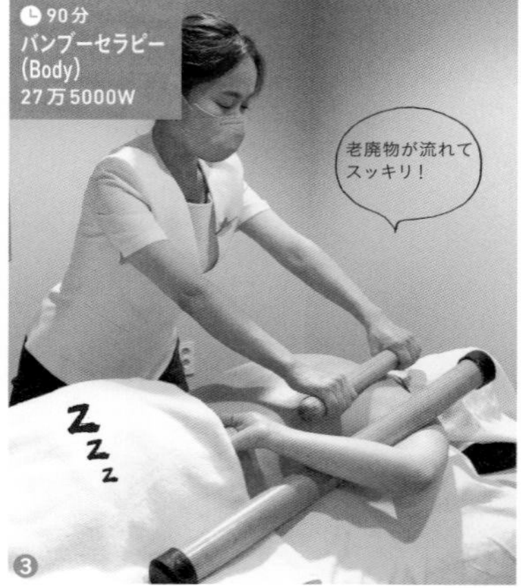

❶店内は清潔で落ち着いた雰囲気　❷「強力水分ケア」「敏感・鎮静ケア」など肌の状態に合わせた施術をしてくれる　❸竹棒で体のこりをほぐすデトックス／スリミングケア
※施術内容はバンブーセラピー、ブロンズセラピー、ノニセラピー、ホットゴールドストーンセラピー、BMケアから一つを選択

ご褒美ポイント

フランス製コスメを使用

フランスの皮膚科医が開発した「DARPHIN」のスキンケアコスメを使用

スターも通う極上エステ

O HUI SPA

오휘스파（オフィスパ）

カロスキルの閑静な住宅街にあり、高級化粧品、OHUI（オフィ）、后（フー）、su:m37°（スム37°）を使ったエステが受けられる人気のスパ。専用機器を使用したボディケアなどメニューも豊富。

江南区鶴洞路21キル52（論峴洞27-2 2F）
☎ 02-3442-5252
営 10:00～22:00（最終受付20:00）
休 旧正月・秋夕の連休　交 3号線新沙駅1番出口から徒歩9分

カロスキル ▶MAP 別P.19 F-3

- **アロマストーンボディーセラピー（80分）17万W**
- **王后ケア（180分）50万W**

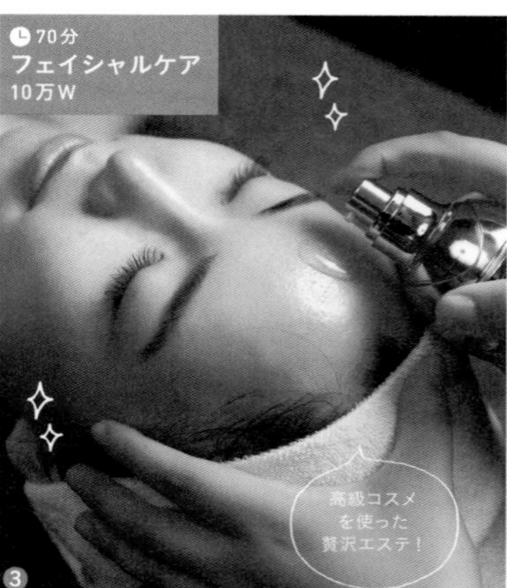

❶❷天井が高く、開放感あふれる空間　❸最高技術のハンドマッサージとホットストーンセラピーにより、リンパと血液の循環を促す

完全予約制なので、上質でプライベートな時間を過ごせる

エステ初の認定スパ！

2016年にはエステサロンでは初となる「江南区医療観光協力機関」に認定

WHAT IS

『韓国の高級エステ＆マッサージ』

美容大国としても知られる韓国。ソウル市内には、手頃にエステやマッサージを体験できる店が多く集まっている。一方で、韓国の有名化粧品を使ったマッサージを受けられるスパや韓国スター御用達の高級エステサロンも外国人観光客から人気を集めている。

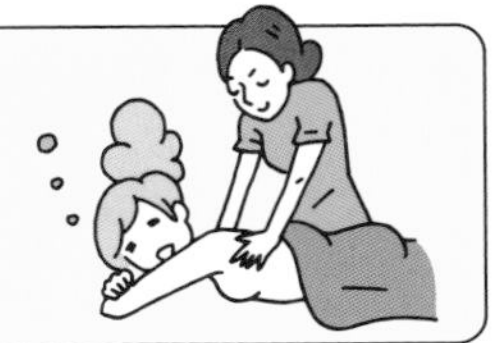

人参の恵みを全身に受ける

Spa 1899 大峙店

스파 1899 대치점 (スパイルパルググ テチジョム)

韓国の代表的な高麗人参ブランド・正官庄の直営スパ。細胞を活性化させる成分がたっぷり含まれた紅参を惜しげもなく使用している。紅参の香りに包まれて、心も体もリラックス！

江南区永東大路416 KT&Gタワー B2F (大峙洞1002)
☎ 02-557-8030
営 10:00～22:00
休 旧正月・秋夕の3日間
交 2号線三成駅2番出口から徒歩4分
日本語OK 日本語メニュー有
江南 ▶MAP 別P.21 F-3

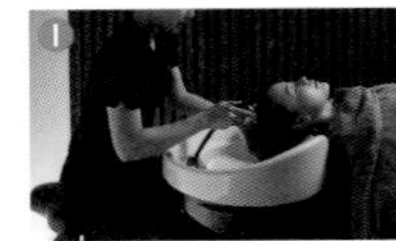

❶高級トリートメントを使用したヘッドスパ ❷個室なのでゆったり ❸高麗人参エキスを使ったボディマッサージ

OTHER MENU

- 頭皮＋フェイシャル＋ボディ＋フット (180分) 35万W
- バランシングA (フェイシャル＋頭皮) (120分) 25万W

紅参のすりおろしやハチミツなどの天然の成分が、施術に使うボディスクラブの材料になる

ご褒美ポイント

高級コスメ「トンインビ」

高麗人参のなかでも最も栄養価が高い「6年根」を原料にしている高級コスメ

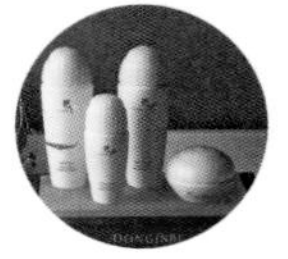

手術なしで小顔・美脚になれる

webeauty 清潭本店

위뷰티 청담본점 (ウィビュティ チョンダムボンジョム)

肌の「たるみ」や体の「ゆがみ」に対し骨と筋肉からアプローチする「骨筋 (コルグン) セラピー」の専門エステサロン。手足を使った丹念なマッサージで体の隅々までスッキリ！

江南区島山大路539 クモンビル 2F (清潭洞125-12)
☎ なし (LINE ID@golgeun.jpから完全予約制)
営 10:00～21:00、土曜～20:00 (最終受付19:00) 休 水・日曜 交 7号線清潭駅 12・13番出口から徒歩10分
日本語OK
清潭洞 ▶MAP 別P.23 F-2

❶❷癒しをテーマにした店内は、心地よい香りが漂う ❸顔の中で厚みやたるみが気になる部分をリフトアップしていく小顔ケア

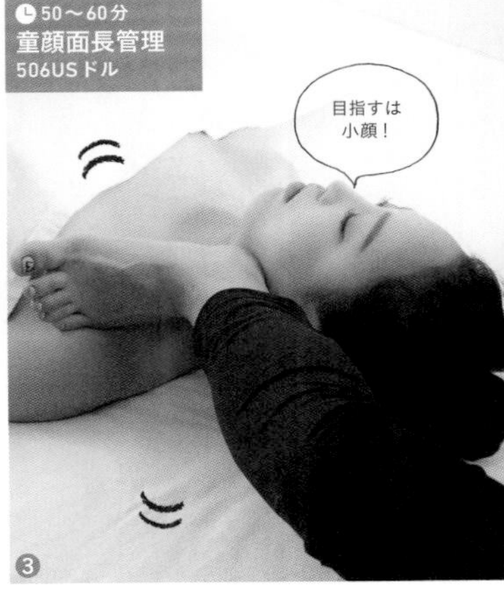

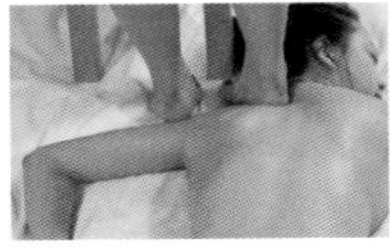

足を利用した施術「足骨筋」は筋肉の収縮と関節の歪みを解消。短期間で効果が得られる

ご褒美ポイント

足を使った顔ケア

顔を触らずに足を使い、整形施術や手術を受けた方、肌が敏感な方もケアできる

OTHER MENU

- 頬骨管理 (40～45分) 286USドル

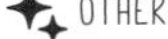

コスメブランド直営のスパはどこも大人気。自分の好きな日時に施術を受けたいのなら、2週間前までに日本から予約を

汗蒸幕に行きましたの巻

汗蒸幕
明日は彼女とデート
ということで汗蒸幕に行きました

蒸幕
ちょっと緊張している
よしっ

こんにちは～ 基本コースですね
汗蒸幕でしっかり汗をかいてからお風呂に入ってくださいね
はい

よし、ぼく、自分を磨いてくるよ！
ガンバレ～

まずはあの中で汗をかくのか
おおっ

-汗蒸幕-
明日はデート… 明日はデート…
あ…あつい…❶
ただ今の温度 100℃

-お風呂-
たくさん汗をかいたな～❷
ふぅ…

はい、
アカスリをしますよ
おっ

露出度高い!!
こちらへどうぞ
私が担当です
海パン

ちなみに…
女性の場合は女性の担当者がアカスリをしてくれます
スケスケ黒下着!?
キャッ

では始めますね
お願いします…

-アカスリ-❸
ゴシ
うおー
ゴシ
ゴシ
ゴシ
なんだか気持ちイイ。
アカスリの成果を確認中
ふふふ
すごいとれてる!! ぼくはこんなに汚れていたのか…!!

-キュウリパック-
しあげ
キュウリだ…
❹

はい、おわりましたよ～

肌がツルツルだ～
気持ちいい～
すりすり

❶汗蒸幕は100℃近くの高温。そのため麻袋をかぶって、肌や髪を熱から保護するんだ　❷アカスリ前は、湯船でしっかりあたたまって備えよう　❸アカスリはかなり力強くおこなわれる。韓国人は慣れていて肌が強いからなんだ　❹アカスリの仕上げはすりおろしたキュウリ！　肌をクールダウンするよ

SHOPPING

ソウルの「買う」事件簿

コスメに洋服、伝統雑貨など、魅力的な商品が多い韓国。スマートに買い物をして、戦利品を持ち帰ろう！

事件ファイル 1

おみやげって何を買えば……？ 韓国のりしか思いつきません

「韓国みやげといえば韓国のり」という固定観念を打ち破りたい！　とはいえ、何を買えばいいかわかりません。何かおすすめはないかしら。

解決！ プチプラコスメから雑貨までバリエーション豊富！

おみやげ＝韓国のりではもったいない！　ほかにも伝統雑貨やコスメなど、喜ばれるおみやげはたくさんある。上級者は脱マンネリを目指し、下の表を参考にアッと言わせるおみやげをゲットしよう。

脱マンネリ！な　おすすめおみやげバリエ

定番		ジャンル	上級者向け	
韓国のり →P.138	予算：3000W～ PLACE：スーパー、デパ地下など	食みやげ	インスタント麺、スナック菓子 →P.140、142	予算：700W～ PLACE：コンビニ、スーパーなど
伝統雑貨 →P.130	予算：5000W～ PLACE：仁寺洞	雑貨	デザイン雑貨 →P.136	予算：2500W～ PLACE：文房具店、雑貨店など
ティントリップ →P.114～	予算：9000W～ PLACE：明洞など	コスメ	コスメ制作 →P.116～	予算：2万W～ PLACE：明洞、聖水など

ロッテ免税店でおみやげのすべてが揃う！

明洞に位置し、2フロアにわたって幅広い免税品が並ぶロッテ免税店本店。コスメやブランド品、韓国のりやキムチなど、韓国みやげのすべてが揃う。
最近では免税店に行かなくても、簡単にショッピングができるインターネット免税店が人気。会員登録するとポイントが貯まったり、お得なキャンペーンも実施している。

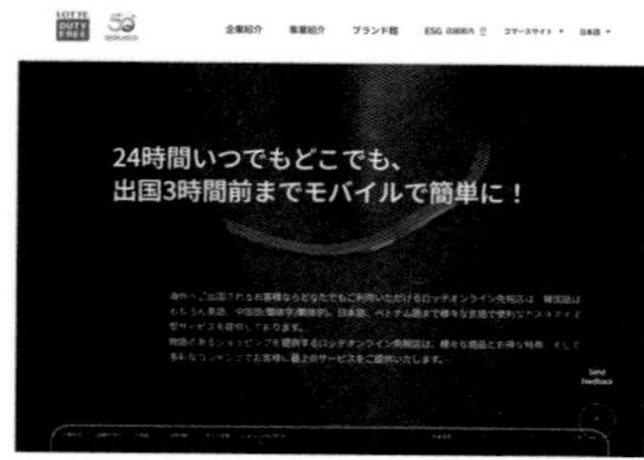

ロッテオンライン免税店

タイムセールやキャンペーンが頻繁に開催され、毎日ログインするとポイントを貯めることもできる。旅行前にチェックしてみて

https://jpn.lottedfs.com/kr/shopmain/home

事件ファイル 2

お店で服を羽織ってみたらめっちゃ叱られました

お店で服のサイズを確認するために上着を羽織ってみたら、お店のお姉さんがすごい形相で「着るな」的なこと言ってきました。ダメなの！？

解決！ 試着室がない、NGのお店も

とくに東大門の卸売の店などは、試着NGだったり、試着室がない店が多い。まずは試着してもいいか聞いてからにしよう。

입어 봐도 돼요？
イボ　バド　テヨ？
（着てみてもいいですか？）

韓国ファッションのサイズ感を知る

トップス、ワンピース	“フリーサイズ”はややスリム	トップスなどはフリーサイズが主流。細身のものが多め
ボトムス	パンツの丈に注意	背が高く、足の長い韓国人用なのでパンツの丈がやや長め
靴	サイズ表記は3ケタで	靴のサイズは3ケタ。23.5cmなら「235」と表示されている

ピッタリサイズはあるかしら!?

事件ファイル 3

深夜までショッピング！ ……あれ、どうやって帰れば？

東大門で夜中までショッピングを楽しんだものの、終電がもうない！　困った！

解決！ 深夜の移動はタクシー。リスクを最小限に

深夜の移動にはタクシーを使うのがオススメ（P.215）。日本より料金が安く、気楽に使える。ただし、ボッタクリにあうリスクも高いので注意が必要。リスクを最小限にとどめるために下記を心得て！

タクシーの鉄則

オレンジ色のタクシーにする

オレンジ色のインターナショナルタクシーの運転手は、大きな会社の社員。つまりボッタクらなくても固定給がもらえているので危険度が低い

オレンジが目印！

止まっているタクシーには乗らない

路肩に停車して客を待っているタクシーや、日本語で話しかけてくる場合は避けたほうがよい。流しのタクシーを捕まえて

SEOUL CASE FILES

韓国ではタクシー呼び出しアプリが主流となっている。事前に到着地を登録できたり、運転手の情報もわかるので安心

いまSHOPPINGで一番NEWなしたいこと！

ソウルツウも注目のアイテムをGET！

せっかくソウルに行くのなら、コスメも雑貨も、ファッションもトレンドアイテムがほしい。ソウルのおしゃれさんがこぞって手にするアイテムをご紹介！

#コスメだけじゃ物足りない!? 韓国女子は香りにもこだわる

ハンドクリーム

3万2000W

カバンに忍ばせておけば女子力アップⒶ

香水

15万8000W

容量は100ml。香りはFORGET ME NOTⒹ

ディフューザー

3万W

AMORE聖水オリジナル。容量は200mlⒷ

キャンドル

4万W

ワンデークラス（手作り体験）で作ることができるⒸ

ハンドソープ

3万4000W

容量は300ml。グリーンがインテリアにも映えるⒹ

ⒶTAMBURINS フラッグシップストア新沙

→P.196

ⒷAMORE聖水

→P.116

キャンドル工房

Ⓒmay 9th

메이나인쓰（メイナインス）

完全予約制の工房。香水、石鹸、キャンドル作りが体験できる。店内の商品も購入可能。日本人の来店も多いのだとか。

鍾路区敦化門路11ナキル18（益善洞158-4）
010-3460-4564　営完全予約制
交1･3･5号線鍾路3街駅6番出口から徒歩4分　予インスタグラム＠may9th_scentのDM

益善洞 ▶MAP別P.8 C-2

韓国女子の贈り物の定番

ⒹNONFICTION三清

논픽션 삼청（ノンピクション サムチョン）

韓国生まれの香水ブランド。広々とした店内では、すべての商品のお試しが可能。スタッフも親身になって好みの香りを探してくれる。

鍾路区北村路5キル84 1（昭格洞76）
02-733-4099　営11:00～20:30
休 年中無休　交3号線安国駅2番出口から徒歩10分

三清洞 ▶MAP別P.12 A-2

ギフトBOXも♥

小さなドライフラワーとメッセージカードを添えてⒶ

グリーンにサンド風の模様をあしらったナチュラルなBOXⒹ

#ソウルっ子は ゆるアニマル雑貨を使う！

Ⓐ SEOUL ANGMUSAE 聖水本店 →P.191

人気上昇中の雑貨屋

Ⓑ Dakku Bar Of Nostingker
다꾸바오브노스팅커(ダックバオブノスティンカ)

デザイナーが運営している雑貨店。オリジナルキャラ「ホホ」のグッズは毎月1、2回新商品が出る。輸入雑貨も販売。

所麻浦区ソンミ山路153-7（延南洞240-39）
02-6084-4480
営 13:00〜21:00（土曜11:00〜、日曜12:00〜）
休 月・火曜、旧正月・秋夕の当日
交 2号・京義中央線、仁川空港鉄道弘大入口駅3番出口から徒歩12分
延南洞 ▶MAP 別P.4 A-2

お店のキャラクターが描かれたリングノートⒶ

緑×ホワイトのガラス製コップⒷ

オウムが描かれたオレンジのエコバッグⒶ

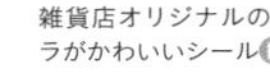
雑貨店オリジナルのトラがかわいいシールⒷ

使いやすい縦長のガラスコップⒶ

#韓国っぽな服の路面店は 弘大＆益善洞韓屋村

かわいくてリーズナブルなアイテムや、最新トレンドアイテムまで揃う

弘大のメインストリートや一本奥に入った通りには小規模なアパレル店やアクセサリー店が軒を連ねている

#1万W以下のアイテムばかり。富平地下街がアツイ！

清楚なホワイトブラウス
ピンクのショートパンツ
定番のストレートデニム

1000円以下の商品多数

富平中央地下商店街
부평중앙지하상가(プピョンチュンアンチハサンガ)

富平駅にある地下ショッピング街。仁川空港からのアクセスもしやすいので、帰国前に立ち寄るのも◎。

富平区市場路10（富平洞126-10）
☎ 営 休 店舗により異なる
交 1号線富平駅直結
仁川 ▶MAP 別P.24 B-1

SHOPPING 01

大手ドラッグストア・オリーブヤングの ベストセラーをねらう！

韓国でいたるところにある大手ドラッグストア・オリーブヤングでは定番も新作もコスメが何でも揃う！せっかく行くならベストセラーを狙って。

#1 憧れの韓国女子へ♡ メイクアップ編

韓国コスメといったら豊富なカラバリと高発色なメイクアップコスメ。カラーコスメを買う時は、自分に似合う色がわかるパーソナルカラーを知っておくと失敗が少ない。

ブルベさんにぴったり！ WAKEMAKE

ソフトブラーリングアイパレット02（左）・ウォーターブラーリングフィクシングティント19（右）

Lovers voice

カラーコスメはWAKEMAKEで揃えています。アイシャドウもリップも高発色で落ちにくいし、カラバリも豊富なので、華やかに仕上がります！

シルキーグロウ肌に！ AMUSE

デュージェリーヴィーガンクッション

Lovers voice

少量をパフにとってポンポンするだけで健康的ななめらかな肌になるのが気に入っています！

イエベさんにぴったり！ MUZIGAE MANSION

7万8000W

オブジェリキッド 003

Lovers voice

絵の具のようなパッケージがとにかくかわいい！　薄塗りでも存在感のある口元にしてくれます。

#2 お値段以上の価値あり!? スペシャルケア編

決して安くはないけれど、圧倒的な効果を誇ることからおもしろい異名を持つアイテムを集めました。特別な日に向けたスペシャルケアにぴったり！

まるで"シミの消しゴム" isoi

ブレミッシュケア アップセラム 35ml

Lovers voice

オリーブヤングで10年間売り上げ1位で、シミやくすみに効くことから巷では"シミの消しゴム"と呼ばれています（笑）。

安心のドクターズコスメ REJURAN

13万2000W

ターンオーバーアンプル

Lovers voice

ニキビ痕や肌の赤みに効き、使ってすぐ効果が目に見えるのが好きです。"若返り美容液"とも。

"塗るハイフ"の異名を持つ BIO HEAL BOH

3万9000W

プロバイオダーム リフティングクリーム

Lovers voice

美容家さんやインフルエンサーがオススメしていて有名ですよね。肌がふっくらして小じわが目立たなくなりました！

#3
コスパ最強の実力派
日常ケア編

ホームケアや、外出先でもさっとお直しできる日常ケアに最適なアイテムを紹介。かさばらないものはお土産やプレゼントにも！

韓国で1秒に8個売れた!?
KAHI

マルチバーム
4万2000W

Lovers voice
ドラマ『ウ・ヨンウ弁護士は天才肌』にも登場し、1秒に8個売れたと話題に。一塗りで気になるところを保湿できる優れもの！

しっとりベールで包む
TYPE No.

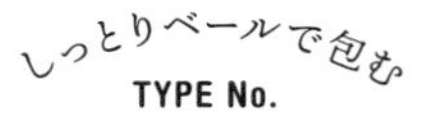

1万2000W
ハンドクリーム40 ml No. 91

Lovers voice
ホホバオイル、マカダミアオイルが配合されたハンドクリーム。手がベールで包まれたようにしっとりします。

スキンケアの新定番！
COSRX

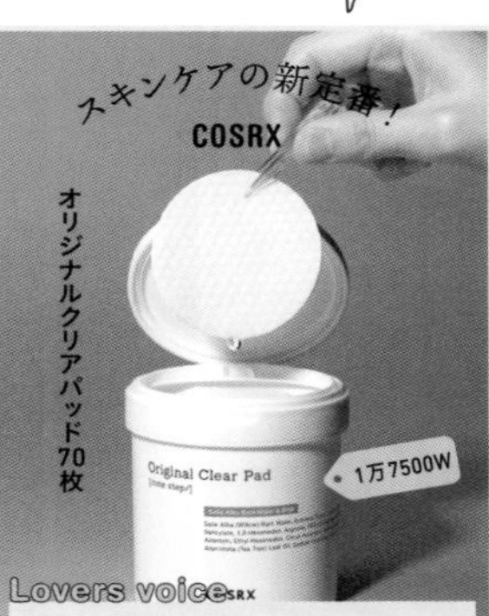

オリジナルクリアパッド70枚
1万7500W

Lovers voice
炎症を抑えてくれるので、脂性肌やニキビ肌の人におすすめです。低刺激なのも使いやすい秘訣！

乾燥知らずの日焼け止め
ROUND LAB

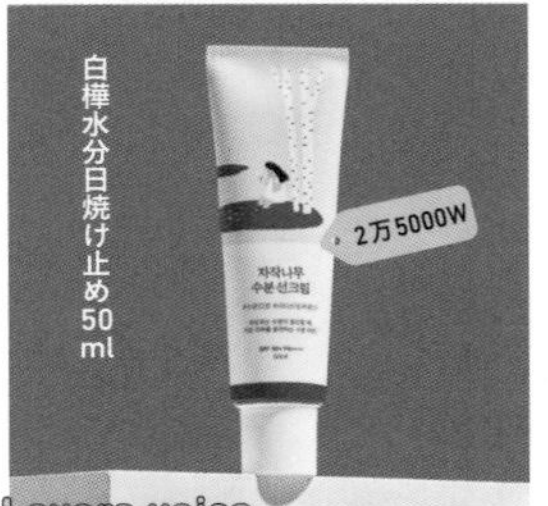

白樺水分日焼け止め50 ml
2万5000W

Lovers voice
保湿効果も兼ね備えた日焼け止め。かわいいパケが気に入っていて、いつも持ち歩くようにしています。

うるつや髪に大変身！
UNOVE

ディープダメージトリートメントEX
3万3000W

Lovers voice
濃密なトリートメントで、傷んだ髪もしっとりさせてくれる救世主アイテムです。一度使うとやめられません。

高保湿ローション！
ILLIYOON

セラミドアトローション350 ml
2万1900W

Lovers voice
セラミド配合で保湿されるだけでなく、刺激にさらされた皮膚のバリア機能を助けてくれるボディローションです。

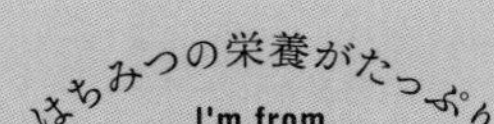

はちみつの栄養がたっぷり
I'm from

3万8000W
フェイスマスク（ハニー）

Lovers voice
洗い流す顔パックで、しっとりもちもちの赤ちゃん肌になれます！ はちみつのいい香りにもいつも癒されます♡

コスメはマルチショップでまとめ買いがラクチン♪

コスメが何でも揃う
OLIVE YOUNG 明洞フラッグシップ
올리브영 명동 플래그십
（オルリブヨン ミョンドン プレグシッ）

韓国で人気のコスメが揃うドラッグストア。韓国のいたるところにある。

中区明洞キル53 1・2F ☎02-736-5290
営 10:00～22:30
休 年中無休 交 2号線乙支路入口駅6番出口から徒歩5分 日本語OK
明洞 ▶MAP 別P.11 D-2

激安コスメストア
THE MASK SHOP
더 마스크샵
（ト マスクシャッ）

1階でコスメ、2階でお菓子を販売する激安ショップ。東大門にあり、夜中も営業。

中区退渓路73キル36 1～2F ☎070-4221-9557 営 12:00～翌5:00（土曜～翌1:00）
休 年中無休 交 2号線新堂駅10番出口から徒歩3分
東大門 ▶MAP 別P.14 C-2

人気エリア江南に位置
CHICOR 江南駅店
시코르 강남역점
（シコル カンナムヨッジョム）

コスメ、パフューム、ネイル、美容器具などを豊富にそろえたビューティーショップ。

瑞草区江南大路441 B1～2F
☎02-3495-7600
営 10:30～22:00
休 年中無休 交 9号線新論峴駅7番出口から徒歩3分 日本語OK
江南 ▶MAP 別P.20 B-3

コスメが作れる＆試せる
人気コスメの実店舗に潜入！

体験型で楽しめる、今話題のコスメショップをご紹介。自分の肌色やメイクに合わせてコスメをカスタマイズ！　自分ぴったりのトレンドコスメを見つけよう。

人気コスメが大集結

AMORE 聖水
아모레 성수（アモレ ソンス）

韓国最大手のコスメ会社、アモーレパシフィックの体験型ビューティーショップ。30ブランド・1500種類以上ものコスメを試すことができ、カスタマイズも楽しめる。コスメ購入者にはたくさんの特典が付く。

城東区峨嵯山路11キル7 1～3F（聖水洞2街277-52）
☎02-469-8600
営 10:30～20:30
休 月曜、旧正月・秋夕の当日
交 2号線聖水駅2番出口から徒歩6分
聖水 ▶MAP 別P.5 E-2

❶工場をリノベした店内は洗練された雰囲気　❷2階はカフェ、3階の屋上にはテラス席がある

コスメが作れる

Foundation

好きなファンデタイプを入力したら、肌トーンを測定し、合う色味を自動で診断。2～3種類をタッチアップし、好きなカラーを選ぶ

INFO

所要	料金	予約
60分	6万8000W	公式HP

Lipstick

肌のトーンや普段のメイクスタイルを相談し、気になる色をピックアップ。スタッフが色を混ぜて、自分に合ったカラーを見つけてくれる

INFO

所要	料金	予約
60分	3万W	公式HP

コスメが試せる

1500以上のアイテム

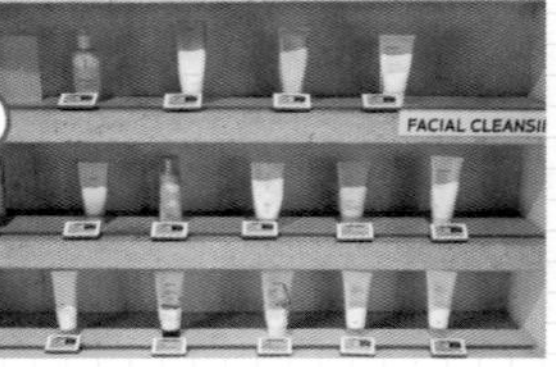

スキンケア商品からリップ、シャドウまで豊富に取り揃えられたテスターの数々。座るスペースもあるので、ゆっくり気ままに選ぶことも

クレンジングルームもあり、その場でメイクが落とせる

WHAT IS

『アモーレパシフィック』

70年以上の歴史を持つ大手化粧品メーカー、アモーレパシフィックは、20以上の化粧品ブランドを所有しており、韓国国内第一のシェアを誇る。なかでもEtude House、innisfree、LANEIGEなどは日本でも親しまれている。

主なブランド

- ETUDE HOUSE
- Innisfree
- IOPE
- espoir
- HERA
- LANEIGE

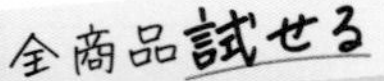

鮮度にこだわった
実力派ブランドの直営店

フレッシュなスキンケア用品

Kuoca Seongsu

쿠오카 성수（クオカ ソンス）

鮮度のよい成分を肌に届けるため、スキンケア用品は製造30日以内で販売する。ほかにもハンド・ボディケアアイテムがそろい、男性にも人気

🏠 城東区演武場キル29-1（聖水洞2街316-20）
☎ 02-6952-0705
㊖ 11:00～21:00
㊡ 年中無休
㊋ 2号線聖水駅4番出口から徒歩6分
聖水 ▶MAP 別P.5 E-2

PICKUP

CREAM BLEND
12万W
乾燥した肌の奥に栄養を届けてくれて、使い心地も良い

ファンデが作れる

人気ファンデを自分好みにオーダーメイド

150色のカラーを用意

BESPOKE NEO LANEIGE 明洞 ショールーム

비스포크 네오 라네즈 명동 쇼룸
（ビスポーク ネオ ラネジュ ミョンドンショルム）

累計販売521万個以上の人気ファンデを30分で気軽にオーダーメイド。肌診断をし、基本情報と好みを入力するとその場で自分だけのファンデが完成。

🏠 中区明洞8キル8（明洞2街50-17） ☎ 02-754-1970 ㊖ 11:00～20:00（3F～19:00） ㊡ 年中無休 ㊋ 4号線明洞駅6番出口から徒歩4分 明洞 ▶MAP 別P.11 D-2

INFO

所要	料金	予約
30分	4万5000～6万W	公式HP

PICKUP

ラネージュ ネオクッション
3万W
崩れ知らずの美肌に仕上げるハイカバークッション

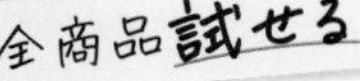

人気のヴィーガンコスメショップ

限定のティントも販売

AMUSE 漢南ショールーム

어뮤즈 한남 쇼룸（オミュジュ ハンナム ショルム）

動物由来の成分を使用していないヴィーガンコスメで有名なAMUSEのフラッグシップストア。フォトジェニックな店内には50種類以上のアイテムが並ぶ。

🏠 龍山区梨泰院路55ガキル49 3F（漢南洞738-13）
☎ 02-796-2527 ㊖ 11:00～20:00
㊡ 年中無休
㊋ 6号線漢江鎮駅 1番出口から徒歩8分 日本語OK
梨泰院 ▶MAP 別P.18 B-1

PICKUP

ジェルフィットティント
2万W
ツヤや保湿まで叶う長持ち＆高密着の新感覚ティント

最近韓国ではヴィーガンコスメが流行中。ヴィーガンコスメ専門のブランドが次々に誕生している

厳選5ブランドの
ベストコスメを狙い撃ち

韓国コスメが肌に合うか心配？　そんな不安を吹き飛ばす、信頼できるブランドのベストセラー、ロングセラーだけを紹介！　効果のほどを試してみよう！

hince

大人っぽいムードな雰囲気が韓国や日本の女性の心を掴んで大人気。その人がもつ潜在的な美を引き出すことをコンセプトにカラバリも豊富に展開している。アンバサダーは日本人女優の八木莉可子。

（モード）（カラバリ）（ハイスペック）

shop info
ソウル市内:1店舗
日本:3店舗

濡れ感ほっぺが叶う目玉商品！

1位 チーク
トゥルーディメンショングロウチーク
2万3000W
柔らかい発色と、保湿効果のある濡れたようなツヤ感が人気。ブランドを代表する目玉商品

2位 ファンデーション
セカンドスキンファンデーション
3万6000W
伸びがよく、ほどよいツヤ肌に仕上がる。元からきれいな素肌感をつくれると話題に

3位 リップ
ムードインハンサーマット
1万9000W
唇や肌の色になじむマットリップ。ふっくらセクシーな唇に

コロンとしたかわいいパケがたまらない

マットでも乾燥しない！

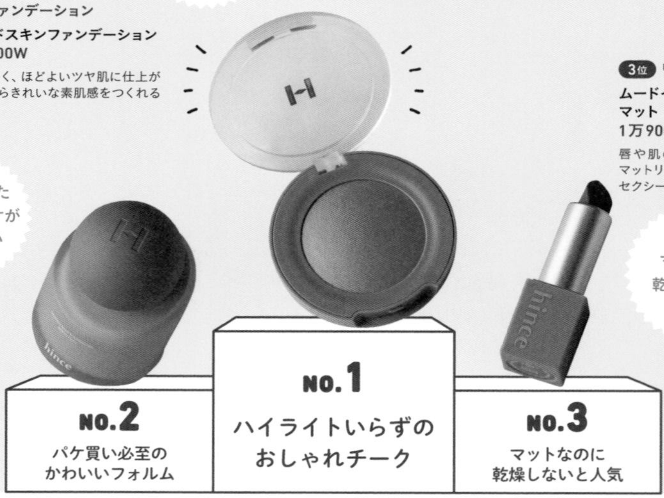

NO.2 パケ買い必至のかわいいフォルム

NO.1 ハイライトいらずのおしゃれチーク

NO.3 マットなのに乾燥しないと人気

トレンドをCHECK

リップの色は「MLBB」で決まり！

「MLBB」とは、「My Lips But Better（素の唇のような色だけど、より魅力的に見せてくれる色）」の略。今の"韓国っぽ"メイクのカギは、自分の肌になじむカラーを見つけること。Hinceのアイテムはパーソナルカラー別で似合うようなカラバリが展開されているからオススメ。

コチラもおすすめ

見たまま発色単色使いでもカワイイ♡

アイシャドウ
ニューディップアイシャドウ
1万8000W
柔らかい質感で塗りやすく、高発色が続く。ナチュラルで上品なカラー展開はhinceならでは。

オススメ店舗

ここがスゴイ！
hinceの世界観が詰まった空間！

おしゃれタウンにあるお店
hince 漢南店
힌스 한남점（ヒンス ハンナムジョム）

モーヴピンクを基調としたエレガントな雰囲気が漂う。ラッピングもキュート。

龍山区梨泰院路49キル14-2 1F
☎02-2135-3031
営11:00～20:00　休旧正月・秋夕の当日
交6号線漢江鎮駅1番出口から徒歩7分
日本語OK　梨泰院 ▶MAP 別P.18 C-1

HOW MUCH

日本と韓国 同じ商品がこんなにお得

日本にも公式ショップがあるブランドでも、韓国で買ったほうがお得なケースが多い。

ノーセバムミネラルパウダー (innisfree)

日本 825円

韓国 約600円 (6000W)

スージング＆モイスチャー アロエベラ92%スージングジェル (Nature Republic)

日本 589円

韓国 約430円 (4300W)

Huxley

高い保湿力のスキンケアアイテムとスタイリッシュなパッケージが人気。肌への浸透が早いサボテンオイルを主成分にしたアイテムを展開しており、インフルエンサーも注目のブランド。

シック　大人っぽい　ハイスペック

shop info
ソウル市内:非公開
日本:非公開

1位 美容液
エッセンスライク オイルライク
4万3000W
乾燥しがちな飛行機の中でも美しい姿を保つCAさんたちが愛用していると人気に火が付いた

乾燥する機内で大活躍の"CAオイル"

2位 ボディオイル
モロッカンガーデナー
4万5000W
ボタニカルな香りに癒され、もっちり赤ちゃん肌になれるボディオイル

しなやかな素肌に導く

3位 香水
モロッカンガーデナー（15ml）
4万8000W
オリーブヤングアワードにも選ばれた香水。高貴な香りを楽しめる

オリーブヤングアワードにも選ばれた

BEST!!

NO.2 田中みな実愛用の話題ボディオイル

NO.1 乾燥知らずの最強美容液

NO.3 ボタニカルで唯一無二の香り

アンバサダーをCHECK

アンバサダーはSEVENTEENのウォヌ！

モロッコ庭園からインスピレーションを得て生まれた「モロッカンガーデナー」のアンバサダーを務めるSEVENTEENウォヌは、メンバーの中でも圧倒的なラップスキルや卓越したダンススキル、そしてモデルのようなルックスで独創的な存在感を持つ。Huxleyの代名詞ともいえる、上質で心地の良い印象を与える「モロッカンガーデナー」の香りの魅力を、より鮮やかに体現している。

オススメ店舗

ここがスゴイ！ 香りや音響演出で世界観を表現！

モダンな雰囲気がかっこいい

Huxley 弘大店

헉슬리 홍대점 (ハクスリー ホンデジョム)

文化複合施設「KT&G サンサンマダン」近くに位置し、Z世代が集まるスポット。

麻浦区チャンダリ路30（西橋洞368-4）
☎ 02-6925-2023
㊖ 11:00~15:00、16:00～20:00
㊡ 月曜、旧正月・秋夕の当日
㊋ 2号線合井駅3番出口から徒歩6分
弘大 ▶MAP 別P.16 C-2

プチプラで人気に火が付いた韓国コスメだが、近年では中～高価格帯の高品質なブランドも注目を集めている

su:m37°

LG生活健康社が手掛ける発酵コスメブランド。香料や防腐剤を使用しない自然派発酵化粧品として韓国ではとても有名で幅広い年代の女性に愛される。イメージモデルは元miss Aで女優のスジ。

発酵コスメ / 高級 / ハイスペック

shop info
ソウル市内:11店舗
日本:日本未上陸
(オンラインストアあり)

1位 美容液
スムマ エリクシール エッセンス(60ml)
16万W
レチノールと純度98%のビタミンを配合しており、ハリや弾力を素早く与えてくれる

80種類もの植物を配合し透明感のある肌へ

2位 美容液
マイクロアクティブ リペアセラム(50ml)
7万5000W
高い保水能力を持ち、外部の刺激にさらされた肌のバリア機能も高める

3位 クリーム
マイクロアクティブソフト フィットクリーム(50ml)
7万5000W
刺激を受けた肌に密着し、鎮静を促す効果がある

日々の刺激で繊細になった肌をやさしくケア

元気のない肌にほのかなツヤと弾力をプラス

NO.2 10年発酵させた成分がぐんぐん浸透

NO.1 アンチエイジングにぴったりな贅沢美容液

NO.3 敏感肌にもやさしい鎮静クリーム

トレンドをCHECK

韓国ではヴィーガンコスメが定番!

韓国では、肌に優しい天然由来の成分のみを使用したヴィーガンコスメが急増中。「マスクネ(マスク+アクネ)」という言葉が生まれたほど、コロナ禍のニキビに悩まされた人が多くいたことが背景の一つ。そこで、ケミカルな成分を含まないヴィーガンコスメが浸透した。

イメージモデルをCHECK

イメージモデルを務めるスジは、韓国で爆発的な人気を誇った元アイドルで、現在は女優として活動している

オススメ店舗

ここがスゴイ! 江原道の研究所でコスメを開発!

高級百貨店でも人気

su:m37°新羅免税店本店

숨 37° 신라면세점본점
(スムサムシッチルド シルラミョンセジョムボンジョム)

本格的なアンチエイジング効果があり、百貨店でも高級コスメとして人気を博す。

中区東湖路249 免税店2F(奨忠洞2街202)
☎ 02-2230-1408
営 9:30〜20:00
休 年中無休
交 3号線東大入口駅5番出口から徒歩3分
東大入口 ▶MAP 別P.7 E-3

ETUDE

ホワイトとピンクを基調にしたガーリーなコスメブランド。プチプラで高発色なアイテムが揃い、王道の韓国コスメブランドとして人気を誇る。イメージモデルはLE SSERAFIMのカズハ。

For Young　プチプラ　カラバリ

shop info
ソウル市内:約200店舗
日本:なし

ETUDEのコンセプト通りの人気パレット

1位 アイシャドウ
プレイトーンアイパレット
3万W
ETUDEのコンセプト"PLAY"の名が付いたアイシャドウパレット

マット3色、ラメ3色にチークまで付いている。メイクは習慣ではなく遊ぶものというコンセプト通り、組み合わせで自由に楽しめるパレット

2位 マスカラ
カールフィックスマスカラ
1万5000W
涙や汗に負けないウォータープルーフ処方の上、アイドル風束感まつ毛が叶うと人気

まつ毛の上向きカールを持続させる！

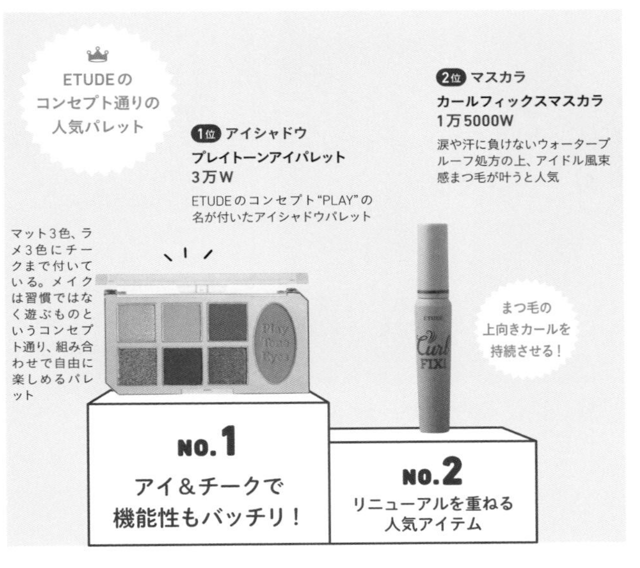

NO.1 アイ＆チークで機能性もバッチリ！

NO.2 リニューアルを重ねる人気アイテム

オススメ店舗

ここがスゴイ！ 人気商品のテスターが揃う

新商品も試せる
ETUDE HOUSE 明洞1番街店
에뛰드하우스 명동 1 번가점
(エテュドゥハウス ミョンドンイルボンガジョム)

明洞の繁華街にある1番街店は、淡いピンク色でまとめられた内装がかわいい。

中区明洞4キル11
☎02-778-1888
営10:00～23:00　休 年中無休
交 4号線明洞駅6番出口、2号線乙支路入口駅5・6番出口から徒歩5分
明洞 ▶MAP 別P.10 C-2

NATURE REPUBLIC

2009年に誕生した自然派のコスメで、韓国ではポピュラーなブランド。商品に済州島のグリーンレモンやハワイの海洋深層水などを商品に取り入れていて、お店は自然を連想させる緑色の外観が特徴。

スキンケア　プチプラ　自然派

shop info
ソウル市内:71店舗
日本:ドラッグストアなどで取り扱いあり

ネイリパのベストセラー商品はコレ！

1位 リップ
ハニーメルティングリップ
1万4000W
グロスを塗ったようなツヤ感が出るリップ。ペンのようにノック式でリップが出る。カラーは全5種

2位 美容液
ビタペアC集中美容液
2万4900W
自然豊かな済州島産のグリーンレモンエキスとCICA成分を配合。透明感のあるみずみずしい肌に導いてくれる

自然なツヤ感と透明感が手に入る

NO.1 韓国女子注目の口コミ抜群ツヤリップ

NO.2 韓国のビューティーアワードで6冠達成

オススメ店舗

ここがスゴイ！ 2023年8月25日にリニューアルオープン！

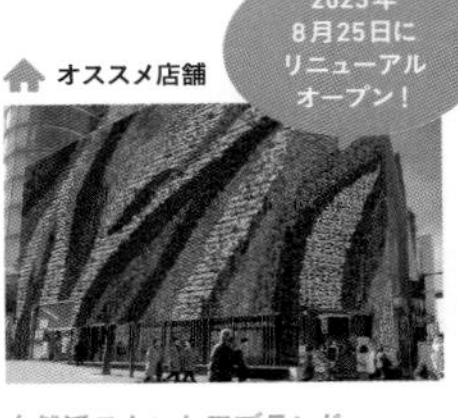

自然派スキンケアブランド
NATURE REPUBLIC 明洞ワールド店
네이처리퍼블릭 명동월드점
(ネイチョリポブリッ ミョンドンウォルドゥジョム)

プチプラで使い心地のよいスキンケアやコスメアを販売。緑の外観が目印。

中区明洞8キル52(忠武路1街24-2)　☎02-753-0123
営9:00～22:00　休 年中無休
交 4号線明洞駅6番出口から徒歩1分　日本語OK
明洞 ▶MAP 別P.11 D-3

コスメ激戦区の明洞には「明洞コスメストリート」なるコスメロードがある。ここに行けばコスメのトレンドがすぐにわかる

SHOPPING 04

日本未上陸アイテムを 韓国発FF（ファストファッション）で大人買い

若者に人気のFF

TOP TEN 明洞2号店

탑텐 명동 2 호점（タプテン ミョンドンイホジョム）

シンプルながらもトレンドを意識した韓国らしいアイテムが人気の店。価格もリーズナブルなので、FFブランド初心者には挑戦しやすい。

🏠 中区明洞キル19（明洞1街59-22） ☎02-779-8042
㊪10:30～22:00 ㊡年中無休
㊇2号線乙支路入口駅6番出口から徒歩4分

明洞 ▶MAP 別P.10 C-2

バンディングパンツ
脱ぎ着しやすい綿素材の女性用ズボン

Tシャツ
1枚は持っておきたい無地のTシャツ

ブラジャー
ノンワイヤー。柄なしで服から透けない

ズボン
男性用。運動にぴったりなストレッチ素材

コーデしやすい便利服の宝庫

8IGHT SECONDS 明洞店

에잇세컨즈 명동점（エイッセコンズミョンドンジョム）

カジュアル、スポーティーなどをテーマにしたユニセックスのアイテムが揃う。素材にもこだわった商品は、プチプラとは思えない高品質。

🏠 中区明洞キル32（明洞2街50-1）
☎070-7090-2272
㊪10:30～22:00 ㊡年中無休
㊇4号線明洞駅6番出口から徒歩6分
日本語OK

明洞 ▶MAP 別P.11 D-2

スカート
デニムのミニスカート。ブラックで締め色になる

ニットTシャツ
Vネックと黒ラインが印象的なTシャツ

ワンピース
シックで清潔感のあるカジュアルコーデが作れる

ズボン
ワイドテーパードパンツでゆとりある履き心地

🏠 その他の店舗

カロスキル店 MAP 別P.19 E-2
合井メセナポリス店 MAP 別P.16 A-2
江南大路店 MAP 別P.20 C-3

ソウルには、最新ファッションがお手頃価格で手に入るファストファッションブランドがいっぱい。デザインも日本とはひと味違う。日本未上陸のショップでトレンドアイテムをゲットして、周りと差をつけちゃおう。

WHAT IS
『FF』 ファストファッション

安価で流行のアイテムが揃うFF(ファストファッション)。韓国では独自のFFブランドが数多くある。シンプルながら、日本にはない鮮やかな彩りが特徴。

カジュアルコーデなら おまかせ

リーズナブルでトレンド感◎
SPAO明洞店
스파오 명동점 (スパオ ミョンドンジョム)

リーズナブルな価格で人気のカジュアルブランド。旬のキャラクターとコラボしたアイテムも定期的に発売している。

中区明洞8ナキル15 1F(忠武路1街24-23) ☎02-319-3850
営 10:30～22:00 休 年中無休
交 4号線明洞駅6番出口から徒歩3分 明洞 ▶MAP 別P.11 D-3

3万9900W
パジャマ
クレヨンしんちゃんとコラボした半袖半ズボンのパジャマ

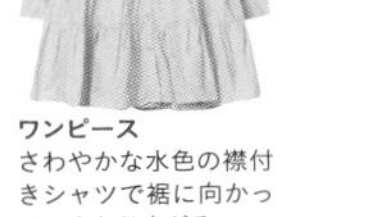

2万5900W
Tシャツ
ピカチュウが描かれたポケットモンスターとのコラボTシャツ

5万9900W
ワンピース
さわやかな水色の襟付きシャツで裾に向かってふんわり広がる

SELECT SHOPを訪れる

ソウルで買い物するなら、セレクトショップのチェックもマスト!

ワンランク上のこだわりアイテム

最新トレンドアイテムが揃う
ÅLAND 明洞本店
에이랜드 명동본점 (エイレンドゥ ミョンドンボンジョム)

トレンドに合わせて取り扱いブランドが変化するため、ソウルファッションの流行をキャッチできる。

中区明洞8キル40(忠武路1街23-5) ☎02-3210-5900
営 10:00～23:00 休 年中無休
交 4号線明洞駅6番出口から徒歩1分
明洞 ▶MAP 別P.11 D-2

その他の店舗

弘大店	MAP 別P.17 D-2
カロスキル店	MAP 別P.19 E-1

3万5800W
バケットハット
A LANDのロゴが入ったコーデの主役級アイテム

4万9000W
Tシャツ
個性派コーデに合わせたいファンクなデザイン

各2万4000W
マット
玄関やサブテーブルにピッタリのキャラマット

6万9000W
Tシャツ
ワンポイントの赤いクマが存在感抜群なTシャツ

FFブランドの店舗は明洞、カロスキルのほかにも江南駅周辺や学生街の梨大、弘大などに集中している

SHOPPING 05

ドゥータモールVSミリオレトンデムン 東大門2大ファッションビルへ

洗練されたアイテムが揃うDOOTA MALLと幅広いショッピングが楽しめるMIGLIORE東大門。東大門で最もアツい2大ファッションビルを徹底比較！

営業時間 10:30～24:00

ジャンル ショッピング+αで楽しめる
流行りのファッションブランドからデザイナーズブランド、ライフスタイルのコレクトショップ、フードコートやカフェまで。ショッピングと様々なサービスをワンストップで楽しめる

ショップ数 127ブランド（フードコート、レストランを除く）
レディースファッションのお店は2～3階、メンズは5階に多く集まっている

試着 試着室なし
店舗ごとに試着室は用意されていない。各フロアに設けられている共同の試着室を使用する

フードコート 14店舗
韓国料理、日本料理からファストフード店まで、豊富なジャンルの飲食店が14店舗入店。23:00まで営業している

シェイクシャック（ハンバーガー）、南道粉食（トッポギ）、クルクルジンスンデ（スンデ）、アッパコムタン（コムタン）、アビコカレー（カレー）など

カフェ 8店
地下2階のアンティ・アンズをはじめ、2階のスターバックスなど、10店舗のカフェが各階に入店している

両替・免税 営業時間中はOPEN
両替所は1階にある。DOOTA MALLの営業時間と同じ。地下2階のデスクでは23時までタックスリファンドが可能

DOOTA MALL
ドゥータモール

斬新なデザインの建物内にトレンドをおさえたショップがぎっしりの定番ファッションビル。

センスのいいショップが充実
DOOTA MALL
두타몰（ドゥタモル）

一般ブランドだけでなく、ここにしかないデザイナーズブランドなど、ショップの充実度はピカイチ。

中区奨忠壇路 275 ドゥサンタワー（乙支路6街18-12）
☎02-3398-3333（顧客サービスデスクB2F）
休 旧正月・秋夕の前日と当日
交 4号線東大門駅8番出口から徒歩1分

東大門 ▶MAP 別P.14 B-2

FLOOR GUIDE

5F	メンズ、雑貨
4F	ビューティー、ファッション雑貨
3F	レディース、アクセサリー、眼鏡
2F	レディース、デザイナーファッション
1F	グローバルブランド
B1F	スポーツ、ユニセックスカジュアル
B2F	セレクトショップ、フードコート、インフォメーション

その他の東大門ショッピングSPOT

東大門 ▶MAP 別P.14 A-2

10～20代が集まる
ハローapM
헬로에이피엠（ハローエイピーエム）

地下1階から地上10階には約500店舗もの小売店が入店している。服だけでなく産婦人科やゴルフ場もあり。

中区奨忠壇路253（乙支路6街 18-35） ☎02-6388-1135 営 10:30～翌1:00（店舗により異なる） 休 火曜1:00～水曜10:30、旧正月・秋夕の連休（毎年異なる）、夏季休業（毎年異なる） 交 2号線東大門歴史文化公園駅14番出口から徒歩2分

東大門 ▶MAP 別P.14 B-2

掘り出し物が見つかる
maxtyle
맥스타일（メクスタイル）

地下1階から地上6階まである巨大な建物。レディースがメインだが、雑貨なども豊富。

中区馬場路3（新堂洞 773）
☎02-2218-0000 営 10:00～翌5:00（ブレイクタイム17:00～20:00） 休 土曜、旧正月・秋夕の連休 交 2号線東大門歴史文化公園駅1番出口から徒歩5分

WHERE IS

『東大門ファッションビル』

地下鉄1·4号線東大門駅、2·4·5号線の東大門歴史文化公園駅の周辺はファッションビルが立ち並ぶエリア。大通りを挟み東側が卸売り、西側が小売りメイン。

MIGLIORE 東大門

ミリオレトンデムン

1998年開業の元祖ファッションビル。10階以上は業務棟と呼ばれホテルや事務所なども入っている。

営業時間　10:30～翌2:00

ジャンル　フロアごとにコンセプトがわかれていて多彩

メンズ·レディースものだけでなく、子供服やマタニティウェア、伝統工芸品なども充実し、多様にショッピングが楽しめる。また、14階にはホテルミリオレの受付がある

安さを重視したいなら

ミリオレ東大門

밀리오레동대문（ミリオレトンデムン）

約300店舗がひしめく、ファッションビルの先駆け。メンズやキッズ商品もあり。

中区奨忠壇路263（乙支路6街18-185）
☎02-3393-2211　休 月曜、夏季休暇（8月中旬）、旧正月·秋夕の連休　交 2号線東大門歴史文化公園駅14番出口から徒歩5分

東大門 ▶MAP 別P.14 B-2

FLOOR GUIDE

16F	ネイルモール
14F	エステ、ホテル受付（客室は19～20F）
9F	食堂
7F	シューズ
6F	伝統工芸品
5F	ファッション雑貨
4F	メンズ
1F～3F	レディース
B1F	子供服、マタニティウェア
B2F	輸入雑貨、化粧小物

ショップPICKUP

16 F

ネイリスト御用達！

ネイルモール

네일몰

日本の半額近い値段で購入できるネイル用品店。パーツやケア用品などの備品も豊富に揃っている。

14 F

IN 15:00
OUT 11:00
料金 ホテル予約サイト参照

東大門を満喫するならココ

東大門ホテルミリオレ

동대문호텔 밀리오레
（トンデムン ホテルミリオレ）

ミリオレ東大門内のホテル。14階が受付、朝食·カフェ。19～20階が客室となっている。手荷物保管サービスあり。

ラクラクショッピング♪

値切りにチャレンジ！

東大門の卸売店などでは値切り交渉ができることもある。電卓片手にチャレンジしてみよう。

【値切りの基本】

基本フレーズ

「まけてください」
깎아주세요（カッカジュセヨ）

計算機で値段を提示しながら交渉する

作戦1

中間地点作戦

まずは店が提示した値段の半額を提案。そこから少しずつ上げていき、妥協点を見つける

作戦2

比較作戦

他店で同じものがもっと安く売っていたとふっかける作戦

必勝フレーズ

「他の店は1万Wでしたよ」
다른 가게는 만원이었어요
タルン カゲヌン マヌォニヨッソヨ

3万W:삼만원（サムマヌォン）
5万W:오만원（オマヌォン）

作戦3

高いから買わない作戦

高いから諦めると立ち去ろうとして引き留められれば値切りの余地あり！

必勝フレーズ

「高くて買えませ～ん」
비싸서 못 사겠네요～
ピッサソ モッ サゲンネヨ～

DOOTA MALLは価格値札制なので基本的に値下げはNG。いくつかまとめて買うと内緒で値引きしてくれることもある

激安の地下ショッピングモール
GO TO MALL で買い物三昧

高速ターミナル駅の地下街に広がる巨大ショッピングモール「GO TO MALL」で、ファッションアイテムや雑貨など超激安アイテムをゲットしよう！

ソウル一長いショッピングモール

GO TO MALL

고투몰（ゴトゥモル）

地下鉄3・7・9号線が乗り入れる高速ターミナル駅直結の地下街。洋服や雑貨など約630店舗が軒を連ねる。MALL内は3つの区域に分かれている。

瑞草区新盤浦路地下200（瑞草区盤浦洞128-4）
☎02-535-8182
営 10:00～22:00
休 旧正月・秋夕の当日
交 3・7・9号線高速ターミナル駅8-1、8-2番出口方面直結
江南 ▶MAP 別P.20 A-3

SHOPPING GUIDE ①
韓国っぽな服をゲット！

GO TO MALLには爆買い必須のトレンドアイテムが集結。普段使いできるシンプル系からカラフルな韓国デザインのものまでアイテムは様々

マノン（1万W）アイテムが充実！

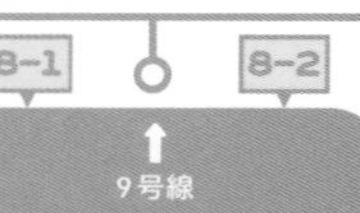

9号線

FOOD COURT　WEST SQUARE　GO TO SQUARE

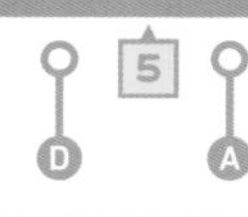

3.7.9号線

7

SHOPPING GUIDE ②
フードコートで小腹を満たす！

ショッピングに疲れたらフードコートでひと休み。トッポギやキンパなどサクッと食べられるフードが揃う。フードコートはMALL内の両端にあるので気軽に利用しよう

キンパ
おなじみの韓国風のり巻き（キンパ）♪

トッポギ
もちもちのトッポギで小腹を満たそう！

テーブル席でゆっくり食べられる

HOW TO

『GO TO MALLを楽しむ旅テク』

1.使う路線によって便利な出口！
地下鉄3·7·9号線が通る高速ターミナル駅。買い物後は7番出口を使うとすぐ駅に着ける

2.フードコートは両端に。使うタイミングを見極めて
両端に韓国料理店やフレッシュジュース店などさまざまなお店がある

3.案内係を見つけたらマーク！
MALL内には9カ所の案内所があるので、事前にチェックしておこう

4.支払いは現金がおトク！
現金払い限定で値引きしてくれることもあるので、現金は持参しよう

1万2000W
Ⓐ着回しが利く無地のピンクシャツ

1万W
Ⓐコーデのアクセントになる黄×水色のベスト

ソウルっ子コーデが完成
Ⓐepisode
에피소드（エピソドゥ）

レディースファッションの店。韓国らしいシンプルでかわいいアイテムを取り揃え、1着1万W前後で購入することができる。

☎070-4131-1228 ㊢10:00～22:00
㊡旧正月·秋夕の当日

1万W
Ⓑガーリーに決まる小花柄のスカート

1万W
Ⓑ韓国っぽい柄のフレアスカートも

シンプル＆カジュアル
ⒷSTRAGE21
스토리지 21（ストリジ イシビル）

価格の安さが自慢。スカートやパンツからジャケットまで、欲しい物が必ず見つかる。全身コーデを買っても1万円以内でおさまる。

☎02-558-1657 ㊢10:00～21:30
㊡旧正月·秋夕の当日

SHOPPING GUIDE③
小物＆コスメをゲット！

地下街なら服だけじゃなくてファッション小物やコスメもお得に入手。靴やバッグの店舗もあるので全身コーデもここで揃う。

Ⓒ右:パールのヘアクリップ
左:花形のシルバーピンクのピアス

Ⓓ右:ヴィーガン承認を得たアイライナー
左:シカ成分配合のマルチミストセラム

5000W以下のアクセサリー
Ⓒサンドゥルパラム
산들바람

3000W～5000W台でアクセサリーが買えるお店。かわいい系からキレイめまでデザインも豊富。

☎なし ㊢10:00～22:00 ㊡旧正月·秋夕の当日

肌にやさしいコスメ
ⒹTONY MOLY
토니모리（トニモリ）

自然由来の天然成分を配合したコスメが人気のプチプラコスメブランド。肌質に合ったコスメが見つかる。

☎02-591-0052 ㊢11:00～21:00 ㊡年中無休

高速ターミナル駅からGO TO MALLまでの通路がショッピングモール「ENTER-6」としてオープン

SHOPPING 07

メイド・イン・コリアな シューズ&バッグを本気買い!

RECOMMEND
ほぼ毎日新作が入荷する
約2000種類の靴やバッグ、小物類が並ぶ。ほぼ毎日新作が入荷するので、気に入った商品は即買いがおすすめ

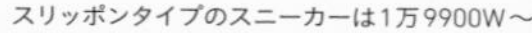
スリッポンタイプのスニーカーは1万9900W～

種類豊富で迷っちゃう!

1万9900W
トレンドであるフィッシャーマンサンダルも購入可能

2万9900W
ベーシックなデザインのスニーカーでカジュアルファッションに馴染む

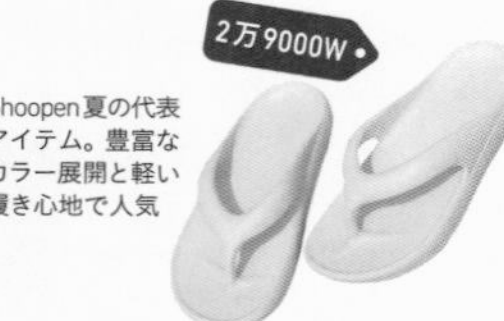
2万9000W
Shoopen夏の代表アイテム。豊富なカラー展開と軽い履き心地で人気

韓国発、靴のファストファッション

Shoopen弘大店

슈펜 홍대점 (シュペン ホンデジョム)

韓国発のシューズチェーン。スニーカーやサンダル、パンプスなど種類豊富に揃い、価格もリーズナブル。気になるアイテムは試し履きしてみよう。

麻浦区楊花路153 1F (麻浦区東橋洞159-10)
☎02-338-5751
営 11:00～22:00 休 年中無休
交 2号線弘大入口駅1番出口から徒歩1分

弘大 ▶MAP 別P.17 D-1

リーズナブルさが魅力

1万9900W
2ラインのストラップがさりげなくおしゃれ

2万5900W
今流行りのスリッパ型ヒールでカジュアルな足元に

RECOMMEND
サイズや色の種類が豊富
トレンドデザインやカラーバリエーションが豊富。リーズナブルな価格なのに、履き心地も抜群でリピーターも多い

かかとなしのサンダルは脱ぎ履きしやすいところが人気

2万9900W
中央のツイストがかわいい。白・黒・黄の3色展開

韓国女子に大人気のシューズ

チャカン靴 弘大店

착한구두 홍대점 (チャカンクドゥ ホンデジョム)

通販で人気だったブランドがオフラインでオープン。ビジネスシーンから普段使いまで女性が使いやすいデザインが揃う。

麻浦区臥牛山路27キル56 1～3F (西橋洞332-14) ☎02-6080-6633 営 12:00～22:00 (最終入店21:30) 休 年中無休
交 2号・京義中央線、仁川空港鉄道弘大入口駅9番出口から徒歩4分

弘大 ▶MAP 別P.17E-1

他の人と被りたくない、こだわりのアイテムが欲しいならMIK（メイド・イン・コリア）がおすすめ。リーズナブルなシューズやデザイナーズアイテムなど、お気に入りの一品を見つけよう。

WHAT IS
『メイド・イン・コリア』
韓国国内の材料を使用し、韓国で生産された商品のこと。専門店や個人店などは一つ一つ手作りしていることも多いので、クオリティの高いアイテムが揃う

布バッグをメインに扱うおしゃれセレクトショップ

RECOMMEND
ネットからも購入可能
直接お店に行けない場合は公式サイト（http://onemorebag.kr/）から欲しいアイテムを購入することができる

デザイナー雑貨も販売している

ショルダーでもトートでも使える2WAY仕様がうれしい

ハートのキルティングがかわいいバッグ

ロゴ入りでシンプルオシャレなトートバッグ

1万8000W

バッグに取り付け可能で小物の収納に便利

オシャなバッグ＆雑貨の宝庫
One more bag
원모어백（ウォンモオベッ）

オリジナルデザインのトートバッグが人気のセレクトショップ。文具や雑貨などクリエイターグッズも扱う。

鍾路区弼雲大路6-1 2F（弼雲洞146-1）
☎070-7768-8990
営 12:00～19:00
休 年中無休（不定休あり、SNSで告知）
交 3号線景福宮駅1番出口から徒歩5分
景福宮 ▶MAP 別P.6 B-1

トートバッグが話題の韓国発ライフスタイルショップ

ロゴ入りのマチありトートバッグ

大きなロゴが入ったトートバッグ

持ち手が長いので肩掛けしやすい

RECOMMEND
日本からも購入可能
直接お店に行けない場合は公式サイト（https://www.depound.jp/）から欲しいアイテムを購入することができる

店全体がショールームのような作りになっている

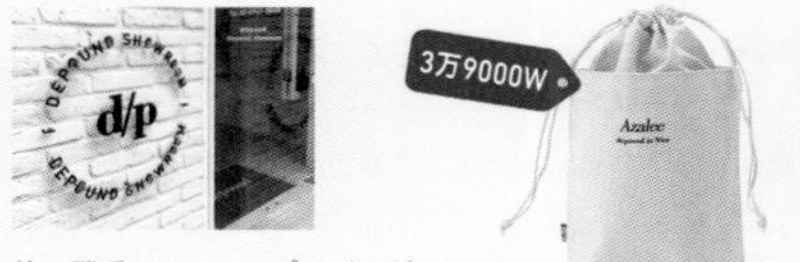

肩掛けできるショルダーバッグ

使い勝手のいいシンプルバッグ
depound
드파운드（ドゥパウンド）

インテリアやレイアウトもおしゃれなショップ。トートバッグのほかに、iPhoneケースや洋服なども取り扱っている。

麻浦区トンマッ路19（合井洞413-9）
☎070-4848-6191
営 12:00～20:00　休 旧正月・秋夕の当日
交 2・6号線合井駅7番出口から徒歩7分
合井 ▶MAP 別P.16 B-3

日本未上陸のブランドやショップでも、オンラインストアから購入できる場合もある

SHOPPING 08

職人の手仕事が光る 韓国伝統雑貨を愛でる

古くから伝わる韓国の伝統的な美しさを、現代の感覚で再解釈した伝統雑貨。刺繍やポジャギなど、実際に使ってみれば愛されてきた理由がわかるはず。暮らしを美しく彩る、とっておきの逸品を探してみて。

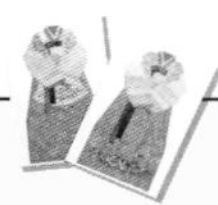

WHAT IS 『韓国伝統雑貨』

鮮やかな色使いと繊細な刺繍が施された布の小物や、韓国版パッチワークのポジャギ、韓国陶磁器などが代表的。現代風にアレンジされたものも多く、自然をモチーフにした優しい風合いで幅広い年齢層から人気がある。

特徴

- 日本にはないカラフルな色使い
- 韓紙などの韓国ならではの素材
- 優しい肌触り

WHAT KIND OF?

種類はさまざま。価格帯もリーズナブルなものから高級なものまで幅広い。

ジャンル	商品の種類	価格帯
刺繍	ストラップ、ポーチ、クッションカバーなど	約5000W～
ポジャギ	巾着袋、ブックカバー、バッグなど	約5000W～
韓紙	メッセージカード、小物入れ、しおりなど	約1000W～
銀食器	箸、スプーンなど	約5000W～
陶磁器	マグカップ、皿など	約1万W～
螺鈿(らでん)	小物入れ、器など	約1万W～

WHERE TO GET

仁寺洞

伝統工芸品店が軒を連ねる仁寺洞は、韓国伝統雑貨の宝庫。約60店舗あり、9時頃～20時頃まで営業。

鮮やかな色の地に映える金糸

刺繍

大きくは王宮の刺繍と庶民の刺繍に分けられる。そのモチーフはどちらも自然や故事成語など。繁栄や幸せを願う縁起のよいものが多く、鮮やかで繊細な色使いと優しい肌触りからは高級感が漂う。小物だけでなく、クッションや衣服、ヘアアクセサリーまで、種類はさまざま。

歴史ある刺繍店の老舗

A 国際刺繍院

국제자수원（クッチェジャスウォン）

生地だけでなく糸にもシルクを使用し、手縫いで仕上げるためアイテムひとつひとつ表情が違う。刺繍小物をはじめ、かんざしなどのアクセサリーも取り扱っている老舗店。仁寺洞に3店舗ある。

- 鍾路区仁寺洞キル41（寛勲洞189）
- ☎ 02-723-0830
- 営 10:00～20:00
- 休 年中無休
- 交 3号線安国駅6番出口から徒歩6分
- 日本語OK

仁寺洞 ▶MAP 別P.13 D-2

こぢんまりとした店内ながら品数は豊富で見ごたえ十分。日用雑貨だけでなくインテリアグッズも充実している

普段使いできるアイテムが揃う

B ソリハナ

소리하나

シルクに似た布を使用しているため、高級感がありつつも価格帯は手頃。手鏡などの日常生活に取り入れやすい小物に伝統柄をミックスしたデザインが特徴で、幅広い年齢層から支持を得ている。

- 鍾路区仁寺洞キル44 2F（寛勲洞38）
- ☎ 02-738-8335
- 営 10:30～20:30
- 休 旧正月・秋夕の当日
- 交 3号線安国駅6番出口から徒歩7分
- 日本語OK

仁寺洞 ▶MAP 別P.13 E-2

広々とした店内には、韓国の伝統小物はもちろん現代風アレンジを加えた日用品や洗練されたインテリア雑貨まで揃う

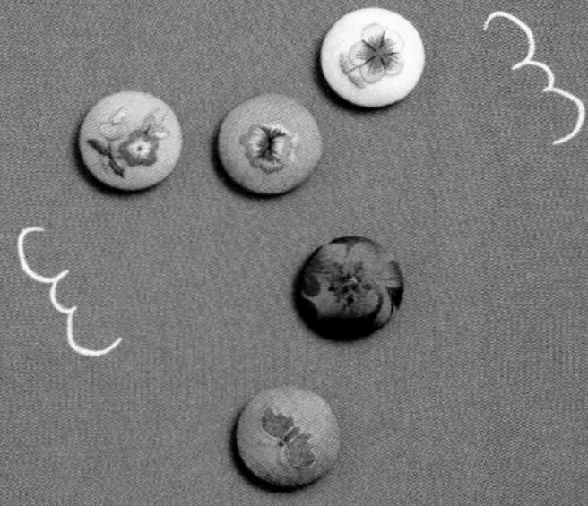

色鮮やかなマグネット。さまざまな模様がある　各5000W／B

水洗いもOKな文庫本サイズのブックカバー　各1万2000W(メモ帳付き)／B

中心の華やかな刺繍が引き立つ袱紗
2万5000～4万5000W／A

伝統とモダンの融合が見事な巾着。リッチなひだが美しい　1万5000W～／B

色違いで揃えても楽しいカラフルなヘアゴム　2万5000W～4万W／A

平凡な文具を華やかに彩るハサミケース。鮮やかな色の組み合わせ　各5万5000W／A

ギフトにもぴったりのワインカバー
4万5000W(赤)4万2000W(青)／A

牡丹の柄が金運を意味する手鏡
各4万W／A

ソリハナ(P.130)では、お願いすると無料でラッピングをしてくれる。凝った包装をしてくれるので、プレゼントに最適

紀元前からの歴史を誇る
韓紙（ハンジ）

封筒やノートのほか、小物入れなどにも利用。紀元前に生産されたのが始まりで、丈夫さと手軽さが人気の秘訣。防風効果もある。

韓国らしい色合いの宝箱（小物入れ） 2万W

鶴の形をした芸術的な照明 80万W

やわらかい光が灯る置き型の照明 各30万W

ほおずきの形をしたカラフルな照明 各3万W

CUTE!!

淡い色合いのコースター 各2万W

韓紙のインテリア雑貨を扱う
ジョンイナムギャラリー
종이나무갤러리

現代と伝統を調和させたハンドメイドの雑貨やインテリア用品を販売。お店の代表は伝統工芸作家のキム・ジョンスン氏で、数々の美術展で審査・出店を行っている。

鍾路区北村路12キル20-7（桂洞11-105）
☎02-766-3397
㊫10:00〜18:00
㊡日曜、旧正月・秋夕の当日
㊋3号線安国駅2番出口から徒歩10分
日本語OK
北村 ▶MAP 別P.12 B-2

伝統×実用性×アートの融合
ポジャギ

朝鮮時代に発展したといわれる韓国のパッチワークことポジャギは、肌触りのよさと美しい色合いが特徴。軽量で求めやすく、おみやげにも最適。

ころんとしたフォルムがかわいいチュモニ 各7万W／A

バラマキみやげにおすすめのコースター3万W（5枚セット）／B

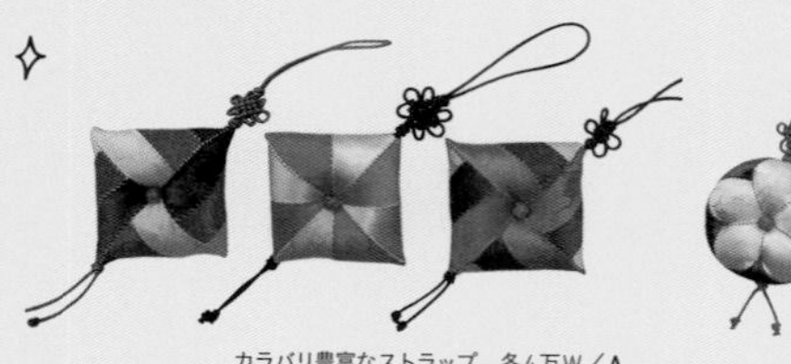
カラバリ豊富なストラップ 各4万W／A

シルクのお財布 7万W／B

店内でポジャギ体験も可能
A ギャラリーミル
갤러리미르

仁寺洞に位置する伝統雑貨のギャラリー。4万Wで手作り体験もできる（要事前予約）。

鍾路区栗谷路1キル40（司諫洞97-5）
☎02-733-6881 ㊫11:00〜18:00（体験は〜18:00）
㊡日曜 Ⓦ体験は3万5000W〜（要予約）
㊋3号線安国駅1番出口から徒歩9分 日本語OK
三清洞 ▶MAP 別P.12 A-3

ハンドメイドの伝統雑貨
B ソムニ
솜리

三清洞にある伝統雑貨のショップ兼、工房。天然染色の布を使用した上品なアイテムが評判。

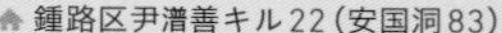

鍾路区尹潽善キル22（安国洞83）
☎02-725-2996 ㊫10:00〜18:00※来店する際は事前に予約の連絡を ㊡土・日曜、祝日 ㊋3号線安国駅1番出口から徒歩5分
三清洞 ▶MAP 別P.12 B-3

やわらかくしなやか、かつ丈夫な韓紙紐　各2000W

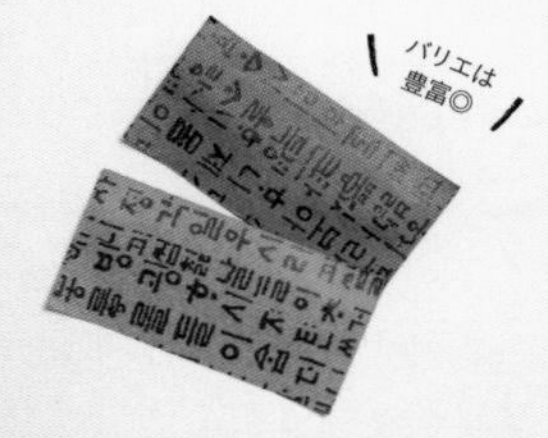

韓国ならではのハングル柄封筒　各2000W

軽くて便利なペンケース　各1万W

小さなサイズで使いやすいポチ袋　各3000W

開くと蛇腹状のユニークなノート　1万4000W

喜ばれること間違いナシのご祝儀袋　5000W

韓紙のアイテムならおまかせ

ヨルリム筆房

열림필방（ヨルリムピルバン）

青瓦台（大統領官邸）に書が飾られた書道界の有名人カン・クォンジン氏の店。韓紙や韓紙を使った小物だけでなく、書道で使う筆など、紙に関する商品を幅広く扱う。

- 鍾路区仁寺洞キル58（寛勲洞121）
- ☎ 02-737-3392
- 営 10:00～20:00（日曜15:00～20:00）
- 休 日曜不定休
- 交 3号線安国駅6番出口から徒歩5分

日本語OK

仁寺洞 ▶MAP 別P.13 D-1

ディテールにこだわりが光る

銀食器

割れにくく抗菌作用があり、キムチの成分にも劣化しない銀食器は、古くから韓国の食卓の必需品。買うなら韓国らしい柄のものを選びたい。

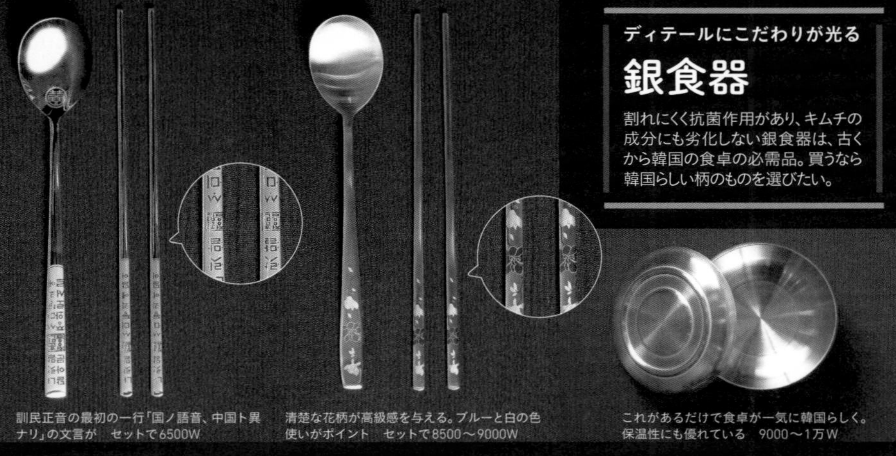

訓民正音の最初の一行「国ノ語音、中国ト異ナリ」の文言が　セットで6500W

清楚な花柄が高級感を与える。ブルーと白の色使いがポイント　セットで8500～9000W

これがあるだけで食卓が一気に韓国らしく。保温性にも優れている　9000～1万W

韓国の食器が何でも揃う

南大門クルットメミソガ インヌンゴッ

남대문그릇도매 미소가 있는 곳

（ナンデムンクルットメ ミソガ インヌンゴッ）

南大門市場内に位置。銀食器をはじめ、日本ではあまり目にすることのできない調理道具や食器、お箸やコップ、肉を焼くプレートまで韓国の食器ならおまかせ。お手頃価格なのもうれしい。

- 中区南大門市場4キル9 大都総合商街D棟3F（南倉洞33-1）
- ☎ 02-776-0112
- 営 9:00～18:00
- 休 日曜
- 交 4号線会賢駅5番出口から徒歩3分

南大門 ▶MAP 別P.15 E-3

仁寺洞には伝統雑貨や韓国らしいみやげショップのほかに、韓国の伝統茶を味わえるカフェ（→P.80）もある。

SHOPPING 09

世界に一つだけの作品を！ワンデークラスにチャレンジ！

SNSで人気の香水工房

L'EAU MAGIQUE

로매지크 (ロメジク)

香水作りができる工房。体験は基本2名からで、1名の場合で作成は2瓶から。スタッフさんが親身にお手伝いをしてくれる。

城東区ソウルの森2キル17-2 1F(聖水洞1街685-423) ☎02-6465-5587 ㊒12:00～21:00 ㊡旧正月・秋夕の連休 ㊬水仁・盆唐線ソウルの森駅5番出口から徒歩8分

ソウルの森 ▶MAP 別P.5 D-2

体験＆ティータイムも楽しめる

AIL LANGTEU キャンドル＆カフェ 弘大本店

아일랑트 캔들＆카페 홍대본점 (アイルラントゥ ケンドゥル＆カペ ホンデボンジョム)

キャンドルの形はケーキほか、数種類から選べる。店内に並ぶキャンドルは購入可能なものも。併設のカフェで休みながら体験できる。

麻浦区トンマッ路7キル49 3F(西橋洞395-79) ☎010-3996-8581 ㊒14:00～20:00(土・日曜、祝日12:00～21:00) ㊡予約次第 ㊬6号線上水駅2番出口から徒歩7分

弘大 ▶MAP 別P.16 C-3

今、韓国女子の間でトレンドのワンデークラス。いわゆる手作り体験のことで、作れるアイテムは多種多様。作る過程も楽しめて、出来上がったアイテムは旅の素敵な思い出に！

ムーディーな空間で体験

SMOO:D

스무디 (スムディ)

ネオンサインやアクリルライトスタンドなど体験ができる工房。店内にあるフォトゾーンで完成品を記念撮影できる。

麻浦区楊花路183 B1F（東橋洞155-27）☎070-8880-2020 営 11:00〜18:00（土・日曜〜20:00） 休 旧正月・秋夕の当日 交 2号・京義中央線、仁川空港鉄道弘大入口駅3番出口から徒歩1分

弘大 ▶MAP 別P.17 E-1

5min

予約なしの即日体験コース

オリジナルボールペン作り

ボールペンをカスタムできる

monami 聖水店

모나미 성수점 (モナミ ソンスジョム)

韓国文具を代表するブランド、モナミの直営店。万年筆やノートなども取り揃え、文房具好きにはたまらない充実した店内。

城東区峨嵯山路104（聖水洞2街315-71）☎02-466-5373 営 10:00〜21:00（毎月第3月曜12:00〜） 休 年中無休 交 2号線聖水駅4番出口から徒歩1分

聖水 ▶MAP 別P.5 E-2

値段も時間も気にせずお手軽に挑戦できる♪

ボールペンDIY
500W

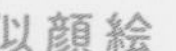

似顔絵

特徴を際立たせたかわいい似顔絵

どんぐりカリカチュア

도토리 캐리커쳐 (ドトリ ケリコチョ)

モノクロでスピーディーに描かれる似顔絵はシンプルでオシャレと大人気。ペットを描くことも可能。店内には芸能人の似顔絵も！

麻浦区東橋路38キル34 1F（延南洞382-29）☎0570-1373-2903 営 12:00〜19:00 休 年中無休 交 2号・京義中央線、仁川空港鉄道弘大入口駅3番出口から徒歩6分

延南洞 ▶MAP 別P.4 A-2

サインペン1本であっという間に特徴を捉える！

似顔絵（A5用紙）
7000W

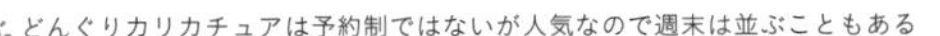

どんぐりカリカチュアは予約制ではないが人気なので週末は並ぶこともある

SHOPPING 10

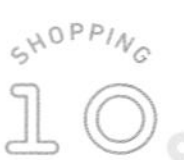

自分みやげにしたい！
かわいいデザイン雑貨がほしい

カラフルなものやシンプルで実用性のあるものまで、おしゃカワなアイテムが必ず見つかるソウル。話題のショップで最新アイテムをチェックしてみよう！

クリエーター雑貨

韓国っぽさ ☆☆☆
コスパ度 ☆☆☆
おすすめ度 ☆☆☆

6500W
ゆるかわいいトラが描かれた焼酎グラス

1万3000W
大きくて持ちやすいアクリル製のグリップトック

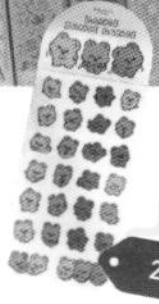

2500W
3色のクマがダンスしているおちゃめなシール

韓国っぽなキャラグッズ

mu:u mu:u
무유무유
(ムユムユ)

デザイナーを応援するために作られたショップで、韓国人デザイナーたちの雑貨を取り寄せて販売。文具だけでなくポーチやPCケースなど幅広い雑貨を取り扱う。

🏠麻浦区ソンミ山路190-4 102号
☎010-6391-7374
㊕ 12:00～20:00(土・日曜～21:00)
㊡ 年中無休
㊯ 2号・京義中央線、仁川空港鉄道弘大入口駅3番出口から徒歩10分
延南洞 ▶MAP 別P.4 A-2

ずっと着ていたい着心地

JUUNEEDU SHOWROOM
쥬니쥬 쇼룸
(ジュニジュ ショルム)

パジャマ専門店。すべて自社製品で、シンプルなものからラブリーなデザインまで揃う。店内の試着室で着比べることも可能で、お手頃価格で購入できる。

🏠麻浦区東橋洞46キル42-9 102号(延南洞383-91)
☎070-4126-7089 ㊕ 12:00～21:00
㊡ 火曜(臨時休業あり) ※インスタグラム@juuneedu_srで告知 ㊯ 2号線・空港鉄道・京義中央線弘大入口駅3番出口から徒歩5分
延南洞 ▶MAP 別P.4 A-2

パジャマ

韓国っぽさ ☆☆☆
コスパ度 ☆☆☆
おすすめ度 ☆☆☆

3万600W
高級感のあるデザイン。男女共用で着られる

2万4000W
クマがちりばめられたガーゼ生地のパジャマ

3900W
おうち時間もかわいくいられるクマのヘアバンド

1万8000W
1万5000W

(左)20gの軽量ミニカバン
(右)シェル型のキャンドル

弘大の人気雑貨店

object

오브젝트（オブジェクト）

弘大のメインエリアから少し離れたところにある雑貨店。4階建ての店内には韓国のデザイナーの雑貨が並ぶ。弘大のほか三清洞や聖水、釜山にも店舗がある。

麻浦区臥牛山路35キル13（西橋洞326-2）
☎02-3144-7738　営12:00～21:00　休旧正月・秋夕の当日　交2号・京義中央線、仁川空港鉄道弘大入口駅7番出口から徒歩4分

弘大 ▶MAP 別P.17 F-1

クリエーター雑貨

韓国っぽさ ☆☆☆
コスパ度 ☆☆☆
おすすめ度 ☆☆☆

靴下

韓国っぽさ ☆☆☆
コスパ度 ☆☆☆
おすすめ度 ☆☆☆

1万7000W
1万8000W

スポーティなデザインやカラフルなものまで豊富

おしゃれすぎる靴下屋

MSMR

엠에스엠알（エムエスエムアール）

カジュアルかつカラフルな靴下がインスタで話題のショップ。靴下を購入すると、好きなボックスとシール、ショッパーが選べる。

龍山区大使館路11キル49 3F（漢南洞657-21）
☎070-8888-0321
営11:00～20:00　休旧正月・秋夕の当日
交6号線漢江鎮駅3番出口から徒歩7分
日本語OK

梨泰院 ▶MAP 別P.18 A-1

1万1000W

左:3カ月分のダイアリー
右:ポストカード

洗練されたデザイン雑貨

ALL WRITE

올라이트（オルライトゥ）

オリジナルの文房具を専門に扱うショップ。店内にはメモ帳やノート、ふせんなどが所狭しと並んでおり、どれも欲しくなる。

鍾路区紫霞門路5ガキル41（体府洞102）
☎010-9223-3484　営13:00～17:00
休臨時休業あり（インスタグラム@allwrite_shopで告知）　交3号線景福宮駅2番出口から徒歩7分

景福宮 ▶MAP 別P.6 B-1

1500W

文房具

韓国っぽさ ☆☆☆
コスパ度 ☆☆☆
おすすめ度 ☆☆☆

START

おみやげ用？自分用？ → 自分 → ごはん用？おつまみ用？

おみやげ ↓

おつまみ ↓

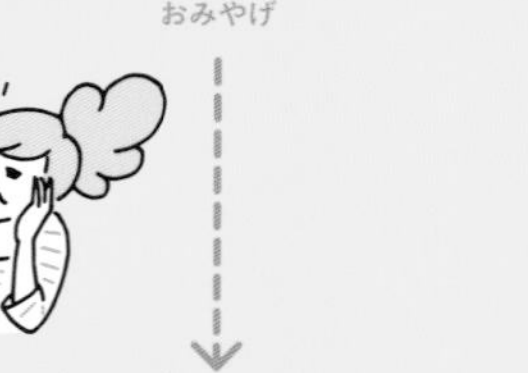

バラマキ用？大切な人用？ → 大切な人 → 香り重視？後味重視？

バラマキ ↓ 後味 ↓

スタンダード？変わり種？ → スタンダード → あっさり？こってり？

変わり種 →

味わい、歯応え、磯の香り のりによって千差万別

塩とごま油で味付けされており、そのまま食べてもおいしい韓国のり。刷毛を使ってごま油を塗り、塩をふりかけた上で焼いて作るというのが一般的な製法だ。

韓国のりと日本ののりは、味わいだけではなく、品種が異なる。ぎゅっと詰まったキメの細かいものが高級とされる日本とは逆で、韓国では穴が大きければ大きいほど高級とされている。

おみやげの代表格でもある韓国のりだが、いつも慌てて空港で購入……なんていう人も多いかもしれない。しかし、それではもったいない！　どれも同じに見える韓国のりでも、実に味わいは千差万別。右のチャートで目的に合わせた韓国のりを見つけてみよう。

ちなみに、韓国のりの代表格といえば「両班（ヤンバン／양반）」ブランド。韓国国内でシェア1位を誇る信頼できるブランドなので、安心して購入できる。

WHERE IS

韓国のりを買える場所

韓国のりを買うなら下記を訪れてみよう。

◎百貨店

高級志向のこだわりのりなら百貨店。

ロッテ百貨店 本店
→P.143

◎マート

バラマキに最適なリーズナブルなものが多い。

ロッテマートソウル駅店
→P.143

[韓国のり活用術]

韓国のりはさまざまな食材と相性抜群。そのまま食べるだけではなく、ラーメンに入れたりおにぎりに巻いたり、スライスチーズを挟んで焼いてもおいしい。

素材の味が活きたのりがおすすめ！

海の島のり（プルムウォン）

3000W

磯の香りが強く、のりそのものの味わいが濃い。キメが細かく、なめらかな舌触りで日本ののりに似た味わい。

定番のりがおすすめ！

名品のり（両班）

4900W（5袋入り）

口に入れるとすぐに溶けるやわらかさで、塩気は控えめながらも磯の香りはしっかりとついている。

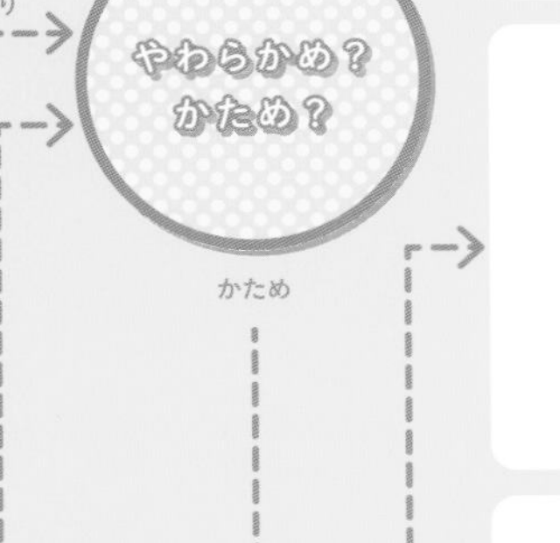

リッチなのりがおすすめ！

オリジナルのり（GOURMET494）

8000W

シックなパッケージが人気。塩気が強く、これだけでおつまみとして楽しめる。パリパリの食感。

一味違うのりがおすすめ！

ふりかけ海苔（名家）

5680W

ふりかけタイプの韓国海苔。飯にかけたり、副菜に絡ませて味変を楽しむことができる。

WHY

『韓国のり』

ご飯やおかずにかけて食べる韓国海苔は、クセになる塩味と香ばしいごま油の香りが特徴。韓国ののり巻き「キンパ」も韓国海苔で巻かれていて、世界の海苔消費量一位は韓国。国民的な食材として親しまれている。おいしくてついつい手が伸びてしまうが、日本の焼き海苔に比べて約3倍ほどのカロリーがあるため、食べ過ぎには注意が必要。

韓国のりは200種以上あり、その中でポピュラーなのが岩のり、在来のり、のり巻き用のり、青のりの4種類

SHOPPING 11

帰国後にガチですする インスタントラーメンを入手

軽くて安くておいしくて、しかも調理が簡単。そんなお手軽なおみやげになるのが韓国のインスタントラーメン。帰国後も韓国の味を楽しめる、一番おいしく食べられる調理方法や相性のよい食材、さらにはハズレなしの8種類をご紹介。

準備するもの

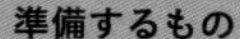

韓国のインスタントラーメンに面倒な準備は一切必要ナシ！　スタンダードなものなら、鍋さえあればOK

鍋のフタを取り皿がわりにして、鍋から直接食べるのが韓国スタイル！

インスタントラーメン

水

チョッカラ（箸）、スッカラ（スプーン）

鍋

おいしい調理法

1 計量し、お湯をわかす。
コツ① ずっと強火で
コツ② フタをしないで煮込む

2 お湯がわいたら、スープとかやくを入れて軽く煮立たせる。

3 麺を割らず、そのまま鍋へ投入。
※同時に2つ以上茹でないこと！

4 コシがでるように麺を2〜3回箸でつまみあげ、ほぐしながら茹でる。

できあがり！

コレを加えてさらにおいしく！ ｜ラーメンと好相性の食材を紹介。

ラーメンにトッピングをプラスするとさらに味わいが変化。いろいろな食材を入れてみよう。

キムチ
すべてのタイプに。
風味・辛さプラス

お酒のアテにしても相性抜群、具にしても風味が増すラーメン最強の相棒。

チーズ
辛いタイプに。
コクをプラス

高価なチーズよりも、安価なスライスチーズのほうが不思議とよく合う。

牛乳
辛いタイプに。
まろやかさプラス

少量入れるだけで味の角がとれ、まろやかでクリーミーな味わいに。

卵
辛いタイプに。
まろやかさプラス

そのまま入れるよりも、卵を溶いてから入れるとよりよく麺に絡む。

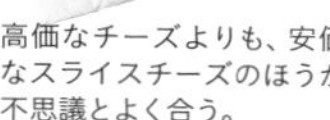

ツナ
あっさりタイプに。
旨味をプラス

ツナから魚の旨味が溶け出して、カンタンに動物系×魚介のWスープができあがる。

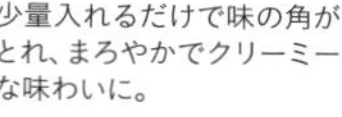

ごま油
すべてのタイプに。
風味をプラス

できあがったラーメンにひとふりするだけで、香ばしい香りと味わいに。

WHERE TO BUY

◎ラーメン
マート や コンビニ
→P.143

◎鍋、チョッカラ、スッカラ
南大門市場 で
→P.182

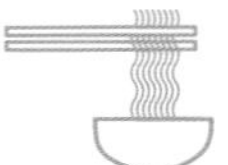

＼ ハズレなし！ ／
おすすめラーメンカタログ

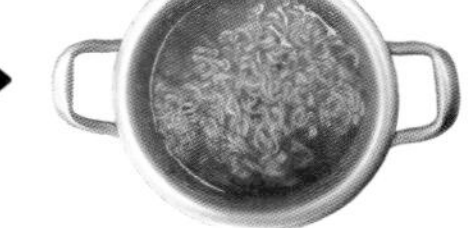

01 辛ラーメン
（農心） 680W

1日平均300万個を売り上げる、韓国インスタントラーメンの定番。辛いながらも深い味わいの牛肉スープがクセになる。

茹で時間 4分30秒
具 少 多
味 あっさり こってり

02 ノグリラーメン
（農心） 730W

麺が太くもちもちしており、スープはダシの効いためんつゆ風味で日本人好みの味わい。小さな昆布が付いてくる。

茹で時間 5分
具 少 多
味 あっさり こってり

03 チーズラーメン
（オットゥギ） 850W

ベースは辛いラーメンだが、濃厚チーズの効果で辛いものが苦手な人でも食べられる。まろやかな味わいに。

茹で時間 4分
具 少 多
味 あっさり こってり

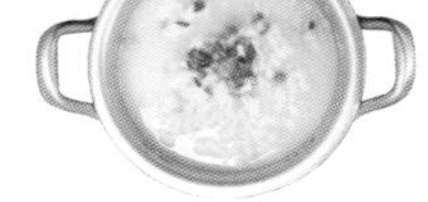

04 韓牛ソルロンタンミョン
（Paldo） 1300W

先に液状スープを入れて煮立たせる。あっさりながらもコク深いソルロンタンの味が、つるつるの麺と絡み合う。

茹で時間 3分
具 少 多
味 あっさり こってり

05 チャムケ(ゴマ)ラーメン
（オットゥギ） 900W

かなり辛みが強いが、香ばしいゴマの風味とマッチ。クセになる味わいで、具に溶き卵が入っているのもうれしい。

茹で時間 4分
具 少 多
味 あっさり こってり

06 コッコミョン
（Paldo） 830W

鶏ベースの白いスープは、見た目に反して青唐辛子が効いているためかなりの辛口。溶き卵を入れるとまろやかに。

茹で時間 3分30秒
具 少 多
味 あっさり こってり

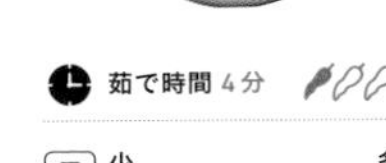

07 安城湯麺
（農心） 620W

のどごしのよい、プリプリした細麺が特徴。しょう油の風味豊かなスープは安城のスープ工場で製造されている。

茹で時間 4分
具 少 多
味 あっさり こってり

08 オジンオチャンポン
（農心） 770W

太めのもちもち麺とイカの風味が強いスープがよく合う。チャンポンなので野菜や魚介類などの具材を入れるとさらに美味。

茹で時間 4分30秒
具 少 多
味 あっさり こってり

インスタントラーメンの中には、日本の焼きそばに似たインスタントジャージャー麺（900W～）もある

SHOPPING 12

お酒とお茶のお供はどれだ!?
ベストなお菓子を探す

チキンポップ
치킨팝
1000W（オリオン）

小粒ながら、しっかり味が付いており少しピリ辛。お酒のお供にピッタリ

ポテトチップ ユッケジャンサバル麺味
포테토칩 육개장사발면맛
1500W（農心）

人気カップ麺の味をポテトチップスで再現。カップ麺の粉末スープをまとったような味

オー！カムジャディップ
오！감자 딥
2500W（オリオン）

袋の中にはディップソースが入っている。そのままでも、ディップしても。一袋で二度、味の変化が楽しめる

秀美チップ
수미칩
2000W（農心）

ハニーとマスタードで絶妙な甘じょっぱさ。ビールと一緒に食べるのが韓国で流行

ビールとの相性抜群♡

オッパティ
오빠튀
2500W（SWEET YOUNG）

さきいかを揚げたようなおつまみ。マヨネーズに付けたらおいしさアップ！

スウィングチップコチュジャン味
스윙칩 볶음고추장
1350W（オリオン）

100％韓国産のジャガイモを使ったポテトチップス。辛すぎず子どもでも食べやすい

辛ダンドントッポギ
신당동 떡볶이
1500W（ヘテ）

しょっぱいのかと思いきや、意外と甘みが強い。後からじわじわと辛さが押し寄せる

しっとり
リッチな味

ギャトー
갸또
3980W（ロッテ）

しっとりとした生地で、本物のチーズケーキのような味わい。ドライフルーツが入っている

日本とはひと味違う韓国のスナック菓子。お酒、お茶、紅茶など、飲み物とのベストカップルを見つけよう。おもしろい発想の商品もたくさんあるのでおみやげにもおすすめ！

日本茶

お茶に合う素朴な味わいのお菓子

ひまわりの種チョコ
해바라기
1200W（ロッテ）

ひまわりの種をチョコレートでコーティング。小粒なのでパクパク止まらなくなる素朴な味

餅とチョコの新食感

チャルトッパイ
찰떡파이
4500W（ロッテ）

チョコパイの中に餅が入っている。やわらかい餅の新食感がやみつきになる

ナ！
나！（オリオン）
1200W

クラッカーでチーズを挟んだお菓子。甘じょっぱい味わいは日本茶にも紅茶にも好相性

紅茶、コーヒー

ケーキにひけをとらないようなスイーツ系スナックが充実

チャム ブンオパン
참 붕어빵
4300W（オリオン）

カステラ生地の中にチョコレートと餅が入っている。しっとりしたカステラと餅の食感

Farm on the Road
팜 온더 로드
2000W（ロッテ）

ほろほろとした軽めのクッキーの間にたっぷりのチョコレートが挟まっている

WHERE IS

食みやげが買える場所

食みやげは大型スーパーや百貨店の食品売り場などでゲットできる。

食みやげを安くGET

ロッテマートソウル駅店

롯데마트 서울역점（ロッテマトゥソウルリョクチョム）

中区漢江大路405(蓬莱洞2街122-11)
☎02-390-2500
㊖10:00〜24:00　㊡第2・4日曜
㊛1号線ソウル駅1番出口から徒歩2分
ソウル駅 ▶MAP 別P.6 B-3

明洞駅近の百貨店

ロッテ百貨店 本店

롯데백화점 본점（ロッテペッカジョム ポンジョム）

中区南大門路81（小公洞1）　☎1577-0001(ロッテ百貨店総合案内)　㊖10:30〜20:00（金〜日曜〜20:30、13・14F〜21:30）　㊡不定休、旧正月・秋夕の連休　㊛2号線乙支路入口駅地下道からロッテ百貨店地下1Fに直結
明洞 ▶MAP 別P.10 B-1

オリジナル商品も多数

GOURMET494

고메이 494（ゴメイサグサ）

狎鷗亭路343 名品館WEST B1F（狎鷗亭洞494）　☎02-3449-4114　㊖10:30〜20:00（金〜日曜〜20:30）　㊡年数回不定休、旧正月・秋夕の前日と当日　㊛水仁・盆唐線狎鷗亭ロデオ駅7番出口直結
狎鷗亭洞 ▶MAP 別P.22 C-1

高級食材を買うなら

SSG フードマーケット

SSG 푸드마켓（エスエスジプドゥマケッ）

江南区島山大路442（清潭洞4-1）
☎02-6947-1234
㊖10:00〜22:00
㊡第2・4日曜・旧正月・秋夕の当日
㊛7号線清潭駅9番出口から徒歩15分
清潭洞 ▶MAP 別P.23 D-2

韓国の百貨店は輸入食品も多く扱う。おみやげを買うなら事前に韓国の製品か確かめるのがベター

5つのキーワードで徹底比較

免税店でご褒美を手に入れる

それぞれ独自のサービスや特典がある免税店。
そこで、ソウルを代表する2大免税店の魅力を徹底比較！
そこにしかない独自の施設やお得な利用方法など、注目情報を教えます。

ロッテ免税店

好ロケーションの便利な免税店

ロッテ免税店 明洞本店

롯데면세점 명동본점
（ロッテミョンセジョム ミョンドンボンジョム）

百貨店と一緒の建物で、明洞に位置しているため市内で最もアクセスしやすい。朝一や閉店前の時間帯が比較的空いている。

中区南大門路81 ロッテ百貨店9～12F（小公洞1）
☎ 02-759-6600～2
㊖ 9:30～20:00、金～日曜～20:30
㊋ 2号線乙支路入口駅から7･8番出口直結 日本語OK
明洞 ▶MAP 別P.10 B-1

ロッテ免税店

お得なサービス
SERVICE

企業との連携サービスあり

韓国観光公社やクレジットカード会社との特典や割引など連携サービスあり。詳細はHPをチェック。
（jp.lotteddfs.com）

会員の特典
PRIVILEGE

VIP会員は特典盛りだくさん

シルバーからLVIPまで、会員レベルによって5～20%の割引を受けられる。

＼申請は10Fのカウンターで！／

VIPカードは申し込んだその日に発行。両替手数料無料などロッテ免税店だけの特典が満載！

アクセス
ACCESS

駅から直結で迷わない

地下鉄2号線の乙支路入口駅から地下でつながっているため、迷う心配もなく雨の日でもラクラクアクセス。ロッテホテルに隣接しているので、空港からのリムジンバスも停車する。明洞のメインストリートからも徒歩で行ける。

スペシャルな施設
FACILITIES

STAR AVENUEで韓流スターに接近

地上通路ではイメージキャラクターになっている韓流スターやK-POPアイドルのムービーなどを展示。開催時間は9:00～18:30で年中無休。

＼詳しくはP.169へ！／

注目のブランド
BRAND

ロッテ免税店ONLYのブランド

カンペールやポール＆ジョーといった日本でも人気の高いブランドが現在ロッテ免税店オンリー。

- CAMPER
- HUNTING WORLD
- PAUL&JOE
- MAX MARA
- MOSCHINO
- lapalette

WHY

『韓国免税店』

韓国の免税店なら、韓国コスメからキムチや韓国のりなどの食材まで、あらゆる韓国みやげを網羅している。韓国コスメブランドのシートマスクなどはまとめ買いでお得に購入できる。1カ所にブランドが集結しているため買い物も楽ちんだ。

新羅免税店

快適に買い物が楽しめる

新羅免税店 ソウル店

신라면세점 서울점 (シーラミョンセジョムソウルジョム)

新羅ホテル敷地内にある、広々した高級感あふれる空間に550以上もの幅広いブランドが並ぶ。東大門、明洞まで無料シャトルも。

中区東湖路249(奨忠洞2街202)
☎ 02-2639-6000
営 9:00～20:00
休 年中無休
交 3号線東大入口駅 5番出口から徒歩3分(無料シャトルあり) 日本語OK
東大入口 ▶MAP 別P.7 E-3

新羅免税店

新羅ONLYのサービス盛りだくさん

利用顧客の国別に特典を用意するなど、こまやかなサービスが充実している。行く前には必ずHPをチェックして。(www.shilladfs.com/jp)

タクシー代サポート(2023年12月31日まで):タクシーで来店すると、1万W分の謝恩券を贈呈。1階の案内ディスクでタクシーの領収書を提示しよう。

韓服体験利用券進呈(2023年12月31日まで):50USドル以上買い物をすると韓服レンタル無料体験クーポンが贈呈される。1階の案内デスクでレンタルクーポンを受け取り、該当の韓服レンタルショップに提示しよう。

多彩な特典

会員レベルに応じて、5～20%の割引を受けられる。シルバー、ゴールドなど6つの会員区分があり、発行日から割引が適用。一部ブランドは割引対象外。

発行当日から割引が適用される。一部例外を除き他の割引イベントとの重複も可能

便利な無料シャトルバス

新羅ホテルや東大入口駅のほか、主要ホテルや明洞駅、東大門などをつなぐ便利なシャトルバスあり。

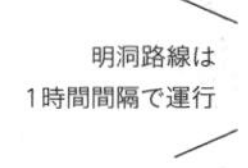

明洞路線は
1時間間隔で運行

カフェ＆ガーデンでくつろぐ

観光やショッピングに疲れたら、3階の屋上カフェ「アティジェ」へ。プレミアムな雰囲気のカフェは、マカロンやシフォンケーキなどのデザートが有名。カフェの外には広い芝生の庭があり、スターフォトゾーンで特別な思い出を残すことができる。

プレミアムな雰囲気のカフェは、スイーツに定評がある新羅ホテルの直営

新羅免税店おすすめのブランド

新羅免税店では、ルイ・ヴィトンやシャネルなどの高級ブランドだけでなく、なかなか手に入らない人気商品や、韓国女性なら誰でも持っているローカルブランド品も揃っている。

- **トップ女優愛用ジュエリー　ゴールデンデュー**
- **韓流スターのつるつる肌に　su:m37°**
- **高麗人参の定番ブランド　正官庄**
- **品切れ続出のバッグあり　FENDI**

新羅免税店は、会員だけが参加できるK-POPスターのイベントがある。東方神起などと出会えるチャンス

❶東大門のファッションビルは明け方5時まで開いているところが多い。夜中でもショッピングを楽しめるんだ。　❷卸売の店などでは、値切りの交渉ができることも。電卓を持ってチャレンジしてみよう！(P.125)　❸温泉マークはラブホテルのマーク。安宿として利用する韓国旅行上級者もいるよ

TOURISM

ソウルの「見る」事件簿

ソウルの街を歩いていると、都会の真ん中に、時代劇に出てきそうな古宮が現れる。今と昔が入り混じるソウルの観光を200%楽しもう！

事件ファイル 1

ソウルって観光のイメージがない。グルメと買い物だけでは？

ソウルに来ても、毎回買い物やグルメで終わってしまいます。観光するところってある？

解決！ 観光スポットも盛りだくさん！

おいしい韓国料理に、かわいらしい服や雑貨のショッピング……。これらがメインになってしまい、ソウルでの「観光」は影が薄くなりがち。でもそれではもったいない！　歴史を感じる古宮や美しい夜景、ソウルタワーからの絶景など、見どころは盛りだくさんだ。

迷ったらココ！　ソウル見どころINDEX

ジャンル	エリア	所要時間	料金	楽しむポイント
古宮 → P.152	仁寺洞など	1〜1.5時間	**1000〜3000W** 入場料が必要。別途入場料が必要な建物などもある	**日本語ガイドを利用** 各王宮では、日本語可能スタッフによるガイドツアーが1日2〜3回開催されている。料金は無料。王宮についての理解を深めることができる
Nソウルタワー → P.158	南山	0.5〜2時間	**無料〜約2万W** 上らなければ無料、上る場合はケーブルカー代と展望台入場料が必要	**上らなくても楽しめる** 南山のふもとに位置する南山公園（MAP別P.6 C-3）からは、ソウルタワー全体を見ることができる。夜になるとタワーが七色にライトアップする
文化複合施設 → P.162	仁寺洞	1〜2時間	**無料＋入場料** 展示や、体験には入場料や参加費がかかる場合がある	**1カ所で何でも楽しめる** 展示や体験など、ショッピングだけでなくさまざまな価値を提供。各所を回る時間がないという場面では、移動時間を省けるので便利。
夜景 → P.160	漢江沿い（汝矣島など）	1〜2時間	**無料〜1万W〜** 遊覧船に乗船する場合は有料。コースによって異なる	**遊覧船でクルージング** 漢江のほとりから見ることももちろん可能だが、おすすめは遊覧船でのクルージング。ビュッフェなどを楽しみながら、漢江の夜景を見られる

事件ファイル 2

友人が「五大宮すべて回りたい」と。正直違いがわからない。

韓国時代劇好きの友達は鼻息荒く盛り上がってるけど、どの宮も同じに見えてしまいます。

解決! お好みで1カ所でも十分楽しめる

見た目は似ている古宮だが、異なる見どころがある。もちろん5つすべて回ってもOKだが、ひとつにしぼって見るのがおすすめ。お好みの宮を探してみよう!

五つの宮をチェック

アクセス重視なら
徳寿宮→P.154

ソウル市庁のすぐそばにある。明洞も近いので、ショッピングのついでに立ち寄れる好立地

ドラマで予習!
『王の女』(SBS)
『明成皇后』(KBS)

カラフルさなら
景福宮→P.154

古宮のなかでも鮮やかな塗装が施されている。香遠亭という美しい庭園も要チェックだ

ドラマで予習!
『太陽を抱く月』(MBC)

しっとり静かに回るなら
昌慶宮→P.154

宮のなかではかなり質素。そのぶんゆっくりと静かに見て回ることができるのがいいところ

ドラマで予習!
『トンイ』(MBC)

景色の荘厳さなら
昌徳宮→P.152

世界遺産に指定されている。広い敷地内に佇む荘厳な建築物は、600年の歴史を感じられる

ドラマで予習!
『宮廷女官チャングムの誓い』(MBC)
『屋根部屋のプリンス』(SBS)

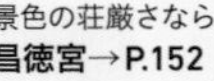

今と昔の対比を楽しむなら
慶熙宮→MAP別P.6 A-2

再建されたのは2000年代。敷地内にある博物館では、ソウルの発展の歴史を学ぶことができる

ドラマで予習!
『宮〜Love in Palace〜』(MBC)

事件ファイル 3

街中にヘンテコなオブジェが。これって何!?

街を歩いていたら突然巨大な筆が!?　イタズラにしてはスケールがでかい。これは一体何なの?

解決! これもアートなのです

ソウルには、さまざまな壁画やオブジェなどが集まるアートなエリアがある。ショッピングのついでに記念撮影をするのもよい。

弘大にあるアート。若さあふれる作品が多い

仁寺洞には大きな筆のオブジェがある(MAP別P.13 D-1)

梨花洞駱山プロジェクトの作品。街のいたるところに不思議なオブジェが見られる

SEOUL CASE FILES

いまTOURISMで一番NEWなしたいこと！

韓ドラのロケ地に行きたい！

ソウルには、景色も味も文句なしのドラマロケ地がたくさん。
あの名ドラマのワンシーンを、自分が主人公になった気分で楽しもう！

＼韓ドラ再興の火付け役／

『梨泰院クラス』

言わずと知れたメガヒットドラマ。ホットな街、梨泰院で成功を掴むため大物相手に奮闘する若者たちの姿を描き、主役のパク・ソジュンは一躍スターダムにのし上がった。

劇中で何度も登場！

緑莎坪陸橋

녹사평보도육교
（ノッサピョンボドユッキョ）

メインキャラクターのパク・セロイとチョ・イソがよく話をしていた歩道橋。ドラマのワンシーンの通りでテンションも上がる。

龍山区緑莎坪大路地下195（龍山洞4街4）
㊋6号線緑莎坪駅直結
梨泰院 ▶MAP 別P.4 C-2

ロケ地で何する？
Nソウルタワーを眺める後ろ姿をパシャリ！

セロイの歴史が始まった思い出の店

父親と初めて盃を交わした店

ソウルバム

서울밤

セロイが初めてオープンした飲み屋。店内にはドラマ映像が流れていて、看板の「탄밤」は劇中で出てくる店名のパロディ。

龍山区緑莎坪大路40キル57（梨泰院洞57-28）
☎0507-1333-8486
㊔18:00～23:00（土曜～24:00）
㊡月or火曜　㊋6号線緑莎坪駅3番出口から徒歩8分
梨泰院 ▶MAP 別P.18 A-2

ロケ地で何する？
ドラマに出てきたチゲセットを食べる！

スンドゥブと豚もやし炒めはセロイのお気に入りのメニュー

原作者が経営する居酒屋！

ロケ地で何する？
マ・ヒョニが作ったスープを味わえる

うま味の効いたムール貝スープはセロイも納得のおいしさ

クルバムポチャ

꿀밤포차

『梨泰院クラス』の原作はウェブ漫画。この居酒屋は、その作者が経営しており、劇中に出てきたメニューを堪能できる。

龍山区梨泰院路27ガキル45（梨泰院洞119-17）
☎010-3291-1276、010-9205-1918　㊔18:00～翌5:00（LO翌4:00）㊡年中無休　㊋6号線梨泰院駅1番出口から徒歩2分
日本語メニュー有　梨泰院 ▶MAP 別P.18 A-1

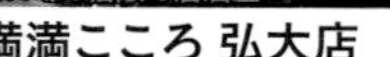

セロイの宿敵の居酒屋

ロケ地で何する？
セロイと同じ気持ちで建物を見上げる

満満こころ 弘大店

만만코코로 홍대점（マンマンココロ ホンデジョム）

韓国で24店舗を展開する人気チェーン居酒屋。弘大を盛り上げるきらびやかな外観は、セロイの宿敵が経営する居酒屋そのまま。

麻浦区楊花路16キル34（西橋洞369-41）　☎02-335-0004
㊔24時間　㊡年中無休　㊋2号線弘大入口駅9番出口から徒歩7分
弘大 ▶MAP 別P.17 D-2

\ 圧倒的世界観で魅了 /

『ヴィンチェンツォ』

イタリアのマフィアの顧問弁護士・ヴィンチェンツォ（ソン・ジュンギ）は、韓国の雑居ビルの地下に眠る金塊を手に入れるため、悪党に立ち向かう。

青くて巨大な複合施設！

COMMON GROUND

커먼그라운드（コモングラウンドゥ）

第5話でヴィンチェンツォとホン・チャヨン弁護士がサンドイッチを食べるシーンで登場。

広津区峨嵯山路200（紫陽洞17-1）　☎ 02-467-2747　営11:00～22:00　休旧正月・秋夕の当日　交2号線建大入口駅6番出口から徒歩3分　聖水 ▶MAP 別P.5 E-2

工場をリノベした大規模カフェ

CAFE ハラボジ工場

카페 할아버지공장（カペ ハラボジコンジャン）

第4話で登場したカフェ。人気エリア・聖水に位置し、デザイナーが手掛けた芸術的な空間が1～3階まで広がっている。

城東区聖水2路7街キル9（聖水洞2街309-133）　☎ 02-6402-2301　営 11:00 ～ 22:00（LO20:00）　休 年中無休　交 2号線聖水駅3番出口から徒歩6分　聖水 ▶MAP 別P.5 E-2

Ⓐシグニチャーのアインシュペナー（8000W）とティラミス（8000W）　Ⓑ天井も高く、店内はかなりの広さ

\ ハン・ソヒ×ソン・ガン /

『わかっていても』

愛を信じない女子大生・ナビと、一線を越えた関係になっても恋愛は拒む青年・ジェオンとの恋を描いた作品。主人公がロマンスに落ちる瞬間に共感の声が続出。

\ 世界的ヒットを記録！ /

『愛の不時着』

コロナ禍に世界中で好評を得た作品。劇中でロマンスを演じたソン・イェジンとヒョンビンは2022年に結婚し、ビッグカップルが誕生したとさらに話題に。

ナビとジェオンが出会ったバー

JR.PUB

제이알펍（ジェイアルポッ）

ジェオンが自分のタトゥーと同じ蝶をナビの腕に描くロマンチックなシーンで使用されたバー。

龍山区普光路127 中小企業銀行（梨泰院洞128-4）　☎ 0570-1372-3567　営 17:00～翌4:00（土・日曜、祝日～翌6:00）　休 年中無休　交 6号線梨泰院駅4番出口から徒歩1分　梨泰院 ▶MAP 別P.18 B-2

高級ステーキハウス

ウルフギャング　ステーキハウス 清潭

울프강 스테이크하우스 청담（ウルプガンステイクハウス チョンダム）

2004年にマンハッタンで創業し、世界に展開するステーキ店。第1話でセリがパパラッチされた場所として登場した。

江南区宣陵路152キル21（清潭洞89-6）　☎ 02-556-8700　営11:00～22:00（LO21:00）　休 年中無休　交 水仁・盆唐線狎鴎亭ロデオ駅4番出口から徒歩5分　清潭洞 ▶MAP 別P.23 D-2

TOURISM 01

1時間でイイトコどり
世界遺産昌徳宮(チャンドックン)を散策

所要 約1時間

ソウルで観光するなら、古宮めぐりはハズせない。
どこかひとつを選ぶなら、世界遺産「昌徳宮」がおすすめ。
見るべきポイントを押さえて1時間でひと回りしてみよう。

↗ 秘苑
N
闕内各司(クォルネカッサ)
王をサポートする高級官吏らの総合庁舎。重要な役割を担う部署が集まっている
歴代王の写真や肖像がある璿源殿(ソンウォンジョン)
大造殿
宣政殿
仁政殿
熙政堂
中門である肅章門(スクジョンムン)。一度取り払われたが96年に再建された
錦川橋
仁政門
敦化門

敦化門(トンファムン)・錦川橋(クムチョンギョ)
ソウル最高の正門と石橋

敦化門は昌徳宮の正門にあたる門。1412年に建てられたもので、ソウルに現存する最古の門だ。錦川橋も最古の橋で、動物の石像が彫られている

正門にあたる敦化門から1時間の散策をスタート

朝鮮王朝・風雅の極み
昌徳宮
창덕궁(チャンドックン)

1405年に3代目王の太宗が設立した王宮。韓国の古宮の中でも保存状態が優れている。ユネスコ世界遺産に選定されている。広さは4万3000㎡におよび、自然あふれる大庭園も付随している。

住 鍾路区栗谷路99(臥龍洞2-71)
☎ 02-3668-2300
休 月曜(祝日は開園)
W 大人(満19歳～満64歳)3000W
交 3号線安国駅3番出口から徒歩5分
日本語OK
鍾路 ▶MAP 別P.9 D-1

開園時間
入場は閉園1時間前まで

2～5、9～10月	9:00～18:00
6～8月	9:00～18:30
11～1月	9:00～17:30

 肅章門写真提供:Photo by ©Tomo. Yun (http://www.yunphoto.net)

宣政殿（ソンジョンジョン）

王の政務室

王が日常的な政務をおこなっていた場所。現存する宮殿建築物のなかで、唯一の青い瓦屋根がある

奥に見えるのが、現存する唯一の青い瓦屋根。必撮スポットだ

熙政堂（ヒジョンダン）・大造殿（テジョンジョン）

王と王妃の生活空間

熙政堂は王の寝殿と業務の場だったところ。一部が西洋式に改造されているのも見どころのうちのひとつ

幾度も火災に遭い、現在見られる熙政堂は1920年のもの

王妃の住居である大造殿は1920年に景福宮から移転してきた。西側には台所である「水刺間（スラッカン）」がある

仁政殿（インジョンジョン）

女官らが余生を過ごす楽善斎（ナクソンジェ）

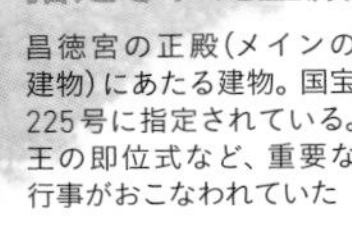

国宝に指定された正殿

昌徳宮の正殿（メインの建物）にあたる建物。国宝225号に指定されている。王の即位式など、重要な行事がおこなわれていた

仁政殿の前には、臣下たちが序列順に並ぶ際の目印になる「品階石」が並べられている

まだある ソウルの世界遺産

ソウルにある世界遺産は全部で3つ。都会の真ん中にあるのが特徴だ。気軽にタイムスリップできる。

朝鮮初代王が創建

宗廟

종묘（チョンミョ）

所要 約1時間

歴代の王らの位牌（神位）が安置されている。1995年に世界遺産に登録された。歴代王の霊を迎える宗廟祭礼は2009年に無形文化財に登録された。

住 鍾路区鍾路157（薫井洞1-2）
☎02-765-0195
開 日本語ガイド9:40／11:40／13:40／15:40、土・日曜は自由観覧、毎月最終水曜は無料自由観覧（自由観覧日以外はガイドとの観覧必須） 休 火曜（祝日は開園）
Ⓦ 大人1000W 交 1・3・5号線鍾路3街駅8番出口から徒歩5分
日本語OK

鍾路 ▶MAP 別P.9 D-1

2人の王が眠る

宣陵

선릉（ソンルン）

所要 約1時間

第9代王成宗と、その継妃貞顕王后が眠る墓。同じ敷地内にある「靖陵（チョンヌン）」には11代王中宗が埋葬されている。敷地内には小さな売店もあり。

住 江南区宣陵路100キル1（三成洞135-4）
☎02-568-1291
開 6:00～21:00、11～1月6:30～17:30、2月6:00～18:00（入場は閉園1時間前まで） 休 月曜
Ⓦ 大人1000W 交 2号線宣陵駅10番出口から徒歩10分

江南 ▶MAP 別P.21 D-2

昌徳宮、宗廟、宣陵すべて満18歳以下・満65歳以上は入場無料で観覧できる

TOURISM 02

どこに行くか迷ったら 3つの古宮見どころベスト3

スケール感満点の古宮

景福宮

경복궁（キョンボックン）

景福宮 ▶MAP 別P.8 A-1

カンファムン
光化門

朝鮮時代の正宮としての役割を果たした王宮。鮮やかで古宮の中でも最も華やかな建物。ソウルのど真ん中にあるとは思えない広大なスケール感が特徴。

住 鍾路区社稷路161（世宗路1-91）
☎02-3700-3900
開 9:00～17:00、3～5月・9～10月～18:00、6～8月～18:30（入場は閉園1時間前まで）
休 火曜（祝日の場合開園、翌日休業）
交 3号線景福宮駅5番出口から徒歩1分

面積	入場料	日本語ガイドツアー	所要
43万2703㎡	大人（満19歳～満64歳）3000W	無料 10:00、14:30	1～1.5時間

見どころ BEST 1

クンジョンジョン
勤政殿

「民を勤勉に治める」という意味を持つ正殿。王の即位式などが開かれていた

ビジネス街に佇む都会のオアシス

徳寿宮

덕수궁（トクスグン）

市庁 ▶MAP 別P.8 A-3

テハンムン
大漢門

もともとは王族の邸宅だったが、壬辰倭乱の際に王が移り住んできた。ビジネス街にあり、昼時はサラリーマンが憩う姿も。

住 中区世宗大路99（貞洞5-1）
☎02-771-9955
開 9:00～21:00（入場は閉園1時間前まで）
休 月曜（祝日は開園）
交 1号線市庁駅2番出口から徒歩1分

面積	入場料	日本語ガイドツアー	所要
6万7048㎡	大人（満19歳～満64歳）1000W	無料 9:30、16:00	1時間

見どころ BEST 1

チュンファジョン
中和殿

徳寿宮の中でも中心的な建物。毎週火・土曜の9:00～17:00は内部が一般開放される

豊かな自然に囲まれる

昌慶宮

창경궁（チャンギョングン）

鍾路 ▶MAP 別P.9 D-1

ミョンジョンムン
明政門

昌徳宮（P.152）と隣接しており、観光客が多く訪れる。3つの古宮の中で最も質素な建物。1983年からおこなわれた改修工事を経て復活した。

住 鍾路区昌慶宮路185（臥龍洞2-1）
☎02-762-4868
開 9:00～21:00（入場は閉園1時間前まで）
休 月曜（祝日は開園）
交 3号線安国駅3番出口から徒歩15分

面積	入場料	日本語ガイドツアー	所要
21万6774㎡	大人（満19歳～満64歳）1000W	無料 10:00、14:00	1時間

見どころ BEST 1

ミョンジョンジョン
明政殿

昌慶宮の正殿。現存する朝鮮王朝王宮の正殿で最古の歴史を持っている

ソウルに点在する古宮の数々。似ているようでもそれぞれ異なる趣を持っている。3つの王宮の見どころをチェックしてみよう。好みの一つを回るだけでも満足できるはず。

見どころ BEST 2
慶会楼(キョンフェル)
国宝第224号に指定されている。宴を催すための楼閣だった

見どころ BEST 3
香遠亭(ヒャンウォンジョン)
美しい景色を楽しめる庭園。高宗の時代に建てられた

見どころ BEST 2
静観軒(チョングァンホン)
高宗が宴を開いた場所といわれる。ロマネスク調の建築が目を引く

見どころ BEST 3
石造殿(ソッチョジョン)
高宗の執務室として利用されていた。現在は美術館として使用されている

見どころ BEST 2
文政殿(ムンジョンジョン)
王の執務室。臣下との会議がおこなわれていた

見どころ BEST 3
賓陽門(ビニャンムン)
公と私生活の空間を分ける門。この門より手前は丸い柱、奥は四角い柱になっているのにも注目

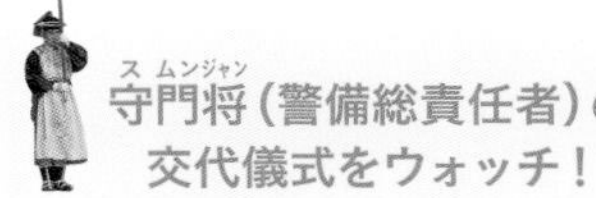

守門将(スムンジャン)(警備総責任者)の交代儀式をウォッチ!

正門で定期的に開催される

朝鮮時代の王宮で、警備を務めていた軍隊が「守門軍」。この交代儀式を再現した行事が行われている。場所は徳寿宮、景福宮の正門前。時間を合わせて見てみよう。

交代式をcheck!

軍号応答
味方の確認
警備をしていた守門軍の武官と、交代軍の武官が互いに味方どうしであることを確認し合う作業

よろしく!

初厳
鍵箱の引き継ぎ
王宮門の鍵が入った箱を引き継ぐ。守門軍の参下→守門軍の守門将→交代軍の守門将→交代軍の参下の順

中厳
王命の確認
両軍の守門将が王命を確認。符号を2つ合わせてぴったりと合えば本物。太鼓が3回打ち鳴らされる

三厳
任務交代の官僚
両軍が向かい合って整列し、軍礼を交わして任務交代。太鼓が2回打ち鳴らされる

交代式スケジュール

	時間	休み
徳寿宮	11:00、14:00	月曜、雨天時
景福宮	10:00、14:00	火曜、雨天時

WHY 古宮のギモン

Q1 どうして宮殿はカラフルなの?

邪気を払うため
古宮のカラフルな模様は、陰陽五行説にもとづいて、青、赤、白、黒、黄の5色が組み合わせてある。これは邪気を払うパワーがあるとされ、宮殿などのみに使用が許されていた高貴な色合いでもあるのだ

Q2 建物の用途を見分ける方法は?

名前でわかる!
殿:王、后、王の母(母后)のみが使うことを許された場所
堂:次期の王(世子)が過ごしたり、日常業務がおこなわれていた場所
楼/亭:宴などが開催されていた場所
斎/軒:王族などがプライベートで利用していた場所

四方を山で囲まれ、清渓川の流れる平地に位置する景福宮は、気の流れがよく、パワースポットとしても名高い

Who is 世宗（セジョン）?

ハングルを作った 1万W札の人

朝鮮王朝第4代王、「世宗」。1万W札に描かれているあの人だ。ソウルの中心部、光化門広場（MAP別P.8 A-1）にある大きな像が、世宗その人だ。

世宗は一般的に「世宗大王（セジョンデワン）」と呼ばれている。彼は現在韓国で使われているハングルの生みの親であると同時に、さまざまな文化政策を推進し、優れた統治手腕を有していたために、朝鮮王朝随一の名君として名を残している。「大王」とつくのもそのためなのだ。

世宗の功績として最たるものはハングル＝訓民正音（くんみんせいおん）の制定だ。15世紀までは、朝鮮語を表記する固有の文字がなく、漢字などは一部の有識者しか読み書きができなかった。世宗は、一般の民衆でも使えるような固有の文字を創出する事業を推進し、その仕組みを解説した書物である『訓民正音』を刊行した。

文化面での造詣が深く、若くて有能な学者たちを育成して学術研究や書籍の出版を推進したのも世宗の政治の特徴。彼の偉業を知った上で使う1万W札は、ひと味違って見えるかもしれない。

朝鮮王朝王系図

朝鮮王朝の王系図。世宗は4代目にあたる。

- 太祖（テジョ）（1392～1398） — 景福宮の正門「光化門」（P.154）を創建
- 定宗（チョンジョン）（1398～1400）
- 太宗（テジョン）（1400～1418） — 昌徳宮（P.152）を建てた／宗廟（P.153）の永寧殿に位牌がある
- 世宗（セジョン）（1418～1450） — ハングルを発明
- 文宗（ムンジョン）（1450～1452）
- 端宗（タンジョン）（1452～1455）
- 世祖（セジョ）（1455～1468）
- （睿宗（イェジョン））
- （徳宗（トクチョン））
- 成宗（ソンジョン）（1469～1494） — 宣陵（P.153）に祀られる
- 燕山君（ヨンサングン）（1494～1506） — 昌徳宮（P.152）の仁政殿で即位
- 中宗（チュンジョン）（1506～1544） — 靖陵に祀られる
- 仁宗（インジョン）（1544～1545） — 昌慶宮（P.154）の明政殿で即位
- 明宗（ミョンジョン）（1545～1567）
- （徳興大院君（トクンデウォングン））
- 宣祖（ソンジョ）（1567～1608） — 徳寿宮で政務をおこなった
- 光海君（クァンヘグン）（1608～1623）
- （元宗（ウォンジョン））

もうひとつの世宗像!?

世宗像といえば光化門広場のものが有名だが、世宗大王記念館にも世宗の像がある。こちらは落ち着いたデザインで、徳寿宮から移設されたもの。東大門区にある。

世宗ってこんな人

世宗はハングルの制定以外にも、文化面でのさまざまな政策を推進したことで有名。彼の功績の一部を紹介しよう。

世宗がしたこと①

ハングルを作った

世宗はハングル（訓民正音）という、それまでになかった文字体系を創始した。それまで韓国では漢字が用いられていたが、民衆が使いやすいように、朝鮮固有の文字体系が必要だという思いから創始に至った。

修政殿：景福宮内にある建物。ここで訓民正音は生まれたとされている

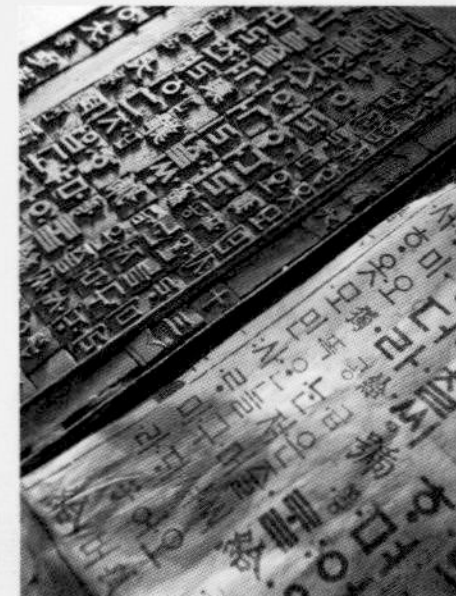

訓民正音は、世宗が書いた序文にあたる「例義」篇、学者たちが解説をした「解例」篇、あとがきにあたる「鄭麟趾序（ていりんしじょ）」の3部構成になっている。写真は世宗が記した序文

世宗がしたこと②

科学器具を発明した

世宗の時代には、実用的な学問や、さまざまな技術が発明された。王立天文台である「簡儀台」や、時間を測定するための水時計などが現在も残っている。

時間を測定するための「水時計」は英陵に現存する

文字を作った韓国の国民的英雄

光化門広場にある世宗の像。黄金に輝く像は、朝鮮王朝一の名君としての威厳に満ちている

世宗EPISODE

子どもの頃から本が大好きだった世宗。朝から晩まで本を読みあさり、食事中も本を手放さなかった。心配した両親が部屋からすべての本を撤去させたが、屏風の後ろにあった本を見つけ出し、その1冊を100回以上繰り返して読んだといわれている。

世宗プロフィール

本名：李 祹（イ・ド）
名前の変遷：忠寧君（チュンニョングン）→忠寧大君（チュンニョンデグン）→世宗（セジョン）
誕生日：1397年5月7日
性格：優しい文学男子

世宗を主人公にした韓国ドラマ『根の深い木 -世宗大王の誓い-』は、ハングル創出の過程を細かく描いている

TOURISM 03

新旧ソウルのランドマークタワーはどっちに行く？
Nソウルタワー or ロッテワールドタワー

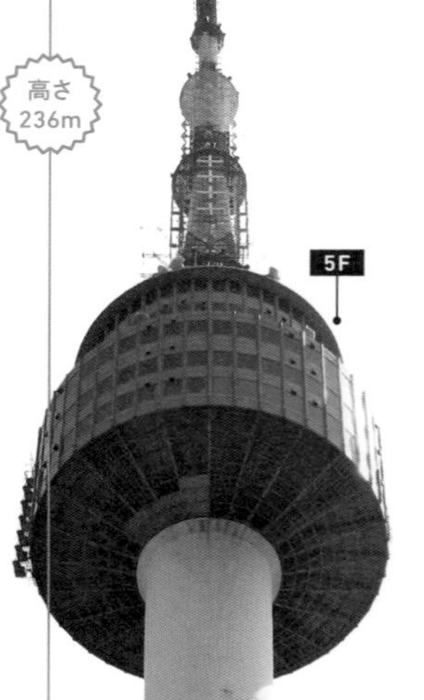

1980年 10月15日OPEN
テレビやラジオなどの総合電波塔として建設され、1980年に一般開館された

Nソウルタワーの必訪施設

スカイトイレ
ソウルの街並みを一望できるトイレ。トイレに籠もりたくなっちゃうかも!?

デジタル展望台
3Fはガラス張りの展望台。ソウルの街が一望できる

絶景をぐるりと一周
n•GRILL
엔그릴（エングリル）

48分でぐるりとソウルを見渡せる回転式になっている。予約して来店すると、デジタル展望台の入場が無料になるサービスも。

龍山区南山公園キル105 NソウルタワーT7F（龍山洞2街 山1-3）
02-3455-9297
営 12:00～14:00、17:00～22:00（LO20:00）
※完全予約制
休 年中無休

地元民に愛される観光スポット
Nソウルタワー
N 서울타워（エンソウルタウォ）

南山の頂上にそびえるNソウルタワーは、もともとはテレビやラジオの電波塔だった。現在では観光スポットとして多くの観光客が訪れる。

龍山区南山公園キル105（龍山洞2街 山1-3） 02-3455-9277、9288
開 10:30～22:00（最終入場21:30）、土・日曜10:00～23:00（最終入場22:30）※気象状況や運営状況によって早期終了あり
休 年中無休 Ⓦ 大人2万1000W、子ども（満4歳～満12歳）・シニア（満65歳以上）1万6000W 交 4号線明洞駅3番出口からケーブルカー乗り場まで徒歩15分 南山 ▶MAP 別P.6 C-3

＼昼と夜で姿が変わる！／
Nソウルタワーベストショット

DAYTIME

明洞からよく見える！
Nソウルタワーからも近い明洞からはさまざまな角度からタワーを見られる

ソウルの古の都を囲んでいた漢陽都城からの眺め

Nソウルタワーへ向かうケーブルカーからの空中散歩

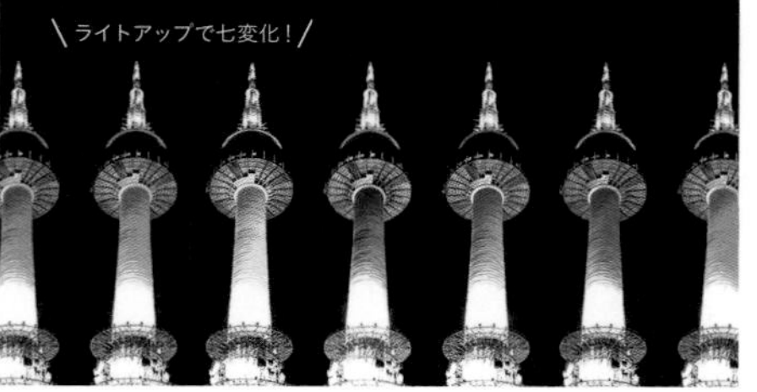

時間によってタワーが7色に変化していく

NIGHT

カラフルなライトアップ
7色のLEDライトによって、夜間の時間帯はライトアップされる

ソウルを象徴するランドマークとして知られる「Nソウルタワー」と「ロッテワールドタワー」。定番観光地としても有名な2大タワーは、昼と夜でちがった姿を見せてくれる。あなたはどう満喫する？

2017年
4月3日OPEN
展望台の高さは世界で6番目、地下6階、地上123階の建物

ロッテワールドタワーの必訪施設

スカイデッキ
床が強度ガラスで造られたスリル満点の展望台

13のテーマ、全世界650種、およそ5万5000匹の海洋生物で構成され、さまざまなプログラムや体験コーナーが楽しめる新感覚の水族館。

☎1661-2000 ㊋10:00～20:00(金～日曜～22:00、最終入場は各1時間前) ㊡年中無休 ㊎大人(満13歳以上)3万5000W、子ども(満3～12歳)・シニア(満65歳以上)2万9000W

体験型アクアリウム
ロッテワールドアクアリウム
롯데월드아쿠아리움 (ロッテウォルドゥアクアリウム)

＼昼と夜で姿が変わる！／
ロッテワールドタワーベストショット

ソウル市内を一望！
555mの高さを誇るタワーはソウル市内のどこからでも見ることができる

漢江を挟んだ反対側からもタワーが見える

石村湖からは水面に反射したタワーが見られる

近未来的な輝きがソウル市内を照らす

NIGHT

迫力満点のショー
夜になると光のシャワーがタワー全体を包み込む

ソウルの新しいランドマーク
ロッテワールドタワー展望台ソウルスカイ
롯데월드타워 전망대 서울스카이
(ロッテウォルドゥタウォ チョンマンデ ソウルスカイ)

地上555mという韓国で最も高いタワー。最上階にある「ソウルスカイ」からはソウルの景色を一望できる。

🏠松坡区オリンピック路300(松坡区新川洞29) ☎1661-2000
㊍10:30～22:00(入場及びチケット販売21:00まで)、金・土曜、祝日の前日～23:00(入場及びチケット販売22:00まで)
㊡年中無休 ⓦ大人(満13歳以上)2万9000W、子ども(36カ月以上～満12歳以下)2万5000W
㊇2・8号線蚕室駅1・2番出口直結

蚕室 ▶MAP 別P.5 F-3

ソウルタワー1階にあるテラスは、展望台チケットの購入にかかわらず無料で利用可能

TOURISM 04

ライトアップされた漢江の
夜景ベストスポットを訪ねる

ソウルの北と南を分けるように流れる漢江。昼間はソウル市民の憩いの場として利用されているが、夜になると美しい夜景を楽しめるスポットに変身する。見る場所によって表情を変える漢江のベストポイント4つを紹介する。

地上60階から漢江を一望

63SQUARE

63스퀘어（ユクサムスケオ）

59階のレストランからも漢江の夜景を見下ろせる

汝矣島に佇む高層ビル。その高さは264メートル。地上60階、地下3階建て。最上階の63ART（展望台）は1万5000Wで入場可。

🏠永登浦区63路50（汝矣島洞60）
☎1833-7001
㊡ 63ART（展望台）10:00～20:30（最終入場20:00）
㊡ 年中無休
Ⓦ 63ART（展望台）大人　1万5000W、子ども1万1000W　㊋ 5号線汝矣ナル駅4番出口から徒歩15分
汝矣島 ▶MAP 別P.4 B-3

最上階の60階にある展望台「63ART」からの眺め。漢江全体の夜景を一望することができる

ACCESS
汝矣ナル駅から無料のシャトルバスあり
汝矣ナル駅、汝矣島駅、大方駅、セッカン駅から無料シャトルバスあり。9:00～23:00の間、1時間に2本ほどの頻度で運行

元暁大橋　漢江大橋　銅雀大橋　盤浦大橋
汝矣島

ギネス級スケールの噴水ショーは必見！

盤浦漢江公園

반포한강공원（バンポハンガンコンウォン）

大迫力の噴水はカップルの定番デートスポット

カラフルな照明に照らされた噴水が描くアーチは幻想的でまさに絶景。冬季（11～3月頃）は稼働中止なので要注意

陽が沈む前の夕焼けのコントラストも美しい

定期的におこなわれるダイナミックな噴水は必見。世界で最も長い橋形噴水としてギネス世界記録に登録されている。

🏠瑞草区新盤浦路11キル40（盤浦2洞115-5）
☎02-3780-0541
4～6月、9～10月12:00、19:30、20:00、20:30、21:00（7～8月は21:30もあり）
㊡ ライトアップは冬季（11～3月頃）稼働中止　㊋ 3·7·9号線高速ターミナル駅8-1番出口から徒歩15分
江南 ▶MAP 別P.4 C-3

ACCESS
高速ターミナル駅から徒歩かタクシーで
最寄りの3·7·9号線高速ターミナル駅から徒歩15分ほど。またはタクシーで乗車約10分、6800Wほど。9号線の隣駅、新盤浦駅からも同じ所要で到着する

WHAT IS

『漢江クルーズ』

両岸の景色がゆっくり楽しめる

汝矣島の船着場から出発し、また同じ船着場に戻る周回するクルージングコース。所要時間は40～70分で、ゆったりとソウルの街並みを楽しめる。

主なコース	時間	休み
汝矣島→西江大橋→汝矣島	11:30、13:00、14:00(週末、祝日のみ)15:00、16:00	月曜、天候不良時

漢江遊覧船
한강 유람선 (ハンガンユラムソン)

住 永登浦区汝矣東路290(汝矣島洞85-1)
☎02-6291-6900
営 運航時間はホームページ(www.elandcruise.com)参照　休 月曜(天候により運休)
交 5号線汝矣ナル駅3番出口から徒歩5分
W コースにより随時変動
汝矣島 ▶MAP 別P.4 B-2〈乗り場〉

漢江も現代建築も一度に楽しめる

トゥッソム展望文化コンプレックスJ-Bug

뚝섬 자벌레 서울생각마루
(トゥッソム チャボルレ ソウルセンガンマル)

漢江に浮かぶ人工の島。夜のライトアップが見どころ。川沿いから歩いて行くことができる。営業時間は10:00～21:00(冬季～18:00)、月曜定休

2010年に誕生した文化施設。現代的なデザイン性の高い建物と漢江の自然の融合によって、ひと味違った漢江の魅力を楽しめる。

住 広津区江辺北路2202(紫陽洞97-5)　☎02-3780-0517　開 10:00～21:00　休 月曜、1月1日、旧正月・秋夕の当日　交 7号線トゥッソム遊園地駅3番出口直結
広津区 ▶MAP 別P.21 F-1

ACCESS
駅から直結で楽々
7号線の「トゥッソム遊園地」駅、3番出口に直結しているので、雨の日でも濡れずに行ける

メタリックなチューブ形のオブジェの人工的な雰囲気と、漢江の自然の組み合わせが絶妙

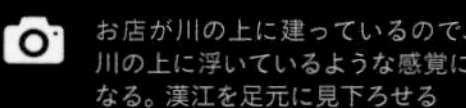

漢南大橋　東湖大橋　聖水大橋　永東大橋　清潭大橋　蚕室大橋

漢江の水面にいるような景色にうっとり

STARBUCKS ソウルウェイブアートセンター店

스타벅스 서울웨이브아트센터점
(スタボクス ソウルウェイブアトゥセントジョム)

お店が川の上に建っているので、川の上に浮いているような感覚になる。漢江を足元に見下ろせる

コーヒーと一緒に夜景が楽しめる

2020年にオープンした漢江に浮かぶスターバックス。店内からの景色はまるで遊覧船のよう。韓国オリジナルメニューも販売。

住 瑞草区蚕院路145-35(蚕院洞149-2)
☎1522-3232
営 8:00～21:00(土曜～21:30)
休 年中無休
交 3号線蚕院駅3・4番出口から徒歩15分
蚕院 ▶MAP 別P.20 A-2

ACCESS
蚕院駅から徒歩かタクシーで
3号線蚕院駅3・4番出口から漢江市民公園方面に向かって徒歩15分ほど。タクシーだと乗車約5分、4800Wほどで到着する

ショッピングも体験もぜ〜んぶ！

05 文化複合施設でラクラク満喫♪

ソウル市内にはお買い物やグルメ、アート展示や文化体験などさまざまな観光ができる文化複合施設がたくさん。ソウルの魅力を一度に楽しんでみよう！

2019年に誕生した仁寺洞エリアの新ランドマーク

80店舗からなる複合モール

アンニョン仁寺洞

안녕인사동 (アンニョンインサドン)

2019年10月にオープンした複合モール。レトロとモダンが融合した仁寺洞を象徴するように、伝統工芸品のショップから流行の雑貨、飲食店まで幅広く入店している。

鍾路区仁寺洞キル49（寛勲洞155-2）☎02-6954-2991 営10:00〜22:00（店舗により異なる）休年中無休 交3号線安国駅6番出口から徒歩3分

仁寺洞 ▶MAP 別P.13 D-1

●フロアガイド

14〜5F	ナインツリープレミアホテル仁寺洞
4F	伝統工芸品、雑貨、ファッション、レストラン、カフェ
3F	
2F	
1F	
B1F	仁寺セントラルミュージアム

オグンネタッカルビやLINE FRIENDSのショップもあり！

PICK UP▶1

ナインツリープレミアホテル仁寺洞

나인트리 프리미어 호텔 인사동 (ナイントゥリ プリミオ ホテル インサドン)

5-14F

ホテル

施設の5〜14階に位置するホテル。客室はシンプルで無駄のない内装がおしゃれ。110V対応のコンセントも完備。

☎02-6917-3099
料金 20万7000W〜
IN 15:00
OUT 12:00

PICK UP▶2

rest in nature

레스트인네이처 (レストゥインネイチョ)

ファブリックスプレー（20ml） 4500W

ギフトセット 2万7000W

2F

ディフューザーショップ

自然の中にいるようなリラックス系の香りアイテムを提供するフレグランスブランド。リーズナブルな価格で人気。

☎なし
営10:00〜22:00

WHY

『文化複合施設』

ショッピングや飲食店だけでなく展示、体験施設など多方面で楽しめる空間のこと。特に鍾路・仁寺洞に多く、室内だから雨の日の散策にもピッタリ。ほか東大門のDDPデザインプラザなどがある。

歴史ある旅館が複合文化空間に

ポアン旅館

보안여관 (ポアンニョグァン)

1942年から約60年間旅館として愛された建物が、アートギャラリーに進化。当時の趣を残したまま展示室やカフェ、書店が入店している。

鍾路区孝子路33（通義洞2-1） ☎02-720-8409 営12:00～18:00 休月曜 交3号線景福宮駅3番出口から徒歩6分

鍾路 ▶MAP 別P.6 B-1

旅館をリノベした文化複合施設で素敵な文化体験を♪

PICK UP

33マーケット

33 마켓 (サムサムマケッ)

店内でブレンドされた茶葉で12種のお茶を提供。食器は工芸作品で、上品な空間とお茶が楽しめる。

☎02-722-8409
営11:00～19:00、土曜～20:00（LO閉店の1時間前）
※**2024年4月現在閉店**

ゆず紅茶（ブレンドティー） 1万W

1F

カフェ

一点もののアイテムが見つかる

仁寺洞マル

인사동마루 (インサドンマル)

韓国人デザイナーが作ったアクセサリー、雑貨、服などを販売するショップが約50店舗入店。ここでしか手に入らないアイテムがゲットできる。

鍾路区仁寺洞キル35-4（寛勲洞196-10） ☎02-2223-2500 営10:30～18:30（店舗により異なる） 休年中無休 交3号線安国駅6番出口から徒歩6分

仁寺洞 ▶MAP 別P.13 E-2

ハンドメイドなデザイナー雑貨が入手できる！

見学したら実際にキムチ作り教室も体験！

PICK UP

ミュージアムキムチ間

뮤지엄김치간 (ミュジオムキムチカン)

キムチの作り方や歴史も学べる体験型の博物館。音声ガイドも無料でレンタルできる。

☎02-6002-6456 営10:00～18:00（最終受付17:30） 休月曜、1月1日、12月25日、旧正月・秋夕の連休

4～6F

キムチ作り

予約必須

開毎週水曜14:00～14:40
料3万W（入場料込み）
予4日前までに museum@pulmuone.com に日程、人数をメール

注目の施設

ソウルには見逃せない施設がほかにも。実際に足を運んでみよう！

XRを駆使した体感型観光

韓国観光公社 HiKR Ground

한국관광공사 하이커그라운드
（ハングックァングァンコンサ ハイコグラウンドゥ）

スマートテクノロジーやアートを融合させた遊べる観光案内所。5階の案内センターでは、日・韓・英・中の4カ国語で観光情報を提供している。

中区清渓川路40（中区茶洞10） ☎02-729-9498 営10:00～19:00（2～4F月曜休み） 休月曜（5F年中無休） 交1号線鐘閣駅5番出口から徒歩5分 日本語OK

鍾路 ▶MAP 別P.8 B-2

2021年開業の大型商業施設

ザ・現代 ソウル

더현대 서울 (ドヒョンデ ソウル)

2021年2月にオープンしたソウル最大のショッピングモール。地下2階から6階まであり、芸術的な吹き抜けには庭園が広がる。

永登浦区汝矣大路108（汝矣島洞22） ☎02-767-2233 営10:30～20:00（金～日曜～20:30） 休HP参照 交9号線汝矣島駅3番出口から徒歩10分

汝矣島 ▶MAP 別P.4 A-2

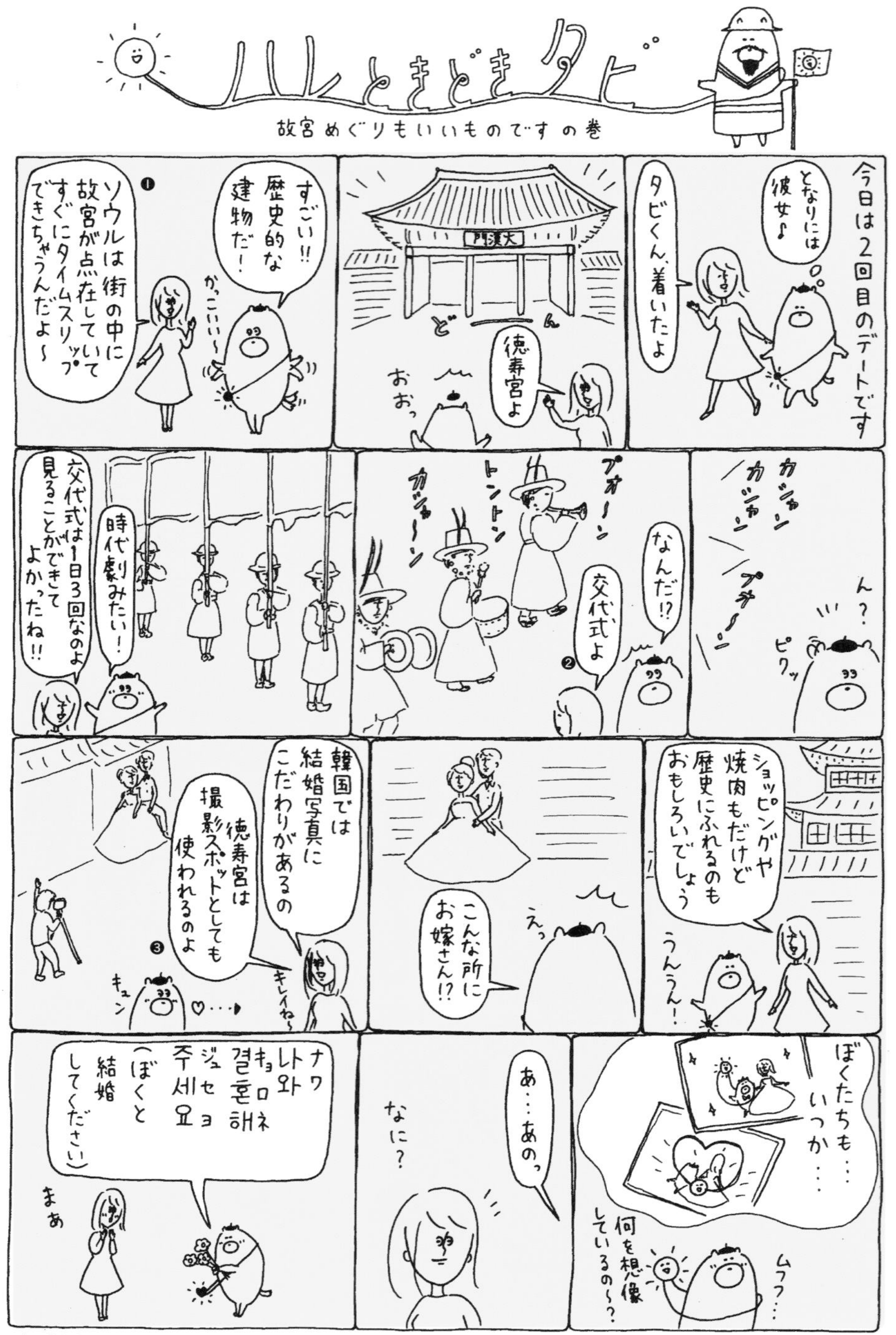

❶市内には5つの王宮がある。高層ビル街のすぐ横に歴史的な建物があって、今と昔が共存しているんだ　❷徳寿宮、景福宮では毎日門番の交代式を見ることができるよ(P.155)　❸結婚写真は結婚式の前撮り写真のこと。徳寿宮などの古宮で撮影する人も多いんだ。ドレスと伝統的な建物のギャップがいいよね

PLAY

ソウルの「遊ぶ」事件簿

チマチョゴリを着て撮影したり、クラブで踊り明かしたり。やりたいことはいっぱいあるけれど、どのくらいお金がかかるのだろう？

事件ファイル 1

ソウルで遊ぶのって どのくらいお金がかかる？ すごい金額持っていくべき？

占いやチマチョゴリ体験など、ソウルで遊ぶ相場は？ 予約は？ わからないことだらけで不安……。

解決！ それぞれの予算感を知っておこう

ソウルでの遊びは何をするかによってかかる金額が変わってくる。ちなみに多くの場所でカードが使えるので支払いはカードがおすすめ！

ソウルの「遊び」INDEX

ジャンル	料金の目安	予約
クラブ	**入場料＋ドリンク代 ➡ 約3万W～** 入場料に1ドリンクがついてくることがほとんど	不要
チマチョゴリ体験 →P.174	**着るだけなら ➡ 約2万W～** 着る点数やメイクの有無、写真撮影などで値段が変わる	**要予約** 事前に日本からWEB予約も可能 **現地での予約ならホテルの人に頼む** 現地で予約をするのであれば、ホテルの人に電話してもらうとスムーズ
占いカフェ →P.178	**占い代 ＋ ドリンク代 ➡ 約2万W～** 占い代とは別に1ドリンクを注文する必要がある	不要 よいカフェ フムフム
ミュージカル	**普通席なら ➡ 約4万W～** 席種によって値段に幅がある	**したほうがよい** 日本語のホームページから予約していくと安心
カジノ →P.172	**賭け金 ➡ 約1500W～** 賭け金は人それぞれ。少額でもOK	不要 BLACK JACK!!

クラブから始まる恋はある!?
韓国恋愛事情最前線

クラブで声をかけられ、連絡を取り合って……なんて素敵なストーリーを妄想したことがある人もいるはず。実際はどうなのか、最新の韓国恋愛事情をお届け。

コミュニケーションは"カトク"と"翻訳アプリ"にお任せ

日本でメッセージアプリといえばLINEだが、韓国はほぼ100%カカオトーク(韓国では「カトク」と略す)というアプリを利用している。まずはカカオトークのIDをゲットし、連絡を取り合ってみよう。「카톡 아이디 알려주세요(カトク アイディ アリョジュセヨ)」でOK。翻訳アプリはLINEの韓国語翻訳が優秀。

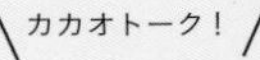

カカオトークも使い方はほぼLINEと同じだ

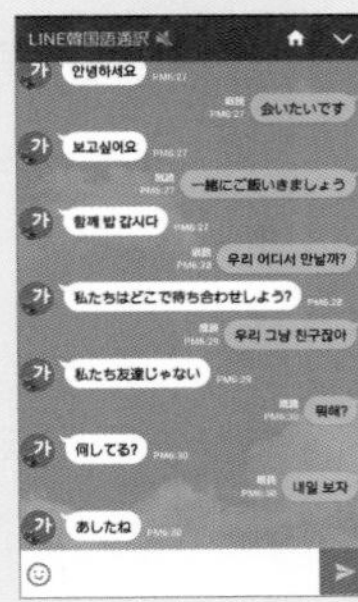

LINEの友達検索から「LINE韓国語通訳」を友だちに登録。流行語にも比較的対応しており、精度が高い

①"友達以上恋人未満"な関係"SOME"が流行語

友達以上恋人未満の関係を指す「SOME(썸)」という言葉が一般的。このタイトルの楽曲も大ヒットした。「あの人とSOMEなの?」といった使い方をする。

②スキンシップは日本以上!勘違いしてしまうかも

韓国人は日本人よりパーソナルスペースが狭いようで、スキンシップが多め。勘違いしてしまいそうだが、相手からすると特に他意がない場合も。

付き合ったらマメ、マメ、マメ……!!

いざ付き合うと、まず待っているのが「記念日地獄」。付き合って50日、100日など節目節目でお祝いをする。また常にカカオトークで連絡を取り合い、連絡無精な人にとっては少し負担になるかも!?

SEOUL CASE FILES

PLAY 01

激写に爆買い、楽しみが満載！

K-POP沼の聖地で至福タイム

レッドオーシャンになっているK-POP界。数々のアイドルが活動の拠点を置くソウルには、MVロケ地や推しに出会える番組観覧、公式グッズショップなど行きたい場所がたくさん！

MVロケ地はコチラ！

水上のスタバが大人気！話題の複合施設！

撮影したアイドル
BTS『Butter』
NU'EST『I'm in Trouble』

漢江に浮かぶ島!?

ソウルウェイブアートセンター

서울웨이브아트센터(ソウルウェイブアトゥセント)

超ビッグアイドル・BTSがヒット曲「Butter」を撮影した場所。四方が川に囲まれており、どの時間帯も美しい景色を見せてくれる。

瑞草区蚕院路145-35(蚕院洞149-2) 営 10:35～21:00 休 年中無休 交 3号線蚕院駅3・4番出口から徒歩15分

蚕院 ▶MAP 別P.20 A-2

異色の作品であふれる大人気のユニークな公園

撮影：漢江事業部

撮影したアイドル
NiziU『Make you happy』

国内外のデザイナーの作品多数

二村漢江芸術公園

이촌한강예술공원(イチョンハンガンイェスルコンウォン)

JYPの新グループ・NiziUのデビュー曲のMVで、マコが踊っているシーンが撮影された。他にもあっと驚く作品が見られる。

龍山区二村路72キル6-2 休 年中無休 交 4号線二村駅5番出口から徒歩20分

龍山 ▶MAP 別P.4 C-3

HIPな雰囲気のおしゃれスポット

撮影したアイドル
aespa
BLACKPINK
SEVENTEEN

MVや雑誌の有名撮影地

Mmm Record

음레코드(ウムレコドゥ)

8万枚以上のレコードを揃える音楽ストア兼カフェバー。インフルエンサーも注目のショップで、芸能人もお忍びで訪れるとか。

龍山区漢南洞620-152 ☎010-5384-6286 営 16:00～23:00(金・土曜～24:00) 休 旧正月・秋夕の当日 交 京義中央線漢南駅1番出口から徒歩11分

漢南洞 **※2024年4月現在閉店**

番組観覧はコチラ！

ショー！K-POPの中心

2005年から愛される長寿番組。韓国三大放送局MBCで放送され、ファンの間では「ウマチュン」と呼ばれている。

麻浦区城岩路267 MBC上岩本社 交 6号線デジタルメディアシティ駅9番出口から徒歩12分

麻浦 ▶MAP 別P.4 A-1

THE SHOW

毎週火曜18時から放送され、K-POPのトレンドがわかると人気の音楽番組。韓国の発音では「ドショ」。

麻浦区上岩山路82 SBS上岩プリズムタワー
交 6号線デジタルメディアシティ駅9番出口から徒歩9分

麻浦 ▶MAP 別P.4 A-1

Simply K-POP

国際放送局アリランTVで放送されている。世界の音楽ファンに届けるグローバル音楽ライブ番組。

瑞草区南部循環路2351
交 3号線南部ターミナル駅4-2番出口から徒歩20分

瑞草 ▶MAP 別P.4 C-3

SM公式ストアはコチラ！

所属アイドル

駅直結の公式ストア

KWANGYA@SEOUL

광야@서울(クァンヤ@ソウル)

まるで異世界への入り口をくぐると、サインやリリース作品がずらりと並ぶ。事務所ビルの地下にあり、ビルには大画面で所属アーティストのMVが再生されている。

城東区往十里路83-21 B1F(聖水洞1街685-700)
02-6233-6729
営 10:30～20:00(19:50までに会計) 休 旧正月・秋夕の当日
交 水仁・盆唐線ソウルの森駅4番出口直結

聖水 ▶MAP 別P.5 D-2

推しと一緒に記念撮影

グループ、メンバーごとにフレームを選べるプリクラが♡

アイテム購入でお持ち帰り

多面的な魅力を見せるRed Velvetが全員集結したポップアップカード 1万3000W

アイドルのA4フォトが何種類も。推しを見つけてお持ち帰りしちゃおう

定番の韓流ロードはコチラ！

JYPファンは必見！

ロッテ免税店STAR AVENUE

롯데면세점 스타에비뉴

(ロッテミョンセジョム スタエビニュ)

ロッテ免税店が広告モデルに起用しているアイドルの映像や手形、パネルが並ぶ。TWICE、Stray Kids、aespaなどの展示が楽しめる。

中区南大門路81(小公洞1)
営 9:00～18:30 休 年中無休
交 2号線乙支路入口駅7・8番出口から徒歩1分

明洞 ▶MAP 別P.10 B-1

展示アイドル

JYPの超売れっ子アーティストTWICEとStray Kidsの展示が見られるのはここだけ。展示アイドルは変更の可能性がある

YG公式ストア＆カフェはコチラ！

ファンを想った公式ストア

the SameE

더세임(ドセイム)

ファンが事務所を眺めながら、アイドルを応援できるようにと、事務所の真向かいにオープンした公式カフェ兼ストア。グッズ購入で貢ぐならココ！

所属アイドル

BLACKPINK WINNER TREASURE BIGBANG

麻浦区喜雨亭路1キル6-3 B1～2F
02-336-0536 営 10:00～21:00(LO20:30) 休 年中無休
交 6号線合井駅8番出口から徒歩7分

合井 ▶MAP 別P.4 A-2

真向かいの事務所を眺めながら出待ち！

1～2F

1Fでスイーツを注文し、1F～2Fで出待ちしながら憩いの時間を過ごせる

WINNERのグラスマグ2万1000W／TREASUREのフォトカード8000W

世界的な記録を塗り替えるBLACKPINKのグッズもたくさん！

推しとの遭遇を夢見て…

02 芸能人御用達のあの店へ！

芸能人がよく訪れるというグルメ店や、アイドルがこぞって愛用するアパレルブランドやハイセンスなセレクトショップなどをご紹介。運がよければ推しに遭遇できるかも！

ジーンズや、色ごとに分けられた展示がかわいすぎる。スタッフ着用のアイテムにも注目しよう

御用達アイドル

BTS ジミン、ジン、ジョングク
BLACKPINK ロゼ、ジス
TWICE サナ、ミナ、モモ

主役級アイテムばかり！

INSTANTFUNK

인스턴트펑크(インストントゥポンク)

韓国の売れっ子スタイリストが手掛けるアパレルブランド。数々のアイドルに愛され、カジュアルなものからシックなデザインのものまで揃う。

江南区島山大路51キル12（新沙洞654-11）
☎0507-1306-9093 営12:00～20:00
休旧正月・秋夕の当日
交水仁・盆唐線狎鷗亭ロデオ駅5番出口から徒歩6分
狎鷗亭洞 ▶MAP 別P.22 C-2

ポップなデザインロゴの上には細かなパールのあしらいが！

コーディネートのワンポイントになるストライプ柄のミニバッグ

WHAT IS

『センイル』

韓国では、ファンたちが盛大にアイドルの誕生日を祝う文化がある。時間・労力・お金・惜しみない愛情をかけて、アイドルの広告を出し、街のいたるところに写真やメッセージを掲げる。渡韓するなら推しの誕生日にしてみては？

ブーン

パイ生地ベースのピザ！

Pizza Season

피자시즌(ピザシーズン)

人気エリア聖水にある複合施設「聖水連邦」にあるピザ屋。ポップな店内と、こだわりのパイ生地のピザ、親しみやすい店主さんが魅力のお店。

城東区聖水2路14キル14 聖水連邦1F（聖水洞2街322-4）
☎010-8979-8122 営11:00～22:00 休月曜 交2号線聖水駅3番出口から徒歩5分
聖水 ▶MAP 別P.5 E-2

来店したアイドル

SUPER JUNIOR ウニョク
東方神起 チャンミン

赤を基調にしたデザインにテンションも上がる

オタク必見の楽しみ方

アイドルの誕生日イベントを狙う！

ファンがアイドルの誕生日を祝うセンイルイベントも開催。気になる人はインスタグラムをチェック

見た目までかわいい♡

ペパロニやケチャップを工夫しておしゃれピザに

御用達芸能人

BTS V
パク・ソジュン、チェ・ウシク

一目置かれるセレクトショップ

10 CORSO COMO SEOUL

10 꼬르소 꼬모 서울(10 コルソ コモ ソウル)

BTS・Vが親友のパク・ソジュンやチェ・ウシクと何度も訪れているショップ。アクセサリーや帽子、靴などおしゃれなファッションアイテムを揃えている。

江南区狎鷗亭路416 B1～2F（清潭洞79） ☎02-3018-1010 営11:00～22:00（レストラン＆カフェ～22:30） 休1月1日、旧正月・秋夕の当日 交水仁・盆唐線狎鷗亭ロデオ駅3番出口から徒歩2分

狎鷗亭洞 ▶MAP 別P.23 D-1

御用達芸能人

BTS TWICE NCT EXO
SEVENTEEN THE BOYZ GOT7

有名アイドルが通う

BIT&BOOT 清潭店

빗앤붓 청담점(ビッエンブッ チョンダムジョム)

SEVENTEEN、NCTなど有名アイドルのヘアセットやメイクを担当するサロン。一般人も利用可能で、自分史上最強にかわいい姿に仕上げてくれる。

江南区島山大路81キル49（清潭洞100-6） ☎02-514-1239 営10:00～18:00（最終受付16:30） 休旧正月・秋夕の当日 交水仁・盆唐線狎鷗亭ロデオ駅2番出口から徒歩5分

狎鷗亭洞 ▶MAP 別P.23 E-1

WHERE IS

『芸能人スポット』

芸能人がよく訪れるのは最先端のトレンドが集まる狎鷗亭、そして夜まで営業しているお店やクラブが多い梨泰院。ソウルの中心地はそこまで広くないため、ホットエリアでの芸能人との遭遇率は高い。

狎鷗亭洞・清潭洞

ハイセンスなファッションブランドが集まる

梨泰院・漢南洞

国際色豊かで、異文化交流を楽しめる眠らない街

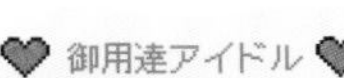
御用達アイドル

BTS ジョングク
ASTRO チャ・ウヌ
BLACKPINK ロゼ
SEVENTEEN ミンギュ

サインの数に圧倒

牛豚庁

우돈청(ウドンチョン)

韓国の名立たるアイドルだけでなく日本の芸能人も訪れるというサムギョプサルのお店。お店独自のルートで仕入れたという肉は絶品。

江南区彦州路170キル37（新沙洞642-8） ☎02-544-5055 営16:00～翌1:00（LO24:30） 休年中無休 交水仁・盆唐線狎鷗亭ロデオ駅5番出口から徒歩5分

狎鷗亭 ▶MAP 別P.22 C-1

オタク必見の楽しみ方

壁一面のサインから推しを見つけて記念撮影！

ZOOM

グループの垣根を超えて特に仲がいい1997年生まれのアイドルたち「97s（クチルズ）」や、BLACKPINKロゼのサインも

一番奥の席には芸能人がいる!?

芸能人が訪れる際は、一番奥の席に通すという。不快な思いをさせない程度にちらっと見てみたいもの

1万円が36万円も夢じゃない!?

カジノで一攫千金を夢見る

ソウルではカジノを楽しむこともできる。敷居が高く感じるカジノにも、
実はシンプルなゲームも揃っている。初心者でも十分楽しめるのだ。

ビギナーにおすすめ

3大ゲームのルール早わかり！

ボタンひとつで楽しめる

スロット

リールを回して絵柄を揃える。ディーラーとのやりとりがないので初心者でも安心
最低賭け金は1500W～

プレイしたいスロットマシンを選ぶ
ルールは同じだが、さまざまな機種がある。台によって賭ける金額が変わるので予算と相談して臨もう

⬇

お金を入れて「ライン数」を決める
ライン数とは絵柄を揃えるラインの数。ライン数を多く設定すれば当たる確率も上がるので、基本はすべてのラインを選択するMAXBETのボタンを押せばOK

SPINボタンを押すorレバーを下ろして回転させる
レバーではなくボタンで回すこともできる。ライン数は一度決めたら毎回設定する必要はない

配当と確率のせめぎ合い

ルーレット

ボールがどの目に入るかを賭ける。賭ける範囲が狭いほど、配当の倍率が高くなる
最低賭け金は2500W～

テーブルに座り、ウォンをチップに交換
空いているテーブルに座り、現金をチップと交換する。チップで賭けをおこなう

好きな番号にBET
賭けたい数字の上に賭け金ぶんのチップを置く。範囲が狭ければ狭いほど、当たったときに大金になる

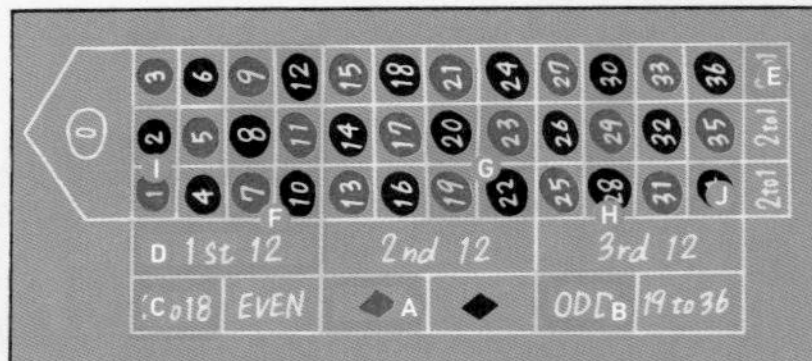

賭け方と配当倍率

賭け方	チップの位置	配当(倍)
A Red or Black	赤か黒の目	2
B Odd or Even	奇数か偶数の目	2
C High or Low	1～18か19～36	2
D Dozen	1～12か13～24か25～36の12目	3
E Column	縦1列	3
F Line	横2列	6
G Corner	1つの角に隣接する4つの目	9
H Street	横1列	12
I Split	隣り合う2つの目	18
J Single Number	1つの目	36

駅から好アクセスの
カジノで運試し

COEXのすぐ裏に位置し、周囲にはホテルも多数。24時間営業なので朝まで遊べる。

セブンラックカジノ ソウル江南店
세븐럭카지노 서울강남점

江南区テヘラン路87キル58 コンベンション別館（三成洞159）
02-3466-6000　営24時間　休年中無休
交2号線三成駅5番出口から徒歩10分
日本語OK
江南 ▶MAP 別P.21 E-2

知っておきたい カジノ利用の基礎知識

カジノを楽しむために、まずは最低限のルールをおさえよう。

年齢制限

カジノは外国人専用施設。満19歳未満は入場不可。入場時にパスポートを提示して年齢確認がおこなわれる。パスポートを必ず持参して

賭け金

日本円を使用するときはまずは両替所で現金をチップに交換。ウォンであればゲーム台で直接替えられる。最低賭け金はゲームによって異なる

ドレスコード

男性のタンクトップ、短パン、サンダルなどのラフすぎる格好はNG。帽子、ロングコート、サングラスの着用と大きなカバンの持ち込みは不可

ディーラーと勝負

ブラックジャック

カードの数字を合計して、21に近づける。最後にディーラーの合計数と対戦する
最低賭け金は1万W〜

テーブルに座り、BET

現金をチップと交換し、賭ける金額分のチップを自分の前に置く

⬇

配られるカードが21を超えないように増やす

プレイヤーのカードは表向きに配られる。ディーラーは1枚が裏返しなので、ディーラーの合計点を予測しながらカードを増やしていく。21を超えるとその時点でゲームオーバー

ディーラーのカードは1枚が公開される

ディーラーのカードは1枚が裏返されているので予測する必要がある。ディーラーが17を超えると負け

スタンド（ステイ）

これ以上カードを引かないとき

持ち点が21を超えてしまいそうなときは、手を横に軽く振る

ヒット

カード追加ジェスチャー

カードを追加する際は軽くテーブルをたたく

カードの数え方

2〜10 … その数字が点数
A（エース） … 1か11点、好きなほうを選べる
J、Q、K … 10点

➡ ディーラーと勝負！

最終的な合計をディーラーと競う。ディーラーよりも21に近ければ勝ち

換金はキャッシャーで

ゲーム終了後、バーコードが記載された紙を渡されるので、それをキャッシャーで現金に交換してもらう

HOW TO

『食事＆ドリンク』

まずはカードの作成

案内デスクにてメンバーズカードを発行する（無料）

ドリンク

Could I have the beverage menu?

テーブルでオーダー

飲み物はテーブルでディーラーに注文すると、席まで持ってきてもらえる

食事

I'll go and have a meal. I'll come back later.

ディーラーに食事に行くと伝える

ゲームのキリがいいところで、ディーラーに伝える。チップなどはそのままにしておいてもらえる

⬇

食事スペースでカードを使って注文

レストランは券売機制。会員カードを利用すれば食事が無料になることも。カード申し込み時に要確認

⬇

食事が済んだらゲームに戻る

自分のテーブルに戻り、ゲームに再び参加できる

仁川空港近くのハイアットリージェンシー内にあるパラダイスカジノでは、フライト前後にゲームを楽しめる

PLAY 04

時代劇のヒロイン気分を満喫

チマチョゴリで写真をパチリ

要予約

韓国の伝統的な衣装、チマチョゴリ。韓国旅行の思い出に、一度はカラフルなチマチョゴリに身を包んでみたい！　韓国ドラマの登場人物になりきったつもりで、本格的な撮影を体験してみよう。お姫様気分でパチリ！

チマチョゴリを着て 時代劇フォト

MENU **スタジオ撮影コース**
TIME 60分
PRICE 1万5000W～2万5000W

店内のスタジオで1時間自由に撮影できる。時代劇の主人公の衣装で撮影したい場合はこのコースを選択

人気時代劇の衣装を体験できる

明洞韓流衣装体験室・ルミスペース

명동한류의상체험실 루미스페이스

(ミョンドンハルリュウィサンチェホムシル ルミスペイス)

韓国時代劇ドラマ『太陽を抱く月』『チャングムの誓い』などで着用したデザインの韓服を着て、店内のスタジオでセルフ撮影が楽しめる。

中区 明洞8ガキル19 3～4F（忠武路2街9）
02-2266-9725　営 10:00～22:00（最終受付20:00）　休 年中無休　交 4号線明洞駅8番出口から徒歩2分

日本語OK

明洞 ▶MAP 別P.11 E-3

お店に並ぶ衣装はドラマの衣装制作に携わった人が制作したもの

自由に撮れて楽しい♪

『太陽を抱く月』に登場した王妃の衣装。上品な模様と韓国らしい色合いで写真映えもばっちり

ひと味違う韓服にチャレンジ

時代劇に必ず登場するキーセン（韓国の芸者さん）の衣装と伝統楽器

コースの流れ

「ルミスペース」でおこなわれる一般的なコースの流れを紹介。衣装約250着、撮影スペース10カ所から選んでレッツ体験！

1 コース選択

どんなカットの写真を撮りたいか、撮影例を見ながらお店の人と相談しよう

2 衣装を選ぶ 迷う～！

好きなチマチョゴリを選択。迷ったらお店の人のアドバイスを受けてみて

3 メイクアップ

ドレスルームには靴や帽子、かばん、傘、髪飾りなどが豊富に揃っている

4 ヘアセット・メイク

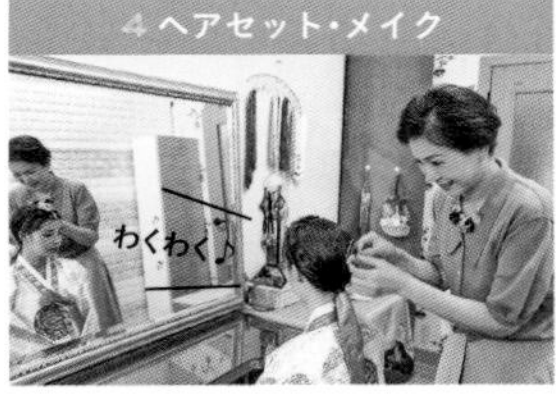

基本的にはセルフでメイクしての来店が吉。ヘアは店員さんがお手伝いしてくれる

5 写真撮影

伝統やモダンなどさまざまなテイストのフォトゾーンでセルフ撮影が楽しめる

外での撮影も可能

外出コース（2万5000W／90分）を選択すると衣装を着て外での撮影ができる

MENU 韓服レンタル
PRICE 4時間2万4000W～
＋保証金1万W or 身分証明書

好きな場所で韓服撮影

Oneday hanbok

원데이 한복（ウォンデイハンボッ）

韓服を着て散歩とセルフ撮影を一度に楽しめる。時間あたりのレンタル料金なので、予定に合わせてレンタル可能。

鍾路区北村路5キル4（斉洞12）
☎ 070-4202-4310
営 9:00～19:00 休 年中無休
交 3号線安国駅2番出口から徒歩5分
北村 ▶MAP 別P.12 B-3

コースの流れ

事前にチマチョゴリを着て歩きたいルートを決めておこう。

1 予約して訪問

HP（www.onedayhanbok.com/jpn/）、インスタDM、Facebook、メッセージから予約可能

2 契約書を記入

契約書に必要事項を記入する。料金と保証金の支払いもこのタイミングで済ませる

3 衣装を選ぶ

小物も無料で選ぶことができる。組み合わせに困ったら、スタッフに相談してみよう

時間あたりのレンタルなので、好きなところに出かけられる

お気に入りのフォトスポットで好きなだけ撮影可能なのがうれしい

冬の韓国は氷点下の日も珍しくない。冬にレンタルするときは、中に薄くて暖かい長袖やストッキングを着用しよう

選び方も変わる!? 知ると楽しい チマチョゴリ

色、柄、形によっても意味が変わる

韓国の伝統的な民族衣装というと、頭に浮かぶのは「チマチョゴリ」だろう。実は、民族衣装そのものは「韓服(ハンボッ)」と呼ばれ、チマチョゴリはそのなかのひとつ。スカートである「チマ」と上着である「チョゴリ」の組み合わせで、女性の普段着だった。

カラフルなチマチョゴリの配色には意味がある。赤のチマに白や藍色のチョゴリは若い女性向き、紫のチマに薄紫のチョゴリは年配の女性が着る色、暖色系は未婚の女性、寒色系は既婚の女性などさまざま。チマチョゴリをレンタルする際にはお店の人に相談してみるとよい。

日常生活で着られることは少なくなったが、婚礼などでは今も用いられている。婚礼の際には、新婦は頬を赤く塗る「ヨンジコンジ」を施す。陰気を祓う意味を持っている。

また、韓国では女性も片膝を立てて座る習慣がある。日本ではあまり行儀のよい体勢ではないが、韓国では問題なし。これは、座ったときにチマの美しいラインが崩れないようにするためであり、その習慣が今も残っている。韓国女子が普段でも片膝を立てて座ることが多いのはそのためだ。

時代劇の舞台にタイムスリップ!

普段着として着られていた

チマチョゴリ

上着のチョゴリ、スカートのチマで構成されている。日常的に着られていた民族衣装。

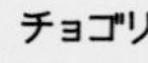

ドンジョン
首の周りを囲む白い部分。全体のバランスを整える役割を果たす

チョゴリ
上着の部分。上半身が華奢に見えるデザイン

チマ
スカートの部分。布の全長は18mほどで、たっぷり使用されている

ノリゲ
チマにつける飾り。さまざまな色や形があり、チマチョゴリに合わせてコーディネートする

色のコーディネートもさまざま

オッコルム(飾り紐)
もとはウエスト部分を縛る帯の役割を果たしていたが、飾りとして垂らして用いる

POINT1
小物もCUTE
チマチョゴリに合わせる小物にも「定番」がある

ポソン
足首まである足袋。足を冷えから守る役割を果たす

コッシン
花模様の靴。つま先がツンと上がっているのが特徴

ノリゲ
ウエスト部分から下げる飾り。宮中の女性たちが愛用していたアイテム

キジュモニ
お金などを入れる巾着。「キ」は耳という意味で、巾着の形が耳に似ていることからそう呼ばれていた

ピニョ
かんざし。チマチョゴリを着た際にお団子にした髪を留める道具

女性の韓服バリエーション

古典的な結婚式の衣装

婚礼用

結婚式の際に着用する衣装。腕にかける長い布が特徴的。

ファガン
頭の上に載せる冠。黒の地の布で作られるのが一般的

頬を赤く塗るのが本来のメイク

ウォンサム
チマチョゴリの上から着る上着。絹製のものが多い

ハンサム
手を隠すための布、汗衫（かざみ）のこと。

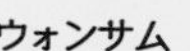

ゴージャスな刺繍入り

王妃など

宮廷などで、王妃などの地位のある人だけが着ることを許された衣装。高級な絹製が多い。

髪形は「カッチェ」
三つ編みを巻きつけたかつらを着用する。4〜5kgという重いものも

赤で権威を示す
強い厄除けの力がある色として用いられた赤は、王の服などにも用いられた

POINT2

模様にも意味がある

チマチョゴリだけではなく、韓服などに用いられる布に施された刺繍にはさまざまな意味がある

鳳凰紋（ポンファンムン）

お祝いごと
おめでたい鳥の代表格で、婚礼服などさまざまな場面で用いられる

おしどり紋（ウォンナムン）

夫婦愛
女性の結婚用品などによく用いられる柄。日本と同様、夫婦愛を示す

蝴蝶紋（ホジョップムン）

女性らしさ
華やかな蝶の模様は女性らしさを象徴。庶民に愛された模様

POINT3

色合いは五行説にもとづく

韓国の鮮やかな色使いのベースとなっているのは「陰陽五行説」という考え方。5つの色はそれぞれ意味を持っている

黄　土を意味し、宇宙の中心として最も高貴な色とされる。王の服に使われた

青　木に該当し、厄を除けて福を呼び込む力を持っている色とされる

白　金属が光ったときの色を指している。純潔や命を意味する

赤　火にあたり、情熱や愛情、積極性を意味する。強い厄除けの力がある

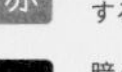
黒　暗く低いところに集まる「水」にあたり、人間の知恵を司る色だと考えられていた

五間色　上の5色の中間の色。青と黄の間色である緑、青と白の間色の碧、赤と白の間色の紅、黒と赤の間色の紫、黒と黄色の間色の硫黄を指す

男性用はパジ・チョゴリ。日常生活で着ることはほぼなくなったが、特別な日の儀礼衣装として使用される

PLAY

05 カフェでお茶を飲みながら 占いで日頃のモヤモヤを解決

明るく開放的な占いカフェ「エロス」

どきどきしながら一歩足を踏み入れると、広々としたカフェスペースが

WHY

『韓国で占い』

韓国の人にとって、占いは身近な存在。繁華街には占いの屋台があったり、カフェになっていてお茶を飲みながらついでに占えるという店も多い。結婚や就職など、人生の節目で占いを参考にすることも。また、日本の占いと違って、時間制限なしで何度でも質問できるところもあり、気軽に楽しめる空間なのだ。

街中には占い屋台もある

占いの不安Q&A

Q 怪しい雰囲気？

A カフェが主流

現在はカフェとしてお茶を飲みながら占いを受けられるところが多い。開放的で安心できる

Q 料金はどのくらい？

A 3万Wから！

店によって料金は異なるが鑑定料3万～4万W＋ドリンク代が相場。日本語堪能な先生に占ってもらえるカフェもあるので安心。

Q 時間がかかる？

A 20～30分程度から

所要時間は20～30分程度から。カフェになっているのでそのままゆっくりしていてもOK

エロスの占いの流れ

1 自分の情報を伝える

基本的に聞かれるのは名前、生年月日、生まれた時間。生まれた時間を事前に調べておこう

生まれ年は西暦で記入！

“エロスの河本”で指名してね！

この方にお任せ！

ド・ソル先生

お笑い芸人次長課長の河本さんにそっくりな先生。小ネタも挟んでくれて親しみやすい

2 占いスタート

まずは基本的な性格傾向や仕事、恋愛など、ひと通り先生から告げられる

「占い」と聞くとなんだか怪しげなイメージを持つ人が多いかもしれない。
でも韓国の占いは、値段も、占いをする空間もとってもカジュアル。
カフェでお茶をしながら未来予想をしてもらうのもアリかも。

ここも オススメ！

痛いところをズバッと言ってくれて爽快！

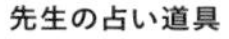

先生の占い道具
顔相や手相の占いに用いる早見表たち。年季が入っている

観光の合間に立ち寄れる

道通
도통（ドトン）

明洞の中心にある占いカフェ。占い師のパク・マンホ先生は四柱推命をはじめ、顔相や手相も見て総合的に占ってくれる。

中区明洞4キル39 3F（明洞2街53-18）
02-776-4984
営 9:30～23:00 休 旧正月・秋夕の当日
W 4万W～（ワンドリンク制／料金別）
交 4号線明洞駅6番出口から徒歩3分
日本語OK

明洞 ▶MAP 別P.11 D-2

MENU **総合占い**
PRICE **4万W（通訳込み）**

あじさい茶（イスル茶）
7000W

人気メニューはほんのり甘いあじさい茶。お茶請けがサービスでついてくる

CAFE MENU
直挽きコーヒー 7000W
フレッシュフルーツジュース 7000W
菊花茶 7000W

3 質問タイム

友達どうしでメモをとり合う

ひと通り先生からの話が終わったら、追加で質問したいことや掘り下げたいことをどんどん聞いてみよう

ゆず茶
5500W

カフェだけの利用もOK！
お客さんの中にはカフェとしてだけ利用する人もいる。気楽に入りやすい

CAFE MENU
コーヒー類 5000W～
ソフトドリンク 5500W
伝統茶 5500W

韓国初の占いカフェ

エロス
에로스

弘大に位置する元祖占いカフェで、四柱占いで総合運や相性を鑑定。日本語堪能な先生も在籍している。

麻浦区弘益路6キル30 3～4F（東橋洞164-30）
02-363-1810
営 12:00～22:00（LO21:00）
休 旧正月・秋夕の当日
W 3万W～（ワンドリンク制／料金別）
交 2号線弘大入口駅9番出口から徒歩1分
日本語OK
弘大 ▶MAP 別P.16 D-1

MENU **総合占い**
PRICE **3万W～**

ソウルの占いカフェは、生まれた年・月・日・時刻の四つの柱で先天運を占う四柱推命を中心とした店が多い

ハルとまどきタビ

ドキドキ占い体験 の巻

❶韓国では就職、引っ越し、結婚などの人生の節目に占いに行く。日本よりも占いが身近な存在なんだ　❷四柱推命という占い方法は韓国での主流。生年月日と生まれた時間からその人の性格、能力、素質など鑑定してもらえるよ　❸占い中は同席している人がメモをとっておくと、後から見返せて便利！

TOWN

何でも楽しめる不動の観光地

明洞～南大門

명동～남대문（ミョンドン～ナンデムン）

ソウル最大の繁華街。観光の中心地であり、日本語が通じやすい。レストラン、コスメショップ、エステ、とにかくなんでも揃うのが明洞。「迷ったら明洞」といってもいいほどだ。夕方以降は屋台が出てさらに活気が増す。

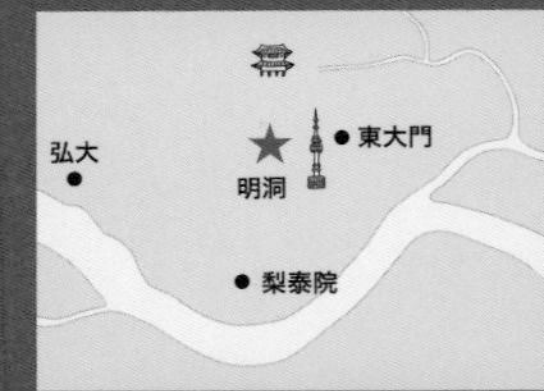

ぐるっと歩いて
1時間
MAP 別P.10、11
MAP 別P.15

最寄り駅
4号線明洞駅
2号線乙支路入口駅

昼：◎ 夜：○

ショッピングはコスメ、洋服、靴などが充実。エステも多数ある

歩くだけでもうけもの!?
WE LOVE おまけ・試食

明洞はおまけ天国。コスメショップでは、購入するとおまけで化粧品のサンプルがもらえる。百貨店や市場では商品の試食ができる。

試食

南大門市場の試食

南大門市場はキッチングッズだけでなく、のりなどの韓国の食みやげの店も多い。のりの試食をさせてもらえる店も多数ある

デパ地下試食

デパ地下の食品売り場では、キムチやのりなど、さまざまな食品の試食ができる

新世界百貨店 Ⓐ
→MAP 別P.10 B-3

おまけ

コスメSHOPおまけ

コスメSHOPで商品を買うと、小さなパウチやボトルに入った試供品をもらえる。「샘플 많이 주세요（センプル マニ ジュセヨ）！」が必須フレーズ

CDにはポスターおまけ

明洞駅6番出口すぐのMUSIC KOREAでは、K-POPのCDを購入すると、ポスターなどがおまけでついてくる。ファンにはたまらないサービスだ

MUSIC KOREA Ⓑ
→MAP 別P.11 D-3

南大門エリア

南大門路

郵便局

南大門市場で
キッチングッズGET

南大門市場には、鍋や箸、スプーンなどの食器類の店が多く集まる。日本に帰ってからも韓国の食器を使えば本場の気分になれるかも!? Ⓒ

チョッカラ（箸）、スッカラ（スプーン）のセット

ラーメン用鍋

Ⓒ 南大門クルットメミソガインヌンゴッ
>>>P.133

Ⓐ 新世界百貨店

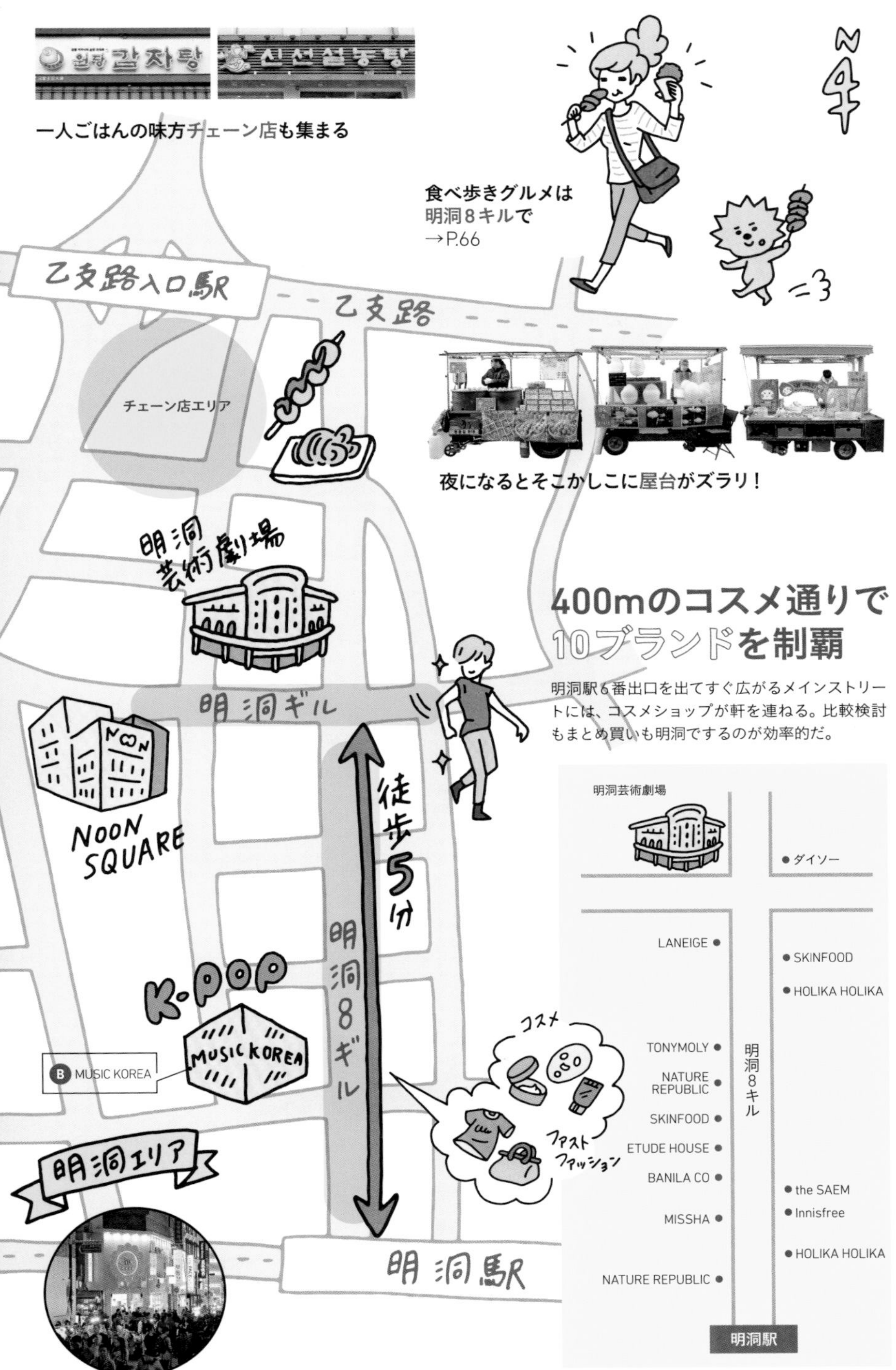

400mのコスメ通りで10ブランドを制覇

明洞駅6番出口を出てすぐ広がるメインストリートには、コスメショップが軒を連ねる。比較検討もまとめ買いも明洞でするのが効率的だ。

4号線明洞駅の地下に広がる明洞地下商街。プチプラの洋服店やK-POPグッズのショップなどが軒を連ねる

歴史が凝縮された街

仁寺洞～三清洞

인사동～삼청동 （インサドン～サムチョンドン）

世界遺産である昌徳宮、美しい景福宮を擁する仁寺洞・三清洞はまさに「歴史の街」。伝統的な韓屋が並ぶ様子は、まるでタイムスリップしたかのよう。伝統雑貨のお店も多く、おみやげ探しにもピッタリのエリアだ。

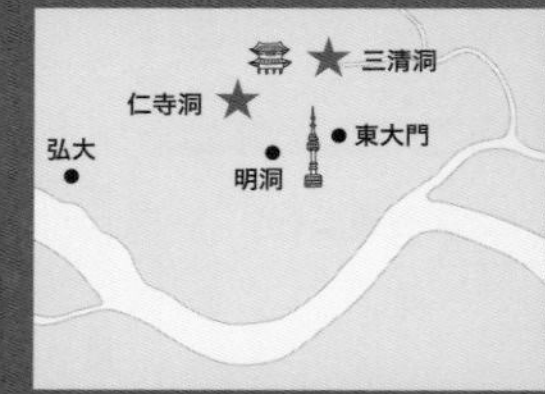

ぐるっと歩いて
3～4時間
MAP別P.12、13

最寄り駅
3号線安国駅6番出口
1・3・5号線鍾路3街駅
5番出口

伝統系はおまかせ

昼：◎ 夜：○

王宮などの観光スポットが充実。ショッピングするなら伝統雑貨

絶景の数々をカメラでパチリ！

景福宮、昌徳宮などの王宮といった歴史を感じるスポットが多い仁寺洞、三清洞。北村韓屋マウルなどフォトスポットも目白押しだ。

古宮

朝鮮時代の歴代王や貴族たちが暮らしていた建物が多い仁寺洞エリア。ディテールの色使いにも注目したい

景福宮 A
→P.154

昌徳宮 B
→P.152

A 景福宮
>>>P.154

MAP まずはここで観光マップをGET!!

新旧伝統みやげスポットでベストItemをGET

おみやげを買うなら「サムジキル」か「仁寺洞マル」で。どちらも複合商業施設で、伝統雑貨などを扱うので、ハシゴしてもよいかも。

サムジキル

サムジキル C

쌈지길

鍾路区仁寺洞キル44（寛勲洞38）
☎02-736-0088
営 10:30～20:30（店舗により異なる）
休 旧正月・秋夕の当日
MAP別P.13 E-2

VS

B1F	体験工房・飲食店など
1F	伝統×モダンのコラボshop
2F	ハンドメイド小物など
3F	手作り判子など
4F	カフェ、テラスなど

仁寺洞マル

仁寺洞マル D

인사동마루

鍾路区仁寺洞キル35-4（寛勲洞196-10）
☎02-2223-2500
営 10:00～18:30（店舗により異なる） 休 年中無休
MAP別P.13 E-2

新館

B1F	ビュッフェレストラン
1F	伝統工芸品
2F	ライフスタイル
3F	ファッション
4F	屋上庭園

本館

B1F	ビュッフェレストラン
1F	コリアンデザート
2F	カフェ、ヒーリング
3F	ハンドメイドアイテム
4～6F	ミュージアム キムチ間

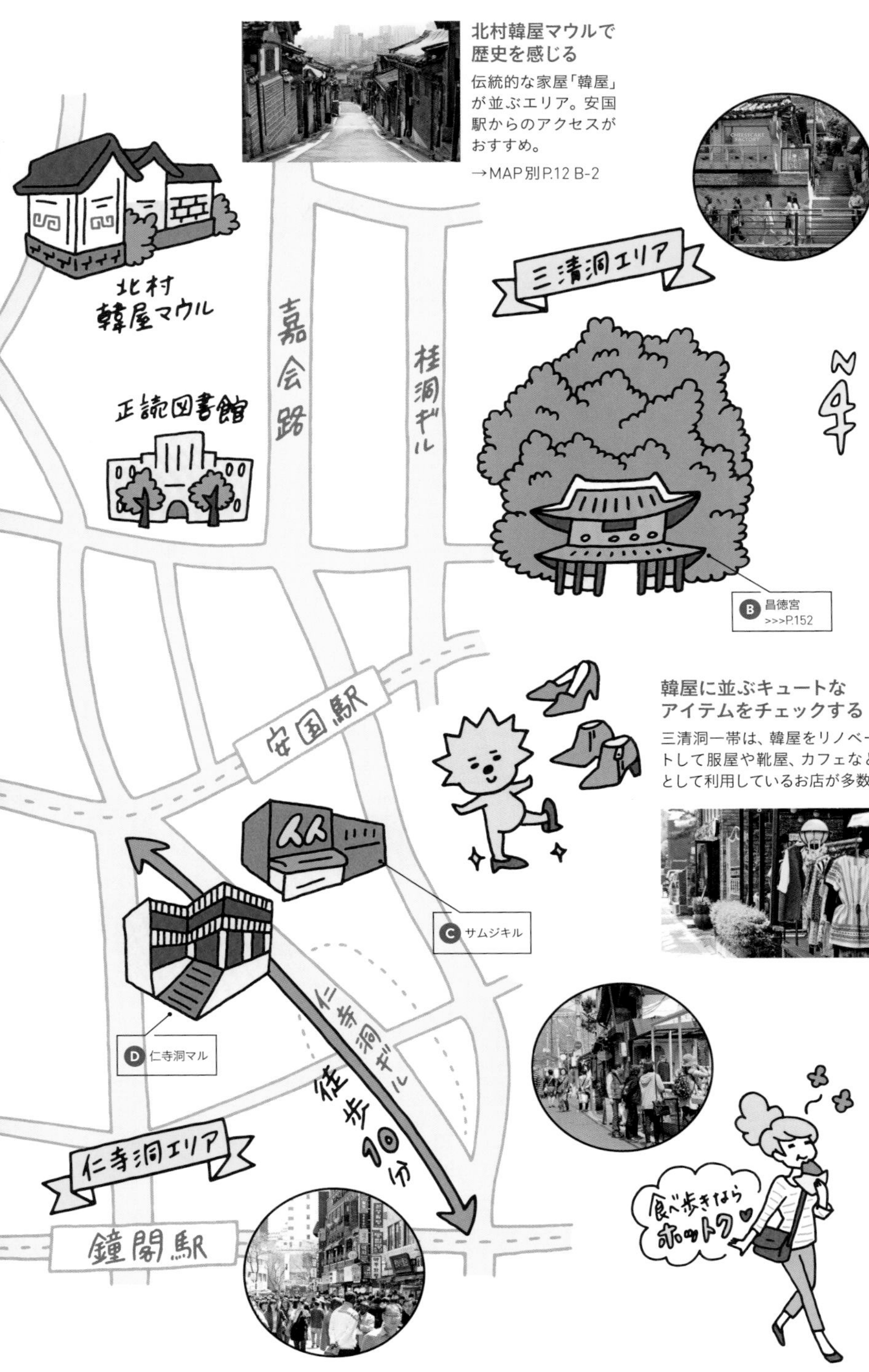

北村韓屋マウルで歴史を感じる

伝統的な家屋「韓屋」が並ぶエリア。安国駅からのアクセスがおすすめ。

→MAP別P.12 B-2

韓屋に並ぶキュートなアイテムをチェックする

三清洞一帯は、韓屋をリノベートして服屋や靴屋、カフェなどとして利用しているお店が多数。

北村韓屋マウルは丘の上にある。かなりハードな坂を上った先に韓屋マウルが現れるので、歩きやすい靴で行こう

眠らぬファッションタウン

東大門

동대문（トンデムン）

東大門はファッションの卸売市場が集まるエリア。バイヤーたちのために週末は朝5時までファッションビルがオープンしている。商品も卸売価格でリーズナブル。朝まで思う存分ショッピングを楽しんでしまおう。

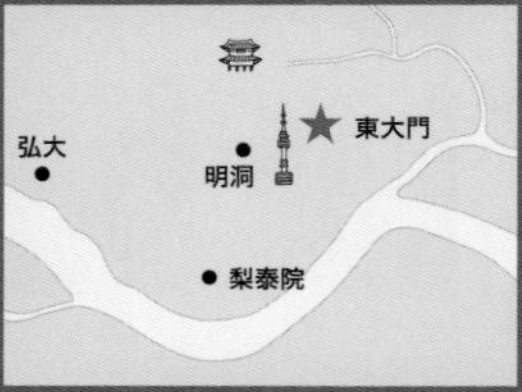

弘大
明洞
東大門
梨泰院

ぐるっと歩いて
2時間
MAP別P.14

最寄り駅
1・4号線東大門駅8番出口
2・4・5号線東大門歴史文化公園駅14番出口

買い物天国

昼：◎ 夜：○

明け方までショッピングを楽しめる。24時間営業のレストランも多数

夕食はタッカンマリ通りで！

総合市場の裏手には、鶏の水炊き、タッカンマリの店が密集する「タッカンマリ通り」がある。

C 陳玉華ハルメ元祖タッカンマリ MAP別P.14 A-2
タッカンマリ横丁
東大門総合市場
東大門駅
東大門駅
N
清渓川
E DOOTA MALL >>>P.124
D ハロー！apM >>>P.124
A スパレックス東大門店 >>>P.93
F maxtyle >>>P.124
maxtyle
N.P.H市場
204
光熙市場
G TEAM204 MAP別P.14 C-
徒歩8分
東大門デザインプラザ（DDP）
B DDP MAP別P.14 B-2
東大門歴史文化公園駅

疲れたら24Hのチムジルバンでひと息

東大門での夜通しのショッピングに疲れたら、汗蒸幕やお風呂のあるチムジルバンでリラックス。

スパレックス東大門店 A >>>P.93

週末限定で人気の夜市を開催

毎週金・土曜になると「ソウルパムトッケビナイトマーケット＠DDP青春ランウェイマーケット」を開催。音楽や料理、ショッピングが楽しめる。

東大門のランドマーク DDP（東大門デザインプラザ）でミュージアム体験

東大門に2014年3月に誕生した複合施設。流線形な独特の建物の中では、展示場やミュージアムなど、アートに触れられる。B

ART HALL

さまざまなデザイン展示に触れられる。地下にはショップも

MUSEUM

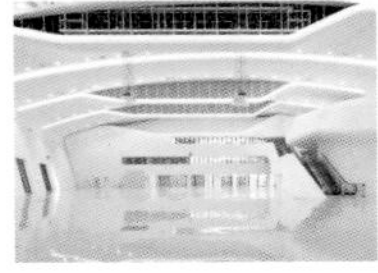

展示会や催事がおこなわれる巨大なカンファレンスホール

東大門の中心に佇む流線形の建物は夜になるとライトアップされる

夕食後STARTのタイムスケジュールで買い残しナシ！

東大門にはファッションの卸売施設が多く、深夜まで営業している。
夕食後からショッピングをスタートしてもゆっくり買い物できるのがうれしい。

タッカンマリで腹ごしらえ

陳玉華ハルメ元祖タッカンマリ C

진옥화할매원조닭한마리
（チノックァハルメウォンジョタッカンマリ）

鍾路区鍾路40ガキル18（鍾路5街265-22）
02-2275-9666
営 10:30～翌1:00（LO23:30）
休 旧正月・秋夕の前日と当日
MAP別P.14 A-2

ハロー！apMでメンズもレディースも

レディースだけでなくメンズやキッズ服も充実している D >>>P.124

DOOTA MALLでトレンドアイテムをピックアップ

東大門のランドマーク的なファッションビル。テナントはなんと400店以上 E >>>P.124

maxtyleでプチプラまとめ買い

オンラインショップと連携。洋服だけでなく雑貨なども充実 F >>>P.124

シメはTEAM204で靴をコンプリート

地下1階と2階は靴専門フロア。デザイン性の高い靴が安く買えるチャンス G

東大門での夜のショッピングを計画しているなら、歩いて帰れる東大門エリアのホテルに宿泊するのが安心

昼はグルメ、夜はクラブで盛り上がる学生街

弘大

홍대（ホンデ）

弘大とは弘益（ホンイク）大学の略。芸術系大学の最高峰だ。大学を擁する弘大の街は、若者の活気とアートにあふれている。駐車場通りにはグルメ店が立ち並び、週末には行列も。駅北にある延南洞もカフェで人気のエリアだ。

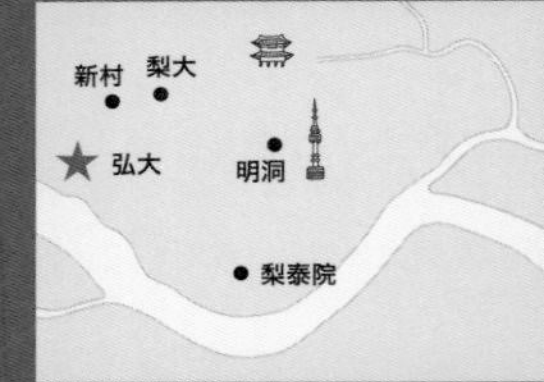

ぐるっと歩いて
3〜4時間
MAP別P.16〜17

最寄り駅
2号線弘大入口駅9番出口
2·6号線合井駅3番出口
6号線上水駅1、2番出口

若者でにぎわう

昼：◎ 夜：○

話題のグルメ、ショッピング、カフェがバランスよく楽しめる

クリームぎっしり！

FUHAHAクリームパン Ⓐ

푸하하크림빵
（プハハクリムパン）

麻浦区楊花路19キル22-25（東橋洞153-3）
☎02-333-6003
営 9:00〜22:00（旧正月・秋夕の当日は13:30〜）
休 年中無休
▶MAP 別P.17 D-1

クリームパン
3000W〜

冷やして食べるクリームパン。ぎっしりなのに軽いクリームで食べ歩きにぴったり

参鶏湯
1万7000W

地元民に人気の参鶏湯

百年土種参鶏湯 Ⓑ

백년토종삼계탕（ペンニョントジョンサムゲタン）

>>>P.51

ホロホロの鶏に黒ニンニクが入った醤油ベースのスープが染みてやみつきになる

ソウルっ子お気に入りの マッチプ（おいしいお店）をめぐる

若者の街・弘大は話題のグルメトレンドの発信地。お食事からデザートまで、エリアの各地で新たなグルメが誕生している！

合井駅

230種の伝統酒を楽しめる

サヌルリム1992 Ⓒ

산울림 1992

麻浦区西江路9キル60（倉前洞5-138）
☎02-334-0118
営17:00〜24:00（曜日により異なる）休 月曜
▶MAP 別P.4 A-2

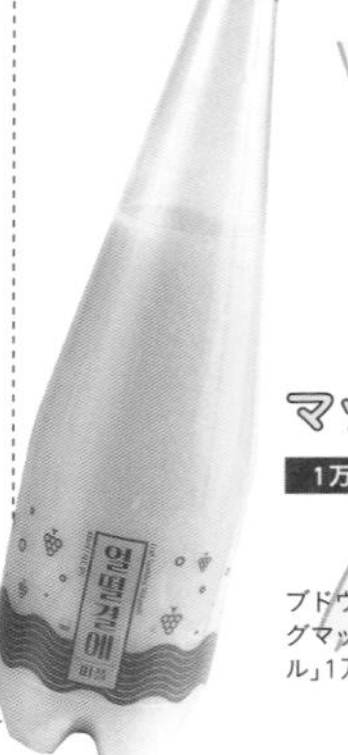

マッコリ
1万7000W

ブドウ風味のスパークリングマッコリ「うっかりパープル」1万7000W

韓国エンタメの聖地に立ち寄る

弘大には韓国ドラマのロケ地やゆかりの地、K-POPアイドルのグッズが購入できるお店もあり、エンタメファンが楽しめる街だ。

『梨泰院クラス』に登場！
満満こころ 弘大店 D
만만코코로 홍대점（マンマンココロ ホンデジョム）
>>>P.150

K-POPグッズ＆ＣＤ専門店
WITHMUU弘大AK＆店 E
위드뮤 홍대 AK& 점（ウィドゥミュ ホンデエイケイエンジョム）
麻浦区楊花路188（東橋洞190-1） ☎02-332-0429
営 11:00～22:00（土・日曜10:30～）
休 年中無休
▶MAP 別P.17 E-1

週末はストリートライブでスターの卵を発見

週末になると駐車場通りの各所で歌手やアイドルを目指す若者がストリートライブを開催。ダンスからバラード曲までジャンルはさまざまで、稀に駆け出しのアイドルも見られる。

おしゃれでホットなリノベタウン

聖水

성수（ソンス）

もともと工場地帯だった聖水は、古い建物や倉庫をリノベしたカフェやアパレルショップが集まるエリア。赤レンガ調の街並みが美しく、新旧が交差する新鋭カルチャーの発信地になっている。

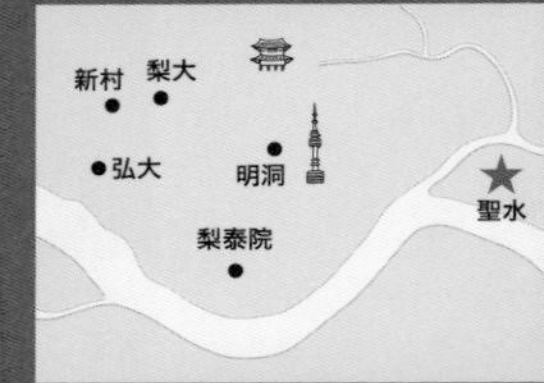

ぐるっと歩いて
1〜2時間
MAP 別P.5

最寄り駅
2号線聖水駅
2号線トゥクソム駅
水仁・盆唐線ソウルの森駅

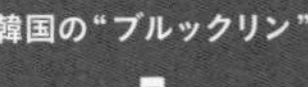

昼：◎ 夜：○

ソウルっ子に大人気のカフェやショップが揃っている

50年の歴史を持つ"カルビ通り"でBBQ気分♪

トゥクソム駅の西側には豚カルビのお店が屋台のように連なっている。屋外の席で食べると、まるでBBQのようでテンションも上がる！

天気のいい日は雰囲気たっぷりの屋外で焼き肉を楽しめるかも！

豚カルビの濃厚な脂身と炭火の香ばしい香りが食欲をそそる

116個のコンテナが並ぶ

UNDER STAND AVENUE Ⓐ

언더스탠드에비뉴（オンドステンドゥエビニュ）

大人から子供まで楽しめるコンテナモール。韓国人アーティストのアイデア商品が置かれているので注目。

城東区往十里路63（聖水洞1街685-704）
☎ 02-725-5526 営 10:00〜22:00 休 年中無休 交 水仁・盆唐線ソウルの森駅3番出口から徒歩2分 ▶MAP 別P.5 D-2

ソウルっ子注目の
トレンドスポットへGO！

南には漢江、西には広大なソウルの森があり、自然に恵まれた聖水では再開発が進んでいる。廃工場をリノベした大規模なカフェや、ソウルっ子に絶大な支持を誇るフレグランスショップ、様々な体験ができる複合文化施設など、話題が尽きないエリアだ。

クイニーアマンに夢中♡

SEOUL ANGMUSAE 聖水本店 Ⓑ

서울앵무새 성수본점
（ソウルエンムセ ソンスボンジョム）

ポップな外観とカラフルなクイニーアマンが人気のカフェ。2023年5月には龍山店がオープンした。

SEOUL
ANGMUSAE

バジルオニオンシナモンロール／6500W

ベリーヨーグルト／5500W

🏠城東区ソウルの森9キル3 B1～2F（聖水洞1街685-213）
☎070-8846-2025
営 8:00～23:00
休 年中無休
交 2号線トゥクソム駅8番出口から徒歩4分
▶MAP 別P.5 D-2

2023年3月オープンの醸造店

ソウルブルワリー聖水 Ⓒ

서울브루어리 성수（ソウルブルオリ ソンス）

ソウル一の規模を誇るクラフトビール醸造店。常時70種以上のビールを楽しめる。オリジナルのフードメニューも絶品。

🏠城東区練武場キル28-12（聖水洞2街310-53） ☎02-3409-7910 営 11:00～24:00（フードLO22:00、ドリンクLO23:30） 交 2号線聖水駅4番出口から徒歩10分
▶MAP 別P.5 D-2

ボロネーゼホットドッグ／1万3000W

PASSAGE II／1万1000W

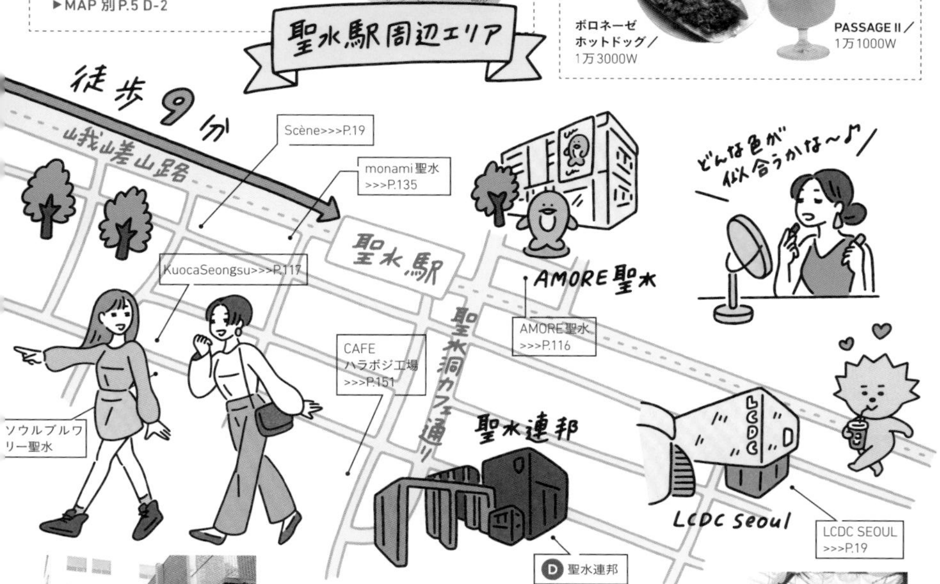

聖水駅周辺エリア
徒歩9分
峨嵯山路
Scène>>>P.19
monami聖水
>>>P.135
聖水駅
KuocaSeongsu>>>P.117
AMORE聖水
どんな色が似合うかな～♪
AMORE聖水
>>>P.116
CAFE
ハラボジ工場
>>>P.151
聖水洞カフェ通り
ソウルブルワリー聖水
聖水連邦
LCDC
LCDC Seoul
LCDC SEOUL
>>>P.19
Ⓓ 聖水連邦

リノベ複合施設

聖水連邦 Ⓓ

성수연방（ソンスヨンバン）

TV番組の収録や芸能人の誕生日イベントなども行う複合施設。

🏠城東区聖水2路14キル14（聖水洞2街322-4） ☎010-8979-8122 営 10:00～22:00 休 年中無休 交 2号線聖水駅3番出口から徒歩5分 ▶MAP 別P.5 E-2

行きたいお店リスト

3F 天上家屋

植物と日差したっぷりで居心地のよいカフェ。
☎010-7371-3753 営 11:00～22:00（LO21:30）
休 年中無休

1F Pizza Season >>>P.170

ポップな内観がかわいいパイ生地ピザの店。

LCDCからさらに東へ進むと、もう一つの青いコンテナモールで、ドラマ『ヴィンチェンツォ』のロケ地になったCOMMON GROUNDがある

異国情緒の薫る

梨泰院

이태원（イテウォン）

梨泰院をひとことで表すなら「異国情緒」。ソウル市が最初に観光特区に指定したエリアで、世界各国のグルメが味わえる。最近では漢南洞におしゃれなショップが集まり、デザイナーたちの登竜門となっている。

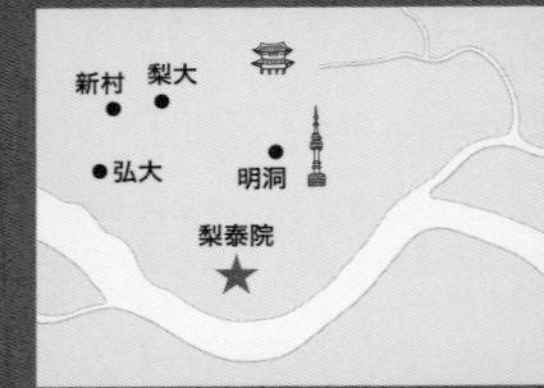

ぐるっと歩いて
1〜2時間
MAP別P.18

最寄り駅
6号線梨泰院駅
6号線緑莎坪駅

昼：◎ 夜：○

おしゃれなセレクトショップやデザイナーズブランドが多い

漢南洞で最旬ショップめぐり

おしゃれな飲食店やショップが多く集まる「漢南洞」。センス満点でかわいいショップクルーズにGo！

おしゃれすぎる靴下ショップ

MSMR Ⓓ

엠에스엠알

どこを見渡してもかわいすぎると話題の靴下専門店。カラフルなソックスは友だちや家族へのおみやげにしても喜ばれる！

>>>P.137

AMUSE漢南ショールーム Ⓐ

>>>P.117

hince 漢南店 Ⓑ

>>>P.118

HOMER Ⓒ

世界各国のビールが集合

CRAFT HAN'S Ⓔ

크래프트한스（クレプトゥハンズ）

龍山区梨泰院路19キル6-5（梨泰院洞118-73） ☎02-749-7122 営15:00〜翌1:00 休年中無休

▶MAP 別P.18 A-2

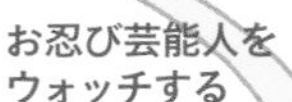

お忍び芸能人をウォッチする

梨泰院エリアは芸能人出没スポットとして定着しつつある。ばったり遭遇も夢じゃない!?

緑莎坪駅

オーダーメイド革製品

Ⓕ CRAFT HAN'S

若手デザイナーによるジュエリーをCheck!

梨泰院は近年、若手の韓国人デザイナーが集まる街になってきている。ブランドをオープンするならまず梨泰院、という潮流があるのだ。個性的な感性が集結する梨泰院で、お気に入りのアイテムを見つけてみよう。

繊細なデザインに心奪われる

Monday Edition Ⓕ

먼데이에디션 (モンデイエディション)

上質なジュエリーを扱うショップ。シンプルながら印象に残るデザインが多数。

龍山区大使館路11キル57(漢南洞684-65)
☎02-794-5922
㊔11:00〜19:00 ㊡月曜
▶MAP 別P.18 C-1

ネックレス 25万W〜

ブレスレット 15万W

南山公園

経理団通り

グランドハイアットソウル

サムスン美術館

漢江鎮駅

徒歩約10分

梨泰院ギル

梨泰院駅

プッハー

Ⓗ サムスン美術館Leeum
Ⓑ hince 漢南店
Ⓕ Monday Edition
Ⓓ MSMR
Ⓐ AMUSE 漢南ショールーム
Ⓒ HOMER
Ⓖ PROST

本格ビールならココ

PROST Ⓖ

프로스트 (プロストゥ)

ヨーロッパ風の建物の中では、種類豊富なクラフトビールを飲むことができる。

龍山区梨泰院路27ガキル26(梨泰院洞116-1) ☎02-796-6854 ㊔月〜木曜18:00〜翌1:00(金曜〜翌5:00)、土曜16:00〜翌5:00(日曜〜翌1:00)
㊡年中無休
▶MAP 別P.18 B-1

Courtesy of Maurizio Cattelan

古今の芸術を展示

Leeum美術館 Ⓗ

리움미술관 (リウムミスルグァン)

韓国の大企業サムスングループが運営。古美術から現代美術まで約1万5000点の作品を所蔵する。

龍山区梨泰院路55キル60-16(漢南洞747-18)
☎02-2014-6901
㊔10:30〜18:00(最終入館17:30)
㊡月曜、1月1日、旧正月・秋夕の当日
Ⓦ展示により異なる
▶MAP 別P.18 B-1

経理団通りを北東に進んでいくと、南山のふもとにある南山公園に到着する。Nソウルタワーがよく見えるエリアだ

リッチな気分になれる

狎鷗亭洞〜清潭洞

압구정동~청담동（アックジョンドン〜チョンダムドン）

各国のハイブランドのショップが密集するセレブなエリアである狎鷗亭洞〜清潭洞は、江南を代表するファッションエリア。運がよければ芸能人御用達のカフェやレストランで本人に遭遇も夢じゃないかも。

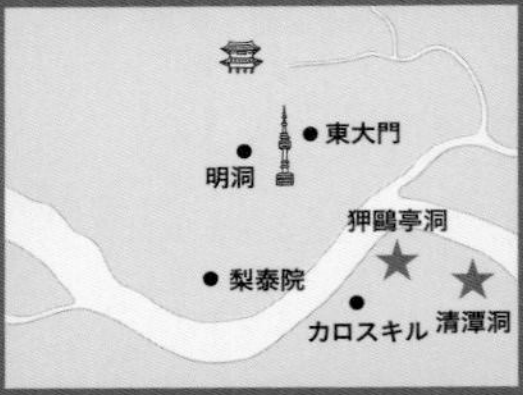
東大門
明洞
狎鷗亭洞
梨泰院
カロスキル
清潭洞

ぐるっと歩いて
3時間
MAP別P.22

最寄り駅
狎鷗亭洞
3号線狎鷗亭駅2番出口
清潭洞
水仁・盆唐線狎鷗亭ロデオ駅

セレブリティなエリア

昼：◎ 夜：○

おしゃれ服や、こだわりの食材を扱うお店などショッピングが充実

お城みたいなカフェでティータイム

mooni A >>>P.77

買い食い屋台もちらほら
G GOURME
>>>P.143
徒歩30分
B ペッコドン
狎鷗亭路
狎鷗亭ロデオ駅
ロデオ通り
現代百貨店
狎鷗亭駅
彦州路
C 牛豚庁
コスメSHOPも集中!!
宣陵路
島山公園
E INSTANTFUNK

ロデオ通り周辺の韓グルメでパワーチャージ

ロデオ通りにはマッチプ（美味しいお店）が集まる。ショッピングを楽しんだら、評判の韓国グルメで一日をシメよう！

ペッコドン B
>>>P.52

牛豚庁 C
>>>P.171

憧れスターとの遭遇を夢見る

狎鷗亭洞、清潭洞エリアは芸能事務所が多くある。
アイドル行きつけのお店で張り込みをするのも楽しい。

BTS、TWICE、IVE 着用ブランド

INSTANTFUNK Ⓔ
인스턴트펑크（インストントゥポンク）

韓国のトップスタイリストが手掛けるアパレルブランド。芸能人も衣装や私服で愛用している。

⌂江南区島山大路51キル12（新沙洞654-11）
☎0507-1306-9093
㊒12:00～20:00
㊡旧正月・秋夕の当日
▶MAP 別P.22 C-2

デニム
グラフィック
ホバーバッグ
（ブルー）
13万2000W

BTS V、パク・ソジュン 御用達ショップ

10 CORSO COMO SEOUL Ⓕ
10 꼬르소 꼬모 서울（10コルソ コモ ソウル）

アパレルのセレクトショップ。レストラン＆カフェも併設されている。

⌂江南区狎鷗亭路416 B1～2F（清潭洞79）
☎02-3018-1010
㊒11:00～20:00（レストラン＆カフェ～22:30）
㊡年中無休
▶MAP 別P.23 D-1

デパ地下グルメもチェック！

ギャラリアの地下食品売り場はトレンドのスイーツが豊富

GOURMET494 Ⓖ >>>P.143

ギャラリア

アイドルに遭遇できるかも♥

変装中

ブランド通り

島山大路

鷗亭コンビニ

mooni

0 CORSO COMO SEOUL

SNSで話題のネオ居酒屋

狎鷗亭コンビニ Ⓓ
압편압구정편의점（アッピョンアックジョンピョニジョム）

韓国居酒屋らしい銀の丸テーブルで、ボリューム満点の居酒屋メニューが楽しめる。

⌂江南区宣陵路161キル15-3 103・104号（新沙洞662-16）
☎02-6015-9685
㊒17:00～翌2:00（金・土曜～翌4:00）
㊡年中無休
▶MAP 別P.22 C-1

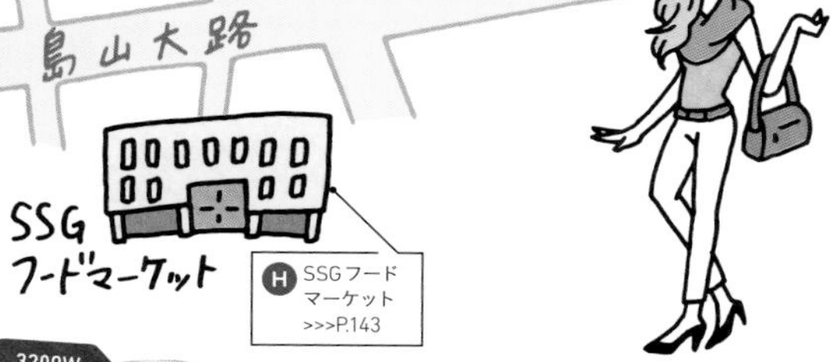

SSG フードマーケット

Ⓗ SSGフードマーケット >>>P.143

3200W

パセリフレーク

1万1000W

いちごコチュジャン

高級スーパーで こだわり食みやげを

清潭洞にある高級スーパーSSGフードマーケットは韓国食材をはじめ、輸入食材まで幅広く取り扱っている。

SSGフードマーケット Ⓗ >>>P.143

芸能事務所が点在するエリアで、飲食店のアルバイトがモデルや俳優の卵＝美男美女であることも多い

ハイセンスなファッション通り

カロスキル

가로수길（カロスキル）

カロスキルを日本語にすると「街路樹通り」で、その名の通り並木道になっている。おしゃれなショップがずらりと並んでいる様子は、日本の表参道のような雰囲気。行き交う人々のファッションセンスにも注目。

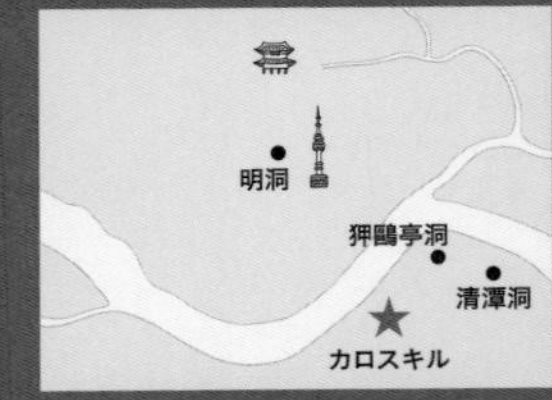

ぐるっと歩いて
1時間
MAP別P.19

最寄り駅
3号線新沙駅8番出口

おしゃれカフェ集結

昼：◎ 夜：○

ハイセンスな洋服や雑貨の店が並ぶ。おしゃれなカフェも多い

韓国女子愛用ブランド 差がつくアイテム探し

メインのカロスキルの1本裏側に入ると、ハイセンスなセレクトショップが現れる。個性的なアイテムを自分へのご褒美に。

今話題のフレグランスブランド

TAMBURINSフラッグシップストア新沙 Ⓐ

탬버린즈 플래그십스토어 신사

(テムボリンズ ブルレグシプストオ シンサ)

オシャレさんがこぞって愛用する香りのブランド。BLACKPINKジェニーがモデルを務めている。

江南区狎鷗亭路10キル44（新沙洞520-9）　☎02-511-1246
営 12:00～21:00　休 旧正月・秋夕の前日と当日（変更可能性あり）
▶MAP 別P.19 E-2

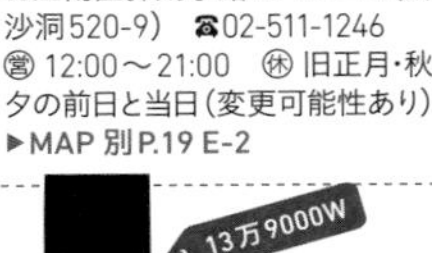

13万9000W

香水（50㎖）

香りは10種類。サイズは10㎖、50㎖、94㎖がある

カーディガン

胸元のリボンでガーリーな雰囲気を演出する清楚なデザイン

9万8000W

キレイめ×ガーリーな服

ISNANA Ⓑ

이즈나나（イジュナナ）

大人かわいいデザインで人気のアパレル。自社製品やインポート商品を取りそろえている。

江南区狎鷗亭路12キル11（新沙洞547-1）　☎02-516-3989
営 11:00～21:00
休 旧正月・秋夕の当日
▶MAP 別P.19 E-1

徒歩3分

新沙駅

島山大路

食事だって都会的ハイセンス街でおしゃれランチ

洗練されたエリアにある飲食店はやっぱりおしゃれ。
映えるお店で記念写真も忘れずに撮りたい。

ピザ
1ピース 6000W～
NYチーズピザと、スパイシーミートチーズが人気

カラフルな外観が目印
PIZZA EXPRESS Ⓒ
피자익스프레스 (ピジャイッスプレス)

カロスキルの人気ピザ店。種類豊富で1ピースから注文できるピザもある。

🏠江南区狎鷗亭路10キル28 B1F（新沙洞524-31）
☎070-7757-9200
㊫12:00～22:30
㊡年中無休
▶MAP 別P.19 E-1

おしゃれカフェ男子が淹れてくれるコーヒーを注文

カロスキルにはチェーン系ではないカフェがたくさん。
イケメン探しをするのもアリ!?

コーヒー類
5000～7500W

レンガ造りの落ち着く空間
LAY BRICKS Ⓓ
레이브릭스 (レイブリッス)

コーヒー工場をイメージして作られた店内。バリスタのこだわりコーヒーを堪能できる。

🏠江南区論峴路153キル46（新沙洞555-13）
☎02-545-5513
㊫11:00～23:00、日曜は12:00～(LO22:30) ㊡旧正月・秋夕の当日
▶MAP 別P.19 E-2

カロスキルの「カロ」には横という意味があり、それに対して「セロ＝縦」を用いたのがセロスキルの由来だとか

プラスで巡りたい旬スポット

ショッピングからグルメまで

江南エリア

강남（カンナム）

江南駅、三成駅、高速ターミナル駅、新論峴駅周辺を指す。ビジネス街で、ビジネスマン御用達のレストランも多い。

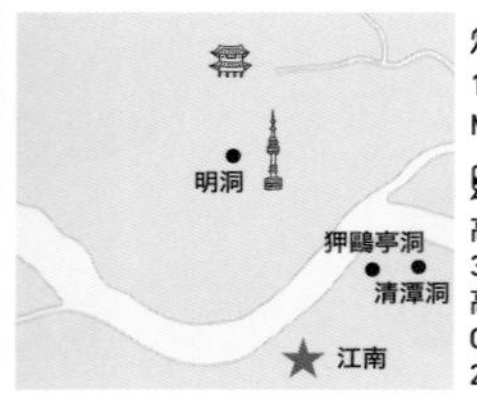

ぐるっと歩いて
1時間
MAP 別P.20

最寄り駅
高速ターミナル
3·7号線
高速ターミナル駅
COEX
2号線三成駅

地元密着CP良し

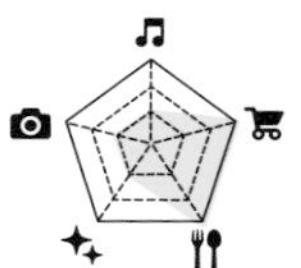

昼：◎ 夜：○

激安！ GO TO MALLでファッションアイテム大人買い

高速ターミナル駅地下直結のGO TO MALLは、ところ狭しと洋服屋が並ぶ。どこも驚くほどの激安で、掘り出し物に出合える確率大！ 飲食店もあり、休憩に困らない。

安カワ服がズラリ！

激安店が集まる地下街

GO TO MALL

고투몰（ゴトゥモル）

全長880m、総店舗数630店の地下ショッピングモール。地元の人が多く、穴場的な存在。

>>>P.126

バッグ全品1万W！

MZ世代のインフルエンサー注目の異空間なフォトスポットで映える

大手通信会社LGが提供する複合施設「日常非日常の間」。オフラインで多様な体験を楽しめるよう、階ごとにテーマの異なる空間が広がっている。

異世界空間で新体験

日常非日常の間

일상비일상의틈

（イルサンピイルサンエトゥム）

SEVENTEEN、BTSなどアイドルとのコラボ展示やカフェなどが楽しめる。

住 江南区江南大路426
☎070-4090-8005
営 11:00～21:00
休 月曜、旧正月・秋夕の連休
▶MAP 別P.20 C-3

クールなお店が集まる

龍山

용산（ヨンサン）

言わずと知れた繁華街・梨泰院を含む龍山区。最近では、梨泰院の西にある龍山駅付近にクールでモダンなお店が増えている。

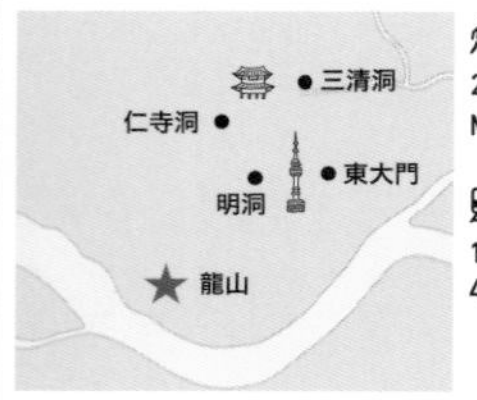

ぐるっと歩いて
2～2.5時間
MAP 別P.4

最寄り駅
1号線龍山駅
4号線新龍山駅

フォトジェニック！

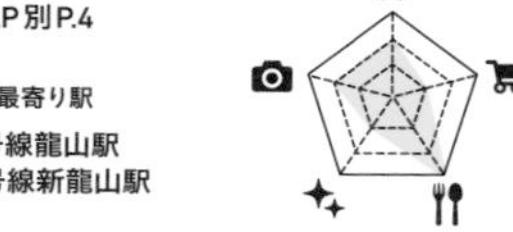

昼：◎ 夜：○

BTSが所属するHYBEがある

BTSやLE SSERAFIMが所属する大手事務所HYBEがあり、その付近には雰囲気抜群のモダンな飲食店が点在している。

コーヒーカクテルが美味！

BOLD（HANDS）

볼드핸즈（ボルドゥヘンジュ）

昼はコーヒー、夜はカクテルを楽しめるカフェ&バー。柔らかな光に照らされた店内がおしゃれ。

住 龍山区漢江大路21キル17-7
☎02-6085-1400 営 12:00～24:00
休 年中無休 ▶MAP 別P.4 B-2

これまで紹介したメインの8エリアのほかにも、ソウルの見どころはまだまだある。各エリアに行ったついでに、少し足をのばして訪れたい。ソウルっ子が集まる話題の厳選4エリアと見どころをご紹介。

小劇場が集まる

大学路

대학로（テハンノ）

かつてソウル大学があった大学路。現在では小劇場が集まる演劇の街になっている。北側の城北洞は韓屋が残る閑静なエリア。

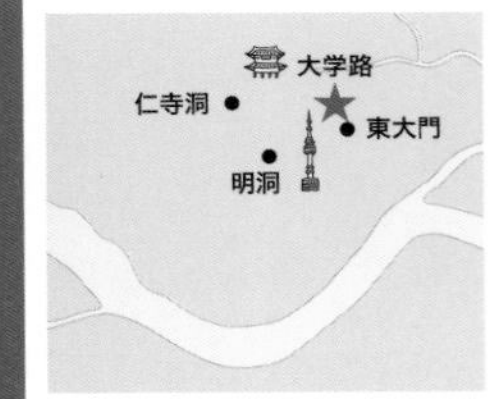

ぐるっと歩いて
2時間
MAP 別P.15

最寄り駅
4号線恵化駅

アートで散策

昼：◎ 夜：○

歴史を感じる韓屋を訪問する

国立中央博物館の館長を務めたチェ・スヌ氏の個人宅が開放され、見学できる。80年以上前の韓屋の面影を感じることができる。

家具も当時の状態が再現されている

伝統を感じられる空間

チェ・スヌの家

최순우 옛집（チェスヌイェッチプ）

80年以上前の家屋。家具なども当時のものが復元され、暮らしぶりを知ることができる。

城北区城北路15キル9（城北洞126-20） ☎02-3675-3401
㊤10:00〜16:00（最終入場15:30）
㊡日・月曜、12〜3月、秋夕の当日
▶MAP 別P.4 C-1

アートな街をカメラ片手に巡る

梨花洞の駱山公園を中心としたエリアにはアート作品が集中している。壁画や看板など、フォトスポットが目白押し。カメラを持って出かけたい。

梨花洞駱山プロジェクト

漢江に浮かぶ島

汝矣島

여의도（ヨイド）

漢江に浮かぶ島。国会議事堂などが集まるソウルの政治の中心。漢江に面しているので夜景が美しいスポットとしても有名。

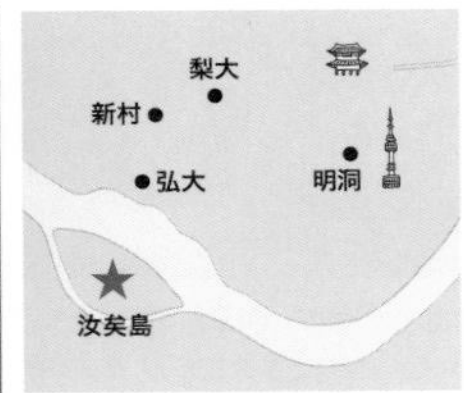

ぐるっと歩いて
1時間
MAP 別P.4 A-2

最寄り駅
9号線汝矣島駅

見晴らしバツグン

昼：◎ 夜：◎

美しすぎる百貨店が2021年にオープン

ソウル市最大規模の百貨店「ザ・現代 ソウル（→P.163）」。ハイセンスなファッションブランドやインテリアショップが集まる。ドラマ『ウ・ヨンウ弁護士は天才肌』のロケ地にも使用された。

ドラマでは、ヨンウと母親が出会うシーンで「SANDRO」というお店が使用された

タクシーは移動の強い味方。ただし平日の18時前後は帰宅ラッシュで道が渋滞するので地下鉄移動がおすすめ

STAY

優雅なリッチステイを満喫

憧れのハイクオリティホテル

アジア最大級の超スーパーリゾート

韓国初の統合型リゾート

PARADISE CITY

파라다이스시티 (パラダイスシティ)

アートとエンターテインメントの融合“アートテインメント”がコンセプトのアジア最大級のリゾート施設。

仁川広域市中区永宗海岸南路321番キル186雲西洞2874
☎02-1833-8855 ⊗仁川国際空港第1ターミナルからシャトルバスで3分

仁川 ▶MAP 別P.24 A-1

料金 HP参照
IN 15:00 OUT 11:00

WHAT IS

『PARADISE CITY』

韓国初の統合型リゾート
5つ星ホテル、ショッピング、カジノ、スパ、チムジルバン、アートなどが一度に楽しめる統合型リゾート施設。

仁川国際空港からのアクセス至便
仁川国際空港まで直線距離1.1kmという好立地。第1ターミナルから無料送迎バスで3分。

\ PARADISE CITYのココがスゴイ! /

CASINO

韓国最大級の外国人専用カジノ

日本人スタッフが多数在籍し、特典やサービスも充実

- LINEへの友達登録で7万W分のカジノクーポンプレゼント
- 新規カジノ会員登録で、カジノ内レストランのクーポンを発券。食事が3食まで無料

ID:@paradisecity

ART

3000点を超えるアート作品の数々

ホテル内に展示されているアート作品数は3000点を超える。撮影も可能なので、有名アーティストの作品の数々を写真におさめよう。上の写真は、草間彌生の作品『Great Gigantic Pumpkin』

泊、食、遊、買が一度に楽しめる!

STAY

部屋ごとにテーマが異なるゲストルーム。ラグジュアリーで優雅なひとときを過ごそう

SPA

ラグジュアリーなプールに、韓国式サウナのチムジルバンが楽しめるアートスパ「CIMER」

RESTAURANT

様々なシーンで使える高級レストラン。焼き肉・参鶏湯などの韓国料理店まで豊富に楽しめる

**せっかくの海外旅行だから、旅をより一層盛り上げるハイクオリティなホテルに泊まりたい。
憧れのリゾートホテル、アクセス至便な都心型ホテル、
最高なソウルステイを叶えるホテルをご紹介。**

南山の麓に位置しているので、客室からの景色は抜群

充実のサービスで満足度100%

屋外プール「アーバンアイランド」。南山の絶景が望める

眺望の良いエグゼクティブラウンジ

旧迎賓館、韓屋式の宴会場

韓国の伝統美とモダンが融合

ソウル新羅ホテル

서울신라호텔 (ソウルシーラホテル)

韓国国内の新羅系列ホテルの中の代表格。ミシュラン3つ星のレストランや豪華なプールなど設備も充実。

中区東湖路249(奨忠洞2街202)
☎02-2233-3131 ㊋3号線東大入口駅5番出口から徒歩3分
日本語OK
東大入口 ▶MAP 別P.7 E-3

料金 HP参照
IN 14:00 OUT 11:00

敷地内に免税店がある
ホテルの敷地内には新羅免税店がある。免税店専用単独の建物なので、快適にショッピングが楽しめる

Ⓐ世界初の空中部分で連結する設計 Ⓑ充実のアメニティもうれしい Ⓒおしゃれなレストランでとっておきのディナーを Ⓓ宿泊者なら無料で使えるプール

ココがスゴイ！
プールが無料!?
4階にあるプールは宿泊者なら誰でも無料で利用できる

シックなインテリアで落ち着いた雰囲気

リッチな空間で最高級ステイを満喫

シティービューを堪能できる5つ星ホテル

NOVOTEL SUITES AMBASSADOR

노보텔 스위트 앰배서더 (ノボテルスウィトゥエムベソド)

5つ星ホテルなのにリーズナブルに利用できると話題に。館内にはルーフトップバーやプールなどの施設も完備。

龍山区青坡路20キル95(漢江路3街40-969)
☎02-2223-7000
㊋1号線龍山駅3番出口から徒歩5分
日本語OK
龍山 ▶MAP 別P.4 B-2
料金 HP参照 IN 15:00 OUT 12:00

STAY

伝統家屋をひとり占め♡

韓屋のお宿でくつろぎステイ

韓国を思う存分満喫したいなら、お宿もこだわりたい。伝統家屋に泊まる韓屋ステイは一軒まるごと貸し切り制だから、まるで我が家のようにくつろげる。

日当たり良好な露天風呂で贅沢バスタイム

ココがステキ♡

景福宮付近という抜群の立地

レトロかわいい鍾路エリアの観光スポット"景福宮"近くのお宿。風情ある街並みを朝から晩まで楽しめる。

ココがステキ♡

清潔なシャワールームにはおしゃれバスアイテムが！

日本でも人気のイソップのシャンプーが用意されている。

2021年オープンの綺麗なお宿

Lee Ho Sorak

이호소락（イホソラク）

ナチュラルな木目が美しく、癒やされる空間。落ち着きのあるインテリアやほのかに香るルームフレグランスは、五感を穏やかに刺激してくれる。

🏠 鍾路区北村路5ガキル17-8
☎ 0507-1324-1146
㊇ 3号線安国駅1番出口から徒歩10分
鍾路 ▶MAP 別P.12 A-2

料金 1室31万6000W～
IN 16:00
OUT 13:00

グラスやポットもあるから安心

ココがステキ♡

外の露天風呂で心も体も整える

塀で仕切られた露天風呂は日当たり良好で、まさに贅沢の極み！

WHAT IS

『韓屋』

貸し切りステイが新定番!?

韓国の伝統家屋。瓦屋根を使った厳かな外観と、美しい木目を生かしたレトロかわいい雰囲気がたまらない。韓屋を一軒まるごと貸し切るお宿が多く、本当の家のようにプライベートな空間でくつろげる。

韓国らしさたっぷりのこだわりの設備

ココがステキ♡

韓紙など伝統素材を利用
韓紙にかざされた光は柔らかく、包み込まれるように温かい。

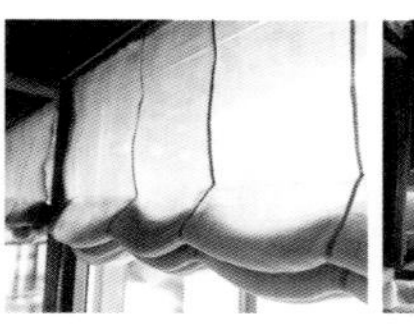

高級感のあるカトラリー

カトラリーも十分に用意されており、備え付けのプロジェクターではNetflixも見放題。家族や友達との利用にぴったりだ

美しい情緒を醸し出す

アンギルサガ
안길사가

朝鮮王朝の貴族「ソンビ」の住まいをモチーフにした、格式高い韓屋のお宿。モダンと伝統が交差する空間はまさに芸術。露天風呂付きなのがまた贅沢。

🏠 鍾路区北村路1キル24-2 ☎0507-1459-1158 ㊋3号線安国駅1番出口から徒歩3分 三清洞 ▶MAP 別P.12 B-3

料金 1室48万W〜 IN 16:00 OUT 12:00

築80年の韓屋に現代的な要素をプラス

ココがステキ♡

雑貨めぐりもできる西村に位置
かわいい雑貨屋でお買い物をして、徒歩で直行できるからラクチン

優雅にティータイム

西村はソウルの伝統と、現代の変化が入り交じる街。築80年の韓屋をリノベして作った内装に注目

非日常の空間に癒される

Hanok Essay Seochon
한옥에세이 서촌 (ハノクエッセイソチョン)

韓屋といえど、伝統に強くこだわらず、近代的な要素と調和させたお宿。太陽や月、風の動きを体感できるような癒しの空間になっている。

🏠 鍾路区弼雲大路3キル12 ☎0504-0904-2431 ㊋3号線景福宮駅2番出口から徒歩5分 西村 ▶MAP 別P.6 B-1

料金 HP参照 IN 16:00 OUT 11:00

韓屋Q&A

韓屋は韓国の伝統的な住宅。韓屋ステイにはふつうのホテルとは使い勝手が異なるところもある。

Q1 予約は必要？
部屋数が限られているので、予約は必須。Airbnb (https://www.airbnb.jp/) で予約可能なお宿もあり

Q2 食事は付いてくる？
施設によって異なるが、付いていないことも多いので、事前に要確認。追加料金で提供してもらえることも

Q3 アメニティは？
シャンプーや石けんなど最低限のものはある場合が多いが、自分で持っていったほうが安心

Q4 日本語は通じる？
日本語がOKな施設もあるが、英語しか通じない場合もある

こんなお宿も！

コスパ最強ホテルでソウルの絶景を一望！

東大門の絶景ホテル

glue hotel
글루호텔 (グルーホテル)

すべての部屋からソウルの景色を眺められると話題。イベントも多く開かれるオープンなホテルで、ラウンジバーではチルナイトを過ごせる。

🏠 鍾路区栗谷路228
☎02-2024-8400
㊋1号線鍾路5街駅3番出口から徒歩10分
東大門 ▶MAP 別P.7 E-1

料金 HP参照
IN 15:00
OUT 12:00

韓屋は、天気の良い日はもちろん、日が沈んで雨が降っている情景でも、より一層美しさを見せる

泊まるならココ！ ソウルのホテルセレクション

旅行者の人気度No.1

ロッテホテルソウル

롯데호텔서울

明洞に位置するアクセス抜群の特級ホテル。総客室数は1000室以上あり、レストランやジム、プールなども完備。贅沢な韓国ステイを約束してくれる。

料金 20万W〜
IN 15:00
OUT 12:00

中区乙支路30（小公洞1）
☎02-771-1000 ㊈2号線乙支路入口駅8番出口から徒歩1分 日本語OK
明洞 ▶MAP 別P.10 B-1

ショッピングに便利なロケーション

ナインツリーホテル明洞

나인 트리 호텔 명동

インターコンチネンタル系列のビジネスホテル。寝具にこだわりあり。

料金 12万W〜
IN 15:00
OUT 12:00

中区明洞10キル51（忠武路2街63-2）
☎02-750-0999 ㊈4号線明洞駅8番出口から徒歩1分 日本語OK
明洞 ▶MAP 別P.11 D-3

全客室バスタブ完備

サボイホテル

사보이호텔

明洞の繁華街のど真ん中に位置するホテル。大きな窓のある部屋が多い。

料金 9万W〜
IN 15:00
OUT 12:00

中区明洞8ナキル10（忠武路1街23-1）
☎02-772-7700 ㊈4号線明洞駅6番出口から徒歩3分 日本語OK
明洞 ▶MAP 別P.11 D-3

定番エリアのアクセス便利

JWマリオット東大門スクエアソウル

JW 메리어트 동대문 스퀘어 서울

全室バスタブ付のホテル。ソウル駅、明洞駅にも出やすい1・4号線が使える。

料金 35万W〜（税、サービス料別）
IN 15:00
OUT 12:00

鍾路区清渓川路279（鍾路6街289-3）
☎02-2276-3000 ㊈4号線東大門駅9番出口から徒歩1分
東大門 ▶MAP 別P.14 B-2

東大門ショッピングなら

相鉄ホテルズ ザ・スプラジールソウル東大門

소테츠호텔 더 스프라지르 서울동대문

東大門のファッションビル群のすぐそばに位置する。フィットネスが24時間無料。

料金 15万W〜
IN 15:00
OUT 12:00

中区奨忠壇路226（光熙洞2街17） ☎02-2198-1212 ㊈2・4・5号線東大門歴史文化公園駅9番出口から徒歩1分
東大門 ▶MAP 別P.14 A-3

明洞エリアを攻略できる

世宗ホテル

세종호텔

空港リムジンバスの停留所が目の前にあり、周辺には飲食店やコンビニも多く便利。広々とした室内では、荷物の整理もラクラク。

料金 26万W〜
IN 15:00
OUT 12:00

中区退渓路145（忠武路2街61-3）
☎02-773-6000 ㊈4号線明洞駅10番出口から徒歩1分 日本語OK
明洞 ▶MAP 別P.11 F-3

明洞ステイを満喫

ホテル28明洞

호텔 28 명동

映画の世界をコンセプトにした客室が人気。明洞へのアクセスも至便。

料金 HP参照
IN 15:00
OUT 12:00

中区明洞7キル13（明洞1街59-1 6F）
☎02-774-2828 ㊈2号線乙支路入口駅5番出口から徒歩5分 日本語OK
明洞 ▶MAP 別P.11 D-1

Nソウルタワーのふもとに位置

パシフィックホテル

퍼시픽호텔

南山のふもとに位置。デラックスからはNソウルタワーを一望できる。

料金 15万W〜
IN 15:00
OUT 12:00

中区退渓路20キル2（南山洞2街31-1）
☎02-777-7811 ㊈4号線明洞駅3番出口から徒歩2分 日本語OK
明洞 ▶MAP 別P.11 D-3

アクティブなソウル観光向け

デイズホテル byウィンダムソウル明洞

데이즈 호텔 바이 윈덤 서울 명동

2014年7月オープン。明洞駅から徒歩1分で、南大門へのアクセスも抜群。

料金 HP参照
IN 15:00
OUT 11:00

中区退渓路107（忠武路1街24-30）
☎02-727-8700 ㊈4号線明洞駅5番出口から徒歩1分 日本語OK
明洞 ▶MAP 別P.10 C-3

2022年にオープン

ロイネットホテル ソウル麻浦

로이넷호텔 서울 마포

日系ホテル。空港リムジンのバス停や空港鉄道の駅が近く、アクセスしやすい。

料金 11万5000W〜
IN 15:00
OUT 12:00

麻浦区麻浦大路67 3F（桃花洞573）
☎02-3702-0300 ㊈5号線麻浦駅2番出口から徒歩4分 日本語OK
孔徳 ▶MAP 別P.4 B-2

快適な旅にするため、ホテル選びはとても大切。そこでラグジュアリーなホテルからカジュアルなホテルまで、とっておきのホテルをセレクト。旅の目的に合わせて、ランクやエリアなど、プランニングの参考にしてみて。

ホテルの等級について
本誌では、各ホテルの申告にもとづき等級を表示。特1級から3級まである。等級は韓国観光ホテル業協会が決定している。

Wi-Fiについて
ホテル内のWi-Fiに接続するにはパスワードが必要な場合があるので、フロントで尋ねよう。

リーズナブルさと充実の施設が好評
イビスアンバサダーソウル明洞
이비스 앰배서더 서울 명동

浴場、ジムなども完備されている充実の施設。清潔感が漂う客室の中には、オンドル付きのタイプも。1階には深夜も営業するマッサージ店あり。

料金 12万W～
IN 14:00
OUT 12:00

中区南大門路78(明洞1街59-5)
☎02-6361-8888 ⊗2号線乙支路入口駅6番出口から徒歩5分 日本語OK
明洞 ▶MAP 別P.10 C-2

スタイリッシュな老舗ホテル
メトロホテル
메트로호텔

2014年にリニューアル。チェックイン時にはクレジットカードの提示が必要。

料金 9万9000W (HP予約の場合)
IN 15:00
OUT 11:00

中区明洞9ガキル14(乙支路2街199-33) ☎02-752-1112 ⊗2号線乙支路入口駅5・6番出口から徒歩2分 日本語OK
明洞 ▶MAP 別P.10 C-1

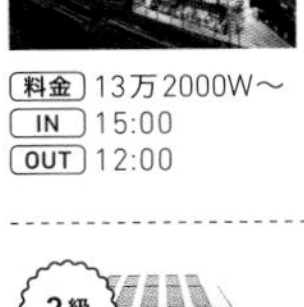

観光メインの旅行にピッタリ
ホテルマヌ
호텔마누

ソウル駅の近くに位置。明洞・南大門も徒歩圏内。カフェなどもあり。

料金 13万2000W～
IN 15:00
OUT 12:00

中区退渓路19(南大門路5街84-16)
☎02-777-0100 ⊗1号線ソウル駅5番出口から徒歩2分 日本語OK
ソウル駅 ▶MAP 別P.6 B-3

明洞でおしゃれステイを
G2ホテル
G2 호텔

2017年4月にオープン。フィットネスセンターや共用洗濯機などの設備も完備。

料金 10万W～
IN 14:00
OUT 12:00

中区水標路24(苧洞2街48-27) ☎02-2277-9700 ⊗2号線乙支路3街駅11番出口から徒歩5分 日本語OK
明洞 ▶MAP 別P.8 C-3

万全のセキュリティで安心
ホテル国都
호텔 국도

「国都劇場」の跡地に建てられたホテル。11階は女性専用客室あり。

料金 10万W～
IN 15:00
OUT 12:00

中区乙支路164(乙支路4街310)
☎02-6466-1234 ⊗2号線乙支路4街駅10番出口から徒歩1分 日本語OK
忠武路 ▶MAP 別P.9 D-3

「M PLAZA」の上に位置
ソラリア西鉄ホテル ソウル明洞
솔라리아 니시테츠 호텔 서울 명동

明洞中心部にあるファッションモール「M PLAZA」の上位置。荷物の一時預かりや両替もできるので明洞での買い物に便利。

料金 15万W～
IN 15:00
OUT 12:00

中区明洞8キル27(明洞2街31-1)
☎02-773-1555 ⊗4号線明洞駅8番出口から徒歩3分 日本語OK
明洞 ▶MAP 別P.11 D-2

2017年4月オープン
9BRICKホテル
나인브릭호텔

若者に人気の弘大エリアに位置する。客室ごとにちがうインテリアが特徴。

料金 10万W～
IN 15:00
OUT 12:00

麻浦区弘益路5キル32(西橋洞354-10)
☎02-3141-8800 ⊗2号線弘大入口駅9番出口から徒歩6分
弘大 ▶MAP 別P.16 C-2

日本人観光客に人気が高い
レックスホテル
렉스호텔

静かな南山のふもとにある。韓国伝統のオンドル部屋もある。日本人に人気。

料金 11万7000W～
IN 14:00
OUT 12:00

中区退渓路10キル23(会賢洞1街65)
☎02-752-3191 ⊗4号線会賢駅1番出口から徒歩2分 日本語OK
南大門 ▶MAP 別P.15 F-3

イタリア人建築家がデザイン
ザ・プラザソウルオートグラフコレクション
더 플라자 서울 오토그래프 컬렉션

1976年開業。2010年のリニューアルでデザインを一新し生まれ変わった。

料金 20万W～
IN 15:00
OUT 12:00
※価格は変動あり

中区小公路119(太平路2街23)
☎02-771-2200 ⊗1・2号線市庁駅6番出口から徒歩1分 日本語OK
市庁 ▶MAP 別P.10 A-1

バスルームが独立式
ホテルグレイスリーソウル
호텔그레이스리 서울

仁川、金浦空港へのアクセスがよい日系ホテル。110Vのコンセントも使用できる。

料金 9万9000W～
IN 15:00
OUT 12:00

中区世宗大路12キル12 11F(南大門路4街17-19) ☎02-6936-0100 ⊗1・2号線市庁駅7番出口から徒歩3分 日本語OK
市庁 ▶MAP 別P.8 A-3

観光でホテルに滞在している場合は、フロントにEMS(国際スピード郵便)を集荷依頼することができる

プライベートな高級リゾート

バンヤンツリークラブ&スパソウル

반얀트리 클럽 앤 스파 서울

南山のふもとに位置するラグジュアリーなホテル。ほぼ全室にリラクゼーションプールが付いている。

🏠中区奨忠壇路60（奨忠洞2街 山5-5）☎02-2250-8000 ⓧ3号線東大入口駅6番出口からタクシーで3分 日本語OK

料金 59万4000W～
IN 15:00
OUT 11:00

南山 ▶MAP 別P.7 E-3

韓国旅行ビギナーも安心

ホテルPJ

호텔 PJ

日本人の利用客が多い。市内とホテルを行き来する無料シャトルバスも運行。

🏠中区マルンネ路71（仁峴洞2街73-1）☎02-2280-7000 ⓧ2号線乙支路4街駅10番出口から徒歩5分 日本語OK

料金 24万2000W～
IN 15:00
OUT 12:00

忠武路 ▶MAP 別P.9 D-3

旅の疲れをゆったり癒す

ニューソウルホテル

뉴서울호텔

市庁エリアに位置。明洞エリアだけでなく景福宮や徳寿宮まで徒歩5分。

🏠中区世宗大路22キル16（太平路1街29-1）☎02-735-8800 ⓧ1号線市庁駅4番出口から徒歩5分 日本語OK

料金 17万5000W～
IN 15:00
OUT 12:00

市庁 ▶MAP 別P.8 A-2

1972年創業の伝統を誇る

コリアナホテル

코리아나호텔

フィットネスセンターやゴルフ練習場など、付帯施設が充実している。

🏠中区世宗大路135（太平路1街61-1）☎02-2171-7000 ⓧ1号線市庁駅3番出口から徒歩3分 日本語OK

料金 20万W～
IN 15:00
OUT 12:00

市庁 ▶MAP 別P.8 A-2

ハイセンスな広々ルーム

RYSE Autograph Collection, Seoul

라이즈 오토그래프 컬렉션 , 서울

弘大エリアに便利なホテル。バスローブは韓国のブランド「IISE」のもの。

🏠麻浦区楊花路130 ☎02-330-7700 ⓧ2号・京義中央線、仁川空港鉄道弘大入口駅9番出口から徒歩3分

料金 HP参照
IN 15:00
OUT 12:00

弘大 ▶MAP 別P.16 C-1

明洞・東大門に便利

レスケープホテル

레스케이프호텔

南大門市場から徒歩3分ほどに位置。貴族のような高級感あるお部屋で過ごせる。

🏠中区退渓路67
☎02-317-4000
ⓧ4号線会賢駅7番出口から徒歩1分

料金 HP参照
IN 15:00
OUT 11:00

南大門 ▶MAP 別P.15 F-3

おしゃれな空間に泊まるなら

小雪ホテル

소설호텔

江南エリアにあり、高級感のあるモダンな内装が特徴。チェックインの時間により料金が異なる。

🏠瑞草区盤浦大路14キル53（瑞草洞1594-4）☎0507-1366-0517 ⓧ3号線南部ターミナル駅6番出口から徒歩5分

料金 15万4000W～
IN 15:00
OUT 12:00

南部ターミナル ▶MAP 別P.5 D-3

充実のゲストサービスに満足

ドーミーインソウル江南

도미인서울강남

館内には大浴場やサウナも完備。日本語対応のスタッフも常駐しているので安心。

🏠江南区奉恩寺路134（駅三洞603-1 LF）☎02-548-5489 ⓧ9号線新論峴駅4番出口から徒歩5分 日本語OK

料金 10万W～
IN 15:00
OUT 12:00

江南 ▶MAP 別P.20 C-3

ワンランク上のビジネスホテル

新羅ステイ瑞草

신라스테이서초

老舗高級ホテル「新羅ホテル」のビジネスホテルブランド。2017年4月オープン。

🏠瑞草区孝寧路427（瑞草洞1339-1）☎02-2219-9000 ⓧ新盆唐線江南駅5番出口から徒歩11分 日本語OK

料金 HP参照
IN 15:00
OUT 12:00

江南 ▶MAP 別P.5 D-3

歴史散策に最適のロケーション

イビスアンバサダーソウル仁寺洞

이비스 앰배서더 서울 인사동

歴史的な建物が並ぶ仁寺洞エリアに位置。宗廟や景福宮が徒歩圏内。

🏠鍾路区三一大路30キル31（益善洞34-8）☎02-6730-1101 ⓧ1・3・5号線鍾路3街駅4番出口から徒歩6分 日本語OK

料金 13万2000W～
IN 14:00
OUT 12:00

鍾路 ▶MAP 別P.8 C-1

広々とした浴室がうれしい

アマンティホテルソウル

아만티호텔서울

弘大入口駅から徒歩約10分。アクセス至便で、時間を気にせず遊び尽くせる。

🏠麻浦区ワールドカップ北路31（西橋洞447-1 4F）☎02-334-3111 ⓧ2号線弘大入口駅1番出口から徒歩9分 日本語OK

料金 12万W～
IN 15:00
OUT 12:00

弘大 ▶MAP 別P.16 C-1

上質なソウルステイを満喫

フォーシーズンズホテルソウル

포시즌스 호텔 서울

充実のサービスやアメニティのほか、館内には7つのレストランが揃う。

🏠鍾路区セムナン路97（唐珠洞29）☎02-6388-5000 ⓧ5号線光化門駅7番出口から徒歩2分 日本語OK

料金 58万W～（10%税別）
IN 15:00
OUT 12:00

市庁 ▶MAP 別P.8 A-2

韓国屈指の名門ホテル

ソウル新羅ホテル

서울신라호텔

多くの有名人も利用する格式高いホテル。敷地内に新羅免税店もあるのでショッピングにも便利。

料金 HP参照
IN 15:00
OUT 12:00

中区東湖路249(奨忠洞2街202)
02-2233-3131 3号線東大入口駅5番出口から徒歩3分 日本語OK
東大入口 ▶MAP 別P.7 E-3

ルーフトッププールあり

L7弘大

L7 홍대

ホテル最上階の22階ではラグジュアリーなプールとバーが楽しめる。

料金 HP参照
IN 15:00
OUT 12:00

麻浦区楊花路141(東橋洞160-5) 02-2289-1000 2号・京義中央線、仁川空港鉄道弘大入口駅1番出口から徒歩3分
弘大 ▶MAP 別P.17 D-1

遊んでそのままステイできる

ロッテホテルワールド

롯데호텔월드

ロッテマートや免税店、ロッテワールドなどが隣接する充実エリアに位置。

料金 26万W〜
IN 15:00
OUT 12:00

松坡区オリンピック路240(蚕室洞40-1)
02-419-7000 2号線蚕室駅3番出口から徒歩1分 日本語OK
蚕室 ▶MAP 別P.5 F-3

落ち着いた雰囲気に癒される

ホテルリベラ

호텔리베라

高級ブランドが立ち並ぶ清潭洞に位置。上品なオンドルルームもある。

料金 17万〜
IN 15:00
OUT 12:00

江南区永東大路737(清潭洞53-7)
02-541-3111 7号線清潭駅11番出口から徒歩5分 日本語OK
清潭洞 ▶MAP 別P.23 F-2

施設も充実のシティリゾート

グランドハイアットソウル

그랜드 하얏트 서울

「都会のオアシス」がコンセプト。ホテル内のクラブはドラマロケ地となった。

料金 HP参照
IN 15:00
OUT 11:00

龍山区素月路322(漢南洞747-7)
02-797-1234 6号線梨泰院駅2番出口からタクシーで3分 日本語OK
梨泰院 ▶MAP 別P.18 B-1

高層階から漢江を一望

ウォーカーヒルホテル&リゾート

워커힐호텔앤리조트

韓国ドラマの撮影地としても人気の高い、都心のリゾートホテル。

料金 HP参照
IN 15:00
OUT 11:00

広津区ウォーカーヒル路177(広壮洞21) 1670-0005 5号線クァンナル駅からシャトルバスで5分、2号線江辺駅からシャトルバスで10分 日本語OK
広津区 ▶MAP 別P.5 F-2

ラグジュアリーな雰囲気にうっとり

パークハイアットソウル

파크 하얏트 서울

江南エリアの三成駅からすぐのところに位置するホテル。全面ガラス張りの客室が世界的な評価を受けている。

料金 50万W〜(VAT別途)
IN 15:00
OUT 11:00

江南区テヘラン路606(大峙洞995-14)
02-2016-1234 2号線三成駅1番出口から徒歩1分 日本語OK
江南 ▶MAP 別P.21 F-2

ホテルステイを満喫できる

インターコンチネンタルソウルCOEX

인터컨티넨탈서울코엑스

落ち着いた雰囲気のシンプルな客室は旅の疲れを癒やすのにぴったり。

料金 26万W〜
IN 15:00
OUT 12:00

江南区奉恩寺路524(三成洞159)
02-3452-2500 9号線奉恩寺駅5番出口から徒歩5分 日本語OK
三成 ▶MAP 別P.21 E-2

ロッテ免税店にも行きやすい

ロイヤルホテルソウル

로얄호텔서울

明洞のメインストリート近くのホテル。広々とした客室で全室浴槽付。

料金 HP参照
IN 14:30
OUT 11:00

中区明洞キル61(明洞1街6-3)
02-756-1112 4号線明洞駅6番出口から徒歩7分 日本語OK
明洞 ▶MAP 別P.11 D-2

空港へのアクセス抜群

グラッド麻浦

글래드 마포 (グレドゥ マポ)

空港やソウル駅へのアクセスも抜群。モノトーンな客室がおしゃれ。

料金 HP参照
IN 15:00
OUT 11:00

麻浦区麻浦大路92(桃花洞25-13) 02-2197-5000 5号・6号・空港鉄道・京義中央線孔徳駅9番出口から徒歩1分 日本語OK
麻浦 ▶MAP 別P.4 B-2

客室ごとに異なるデザインが魅力

IPブティックホテル

IP 부티크 호텔

梨泰院エリアに位置。空港リムジンバス停留所から徒歩5分とアクセス良好。

料金 12万W〜
IN 15:00
OUT 12:00

龍山区梨泰院路221(漢南洞737-32)
02-3702-8000 6号線梨泰院駅2番出口から徒歩5分 日本語OK
梨泰院 ▶MAP 別P.18 B-1

明洞メインストリートのすぐそば

ナインツリープレミアホテル明洞II

나인트리 프리미어호텔 명동 II

明洞エリアに位置し、東大門やNソウルタワーなどの観光地にも行きやすい。

料金 12万W〜
IN 15:00
OUT 12:00

中区マルンネ路28(草洞72-10)
02-6967-0999 2号線乙支路3街駅11番出口から徒歩4分 日本語OK
明洞 ▶MAP 別P.8 C-3

韓国アイドルの追っかけをしたいなら、芸能事務所が集中する清潭洞エリアのホテルがおすすめ。大好きなあの人に会えるかも？

5ステップで あわてず出国・あわてず帰国

出国・帰国の手続きを5つのステップで把握しておけば、あわてずスムーズに済ませられる。早めに空港に到着しておくこともポイント。

日本 ⇒ 韓国

STEP1 機内

入国カードへの記入を忘れずに！

渡航時間は約2時間半。乗務員が配布する入国カードと旅行者税関申告書に記入を済ませておくと入国がスムーズ。

STEP2 到着

到着したら到着フロアに直行。案内板に従って外国人専用カウンターに並び、入国審査へ向かう。

STEP3 入国審査

指紋認証はジェスチャーでうながされる！

パスポートと、機内で記入しておいた入国カードを係員に渡す。指示に従い顔認証と指紋認証を受ける。

STEP4 荷物受け取り

取り違えないよう目印をつけておこう

搭乗した便名が表示されているターンテーブルで、自分の荷物をピックアップする。荷物の紛失などのトラブルは係員に相談。

STEP5 税関審査

申請書を提出！

機内で記入しておいた税関申告書を、出口付近で待機している係員に渡す。免税の範囲内であれば特に検査はない。

入国必須 POINT

パスポート:3カ月
有効期限に注意。残りが3カ月以上ないと韓国には入国できない。

ビザ:不要
観光や語学研修、短期商用目的で90日以内であればビザは不要。

韓国 ⇒ 日本

STEP1 チェックイン

利用航空会社のカウンターでチェックイン。荷物を預けて搭乗券と荷物引換券を受け取る。

STEP2 税関

US$1万を超える現金の持ち出しは申告が必要。税金を払い戻してもらう場合は確認印をもらう。

STEP3 手荷物検査

出国ゲートで手荷物検査とボディチェック。液体・ジェル化粧品は手荷物にできないので注意。

STEP4 出国審査

外国人専用窓口に並び、搭乗券とパスポートを係員に提示して出国の手続きが完了する。

STEP5 搭乗

出発30分前までに搭乗ゲートへ。市内で購入した免税品は受け取りカウンターで受け取る。

帰国必須 POINT

税金の払い戻し
加盟店で1店舗3万W以上の買い物をした場合、申告すれば税金が還付される。

お土産の持ち込み
キムチやシートパックなどは液体物に含まれ、機内への持ち込みが制限される。

✖重さ10kg以内の荷物(大きさについては航空会社により異なる)
✖化粧品などの液体類(ジェル、エアゾール含む)
✖刃物やとがったもの ✖ゴルフクラブ、サーフボードなどの長いもの
✖日用品 ✖スポーツ用のスプレー

出国・免税範囲

酒、たばこは未成年の場合、免税範囲外

酒	1本(1ℓ以下)
香水	2オンス(約57mℓ)
たばこ	紙巻きたばこ200本、葉巻50本、その他のたばこは250gまで
通貨	US $1万以上は要申告

帰国・免税範囲

酒、たばこは未成年の場合、免税範囲外

酒	3本(1本760mℓ程度)
香水	2オンス(約57mℓ)
たばこ	1種類のみの場合、紙巻きたばこ200本、葉巻50本、その他250gまで
おみやげ	合計20万円まで

到着前に機内で記入
【記入例】

入国カード

入国審査に必須の入国カードは未成年者の場合でも1人1枚作成。
搭乗して間もなく配られるので、機内で記入を済ませておこう。

滞在先の情報やパスポート番号はすぐにわかるよう手元に置いておくと便利

ARRIVAL CARD ※ Please fill out in Korean or English.
入境卡(外国人用) ※ 请填写韩语或英语。

Family Name / 姓 ①	Given Name / 名 ②	③ □ Male / 男 □ Female / 女
Nationality / 国籍 ④	Date of Birth / 出生日期 ⑤ Y Y Y Y M M D D	Occupation / 职业 ⑥

Address in Korea / 在韩地址 (☎:)
⑦
※ 'Address in Korea' should be filled out in detail. (See the back side)
※ 必须填写'在韩地址'。(参考后面)

Purpose of visit / 入境目的 ⑧	Signature / 签名 ⑨
□ Tour 观光 □ Visit 访问 □ Business 商务 □ Employment 就业 □ Others 其他 ( )	

① 姓(ローマ字)
② 名(ローマ字)
③ 性別
④ 国籍(日本JAPAN)
⑤ 生年月日
⑥ 職業(会社員OFFICE WORKER/学生STUDENT)
⑦ 韓国での滞在先(ホテル名、住所、電話番号)
⑧ 目的(観光Tour)
⑨ 署名(パスポートと同じサイン)

旅行者税関申告書

2005年10月より、韓国に入国するすべての旅行者に「税関申告書」の提出が義務付けられている。家族は1枚に記入する。

【オモテ】

大韓民国 税関申告書

・韓国に入国されるすべての方は、この申告書に記入して提出してください。税関職員の指示がある場合には、携帯品検査を受ける必要があります。
・家族同伴(同一世帯)は代表者1人が記入して申告してください。
・申告書を記入する前に、必ず裏面の注意事項をお読みになってください。

氏名	晴旅 晴子		
生年月日	1987.04.03	旅券番号	AA0000000
職業	会社員	旅行期間	3 日
旅行目的	☑旅行 □仕事 □親戚訪問 □公務 □その他		
航空便名	KE702	同伴家族数	名

韓国に入国する前に訪問した国(計 ヵ国)
1. 2. 3.

住所(滞在場所)	LOTTE HOTEL SEOUL
電話番号(携帯電話)	☎084-0000(0000)

税関申告事項
ー以下の質問の該当する□に"✓"でチェックし、申告する品は"申告品記載欄(裏面下段)"に記入してください ー

	有	無
1. 海外(国内外の免税品を含む)で取得(購入品・お土産品・贈答品を含む)した免税範囲を超えるもの(裏面1を参照)	□	☑
2. FTA締結国を原産地とするもので、特恵関税の適用を受けようとするもの	□	☑
3. ドル換算で1万ドルを超える支払手段(ウォン貨・外貨など法定通貨、自己宛小切手、トラベラーズチェック、その他の有価証券) [合計額:約]	□	☑
4. 銃砲類、刀剣類、麻薬類、国憲及び公序良俗を害するものなど韓国への持込みが禁止又は制限されているもの(裏面2を参照)	□	☑
5. 動物、植物、肉加工品など検疫確認が必要なものまたは家畜伝染病発生国の畜産農家への訪問 ※ 畜産農家訪問者は検疫検査本部に申告	□	☑
6. 販売用の品物、会社用の品物(サンプルなど)、他人から預かった物、預置または一時輸出入品	□	

この申告書に記載したとおりである旨申告します。
20XX年 7月 10日
申告者:晴旅 晴子 (署名)

85mm×210mm (一般用紙 120g/㎡)

署名を忘れずに!

【ウラ】

1. 携帯品の免税範囲

▶酒類・香水・たばこ

区分	酒類	香水	たばこ
一般旅行者	1本 (1ℓ以下でUS$400以下)	60㎖	200本
乗組員	-	-	200本

*満19歳未満の方は酒類及びたばこの免税はありません。

▶その他の品物

一般旅行者	US$400以下 (本人使用、お土産用、携行品などに限る) * 但し、農林畜産物、漢方薬材などは10万ウォン以下で、品目別に数量又は重量に制限がある。
乗組員	US$100以下(品目当り1個または1セットに限る)。

2. 韓国への持込みが禁止又は制限されているもの
・銃砲(模擬銃砲)・刀剣などの武器類、実弾及び火薬類、放射性物質、盗聴装備など
・メタンフェタミン・アヘン・ヘロイン・大麻などの麻薬類及び誤乱用のおそれのある医薬品など
・国憲及び公序良俗を害するもの、国家機密の漏洩又は諜報に供するもの
・偽造品(偽物)など知識財産権を侵害するもの、偽札及び偽造又は変造された有価証券
・熊胆、じゃ香、鹿茸、ワニ皮など絶滅の危機に瀕した野生動植物及びその製品

3. 検疫確認が必要なもの
・生きている動物(ペットなど)及び水産動物(魚など)、肉、ジャーキー、ソーセージ、ハム、チーズなど肉加工品
・土、マンゴー、クルミ、栽培した山人参、松茸、オレンジ、チェリーなどの生果物、種実類及び野菜類

【申告品記入欄】

▶酒類・香水・たばこ(免税範囲を越える場合、全搬入量を記載)

酒類	( )本、計( )ℓ、金額( )US$		
タバコ	( )箱(20本入)	香水	( )㎖

▶その他の品物

品名	数(重)量	価格(US$)

※ 注意事項
…字または英語で記入してください
…いて、申告漏れ、偽りの申告、他人からの預かり物の…正な行為がありますと法令に基づき、5年以下の懲役…算税の賦課(納付額の30%)、通告処分及び該当品の没…などの不利益を被ることになります。
- FTAなどにより一定の条件を備えたものについては特恵関税が適用されますが、あとで特恵関税を申請する場合には一般輸入申告が必要です。
- その他の質問のある方は、税関職員または☎ 1577-8577へお問い合わせください

入国・英会話 SIMULATION

旅行の目的は何ですか?

What is the purpose of your visit?
ワッツ ダ パァパス オブ ユァ ヴィジット?

観光です。

Sightseeing.
サイトスィーング

どのくらいこの国にいますか?

How long will you stay in this country?
ハウ ロン ウィリュー ステイ イン ディス カントゥリー?

1週間の滞在予定です。

I'll stay for 1week.
アイウ ステイ フォァ ワン ウィーク

空港の中を知って ベストな使い方をする

羽田・関空から直行便が就航する金浦国際空港と、日本の各地やLCC路線が数多く就航する仁川国際空港。到着時に迷わないよう、それぞれの空港の特徴やターミナルの情報を確認しておこう！

市内まで25分 金浦国際空港

主に国内線の利用がメインだが、2003年に羽田空港直行便が就航以降、国際空港としても利用されている。ソウル市内からの距離も近く、今後も国際線の増加が見込まれ、ますます便利に。

GOOD

- 空港鉄道を利用すればソウル市内まで20分でアクセス
- ロッテモール隣接
- 空港を出るまでに時間がかからない

BAD

- 空港内の施設が充実していない
- 航空券が成田→仁川便に比べ割高
- 24時間稼働の施設が少ない

国際線ターミナルMAP

1F 到着フロア

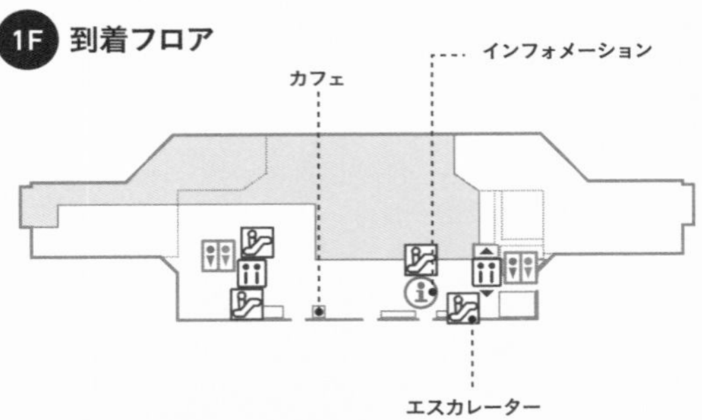

2F チェックインフロア

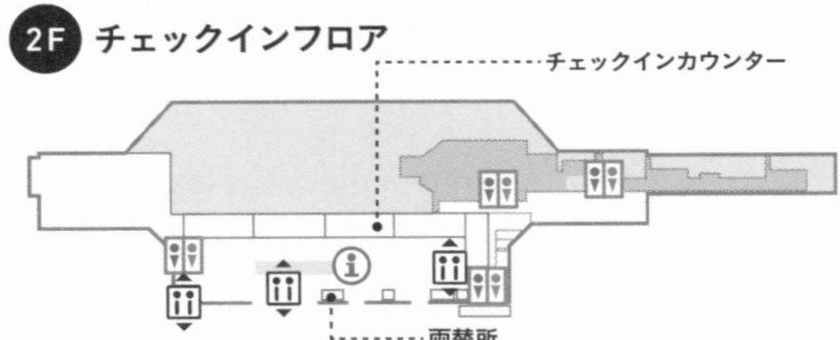

3.4F 出国フロア

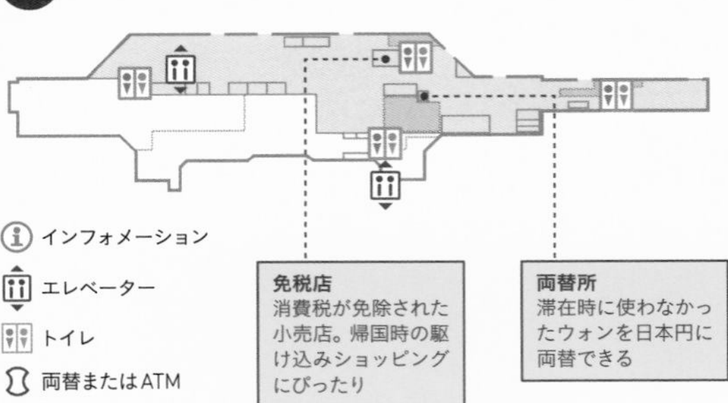

- インフォメーション
- エレベーター
- トイレ
- 両替またはATM
- エスカレーター

免税店
消費税が免除された小売店。帰国時の駆け込みショッピングにぴったり

両替所
滞在時に使わなかったウォンを日本円に両替できる

空港と隣接！

ロッテモール金浦空港

ホテル、百貨店、映画館などを備えた金浦空港直結の大型モール。充実の施設でフライト前の待ち時間を楽しく過ごせる。

フロア案内

1～8階	ロッテシティホテル
地下2～6階	ロッテ百貨店
地下2～地下1階	ショッピングモール
地下2階	ロッテマート

アクセス

▶金浦空港駅から
3番出口（国際線方面）を目指して進み、駅の中の通路を直進。
▶空港から
国際線ターミナル・ゲート1近くのエスカレーターで地下へ行く。「LOTTE MALL」の矢印表示がある通路を左へ入り、直進。

＼ かさばる食みやげは地下のロッテマートで！ ／

ロッテマート 金浦空港店
キムチやのりなどの食料品が充実。国際郵便のサービスも。

ワザ1 巨大ロッカーにスーツケースを預ける
国際線との連絡通路にある無料の巨大ロッカーに荷物を預けたら、思う存分買い物ができる。

ワザ2 サービスラウンジで郵送する
ロッテマート横には国際郵便カウンターもあるサービスラウンジが。これで買いすぎても安心。

市内まで約50分

仁川国際空港

2001年のオープン以来、アジア最大級のハブ空港として活躍。クオリティの高いサービスや施設がとても充実しており、毎年「世界ベスト空港(World's Best Airport)」の上位にランクインしている。2018年1月には第2旅客ターミナルも開業。

GOOD
- B1から4Fまで、免税店からスパなど多様な施設が充実
- 金浦空港に比べ渡航便の本数が多い
- モダンなデザイン

BAD
- 金浦空港に比べソウル市内まで時間がかかる
- 空港内があまりに広いので迷ってしまうことも

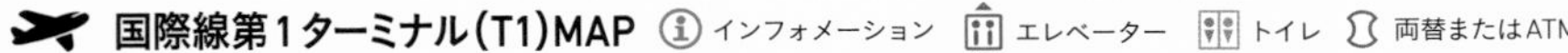

1F 到着フロア

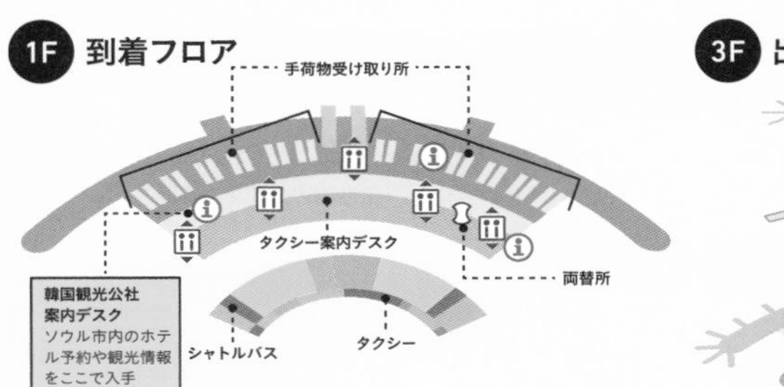

3F 出国フロア

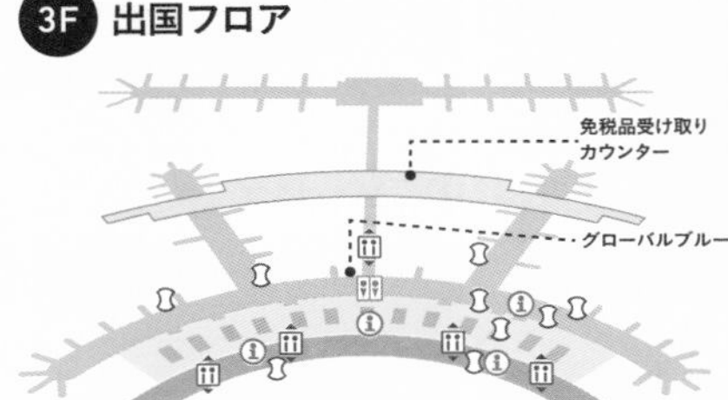

国際線第2ターミナル(T2)MAP

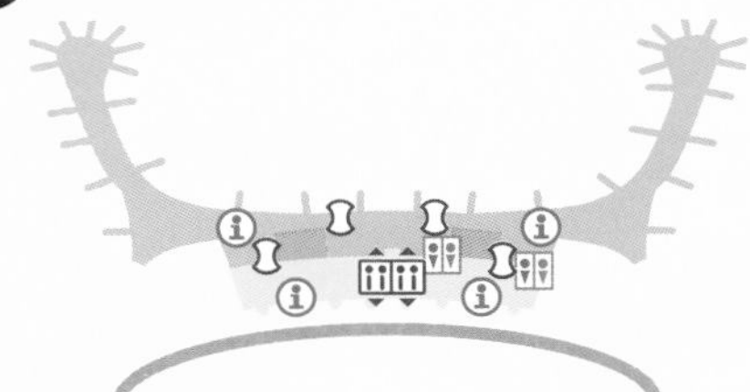

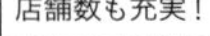

免税店

高級コスメもセット買いで安く！

複数のアイテムがまとめて値引きされた企画セットも免税価格で買える。

＋α できること

仁川国際空港には、免税店での買い物以外にもできることがいっぱい。どんな施設があるかを知って、待ち時間を有効に使おう。

疲れを癒せる！

24時間、年中無休の「SPA ON AIR」(T1B1F)には、シャワーやサウナほか仮眠室もある。

食べられる！

韓国内の人気チェーン店や多国籍レストラン、軽食メニューが充実したフードコートも。

買える！

コンビニやドラッグストア、コスメショップも充実。出国直前まで買い物を楽しめる。

送れる！

T1の2階には郵便局(営 平日9:00～18:00)が。大きな荷物を日本へ送るときに便利。

遊べる！

韓国の伝統工芸品作り体験や、伝統公演鑑賞ができる体験館が設置されている。

アシアナ航空、大韓航空の航空券の半券はお得なテーマパークや飲食店のクーポン券として使えるので、捨てずにとっておこう

3つのルートから ベストチョイスで市内へ繰り出す

空港到着後からすぐ動けるよう、市内までの移動方法は事前に確認しておくのがベター。リムジンバスやタクシー、鉄道などの中から、時間やお財布事情、人数などを考慮して最適な手段をチョイス！

金浦国際空港 ⇔ 市内　約40分

BUS | リムジンバス

※新型コロナウイルスの影響により、金浦国際空港⇔ソウル市内の主な観光地を往復するリムジンバスは全面運休中（2023年7月現在）

行き先	路線名・番号	種類	乗り場番号	ここに行くのに便利	料金
ソウル駅	6021 ※運休中	一般	6	ロッテシティホテル麻浦、ソウル駅、乙支路入口駅、乙支路コープレジデンス、東大門デザインプラザなど	7000W
ロッテワールド	KAL6706 ※運休中	高級	6	ロッテワールド	7500W
蚕室	6000 ※運休中	高級	6	江南高速バスターミナル、江南駅、駅三駅、三成駅、蚕室駅など	7000W

「一般リムジン」「高級リムジン」って？

一般リムジンは割安だが、停留所が多く時間がかかる。
高級リムジンはシートがゆったりしており、値段が割高。

一般リムジン

高級リムジン

TAXI | タクシー　約40分

行き先	所要時間	料金目安	
		一般タクシー	模範タクシー
ソウル駅	約50分	2万4000W程度	5万W程度
明洞駅	約40分	2万2000W程度	5万W程度
江南駅	約55分	2万6000W程度	5万5000W程度

早朝・深夜便でもOK

早朝・深夜に空港に到着しても、市内まで40分程度なので、安心してタクシーが利用できる

TRAIN | 空港鉄道（A'REX）・地下鉄　約25分

行き先	所要時間	料金	乗り換え案内
ソウル駅	約40分	1450W	空港鉄道で乗り換え不要。地下鉄1・4号線、京義・中央線、KTXが乗り入れ
明洞駅	約25分	1450W	空港鉄道から、ソウル駅で地下鉄4号線に乗り換え
江南駅	約60分	1650W	地下鉄5号線から、永登浦区庁駅で地下鉄2号線に乗り換え

地下鉄でもアクセスラクラク

空港鉄道（A'REX）のほか地下鉄5・9号線も乗り入れ。9号線は一部急行があるので注意！

仁川国際空港 ⇔ 市内

約90分

BUS | リムジンバス

アナウンスをよく聞いて！

行き先	路線名・番号	種類	乗り場番号	ここに行くのに便利	料金
明洞	6015	高級	5B（第1）、28（第2）	孔徳駅、ロッテシティホテル麻浦、イビスアンバサダーソウル明洞、ロイヤルホテルソウル、ホテル国都、忠武路駅、明洞駅など	1万7000W
光化門	6701	高級	4B（第1）、18（第2）	ソウルガーデンホテル、ロッテシティホテル麻浦、ロッテホテルソウル、明洞、光化門など	1万8000W
ソウル市庁	6005 ※運休中	高級	5B（第1）、29（第2）	グランドヒルトンホテル、新羅ステイ西大門、ソウル市庁、仁寺洞アベンツリーホテル、世宗文化会館、光化門など	1万5000W
狎鷗亭洞	6006	高級	4B（第1）、14（第2）	狎鷗亭駅、ギャラリア百貨店、ホテルプリマ、ホテルリベラ、COEX三成駅など	1万7000W
江南	6703	高級	3（第1）、19（第2）	新論峴駅、ノボテルアンバサダーソウル江南ホテル、ラマダソウルホテル、三成駅、宣陵駅、インペリアルパレルソウルホテルなど	1万8000W
蚕室	6705	高級	4B（第1）、19（第2）	ロッテワールド、東ソウルターミナル、クァンナル駅、ビスタウォーカーヒルソウル	1万8000W

TAXI | タクシー

約70分

行き先	所要時間	料金目安	
		一般タクシー	模範タクシー
金浦空港	約45分	3万9000W程度	6万W程度
ソウル市庁	約70分	5万3000W程度	8万W程度
ロッテワールド	約75分	6万5000W程度	9万5000W程度

グループならタクシーがgood

8人乗りのジャンボタイプもある。大人数であれば利用するのもひとつの賢い手段

TRAIN | 空港鉄道（A' REX）

約50分 ※第2ターミナル発の場合

行き先	所要時間	料金	乗り換え案内
金浦空港	44分	4450W	地下鉄5・9号線が乗り入れ
弘大入口駅	58分	4750W	地下鉄2号線、京義・中央線が乗り入れ
ソウル駅	66／51分（直通）	4850W／9000W（直通）	地下鉄1・4号線、京義・中央線、KTXが乗り入れ

空港鉄道でアクセススイスイ

ソウル駅までの乗り入れで、地下鉄への乗り継ぎなし。ラクラクで市内へ行ける

空港リムジンバスの網ポケットには、免税店の割引クーポンや雑誌が入っていることも。無料なので持ち帰って活用しよう！

4ステップで市内タクシーと地下鉄を乗りこなす

主要なエリアを走り観光客にとって最も便利な地下鉄と、日本に比べてお得なタクシーの乗り方を、4つのステップで紹介。これをおさえて地下鉄とタクシーを組み合わせれば、どこでも迷うことなく行けちゃいます！

＼乗り方は日本とほぼ同じ！／

主要エリアを網羅し、韓国語がわからなくても大丈夫な地下鉄なら、韓国旅行ビギナーでも安心して利用できる。

基本料金	一般（現金）1350W、（T-money）1250W
乗り換え	ソウルメトロ内なら改札を出ずに乗り換え可能
利用時間	17〜19時の帰宅ラッシュは道が混むので タクシーよりも地下鉄が時間、料金の両面で効率的

券売機を見つけたら

① 切符を買う

プラスチック製のカード。料金には500Wのデポジットが含まれる。

表示を日本語に
画面下の右から2番目にある「日本語」ボタンを押し、日本語入力に変える。

1回用を選択
1回用の「初乗り専用」ボタンを押す。T-moneyは専用の販売機で購入する。

駅コードまたは駅名検索
目的の駅名を検索し、該当のボタンを押す。すべての駅には番号がふられている。

枚数を選択し、支払う
駅を選択すると枚数選択画面に。利用する人数分タッチし、お金を入れる。

② 乗る

目的地方面の改札へ
上りと下りで改札口が分かれていることも。改札を通る際は方面を確認しよう。

地下鉄に乗る
日本と同じようにマナーを守って乗車しよう。車内販売はスルーして大丈夫。

③ 降りる

目的地で降りる
明洞をはじめとした観光エリア周辺の駅では日本語でもアナウンスされる。

④ デポジットの払い戻し

500Wが返金される
「Deposit Refund Device」と書かれた機械にカードを入れ、ボタンを押すだけ。

T-moneyでラクラク！

T-moneyとは
地下鉄やバスなどで利用可能なチャージ式交通カード

チャージの仕方

券売機の画面で交通カードのチャージを選ぶ。

T-moneyを置く場所が光るので、そこにセットする。

チャージしたい金額を選び、お金を投入。

＼運転手との触れ合いが楽しい！／

日本に比べかなりリーズナブルな韓国のタクシー。4種類あるので、人数や目的に合わせて使い分けよう。

料金	**一般タクシー**：基本3800W、追加料金（距離）100W／132m（時間）100W／31秒 **模範タクシー**：基本6500W、追加料金（距離）200W／151m（時間）200W／36秒 ※24:00～翌4:00は20％割増。有料道路経由は乗客負担
支払い方法	現金（T-money、クレジットカードが使えるタクシーもあり）

2大タクシーはコレ！

一般タクシー
台数が多く模範タクシーより安い。年々サービスの質も向上している。

インターナショナルタクシー
外国人専用タクシー。コールセンター、運転手共に日本語が可能。

模範タクシー
黒塗りの「Deluxe Taxi」と書かれた車体が目印。割高だがサービスが良質。

ジャンボタクシー
8人乗りの大型。予約すれば1日貸し切りもOK。価格は模範タクシーと同じ。

乗車アピール

腕をピンと伸ばして乗車の意思を示す。フロントガラスで光る「빈차（ビンチャ）」マークは空車のサイン。日本と同様、後部座席でも助手席でも座ってOK。

目的地を告げる

地図を見せ、右のフレーズを使って目的地を伝える。目的地の電話番号を控えておくと万が一の時に便利。

出発したらメーターが正しく動いているか確認！

支払い

メーターで料金を確認し、支払う。トラブルに備え、運転手の名前や車のナンバーを控えておこう。

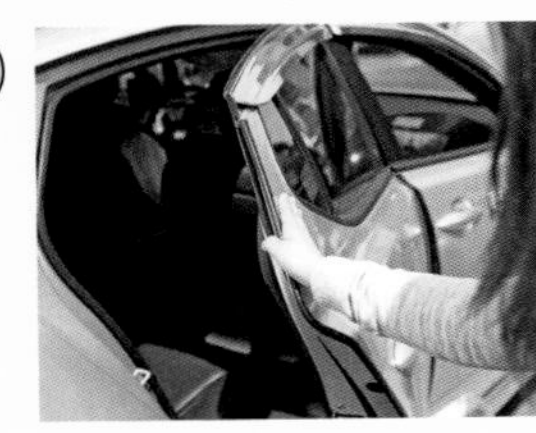

ドアを開けて降りる

日本のタクシーと違い、ドアは自動ではないので自分で開閉しよう。降車の際はドアの閉め忘れに注意を。

タクシー・ハングル SIMULATION

「○○まで行ってください」
○○까지 가주세요
○○カジ カジュセヨ

「ここで停めてください」
여기서 세워주세요
ヨギソ セウォジュセヨ

「メーターを見せてください」
미터를 보여주세요
ミトルル ボヨジュセヨ

「ゆっくり行ってください」
천천히 가주세요
チョンチョニ カジュセヨ

「トランクを開けてください」
트렁크를 열어 주세요
トゥロンクル ヨロ ジュセヨ

T-moneyは、駅の券売機やコンビニなどで購入可能。地下鉄のほか、バスやタクシーでも利用できる

お金に困らない ソウルの両替テクニック

ちょっとした工夫でより多くのウォンを手に入れられる両替のコツや、余計な出費をおさえる方法など、お金にまつわるとっておきの「5つのワザ」をご紹介！　賢く節約して、より楽しいソウルの旅にしよう。

韓国のお金とレート

韓国の通貨はW（ウォン）

1000W≒107円

（2023年7月現在）

硬貨

現在、韓国の硬貨は10W、50W、100W、500Wの4種類が流通。日本の硬貨と形状が似ている。

10W

50W

100W

500W

紙幣

紙幣には1000W、5000W、1万W、5万Wの4種類があり、新紙幣と旧紙幣の両方が流通している。

1000W

5000W

1万W

5万W

ワザ 1 街の両替所でお得に両替！

日本円は、空港の両替所や銀行、明洞や東大門などにある公認両替所などでウォンに替えられる。目印は「exchange」や「換銭」と書かれた看板。手数料はホテルが最も高く、その次が空港両替所なので、到着日は必要な分だけ両替し、後は公認両替所を利用しよう。銀行などではパスポートの提示を求められることがあるので準備を。

日本で両替すると損

日本国内でも両替できるがレートが低く手数料もかかるので、ソウル市内の公認両替所を利用しよう。その際のレシートは日本円への換金時に必要なので大切に保管を。

手数料

安

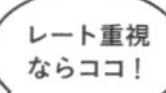

街の中にある両替所。レートがいちばんよい。明洞や仁寺洞に多い

公認両替所

街の中にある銀行でも両替が可能。ただし平日のみの営業

日本語NG
のところも！

銀行

空港の両替所は銀行が運営。手数料が高いので少額にとどめよう

必要最小限
の両替を！

空港両替所

ホテルでも、フロントが開いていれば夜でも両替ができる

とっさの
両替に対応！

高 ホテル

レートのよい
両替所はココ！

ウワサの両替所

明洞

大使館前両替所

両替所の多い明洞エリアの中でも、ダントツの好レートを誇る両替所。アクセスしやすい場所にあるのも高ポイント

POINT

レートはこう見よう！

両替時のレートは、レート表のYOUR BUYINGで確認。100円が960.00Wになることを表し、1万円を両替した場合には9万6000Wになる。

ワザ2 ATMを使う

事前にPIN（暗証番号）の確認を！

カードを挿入

挿入口にカードを入れ、言語を選べる場合は、Other Languageで「日本語」を選択。

取引を選択

「外国媒体」を選ぶ。誤って国内媒体を選んでしまった場合は取り消しを押して最初からやり直す。

「キャッシュサービス」を選択

取引方法の選択画面で「キャッシュサービス」を選択。選択すると次の画面へ切り替わる。

「PIN（暗証番号）」を入力

「PIN（暗証番号）」を入力。「PIN」は日本でカード決済する際に入力する4桁の番号と同じ。

金額を入力し現金を引き出す

希望の金額を選ぶ。金額を指定したい場合には、直接金額を入力する。出てきたお金を受け取る。

●海外ATM単語帳

口座	ACCOUNT	預金	SAVINGS
金額	AMOUNT	取引	TRANSACTION
訂正	CLEAR	振り込み	TRANSFER
支払い	DISPENSE	引き出す	WITHDRAWAL

※ATMの操作手順は機種によって異なります。

ワザ3 カードを活用

韓国ではほとんどのお店がカード支払い可能。大手国際ブランドのカードがあれば現地ATMで現地通貨が引き出せる。両替は必要最低限におさえてカードを賢く活用しよう。

手持ちのウォンと不足分をカードで支払うことも可！

ワザ4 ウォンは使い切る

一度ウォンに替えた日本円を再度換金しても、レートの関係や手数料などで満額戻ってくることはまずない。また、貨幣の両替も不可なので、一度両替したら貨幣も含めて現地で使い切ってしまうのがベター。

手続きは空港のグローバルブルーのカウンターで！

ワザ5 税金を返してもらう

韓国では商品価格に10%の付加価値税が含まれている。「Tax Free Shopping」に加盟している店舗で1日3万W以上の買い物をした場合、空港で手続きをすると平均6～7%の還付が受けられる。

韓国にチップの習慣はナシ！

日本と同じで韓国にチップの習慣はない。ホテルの宿泊料もサービス料込みなので、別途支払う必要なし。

両替レートで最も高いのが市内の公認両替所。日本での両替はレートが悪く損してしまうので注意

困った！ どうする？ のベストアンサー総集編

お隣で近いと言っても、そこはやっぱり外国。言葉や習慣がわからなくて困った！　体調を崩してしまったけど一体どうしたら、なんてことも……。そんな万が一のトラブルが起きたときにあわてないよう、対処法を知っておこう。

荷物が重くて困った！

EMSで送ろう！

国際スピード便を指す。長さと横周の合計が3m以内で重さ30kg以内の荷物が送れる。料金は5kgで4万3000Wくらい。

STEP1　**郵便局に荷物を持ち込む**

「KOREA POST」と書かれた赤いロゴが目印。ホテルのフロントであらかじめ場所を聞いておくのがベター。

ホテルやマートで出せることも

STEP2　**梱包も郵便局で**

梱包用のBOXは郵便局で買うことができる。ガムテープやカッターなどの道具も揃っている。

STEP3　**伝票を記入**

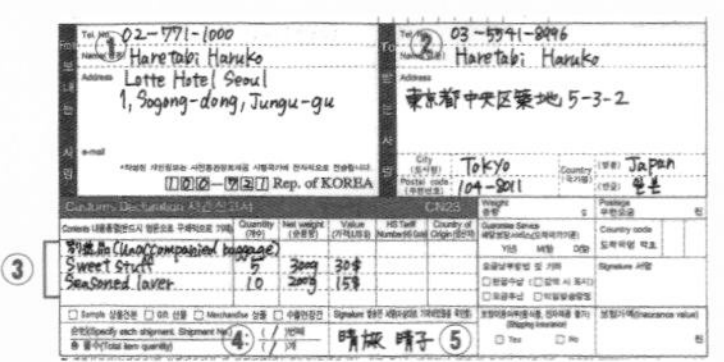

① 02-771-1000
Haretabi Haruko
Latte Hotel Seoul
1, Sogong-dong, Jungu-gu
Rep. of KOREA

② 03-5541-8896
Haretabi Haruko
東京都中央区築地 5-3-2
Tokyo
104-8011
Japan
日本

③ 別送品 (Unaccompanied baggage)
Sweet Stuff　5　300g　30$
Seasoned laver　10　200g　15$

④ 1/1　⑤ 晴旅 晴子

①送り主の情報。英語で記入。住所は滞在先ホテルにする。②届け先の住所。JAPAN以外は日本語でOK。③品目名、個数、重量、金額を記入。冒頭に「別送品（Unaccompanied Baggage）」と記入する。④複数ある場合は個数を記入。⑤サイン

↓

STEP4　**支払い**

窓口に荷物と伝票を持って行くと、重さに応じて料金が決められる。カードでの支払いも可能。

受け取りは？
日本の空港で「携帯品・別送品申告書」に記入。到着の連絡が来たら、申告書持参で指定の場所に行き、受け取る。

電話はどうする？

BEST ANSWER

ホテルの電話か携帯電話で

電話はホテルの客室か携帯電話、公衆電話でかける。ホテル客室の電話を使う際は最初に外線番号（ホテルにより異なる）を押す。

☎ 韓国→日本の場合

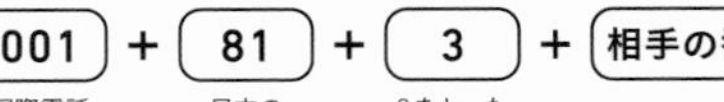

国際電話識別番号　日本の国番号　0をとった市外局番

☎ 日本→韓国の場合

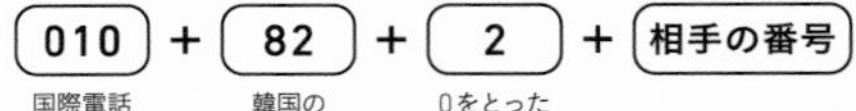

国際電話識別番号　韓国の国番号　0をとった市外局番

＊ホテルからかける場合は別途手数料がかかるので注意。
＊マイラインに登録していない場合、国際電話識別番号の前に、各電話会社の識別番号が必要なこともある。

携帯電話なら

国際ローミングサービスに加入していれば、日本と同じように使える。各社に問い合わせてみよう。空港などで電話機をレンタルもできる。

水はどうする？

水道水よりミネラルウォーターが安心

韓国の水道水は、飲まずにシャワーや歯磨きにとどめておくのが無難。お水を飲むならコンビニなどでミネラルウォーターを買おう。値段は500mlペットボトルで500〜800W程度。

体調が悪くて困った！

保険加入の有無で流れが変わる！

滞在先で体調を崩した場合、旅行保険の加入の有無によって対処の流れが異なる。いずれの場合もホテルフロントに相談するのが最優先。

保険加入済みなら……

事前に旅行保険に加入しておけば、帰国後に治療費が請求できるので、病院にかかるにもお金の心配をしなくて済む。より安心した旅行にしたいなら、保険に加入しておこう。

① 保険会社に連絡
保険会社のアシスタントケアセンターなどに連絡。保険会社と提携している日本語が可能な病院を紹介してもらい、該当の病院に向かう。

↓

② 病院で治療
病院で治療を受けたら、帰国後の海外旅行保険の請求の際に必要となる診断書を忘れずに書いてもらう。治療請求書や領収書も大切に保管しておこう。

↓

③ 支払い
海外旅行保険証やキャッシュレスサービスの用紙を病院に提出すれば、自己負担は不要。立て替えの際は忘れずに診断書、治療請求書、領収書をもらっておく。

↓

④ 保険会社に連絡
事故に遭った日、または病気になった日から30日以内に保険会社に連絡する。事故や病気の状況を保険会社に説明して保険請求の手続きをとる。

保険未加入なら……

旅行保険に加入していない場合は、治療費の請求が高額になる可能性がある。万が一の場合に備え、日本から飲み慣れた薬を持参しておくと安心だ。

① フロントに相談
急を要するほどでなければ、まずはフロントに相談するのが先決。高級ホテルでは医師が常駐している場合があるので、確認してみよう。

↓

② 病院で治療
旅行保険に加入していないと治療費を全額負担することになるが、国民健康保険に入っていれば日本に帰ってから国保負担分は還付を受けることができる。

● 知っておきたい緊急時TEL ●

救急車 119　警察 112
在韓日本大使館 02-2170-5200
紛失物センター 02-2299-1282

トイレットペーパーどうする？

流すのはNG！備え付けのBOXへ

ほとんどが日本と同じ様式。トイレの詰まりを防止するため、使用済みトイレットペーパーは備え付けのBOXに入れるのが一般的。

失くしものに困った！

各連絡先にすみやかに連絡

旅行中に物を失くすなどのトラブルはつきもの。失くした物によってそれぞれ対処法は異なるので、落ち着いて適切な行動をとろう。

パスポート
警察で紛失証明書を作成してもらう。その後、日本領事館に盗難・紛失届を提出。新しいパスポートを申請する。

カード（クレジット・デビット・プリペイド）
各会社のサービスセンターに連絡し、無効の手続きをとる。カード番号を聞かれるので旅行前に控えておこう。

航空券
航空券を発行した会社に連絡。基本的には買い直しに。eチケットは控えをなくしても問題ない。

現金、貴重品、トラベラーズチェック（T／C）
現金と貴重品は警察で紛失証明書を作成してもらい、T／Cの場合は発行会社のカスタマーセンターに連絡。

電源、電圧どうする？

変圧プラグを持参しよう

韓国の電圧は220V。コンセントはピンが2本の「Cタイプ／SEタイプ」で、220V対応の家電品なら変換プラグをはめて使える。

INDEX

BEAUTY

SHOPPING

TOURISM